약속과 예측: 연결성과 인문의 미래

젠더 · 어펙트 총서 01

약속과 예측: 연결성과 인문의 미래

초판 1쇄 발행 2020년 12월 28일
　 2쇄 발행 2021년 12월 23일

지은이 동아대학교 젠더 · 어펙트연구소
펴낸이 강수걸
기획실장 이수현
편집장 권경옥
편집 강나래 김리연 신지은 윤소희 오해은
디자인 권문경 조은비
경영지원 공여진
펴낸곳 산지니
등록 2005년 2월 7일 제333-3370000251002005000001호
주소 부산시 해운대구 수영강변대로 140 BCC 613호
전화 051-504-7070 | 팩스 051-507-7543
홈페이지 www.sanzinibook.com
전자우편 sanzini@sanzinibook.com
블로그 sanzinibook.tistory.com

ISBN 978-89-6545-690-2 93300

* 책값은 뒤표지에 있습니다.
* 이 도서의 국립중앙도서관 출판예정도서목록(CIP)은 서지정보유통지원시스템
홈페이지(http://seoji.nl.go.kr)와 국가자료공동목록시스템(http://www.nl.go.kr/
kolisnet)에서 이용하실 수 있습니다.(CIP제어번호: CIP2020053533)

젠더·어펙트 총서

———— 01

약속과 예측

연결성과 인문의 미래

동아대학교
젠더·어펙트연구소
지음

산지니

서문

정동적 전회 이후,
젠더·어펙트 연구의 시작을 알리며

지역의 인구 변동과 경제 구조 변화로 인해 지방대학은 갈수
록 위축되고 있다. 고령화, 청년 이탈, 생산인구 감소로 상징되는
지역의 현실은 지금이야말로 삶과 죽음에 대한 새로운 질문과 대
응이 필요하다는 것을 역설적으로 보여준다. 대학 인문사회연구
소의 역할은 지역 그리고 지방대학이라는 물리적 조건 위에서 이
러한 문제에 대응할 수 있는 새로운 해결책 모색에 실천적으로 나
서는 것에 있다. 동아대학교 젠더·어펙트연구소는 지역의 현실을
개선할 수 있는 핵심적인 관점으로서 젠더 연구와 어펙트(Affect,
情動) 연구의 결합을 통해, 인간과 공동체를 사유하는 방식을 전
환하고자 하는 취지를 가지고 설립되었다.

정동은 초개체적 흐름으로서, 지역의 스케일을 넘어 필연적으
로 전 지구적 차원에서 접근 가능하다. 정동 연구가 전 지구적 연
결의 시대를 새롭게 사유하는 접근이라면, 젠더 연구는 연결성과
윤리를 의존, 돌봄, 신체적 취약성 등의 맥락에서 오랜 시간 탐구

해온 분야라 할 수 있다. 인간의 조건을 연결성의 윤리 차원에서 다시 쓰려는 시도는 정동 연구와 젠더 연구뿐만 아니라 최근 장애학과 포스트휴먼 논의에서도 이루어지고 있는데, 이러한 사유의 패러다임과 결합해 우리는 위에 제기한 현실적 문제를 타개할 수 있는 대안을 모색하고자 한다.

『약속과 예측: 연결성과 인문의 미래』는 동아대학교 젠더·어펙트연구소 공동연구팀 〈연결신체 이론과 젠더·어펙트 연구〉의 첫 성과로, '젠더·어펙트 총서' 시리즈의 문을 여는 책이다. 젠더·어펙트연구소는 한국연구재단 인문사회연구소지원사업에 선정되어 2019년부터 공동연구를 수행하고 있다. '젠더·어펙트'라는 다소 생소할 수 있는 연구주제는 대안연구모임 '아프꼼(Affcom)'에서 젠더·어펙트연구소에 이르는 부대낌의 역사 속에서 촉발된 결과물이다. 젠더·어펙트연구소는 대학의 안과 바깥을 연결하는 여러 실험을 수행했던 대안연구모임 아프꼼의 궤적을 잇고 있다. '아프꼼 총서'가 정동 연구의 필요성 및 성과를 국내외 학술 담론장에 알리는 역할을 했다면, '젠더·어펙트 총서'는 젠더·어펙트를 이론으로 체계화하고 현실 분석을 위한 방법론으로 구체화하려는 문제의식과 지향을 담고 있다.

젠더·어펙트 연구를 '연결신체 이론'이라 풀어 쓰고 그것을 학술적·경험적 이론과 방법으로 체계화하자는 제안은 처음 공동연구를 기획하는 단계에서부터 이루어졌다. 이러한 접근은 다음의 두 가지 현실적 요인에서 비롯된 것이다. 지역에서의 삶과 죽음에 대한 새로운 성찰이 요청된다는 점, 그리고 전 지구적인 연결성의 강화가 증오의 확산과 재난의 연쇄로 이어지는 상황에서 실천적 대안이 필요하다는 점이다. 연구 착수 후 일 년도 채 되지 않아 발생한 코로나 팬데믹 상황은 우리의 연구주제가 시급히 해결해야 할 현실적인 문제에 접속되어 있다는 점을 다시금 환기해주었다.

〈연결신체 이론과 젠더·어펙트 연구〉는 신체에 아로새겨지는 권력의 작동을 연구해온 정동 연구와 젠더 연구의 방법론을 결합하여 젠더·어펙트 연구라는 새로운 이론과 연구의 분야를 개척하려는 시도이다. 젠더 연구가 이미 주어진 젠더 이론을 한국 사회에 적용하는 일이 아니듯이, 정동 연구 역시 서구에서 만들어진 정동 이론을 한국에 적용하고 소개하고 도입하는 일이 아니다. 젠더·어펙트 연구는 젠더 연구와 정동 연구를 결합해, 주체, 그리고 삶과 죽음에 대해 근본적으로 다시 사유함으로써 '정동적 전회' 이후의 인문학을 '연결신체 이론'이라는 이름으로 구축하려는 것이다.

그러나 젠더 연구가 여전히 낯설고, 정동 연구는 연구 방법으로 활용하기 난감한 새로운 이론 정도로만 알려진 상황에서 젠더·어펙트 연구라는 주제와 방법을 모색하는 일은 쉽지 않다. 정동과 관련해 우리 현실에 기초한 경험 연구가 그다지 많지 않은 상황에서 한국 사회를 분석하고 학문적인 대안을 구축하는 방법론으로 젠더·어펙트 연구를 체계화하는 일은 인문의 미래를 구축하기 위해 모두가 고민해야 할 지점이다.

이를테면 장애학의 경우, 젠더 연구의 문제의식을 이어받아 '여성주의 장애학'이라는 문제틀을 설정한다. 여성주의 장애학은 독립적이고 자율적인 개인이 아닌 돌봄과 의존을 인간/주체의 공통 조건으로 설정하는 근본적인 발상의 전환을 우리에게 제안하는데, 이러한 '연결성'의 개념은 장애학을 비롯하여 젠더 연구와 정동 연구가 교차하는 지점이다. 우리는 이처럼 젠더 이론과 타자성에 대한 철학적 사유를 토대로, 탈식민주의 연구는 물론 소수자와 장애에 대한 연구가 제안하고 축적해온 성과를 이어받아 그것을 정동 연구의 맥락에서 결합하고자 한다.

『약속과 예측: 연결성과 인문의 미래』는 기존의 연구 성과와 우리의 고민이 집약된 것이라 할 수 있다. 〈연결신체 이론과 젠더·어펙트 연구〉 공동연구팀은 기존 학문 체제에서 젠더·어펙트 연구와 관련이 깊은 다양한 분과학문의 연구자들로 구성되어 있으며 인문의 미래를 구축하기 위한 긴 여정을 함께 밟아나가고 있다.

정동 이론은 부대끼는 몸들의 반복적인 '되기'를 탐구한다는 점에서 존재들의 시간성을 뒤쫓아 가는 일이다. 이는 정동 이론이 즐겨 사용하는 '약속'이라는 어휘를 통해 확인 가능하다. "pro(앞/전에)+mittere(놓다, 보내다)"라는 어원을 지니는 약속은 미리/앞서 내놓는다는 뜻으로, 현재에 이미 미래에 대한 전망이 기입되어 있음을 뜻한다. 이러한 정동적 약속의 장소 가운데 하나로 다양한 사회적 힘들이 교차하는 젠더화된 몸이 존재한다. 합리적이고 과학적이라고 여겨지는 '예측'의 패러다임이 근대와는 또 다른 방식으로 몸을 규율하고 있는 이 시점에 젠더 연구와 결합한 정동 연구는 로렌 벌랜트가 말하는 "잔혹한 낙관주의"가 새겨진 '약속'이라는 개념과 함께 시간과 공간, 그리고 인간과 비인간을 새롭게 연결하려는 시도이자, 이를 통해 인문의 미래를 약속하려는 시도이다.

『약속과 예측: 연결성과 인문의 미래』는 물질과 담론, 자연과 문화, 주체와 객체 등의 근대적 이원론으로 온전히 포착되지 않는 현실을 드러내 보이는 정동적 분석을 페미니즘과 장애학, 문학사와 영화사를 포함하는 근대사, 대중문화와 소셜 미디어, 그리고 디지털 아카이브에 관한 다양한 연구들과 함께 제시한다. 이러한 스펙트럼을 그리는 열두 편의 원고는 '역사'와 '공간' 그리고 '매체'의 범주에 따라 총 3부로 구성되었다. 이와 같은 구성은 연결신체를 환류하는 정동의 근본적인 조건인 시간과 공간을 동시에, 더 나아가 공간의 물리적이고 가상적인 차원을 함께 살핌으로써 그 경험의 정치성을 입체적으로 드러내 보이려는 목적에 따른 것이다.

인문의 방법론으로서의 정동 이론은 신체가 무엇을 하는지, 특히 신체가 언어와 이성이 아닌 힘들에 의해 어떻게 좌우되는지를 묻는다. 욕망하고, 운동하며, 사유하고, 결정하는 신체는 다른 신체들과의 부대낌과 상호 작용(inter-action), 그리고 내부 작용(intra-action)을 두루 거치며 '되기'를 반복하고 지속한다. 이 과정을 염두에 두었을 때, 개별적이고 내면적인 주체의 역사는 '연결신체'의 역사로 다시 쓰일 필요가 있다. 이에 따라 1부 '연결신체의 역사'에서는 장애, 돌봄, 기술 등의 범주를 중심으로, 연결신체의 역사를 중층의 연결망으로 펼쳐 보이고자 한다. 과거와 현재, 사회와 물질, 운동과 상태, 수동과 능동 등이 상호 공존하는 공통구조로서의 역사에 대한 검토는 궁극적으로 인문의 미래를 '연결성'의 차원에서 다시 쓰기 위한 토대로서 배치될 것이다.

이러한 연결성에 대한 사유는 박언주의 「인간 존엄의 조건으로서의 상호의존과 연결성」에서 구체적인 사례로 다뤄진다. 치매를 둘러싼 지배적인 서사는 기능 상실과 의존, 병리적 장애 혹은 부양부담에 대한 것에 초점이 맞춰져 있어 치매인의 개별성과 다양성은 간과되고 치매에 대한 우리의 이해를 획일화한다. 이러한 문제의식에서 이 글은 치매인에 대한 질적 경험연구를 통해 치매인이 인지기능 및 언어능력의 한계에도 불구하고 몸에 체화된 역량과 돌봄인, 사회와의 상호정동적 관계 속에서 그들의 존엄이 유지되는 과정에 대해 이야기한다. 이러한 관계성 속에서 도출되는 '공유된 존엄(shared dignity)'은 새로운 인간의 조건으로서의 정동적 측면을 부각시키고 치매인의 경험세계는 물론, 인간 존엄에 대한 논의를 확장하는 데 기여하는 키워드로 자리한다.

　　정동적 관계와 인간 존엄에 대한 사유는 소현숙의 「우생학의 재림과 '정상/비정상'의 폭력」에 이어진다. 생명공학기술의 발달과 더불어 '우수한' 개체에 대한 인간의 욕망이 심화되는 오늘날, 우생학은 더 이상 과거의 유물이 아닌 보다 첨예한 현실의 문제라 할 수 있다. 이 글은 우생학적 실천 사례로써 1960~90년대 시행된 가족계획사업의 역사를 모자보건법 및 장애인의 삶에 미친 영향을 초점화하여 분석한다. 모자보건법은 인공임신중절 허용한계와 장애인의 불임수술을 강제하는 조항을 포함하고 있다. 이 글은 장애인에 대한 강제불임수술이 모자보건법을 통해 법제화되는 과정과 사회적 논란을 다루고 오늘날까지 존속되고 있는 우생학적 조항 폐지의 시급성을 역설한다. 장애인의 자기결정권 침해를 당연시해온 역사의 궤적을 살피는 이 글은 한국 가족계획의 역사를 우생학의 렌즈를 통해 새롭게 고찰하는 계기를 마련했다고 할 수 있다.

한편 이화진은 「'보통이 아닌 몸'의 영화 보기에 대하여」를 통해 한국영화사 연구에서 장애 관객의 영화 경험을 역사화한다. 기존의 관람성 연구가 관객의 신체적 '정상성'을 전제함으로써 장애 관객의 영화 경험을 배제해왔다는 점을 비판하고, '영화를 본다'는 경험이 다양한 감각을 토대로 재구성될 수 있다는 점, 그리고 장애 관객의 몸을 능동적이고 잠재적인 역능을 가진 것으로 재고하려는 것이다. 이 글에서 '장애 관객'이라는 전략적 범주는 중립적이라고 간주되는 관람 공간에 균열을 내는 저항성을 지니며, 장애 관객의 접근성과 커뮤니케이션 환경으로 촉발되는 관람관 너머에 대한 상상은 오늘날 영화사를 사유하는 새로운 방법론을 모색하게 한다. 이로써 '보통이 아닌 몸'은 다양성과 차이의 경험을 토대로 영화의 역사를 다시 쓰게 하는 중요한 화두로 (재)발견된다.

권명아는 「젠더·어펙트 연구에서 연결성의 문제」라는 제목으로 '연결성'에 대한 사유의 시의성뿐만 아니라, 이른바 '초연결시대', '4차산업혁명'을 통해 상상되는 국가주도의 기술적 미래에서 인문(학) 현장에 대한 진단과 전망의 시급성을 함께 이야기한다. AI나 포스트휴먼 관련 논의들이 인간 신체의 정상성과 완결성을 추구하는 방향으로 나아가려는 징후들 속에서 '젠더·어펙트'라는 새로운 패러다임은 뉴노멀의 핵심 대안이 된다. 특히 이 글은 국내에서 제대로 논의된 바 없는 제노페미니즘(Xenofeminism) 담론을 정동 이론과의 변별적 관계 속에서 비판적으로 검토하고 과학기술과 젠더, 정동이론의 교차점을 다양한 방식으로 펼쳐내면서 연결과 의존, 상호작용과 관계성의 감각을 일깨우는 '정동적 삶과 사회'를 주창한다.

부대낌과 상호작용을 그 조건으로 삼는 연결신체는 자연스럽게 살된 존재(fleshy beings)로서의 환경과 다시 한 번 연결된다. 그 환경은 단순한 배경이 아니라, 이동 또는 운동, 즉 '흐름'을 발생시키고, 또한 다시 그 흐름에 의해 형성된다는 점에서 정동-발생적 공간이라 할 수 있다. 2부 '공간과 정동'은 특정한 정동적 영역으로서 공간의 문제를 집중적으로 다룬다. 2부에서 다루어지는 다양한 층위의 정동적 공간들은 특히 '젠더'의 범주에서 검토됨으로써 교차성 및 취약성에 대한 사유를 이끌 것이다.

김보명의 「'여성 공간'과 페미니즘」은 최근 여성 공간에 대한 접근권을 둘러싸고 벌어진 트랜스젠더 여성 배제에 대한 논의에서 출발해 페미니즘 공간정치학의 역사와 전망에 대해 고찰한다. '여성 공간'과 관련된 첨예한 갈등은 페미니즘과 트랜스젠더 정치학 간 갈등의 중요한 기제로 작용해왔는데, 여기에 개입되는 구획, 배제, 경계짓기는 '안전'과 '권리'의 이름으로 본질주의적 담론을 소환하면서 '몸'을 시민권이나 이동성의 차별적 지표로 자리매김한다. '생물학적 성(性)'에 기반한 공간적 분리는 페미니즘 집합적 주체로서의 '여성'의 동질성을 지시하는 기표가 될 뿐만 아니라 시스젠더 정체성을 '특권화'하는 혐오와 배제의 힘을 행사한다. 그러나 여성 공간의 정치학은 '여성' 공통의 경험 자체가 아닌 그러한 정체성과 경험을 재현하고 조직하는 정치적 선택과 실천의 효과 속에서 나타난다는 점에서, 이 글은 페미니즘 공간정치학의 지향을 평등하고 정의로운 성적 시민권에 대한 대안적 상상과 실천의 장으로 연결하고자 한다.

한국전쟁 경험을 반복적으로 이야기해온 박완서에게 몸·집은 한국(인)의 정체성과 여성 주체의 삶이 축적되어온 정동적 공간이다. 권영빈은 「한국전쟁과 젠더화된 생존의 기록」에서 박완서의 자전적 소설에 그려진 '몸'과 '집'의 관계를 분석한다. 공간을 통한 신체적 수행과 배치, 그리고 다양한 스케일(scale) 간의 상호구성적 관계를 다루는 젠더지리학은 '신체화된 주체의 공간적 경험'이라는 접점을 통해 정동 이론과 연결된다. 박완서의 소설에서 '집'이라는 사적공간에서의 전쟁 경험의 특수성, 그리고 육친의 죽음이 집과 몸에 각인되고 그것이 서사주체의 존재론적 토대를 이루는 양상은 '집을 몸으로 앓는' 체현된 주체를 내세우는 박완서의 소설세계를 규명하는 전거가 된다. 그의 소설은 정동의 관점에서 계속해서 읽힐 필요가 있다.

신민희는 「항구도시 부산과 여성 노동자들의 해양노동」을 통해 '여성 공간'에 대한 주제를 이어간다. 이 글은 젠더화된 공간과 로컬리티(locality)에 대한 주제를 전면화해 여성 노동과 로컬산업의 관계적 특질을 다룬다는 점에서 주목된다. '항구'와 '근대도시'의 역사적 접맥 과정에서 '성장'/'쇠락'이라는 시간적 서사의 지배를 받아온 부산의 정체성은 중공업-남성가부장-지역의 몰락을 등치시키는 구조는 물론, 그 속에 비가시화된 여성 해양노동자의 삶을 살펴볼 수 있게 하는 출발점이다. 수산가공업은 가사노동의 부불노동으로, 자연적 채취의 영역으로 상상되어왔는데, 이 글에서 새롭게 밝히는 여성 해양노동자들의 자기서사는 그들의 노동이 '선진화'와 같은 기능적·기술적 조작으로 대체될 수 없는 정동적 영역과 관련된다는 점을 부각시킨다.

정동의 공간적 생산은 일본 야스쿠니신사라는 정치적·이데올로기적 장소에서 또한 논의된다. 이시다 게이코는 전몰자 위령 행위를 통해 '여성적인 것'이 생산되고 배치되는 방식에 대해 분석한다. 「야스쿠니신사의 위령과 '여성적인 것'의 관계에 대해」는 수동성·연약함/능동성·강인함 등으로 양분되는 젠더화의 질서를 따라 내셔널리즘이 구성되는 과정에서, 과거 눈물을 흘리거나 곡을 하는 등의 '여성적인 것'에 대한 배제가 오늘날 오히려 슬픔을 유발하는 '여성적인 것'을 부각시키는 것으로 변용되면서 가부장제에 기반한 내셔널리즘의 또 다른 형태로 재배치되는 양상에 대해 논한다. 이제 '여성적인 것'을 동력으로 삼는 내셔널리즘에서 벗어나 위령 행위에 대한 새로운 이야기를 만들어갈 필요가 있다는 것으로 글은 마무리된다.

정동적 공간은 물리적 장소로 온전히 환원되지 않는다. 예컨대, 최근 들어 그 용례가 빈번하게 발견되는 '피지털(phygital)'이라는 용어는 신체를 둘러싼 물리적 장소와 미디어라는 가상적 장소의 혼종을 사유하게 한다. 미디어는 단순한 장소에 머무는 것이 아니라, 플랫폼, 공론장, 아카이브 등 결코 단성적이지 않은 포맷(formats)을 취하며 미디어에 접속된 신체를 정동적으로 형성(formulation)한다. 신체 역시 다양한 힘들이 교차 또는 횡단하는 일종의 미디어임은 물론이다. 3부 '미디어와 연결성'은 바로 이러한 사례들, 즉 개인적이고, 집단적이고, 담론적이고, 네트워크화된 신체들이 서로 정동을 일으키고 수정되는 방식에 대한 본격적인 탐구다.

최이숙은 최근 유치원 운영상의 비리를 감시하는 유치원3법 입안을 이끌어 낸 시민단체 '정치하는엄마들'의 활동을 분석해 모성과 돌봄을 새롭게 사유할 수 있는 토대를 마련한다. 「모성에 대한 전유와 돌봄의 의제화」는 한국 여성운동의 역사에서 보호/부정이라는 두 축을 오갔던 모성에 대한 논의를 '함께 돌봄'이라는 사회적 의제와 정치적 가능성으로 재정립시키는 작업의 결과이다. 이 글에서 페이스북, 텔레그램과 같은 SNS 공론장은 '맘고리즘'에 대항하는 엄마들을 연결하는 것에서 나아가 '엄마노릇'이 사회적 공공성의 영역으로 확장되도록 하는 동력이 된다. 이러한 '집단모성'은 엄마됨, 돌봄이라는 사적인 행위가 공적인 세계, 노동의 세계와 긴밀하게 연결되어 있을 뿐만 아니라 새로운 '시민적 권리'로서 돌봄을 재규정할 것을 촉구하는 한편, 모성적 사유가 갖는 전복적 가능성을 드러내는 것으로서 의미화된다.

　　돌봄에 대한 재규정은 현재의 SNS뿐만 아니라 소설, 연극, 영화 등 근대 동아시아의 각종 미디어를 통해 반복적이고 지속적으로 출현했던 '신파(新派)'를 통해서도 이루어질 수 있다. '신파'를 양식이나 미감이 아니라 '정동체계'로서 재론하기 위한 시론적 성격의 「'신파성' 재론을 위한 시론」에서 권두현은 신파적 정동체계가 작품 안팎을 아우르면서 미학과 윤리학을 포괄하는 차원에 폭넓게 펼쳐져 있음을 밝히고 있다. 정동체계로서의 신파는 다양한 힘들의 마주침, 즉 '힘-관계들'을 통해 (재)구축되는데, 이러한 역점으로서 이 글은 '주체', '제도', '윤리'에 주목한다. 이 글은 신파적 작품의 원형에 해당하는 『불여귀』, 『쌍옥루』, 『장한몽』 등을 검토하면서 이들 작품이 '시적 정의'의 구현을 통해 '법적 정의'에 누락된 '돌봄 윤리'를 드러낸다고 주장한다. 이와 같은 돌봄 윤리는 신파를 주체의 굴복과 순응이 아니라, 이러한 패러다임에 대한 저항의 가능성이 각인된 역사적 장소로서 바꾸어 읽어내기 위한 열쇠가 된다.

김나영은 「고전서사 연구에서 연결성에 대한 논의의 현단계」를 통해 현재와 미래의 고전문학 연구가 실천할 수 있는 정동적 연구 방법론에 대해 모색한다. 마주침과 변용을 촉발하는 흐름 또는 에너지로서의 정동은 정치적이고 사회학적인 이론과 실천의 문제에만 국한되지 않는다. '연결'과 '의존'의 관점에서 고전문학 연구를 제고하는 것은 텍스트와 연구자(인간) 그리고 기계(컴퓨터)가 정동적인 관계로 변화하는 과정을 의미화하는 것이기도 하다. 이 글은 한글고전소설 〈소현성록〉을 중심으로 빅데이터 기술을 활용한 연구 현황과 분석 툴을 검토하고 디지털인문학으로서의 고전소설 연구가 '자료의 전산화'에 머물 것이 아니라 다양한 디지털 기술과의 연결과 관계맺음을 통해 보다 실천적인 연구로 나아가야 할 것을 촉구한다.

최근 민주화투쟁의 장(場)으로서 세계적인 이목을 집중시킨 홍콩은 지역, 세대, 미디어 테크놀로지 등 다양한 분야의 논의를 촉발시키는 정동적 대상이 되었다. 입이암총의 「홍콩의 파열된 시간」은 운동의 중심에 있는 청년들과 그들의 행동주의를 시간성과 영토적 충성심의 관점에서 읽는다. '청년기'라는 시간성은 기존 운동과 충돌하거나 그것을 파열시키는 특별한 정치적 순간들을 만들어낸다. 홍콩의 투쟁 현장에서 스스로를 '용무파(勇武派)'라 부르는 이들 청년은 평화, 합리성, 비폭력을 원칙으로 삼는 구세대 활동가들과 자신을 구별하는데, 중요한 것은 이러한 정체화가 '저항적 남성성'이라는 이데올로기적 모델의 측면보다는 각계각층의 사람들이 강력히 정동되는 다양하고 분열적인 측면을 지니고 있다는 점이다. 이 글은 투쟁하는 주체의 가변성과 복잡성에 주목해 '용무'라는 정체성을 낯설고 통제되지 않는 표류의 형태, 정동적 반응의 형태로 위치시킨다. 젠더·어펙트 총서의 첫 번째 책은 이러한 창발적인 논의들로 채워져 있다.

마지막으로, 이 총서가 나오기까지 수많은 분의 애정과 노고가 함께했다는 점을 별도로 언급해두고자 한다. 먼저 젠더·어펙트연구소에서 진행하는 많은 학술기획에 동참해주시고 〈연결신체 이론과 젠더·어펙트 연구〉라는 연구주제가 우리 사회에 의미있는 담론으로 자리매김할 수 있도록 벼려주신 연구소의 일반공동연구원 선생님들께 각별한 감사의 말씀을 전한다. 부산대학교 김보명 선생님, 동아대학교 박언주 선생님, 최이숙 선생님, 한국학중앙연구원 소현숙 선생님, 인하대학교 이화진 선생님을 비롯해, 지난 7월부터 연구팀에 합류하시어 고전서사 분야에서의 연결신체론을 개진해주시고 계신 인제대학교 강성숙 선생님께 감사드린다.

한편 이 총서에 수록된 글 가운데 젠더·어펙트의 관점에서 동아시아의 오늘을 엿볼 수 있게 해준 일본 고베대학 이시다 게이코 선생님과 홍콩 링난대학교 입이암총 선생님의 글은 코로나19 바이러스 감염증으로 인해 세계를 오가는 이동 경로가 차단되기 직전이었던 지난 1월 말, 지금 돌이켜보면 기적적으로 개최되었다고 할 수 있는 국제학술대회 〈젠더 연구의 현황과 연결신체 이론의 필요성〉에서 발표된 것이다. 원고 수록을 허락해주신 두 분 선생님께 감사드리며 섭외에 도움을 주신 김일림 선생님께도 감사 인사를 전한다. 이제는 일상이 된 비대면 상황에서도 우리들의 정동적 관계가 언제까지나 이어지기를 소망한다. 국제학술대회 토론을 맡아주신 여러 연구자가 전한 소중한 논쟁의 언어 역시 총서에 실린 연구에 보이지 않게 새겨져 있다.

권두현, 김나영 선생님은 젠더·어펙트연구소의 전임연구원으로서 연구소의 모든 학술행사를 기획, 추진하고 연구소의 실질적 운영을 위해 애써주신 분들이다. 특히 연구소 사업이 시작된 첫해인 지난 1년간, 두 분은 연구소 운영상의 체제와 물리적 환경을 안정적으로 정비해주신 분들로 너무도 쉽지 않았던 지난한 과정들을 묵묵히 통과해주셨다. 감사드린다.

권영빈, 김대성, 신민희 선생님은 연구소의 특별연구원이자 박사급 연구보조원으로서 함께 공부하고 일하면서 연구소의 발전에 많은 도움을 주었다. 단순히 일하는 곳이 아닌 각자의 연구주제를 진척시키고 연구자로서의 역량을 키워나갈 수 있는 공간으로서 연구소와 관계한 이들에게, 그 남다른 애정에 감사드린다. 연구소의 또 다른 연구 프로젝트인 '푸드문화지리지'를 함께 해주고 있는 김만석 선생님께도 이 자리를 빌려 감사 인사를 전한다.

석사과정 고다정, 박준훈 선생님과 김연우, 박지원 학생연구원 선생님들께도 인사를 전한다. 각자의 학업과 업무를 바쁘게 병행하면서도 늘 활기찬 모습을 보여주고, 무엇보다 연구소가 주력하는 연구 분야에 대한 진지한 목소리를 들려주기를 멈추지 않았던 데에 고마움을 느낀다. 지난 8월부터 연구소의 청년연구인턴으로 근무하게 된 강희정, 문가희, 임은비 선생님께도 인사를 전한다. 연구소의 수많은 일을 능숙하고 전문적으로 처리해주고 있을 뿐만 아니라, 각자의 넘치는 개성과 재능으로 연구소에 색다른 영감을 불어넣고 있는 선생님들은 우리 연구소가 만나게 된 큰 행운이다.

젠더·어펙트연구소에서 운영하는 젠더·어펙트스쿨은 누구나 참여할 수 있는 '삶과 연구의 인터페이스'이자 '열린 학교'로, 정해진 모델을 갖고 있기보다는 함께 하는 분들과의 만남을 통해 다양한 형식을 실험해보는 곳이다. 여기에서 지역과 세대, 국경을 넘어 함께 공부하고 고민해주시고 계신 참가자 여러분들께도 감사드린다.

연구소의 설립과 운영에 도움을 주신 동아대학교 한국어문학과 교수님들과 연구소 살림을 돌봐주시는 행정부서의 선생님들, 이 외에도 연구소와 언제나 함께하고 있는 동아대학교의 수많은 교직원 선생님들께도 깊은 감사의 인사를 전하고자 한다.

아프콤 시절부터 언제나 동료로서 지지를 보내주신 무사시대학 와타나베 나오키 선생님과 하타노 세츠코 선생님을 비롯한 인문평론연구회, 페미니즘 연구의 동반자인 동아시아 여성문학 연구회 '카시(cassi)'의 고영란, 나이토 치즈코, 나카야 이즈미 선생님께도 감사드린다. 연구 교류의 오랜 파트너인 리츠메이칸대학 카츠무라 마코토 선생님과 코리아연구센터, 새롭게 연구 교류를 시작한 히토쓰바시대학 한국학연구센터의 이연숙, 이규수 선생님께도 인사를 전한다. 오랜 시간 이어진 국경을 넘는 부대낌의 길 끝에 젠더·어펙트연구소가 있고, 또 새로운 길 역시 그 길 위에서 시작되리라 생각한다.

마지막으로 이 총서가 빛을 보기까지 막중한 역할을 해주신 출판사 산지니와 강나래 편집자님께 감사드린다. 강나래 선생님은 이 많은 원고들이 책의 형태를 가질 수 있게 중요한 역할을 해주셨다. 장기적인 공동 연구 작업을 이어갈 수 있게 총서라는 이름을 갖게 해준 산지니 출판사와 구성원 모두에게 감사의 인사를 드린다.

이 총서는 젠더·어펙트연구소의 지난 일 년간의 연구 성과를 결산하는 공간이기도 하지만, 앞으로 연구소가 보여줄 끝없는 펼쳐짐의 자리에서 잠시 모이는 한 지점일 뿐이기도 하다. 연구소가 빚지고 있는 많은 분의 애정 속에서, 연구소는 앞으로도 계속 '연결'되어 나갈 것이다.

2020년 10월
모두를 대신하여
젠더·어펙트연구소장 권명아

차례

1부

연결신체의 역사

인간 존엄의 조건으로서의 상호의존과 연결성
: 치매인의 경험세계를 중심으로[1]

박 언 주

1. 서론

1.1. 연구의 필요성

한국사회는 노인 인구가 가파르게 증가하여 2018년 65세 이상 노인 인구수는 7,389,480명으로 전체인구의 14.4%를 차지하여 고령사회에 진입했다. 2018년 현재 한국사회의 65세 이상 추정 치매인 수는 75만 명이고, 전체인구 대비 추정치매유병률은 10.6%에 달한다.[2] 향후 노인 인구수와 비율이 증가하면 치매인의 비중도

---

1   이 글은 「인간 존엄의 조건으로서의 상호의존과 연결성: 치매인의 경험세계를 중심으로」, 『한국콘텐츠학회논문지』 제20권 제8호, 한국콘텐츠학회, 2020. 8을 수정·보완하여 재수록한 것이다.

2   이지수·강민지·남효정·김유정·이옥진·김기웅, 『대한민국 치매현황 2019』, 보건복지부·중앙치매센터, 2020. 2.

더 높아질 것이며, 치매인과 공식·비공식적 관계를 맺는 인구수도 더 증가할 것이다. 치매 예방 및 치매인에 대한 조기개입의 중요성이 부각되고 치매 진단기술이 향상됨에 따라 치매 진단의 기회가 확대되고 결과적으로 치매 진단을 받은 치매 인구는 더욱 증가할 것이다. 따라서 치매인의 치매 경험에 대한 심오하고 확장된 이해가 요구된다.

치매인에 대한 사회적 태도와 인식은 여전히 부정적이며, 치매인과 치매경험의 다양성은 치매를 의료적 문제로만 접근하는 가운데 비가시화 되고 있다.[3] 치매는 점진적으로 진행된다는 특징이 있지만, 극단적으로 증상이 악화된 말기 상태의 특징을 중심으로 이해되고 있고, 아직 치료방법이 개발되지 않았다는 점 때문에 치매 및 치매인에 대한 사회적 인식은 부정적인 상태에 머무르고 있다. 치매 진단 이후에 점점 증상이 악화되고 기능이 상실되는 과정을 거쳐 결국 독립적으로 일상생활을 하지 못하게 되며 궁극적으로 인간성 상실의 상태에 도달하게 되는 질병이라는 점이 강조되기 때문일 것이다. 치매에 대해 치료 가능하지 않은 질병이라는 점을 부각하기보다는 자연스러운 삶의 과정 중의 하나로 수용하는 방향으로 치매인에 대한 인식의 변화가 요구된다.

그러나 치매에 대한 지배적 서사는 질병으로서의 치매의 증상을 중심으로 의료 담론으로 구축되고 있고, 치매 환자의 기능 상실과 의존을 중심내용으로 한다. 치매는 기억의 문제로부터 인지

---

3   최희경, 「치매인을 위한 인권중심 사회복지실천의 방향과 방안에 대한 연구」, 『노인복지연구』 제72권 1호, 한국노인복지학회, 2017, 69-91쪽.

능력, 행동장애로 진행되며, 일상생활 수행능력에 문제가 생겨 결국은 장애와 의존의 원인이 된다. 구체적으로 인지기능 장애는 기억력, 언어능력, 시공간 파악능력, 판단력 및 추상적 사고능력의 저하를 가져온다. 치매인의 기억력 저하는 경험 전체를 망각하는 것이며, 판단력 저하로 발전하고, 잊었다는 사실 자체를 알지 못하며, 일상생활에 지장을 받는다.[4] 대표적으로 알츠하이머 치매는 인지기능 장애, 전두엽 기능 장애, 행동심리적 문제, 일상생활 능력 손상을 가져온다.[5] 행동심리 증상은 이상행동과 이상심리 증상을 포함하는데, 이러한 증상이 심화 되면 가까운 사람과 일상생활을 영위하는 것이 어려워진다.[6] 이상행동은 공격성, 배회, 부적절한 성적 행동, 소리 지르기, 악담, 불면증, 과식증 등의 증상으로 나타나고, 이상심리는 불안, 초조, 우울, 환각, 망상 등의 증상으로 나타난다. 시장보기, 돈 관리하기, 집안일 하기, 음식 준비하기 능력이 떨어지고, 질병이 더 진행되면 용변 보기, 옷 입기, 목욕하기, 등의 기본적 일상생활 수행 능력이 급격히 저하된다. 이러한 증상들이 더욱 악화 되면 대화가 가능하지 않고 자신을 돌보기 힘든 상태가 된다. 치매인은 결국 자기 자신, 친밀한 관계, 사회적 관계를 포함한 모든 것을 상실하게 된다는 것이다. 치매인은 모든 기능의 손상에 이르게 되고 자기에 대한 인식을 상실하고 타인에게

4　보건복지부, 『치매매뉴얼』, 중앙치매센터, 2014.

5　질병관리본부, 「치매」, http://health.cdc.go.kr/health/HealthInfoArea/HealthInfo/View.do?idx=2440

6　질병관리본부, 앞의 글.

완전하게 의존하게 된다는 의료 담론의 예언에 종속되게 된다.[7]

인간중심접근(person-centered approach)은 이러한 상실과 의존의 의료적 담론이 치매인에 대해 치매 증상을 중심으로 치매 환자로 획일화하고 있다고 비판한다.[8] 인간중심접근에서 강조되는 것은 치매 증상 그 자체라기보다는 '치매 증상을 가진 인간'으로서의 치매인이다. 즉, 치매인은 '치매 증상을 가진 인간'으로 인식됨으로써 인간임(personhood)이 강조되었다. 치매 증상만으로 치매인을 설명하는 경우, 치매인은 절대적인 의존 상태의 치매 증상으로만 인식되지만, 인간중심접근에서 치매인은 치매 증상을 가진 인간임이 강조된다. 이 경우 강조되는 인간임을 유지하기 위해서는 개인의 개별성, 독립성, 존엄성이 존중되고 유지되어야 하며, 치매인의 경우도 인간임이 강조된다면 이러한 점들이 존중되고 유지되는 것이 중요하다는 것이다.[9] 그러나 치매에 대한 의료적 담론을 통해 치

---

7 Christine Bryden, "Challenging the discourses of loss: A countinuing sense of self within the lived experience of dementia", *Dementia*, Vol.19, No.1, 2020. 1, pp.74-82.

8 Tom Kitwood, *Dementia Reconsidered: The Person Comes First*, Buchingham: Open University Press, 1997. 1; Gary Mitcheel and Joanne Agnelli, "Person-centered care for people with dementia: Kitwood reconsidered", *Nursing Standard*, Vol.30, No.7, 2014. 7, pp.46-50.

9 Penny Rapaport, Alexandra Burton, Monica Leverton, Ruminda Herat-Gunaratne, Jules Beresford-Dent, Kathryn Lord, Murna Downs, Sue Boex, Rossana Horsley, Clarissa Giebel, and Claudia Cooper, ""I just keep thinking that I don't want to rely on people." A qualitative study of how people living with dementia achieve and maintain independence at home: Stakeholder perspectives", *BMC Geriatrics*, Vol.20, No.1, 2020. 1. https://doi.org/10.1186/s12877-019-1406-6; Isis E. van Gennip, H. Roeline W. Pasman, Mariska G. Oosterveld-Vlug, Dick L. Willems, and Bregje D. Onwuteaka-Philipsen, "How

매인의 기능과 능력뿐만 아니라 치매인의 다양성과 개별성까지 함께 상실되고 있다. 크리스틴 브라이든(Christine Bryden)은 치매에 대한 의료적 담론은 치매인의 뇌, 생애사, 그리고 개인적 삶의 경험을 인지장애로 모두 똑같은 것으로 획일화 한다는 점을 비판하고 있다.[10]

다른 한편으로 치매에 대한 지배적 서사는 치매인에 대한 부양부담을 중심으로 구성되었다. 그동안 치매 연구는 치매인보다는 돌봄인, 특히 가족 돌봄인을 중심으로 가족의 부양 부담 및 부양 스트레스에 대해 강조해 왔다.[11] 김은경과 박희옥은 재가 치매노인 가족 보호자의 부양부담감 관련요인에 대한 체계적 문헌고찰 및 메타분석을 수행하였으며, 유승연은 치매노인 부양부담 관련 국내 연구동향을 분석하였다. 임동영과 장현정의 연구는 치매지원센터를 이용하는 경증치매노인의 가족 구성원을 대상으로 치매인의 행동심리증상과 가족 돌봄인의 부양스트레스가 정적인 상관관계에 있다는 것을 보고하였고,[12] 정화철은 치매노인의 가족

---

dementia affects personal dignity: A qualitative study on the perspective of individuals with mild to moderate dementia", *Journal of Gerontology: Series B*, Vol.71, No.3, 2016. 5, pp.491-501.

10 Christine Bryden, 앞의 글, pp.74-82.

11 김은경·박희옥, 「재가 치매노인 가족 보호자의 부양부담감 관련요인: 체계적 문헌고찰 및 메타분석」, 『성인간호학회지』 제31권 제4호, 한국성인간호학회, 2019. 7, 351-364쪽; 유승연, 「치매노인 부양부담 관련 국내 연구동향 분석」, 『보건과 복지』 제20권 제4호, 한국보건복지학회, 2018. 12, 29-54쪽.

12 임동영·장현정, 「지역사회 경증치매노인의 행동심리증상과 가족의 부양스트레스 및 자기효능감」, 『한국콘텐츠학회논문지』 제19권 제4호, 한국콘텐츠학회, 2019. 4, 651-662쪽.

돌봄인을 대상으로 부양스트레스가 자살생각에 정적인 관계가 존재한다는 것을 확인하였으며,[13] 전병주, 곽현주, 이경주는 노인의 치매 발병에 따른 가족 돌봄인의 외상 수준에 대해 연구하였다.[14] 가족 돌봄 경험의 심각성을 강조하는 연구들은 치매인의 가족 돌봄인을 지원하기 위해 사회적지지를 강화하고 자기효능감을 증진할 것을 제안하고 있다.[15] 그러나 이러한 연구에서 치매인은 치료와 돌봄의 대상으로 인식되어 왔고, 치매국가책임제가 도입된 이후에도 치매인은 여전히 관리대상에 머물러 있다.

아울러, 지금까지의 치매 연구에서 치매인의 목소리는 배제되어 왔다. 치매인의 특수성이라 할 수 있는 기억손상의 문제는 과거-현재-미래를 잇는 자기 통합적 서사를 불가능하게 하고 그로 인한 개인의 자기 정체성 구성에 문제를 초래한다고 인식되었다.[16] 또한, 치매의 증상 중 하나인 인지기능 저하로 인하여 치매인은 언어적 의사소통이 가능하지 않거나, 그 의사소통을 통해 생산되는 이야기는 신빙성에 문제가 있다는 인식이 존재해 왔고, 치매인은 치매 경험 연구의 연구참여자 선정에서 배제되어 왔으며, 치매인을 위한 서비스에 대한 만족도와 요구도 조사에서도 주로 가족

---

13 정화철, 「치매노인 보호자의 부양스트레스가 자살생각에 미치는 영향」, 『한국콘텐츠학회논문지』 제17권 제11호, 2017. 11, 167-182쪽.

14 전병주 · 곽현주 · 이경주, 「치매노인 가족 보호자의 외상 수준과 외상 후 성장의 관계에서 사회적 지지의 성격별 보호효과: 성차를 중심으로」, 『한국콘텐츠학회논문지』 제19권 제7호, 한국콘텐츠학회, 2019. 7, 598-608쪽.

15 정화철, 앞의 글, 167-182쪽; 전병주 · 곽현주 · 이경주, 앞의 글, 598-608쪽.

16 엄미옥, 「치매서사에 나타난 이야기의 윤리」, 『현대문학이론연구』 제76권, 현대문학이론학회, 2019. 3, 129-159쪽.

의 관점이나 서비스 시설 종사자와 전문가의 관점이 치매인의 관점을 대신해 왔다. 그러나 이들과 치매인의 관점에는 차이가 존재하는 것으로 나타났다. 김화순 외에 따르면, 치매인의 관점과 가족, 종사자, 전문가 등의 관점에는 차이가 존재하기 때문에 치매인을 직접 조사할 필요성이 대두되고 있다.[17] 신경림 외는 치매 노인의 불안, 우울, 삶의 질에 대해 치매 노인의 주관적 측정과 간병인의 측정 간의 차이를 연구한 결과, 불안에 대해서는 통계적으로 유의한 차이가 존재한다는 것을 발견하였다.[18] 즉, 치매인을 직접 조사하고, 치매인의 목소리를 통하여 치매 경험에 관해 탐구하는 연구의 필요성이 대두된다.

이상에서 살펴본 바와 같이, 한국 사회에서 치매에 대한 지식의 축적은 지배적 치매 서사를 통해서 이루어져 왔고, 그 과정에서 치매인의 목소리는 배제되어 왔다. 지배적인 치매 서사는 치매 증상을 중심으로 획일화하여 기능 상실과 의존을 부각함으로써 치매인의 개별성과 다양성을 간과하고 있고, 돌봄의 대상으로 치매인을 인식함으로써 치매인의 인간 존엄성에 대해 논의할 수 있는 공간을 축소해 왔다. 대안으로 제시된 인간중심접근은 치매인의 인간임을 강조하고 있으나, 그 조건에 해당하는 개별성과 독립성은 인지능력에 기반한 근대적 개인 개념에 근거하고 있어서 상실

---

17 김화순·이영휘·정다워·이지연, 「치매주간보호센터에서 제공하는 서비스에 대한 치매노인의 만족도와 경험」, 『한국콘텐츠학회논문지』 제19권 제7호, 한국콘텐츠학회, 2019. 7, 609-627쪽.

18 신경림·강윤희·정덕유·김려화·황선아, 「치매노인의 불안, 우울, 삶의 질에 대한 치매노인의 주관적 측정과 간병인의 측정 간의 차이 연구」, 『성인간호학회지』 제20권 제5호, 한국성인간호학회, 2008. 10, 804-814쪽.

과 의존으로 표상되는 치매인의 경험세계 속에서 긴장과 갈등을 일으킬 수 있다. 따라서 치매인의 경험세계에서 상실과 의존, 그리고 개별성과 독립성은 어떻게 유지되거나 극복되는지, 나아가 치매인의 인간 존엄은 어떻게 유지되고 있는지에 대한 관심이 요구된다.

1.2. 연구 목적 및 연구 방법

본 연구는 치매인의 경험세계에 대한 이해를 정동의 영역으로 확장하는 가운데, 치매인의 인간 존엄의 조건에 대해 논의를 전개하고자 한다. 보다 구체적으로, 본 연구는 상실과 의존으로 표상되는 치매인의 경험세계에서 치매인의 정동에 주목함으로써 지금까지 인간 존엄의 조건으로 강조되어 온 개별성과 독립성의 원칙 이외에 어떠한 조건들이 중요하게 고려되고 있는가에 대해 논의하고자 한다.

정동연구는 르네 데카르트(René Descartes)의 코기토적 존재로서의 개인의 자율성과 이성을 강조하는 근대적 인간관과 사회과학 연구의 서사적 전통에 대해 문제를 제기하고, 신체의 역량과 동력에 주목한다.[19] 특히 치매인의 경우 상실되어 가는 인지능력과

---

[19] 권명아, 「젠더·어펙트 연구에서 연결성의 문제: 미래 예측 시스템을 해킹하는 몸이라는 시간 여행자」, 『젠더 연구의 현황과 연결신체 이론의 필요성』, 동아대학교 젠더·어펙트연구소, 국제학술대회 발표문(2020.1.30.~2.1.), 1-16쪽, 2020; 김지영, 「오늘날의 정동 이론」, 『오늘의 문예비평』 제3권, 오늘의 문예비평, 2016. 3, 360-373쪽.

언어능력 이외에 신체의 역량과 동력으로 초점을 이동함으로써 치매인이 체화하고 있는 힘과 에너지에 주목할 수 있다는 점에서 의미가 있을 것이다. 치매인의 정동적 측면을 부각함으로써 치매인의 경험세계 및 인간 존엄에 대한 논의를 확장하는 데에 기여할 수 있을 것이다.

본 연구는 치매인을 연구참여자로 하거나 부분적으로라도 치매인을 연구참여자로 포함하여 수행된 질적 경험연구를 검토하였다. 본 연구는 치매에 대한 질적경험연구 중 치매인을 직접 인터뷰하거나 치매인의 가족 돌봄인을 통한 인터뷰에 치매인이 함께 참여한 국내 연구와 최근의 해외 연구의 성과에 기반한 문헌 연구이다.[20]

---

20 이수유, 「치매 발병 후 부부관계와 질병의 공동경험」, 『한국문화인류학』 제15권 제3호, 한국문화인류학회, 2018. 11, 279-308쪽. 네 명의 치매인의 배우자와 한 명의 치매인의 딸을 면담하였다. 두 사례는 치매인이 함께 면담에 참여하였다.

최윤정·이민영·조미자·문정신, 「치매 노인 여성의 체험연구」, 『한국노년학』 제23권 제1호, 한국노년학회, 2003. 3, 113-128쪽. 초기 치매노인여성 6명에 대해 심층면접을 수행하였다. 이들에 따르면, 치매노인의 경험은 '내치고 싶은 뜻밖의 불청객', '놓치고 싶지 않은 기억의 끝자락', '끊임없이 타들어 가는 겻불', '흑백 사진 속의 생가', '옥신각신하는 삶과 죽음의 싸움판', '변치 않는 어미로서의 마음'의 6개 핵심 주제로 나타났다. '내치고 싶은 뜻밖의 불청객'은 치매노인이 기억을 잃어가는 과정에서 느끼는 두려움, 초조함, 그리고 치매라는 것을 부정하게 되는 것을 의미한다. '놓치고 싶지 않은 기억의 끝자락'은 노인들이 기억해 내려고 애쓰는 과정을, '끊임없이 타들어 가는 겻불'은 치매를 숨기고 싶어하면서 느끼는 고립감, 답답함, 우울감을 의미한다. '옥신각신하는 삶과 죽음의 싸움판'은 치매인이 죽음이 다가옴을 느끼고 원하기도 하면서 무기력하고 체념하게 되는 것을 의미한다. '흑백 사진 속의 생가'는 과거의 기억을 떠올리며 그리움, 친근함, 편안함을 느끼는 경험을 범주화한 것이며, '변치 않는 어미로서의 마음'은 모성애와 자식들에게 부담을 주고 싶지 않아 독립하고자 하는 경험

본 연구의 논지를 뒷받침하기 위하여 검토한 연구들은 치매인

을 나타낸다. 최윤정 외는 치매인의 다양한 경험에 대한 이해뿐만 아니라 다양
한 감정 상태에 대해 이해해야 할 것이라고 제언하였다.

최희경, 「초기 치매노인의 경험과 사회복지 개입방안에 대한 연구-주간보호센
터를 이용하는 여성노인을 중심으로-」, 『한국사회복지조사연구』 제54권, 연세
대학교 사회복지연구소, 2017. 9, 139-165쪽. 이 글은 6명의 초기 치매인을 심
층면접하여 분석한 결과를 토대로 하고 있다. 최희경은 '기억의 편집', '현재 나
의 삶', '나에게 일어난 변화', '주변사람들'의 4가지 범주에서 12개의 주제묶음
을 도출하였다. 이들은 부정적 요소(고착-평생에 한이 된 기억들, 상실과 좌절,
의존과 무력감, 고립과 단절 및 관계의 악화, 부정과 의구심, 상대하기 싫은 사
람들)와 긍정적 요소들(회귀-내가 주인공이었던 시절, 수용과 유지, 독립과 대
처, 규칙적 일과와 배우는 기쁨, 숨겨진 성격과 마음 속 말들의 표출, 좋은 사람
들과 지내기)과 변화에 대한 대처와 적응이라는 두 가지 차원에서 파악되었다.
최희경은 치매노인의 경험의 다양성을 확인하고, 치매인의 다양성에 주목함으
로써 개별성을 존중해야 한다고 주장한다. 치매인은 주체적으로 살아온 과거를
연속적으로 이해함으로써 개별성을 유지하고, 정체성을 구성한다는 점을 강조
했다. 치매인은 치매로 인한 변화에 대해 새로운 삶의 국면에 적응하고 일상생
활을 유지하고자 하는 노력을 하고 있다는 점을 강조하였다.

하진, 「초기 치매환자의 위축 경험」, 『노인간호학회지』 제8권, 제1호, 한국노인
간호학회, 2006. 6, 58-63쪽. 5명의 치매인에 대해 심층면접과 참여관찰을 병
행하였다. 하진에 따르면, 치매인의 치매경험의 핵심범주는 '움츠러듬'이었다.
'움츠러듬'의 인과적 조건으로는 '병에 대한 지각'과 '두려움'이었다. 치매 초기
에 인지기능 장애를 확인하는 계기가 되는 사건을 경험하면서 치매인은 이전의
자신과 비교할 때 있을 수 없는 일이라 공포와 두려움을 느낀다. '기력부족'과
'원망'으로 치매의 원인에 대해 타인을 탓하거나 외부에서 원인을 찾기도 한다.
'주변의 지지'에 힘입어 '의지'를 갖고 치매 극복을 위한 전략을 세운다. 그 결과
치매인은 '기대감'을 갖게 되기도 하고, '좌절'을 느끼기도 한다. 치매는 '진행성
질환'이고, 아직 치료법이 개발되지 않았기 때문에 치매 진단 사실을 치매인에
게 알릴 것인가의 문제와 의료전문가들은 어떤 서비스를 제공할 것인가의 문제
가 있는 것으로 나타났다. 치매에 대한 더 심도 있는 이해가 필요할 것이다. 치
매인에 대한 이해를 토대로 치매의 이행을 늦추는 방향의 개입이 필요하다는
점이 제안되었다. 아울러 다음과 같은 최근의 해외연구를 검토하였다.

Christine Bryden, op.cit., pp.74-82; Penny Rapaport et al., op.cit., https://doi.
org/10.1186/s12877-019-1406-6; Isis E. van Gennip et al., op.cit., pp.491-
501; Ann Davis Basting, *Forget Memory*, Baltimore: "Creating Better Lives

개인의 경험세계와 개인이 속한 관계 속에서 치매가 인식되고 경험되는 양식에 중점을 둔 연구들이다. 어떤 연구도 정동적 측면을 중점적으로 분석하고 있지 않지만 관련 내용을 포함하고 있으며, 이들은 치매인의 관점을 배제하지 않으면서 경험세계의 특징을 충분히 드러내고 있다는 점에서 중요성이 인정된다. 지금까지 치매인의 정동을 분석한 연구는 찾아보기 어렵다. 본 연구는 치매인의 정동을 강조하는 가운데 인간 존엄에 대한 논의를 확장하는 데에 기여하고자 한다.

2. 인간 존엄의 개념

인간 존엄(human dignity)은 다면적 개념으로, 기본적 존엄(basic dignity)과 개인적 존엄(personal dignity)의 두 차원을 가진다.[21] 기본적 존엄은 개인이 가진 다양한 속성에도 불구하고 축소되거나 간

---

for People with Dementia." Baltimore, MD: The John Hopkins University Press, 2009. 7; Ingrid Hellström, ""I'm His Wife Not His Carer!"–Dignity and Couplehood in Dementia", In Lars C. Hydén, Hilde Lindemann, and Jens Brockmeier(Eds.), *Beyond Loss: Dementia, Identity, Personhood*, Oxford: Oxford University Press, 2014. 12, pp.53-68; Gill Hubbard, Ailsa Cook, Susan Tester, and Murna Downs, "Beyond words Older people with dementia using and interpreting nonverbal behaviour", *Journal of Aging Studies*, Vol.16, 2002. 5, pp.155-167; Deborah. L. O'Connor, "Self-identifying as a caregiver: Exploring the Positioning Process", *Journal of Aging Studies*, Vol.21, 2007. 4, pp.165-174.

21 Daryl Pullman, "The ethics of autonomy and dignity in long-term care", *Canadian Journal on Aging*, Vol.18, No.1, 1999, pp.26-46.

과될 수 없는 고유한 것으로 보편적 인간으로서 누려야 할 존엄을 의미한다. 이에 반해, 개인적 존엄은 사회적으로 구성되는 것이며, 다른 차원으로부터 영향을 받을 수 있는 것이다. 즉, 기본적 존엄은 지켜져야만 하는 규범으로서의 존엄을 의미한다면, 개인적 존엄은 개인과 환경의 상호작용 속에서 구성되는 것으로서의 특징을 강조하는 개념이라 할 수 있다.

한편, 레나르트 노르덴펠트(Lennart Nordenfelt)는 인간 존엄에 세 범주를 병치함으로써 존엄의 개념화를 시도하면서, '특별한 인간적 가치이며, 개인이 살아있는 한 결코 축소될 수 없는 것'으로서의 인간 존엄(human dignity) 이외에도 장점의 존엄(dignity of merit), 도덕적 지위로서의 존엄(dignity of moral stature), 정체성 존엄(dignity of identity)의 개념을 소개하고 있다.[22] 이 중에서 정체성 존엄은 개인의 완전성(integrity), 자율성(autonomy), 생애사(life history), 그리고 타인과의 관계와 관련된 것이다. 정체성 존엄은 개인에 대한 타인의 태도에 의해 영향을 받을 수 있는 것으로 설명된다. 타인의 태도가 개인의 신체와 마음을 변화시킴으로써 정체성 존엄에 영향을 미칠 수 있다는 것이다.

인간 존엄의 구성요소들로 주로 언급되는 것은 자존감, 자아감, 개별성, 자기 정체성, 개인적·주관적 경험, 선호도, 가치관, 독립성, 자율성, 능력 등이다.[23] 개인으로서의 완전성, 생애사, 타인과

---

[22] Lennart Nordenfelt, "The concept of dignity", In Lennart Nordenfelt, *Dingnity in Care for Older People*, Oxford: Wiley-Blackwell, 2009. 6, pp.26-53.

[23] Isis E. van Gennip et al., op.cit., pp.491-501; Bridget Johnston, Sally Lawton, Catriona McCaw, Emma Law, Joyce Muray, John Gibb, Jan Pringle, Gillian

의 관계는 특히 개인의 정체성 유지에 있어 중요한 요소들이다. 이 요소들은 개인적 차원 및 규범적 차원에 속하는 측면도 존재하지만, 다른 한편으로는 타인과의 관계 및 사회적 환경과 상호연결되어 상호작용하는 가운데 구성되는 측면도 동시에 존재한다.

본 연구에서는 개인적 존엄과 정체성 존엄 개념을 중심으로 치매인의 존엄에 대해 논의하고자 한다. 개인적 존엄과 정체성 존엄을 개념화한 방식은 경험세계에서 인간 존엄이 어떻게 경험되고, 협상되고, 조정되면서 구성되는지 논의할 수 있게 해 준다.

3. 신체의 능력과 상호정동성

정동은 신체를 강조하는 스피노자(Baruch de Spinoza)의 개념에서 비롯되었고, 슬프거나, 어둡거나 밝은 상태를 의미하는 정서와 구분되는 것으로서 "신체의 활동 능력을 증대시키거나 감소시키고 촉진하거나 저해하는 신체의 변용인 동시에 그러한 관념"을 의미하는 것이다.[24] 즉, 정동은 변이하는 것이고, 이는 "개인들의 힘을 증대시키거나 감소시키는 운동성을 수반하는 사회적 관계

Munro, and Cesar Rodriguez, "Living well with dementia: Enhancing dignity and quality of life, Using a novel intervention, Dignity Therapy", *International Journal of Older People Nursing*, Vol.11, No.2, 2016, pp.107-120.

24 김지영, 앞의 글, 360-373쪽; 멜리사 그레그 · 그레고리 시그워스 편저, 최성희 · 김지영 · 박혜정 역, 『정동 이론』, 갈무리, 2016.

의 형성과 활동을 통해 발현되는 능력"이다.[25] 정동은 "정동하거나 정동을 받는(to affect and be affected) 능력"이며, "전인격적인(pre-personal) 강도(intensity)"로서 개인적이거나 인식 이전의 것이고, "정동 받은 신체와 그 다음 정동을 주는 신체 사이의 마주침으로 간주되는 각각의 상태"이다.[26]

정동연구는 신체에 주목한다. 신체의 변용 능력은 "다른 신체들과 결합하는 힘들의 관계에서 행위를 할 수 있는 능력의 정도이자 신체에 귀속되는 힘들의 집합체"로서의 의미가 있다.[27] 정동은 "우리의 몸이 세상에 속해 있음을 보여주는 것이자, 우리가 영향을 주고 영향을 받는 능력에서 생성되는 것으로, 몸과 몸으로 전달되는 강도 속에서 공명하는 과정에서 드러나는 힘들"이다.[28] 정동은 원초적인 자극-반응체계라기보다는 일종의 '기폭작용'이며, 인과구조를 가진 선형적인 것이 아니라 간섭하고 공명하는 비선형적인 것이다.[29]

정동연구는 상호정동성(interaffectivity)을 강조한다. 상호정동성이란 정동적 상태를 공유하는 것을 의미한다.[30] 다니엘 스턴은 범

---

25 강진숙, 「미디어교육 패러다임의 변화를 위한 시론: '미디어정동 능력'의 개념화를 위한 문제제기」, 『커뮤니케이션이론』 제10권 제3호, 한국언론학회, 2014. 9. 195-221쪽.

26 브라이언 마수미, 조성훈 역, 『정동정치』, 갈무리, 2018.

27 김은주, 『여성주의와 긍정의 윤리학: 들뢰즈의 행동학을 기반으로』, 이화여자대학교 박사학위논문, 2013.

28 맬리사 그레그 · 그레고리 시그워스 편저, 최성희 · 김지영 · 박혜정 역, 앞의 책.

29 브라이언 마수미, 조성훈 역, 앞의 책.

30 메건 왓킨스, 「인정 욕구와 정동의 축적」, 맬리사 그레그, 그레고리 시그워스 편

주적 정동, 활력 정동, 관계적 정동을 구별하여, 관계 정동에 기반한 상호정동성에 대해 논의할 수 있도록 하였다.[31] 관계 정동은 다른 두 정동과 병행해서 작동하며, 사랑받고 미움받는 감정, 안정감 등과 관련된다. 정동적 상태를 공유하는 상호정동성은 "상호주관적 관계성의 가장 강력하고 임상적으로 밀접한 관련이 있는 양상"이다.[32]

상호정동성에 기반한 관계적 현상으로서의 정동은 자유주의 전통의 개인성과 자율적인 주체 개념을 넘어설 수 있도록 한다. 정동은 사이들에서 펼쳐지고, 사이들은 상호작용하는 행위자들 사이이며, "일상적인 소통의 실천에서 행위자와 요소들 사이, 전송 과정들의 작용자들 사이에서 펼쳐지는 무엇"이다. 의존성과 상호 연결성은 새로운 인간의 조건으로 주목받고 있다.[33]

위에서 살펴본 바와 같이 정동연구는 치매인의 인간 존엄에 대한 논의를 근대적 인간 개념에 기반한 독립과 개별성의 유지와 관련하여 배타적으로 논의하는 데에 그치지 않는다. 인지기능 및 언어능력의 한계에도 불구하고 치매인의 몸에 체화된 역량과 동력의 실천, 그리고 치매인과 타인 및 사회와의 사이에서 펼쳐지는 정동하고 정동 받는 힘의 상호정동 속에서 치매인의 인간 존엄이 유지되는 과정에 대해 논의할 수 있도록 해 줄 것이다. 또한, 정동 이론의 방향으로 제시되고 있는 새로운 인간의 조건, 즉 상호의존

저, 앞의 책, 425-449쪽.

31 메건 왓킨스, 앞의 글, 439-440쪽.
32 메건 왓킨스, 앞의 글, 439-440쪽.
33 권명아, 앞의 글, 1-16쪽.

과 상호연결성은 독립과 개별성이라는 인간 존엄의 조건을 충족하려는 힘과 어떻게 부딪치고 공명하며 치매인의 인간 존엄 및 그 조건을 변용해 나갈지 치매인의 경험세계를 중심으로 살펴보는 것은 의미 있을 것이다. 그러므로 본 연구는 치매인을 중심으로 볼 때, 인간 존엄은 어떻게 유지되는지 정동이론과의 관계 속에서 논의해 보고자 한다.

4. 치매인의 경험세계와 정체성 존엄

4.1. 신체에 체화된 역량과 동력

치매인의 몸은 다양한 감정과 경험이 깃들어 있는 장소이며, 치매인의 체화된 능력의 근거라는 점이 강조되고 있다.[34] 치매인의 경험에 대한 문헌은 '몸의 기억'이라는 용어로 치매인의 몸에 체화되어 남아있는 능력을 설명한다.[35] 치매인의 몸에 체화된 능력은 과거와 현재의 치매인을 연결하는 매개로 인지능력과 관련한 기억상실의 문제에도 불구하고 여전히 작동하고 있다. 몸의 기억을 통해서 자기 지속성이 구현되며, 이는 개인의 정체성의 기반이 된다. 인지와 몸, 정신과 신체라는 이분법적 사고는 치매인의 인지능력 상실을 인간성 상실로 인식해 왔다. 그러나 치매는 의식 차원

---

34 엄미옥, 앞의 글, 129-159쪽.

35 공병혜, 「몸의 기억과 자기 정체성」, 『현상학과 현대철학』 제78집, 한국현상학회, 149-178쪽, 2018. 9.

의 명시적 기억의 문제를 초래하지만 암묵적 기억은 치매 말기까지 유지된다.[36] 치매인의 신체에 체화된 역량과 동력은 정체성을 유지하고, 유능감, 자율성, 자존감을 유지할 수 있도록 하는 근거가 된다.

치매로 인해 파괴되고 상실되는 것은 삶의 일부 조건이며, 치매 경험은 오히려 선명하게 드러나는 잔존하는 것을 중심으로 거듭되는 조정을 통해 보수하고 지탱하면서 일상으로 수렴되는 과정이다.[37] 치매인의 일상에는 여전히 가능한 것이 있고, 그것은 '치매로 인해' 가능한 종류의 경험들이기도 하다.[38] 치매로 인한 변화에도 불구하고 치매인의 삶의 영역의 기쁨과 즐거움 같은 긍정적인 감정들은 인간임을 확인시켜 주는 상징인 것으로 인식되고 있다.[39] 이는 몸에 체화된 잔존기능에 근거한다. 치매인의 경험을 직접 인터뷰한 연구들에서 '긍정적인 감정이 깃든 생생하게 남아있는 기억'은 대부분 몸에 체화된 능력으로 몸을 통해 표현되는 것이며, 그것은 치매인의 핵심적 정체성 유지의 근간이 된다는 것을 언급하고 있다. 아울러, 이것은 치매인의 개별성과 인간 존중의 확

---

36 공병혜, 위의 글. 공병혜에 따르면, 명시적 기억은 "의식적으로 상기되어 보고되거나 기술될 수 있는 무엇을 아는 것". 암묵적 기억은 "몸의 기억으로 지금 할 수 있는 것이며 행위로 실현되는 것", 몸의 기억은 "상황 속에 놓인 인간의 존재론적 실천적 능력의 토대가 되는 몸의 습관과 소질들의 총체성"을 의미한다. 몸의 기억의 형태들, 기억의 종류, 그리고 몸의 기억과 정체성과의 관계에 대한 구체적인 내용은 이 글을 참조.

37 이수유, 앞의 글, 279-308쪽.

38 이수유, 앞의 글, 279-308쪽.

39 이수유, 앞의 글, 279-308쪽; 최윤정 외, 앞의 글, 113-128쪽.

보를 위해 중요하다는 점도 제안하고 있다.

나아가, 개인적으로 존엄함을 느끼는 것은 삶이 의미 있다고 느끼고 믿고, 지속적으로 의미 만들기를 하는 삶을 통해서 가능하다는 점이 강조된다.[40] 치매인의 의미 만들기를 통한 인간 존엄의 유지는 남아있는 기능과 체화된 능력을 활성화함으로써 여전히 가능하다. 치매인은 타인의 도움을 통해 의미를 부여할 수 있는 풍부한 삶의 측면들을 가득 가지고 있으며 이러한 풍부함은 자아의 의미를 지속적으로 꽃피게 한다는 점이 강조되었다.[41]

한편, 치매인의 몸은 소통과 연결의 동력으로 작동한다. 일반적으로 치매인은 언어능력의 상실 때문에 상호작용에서 배제되는데, 치매인들은 비언어적 의사소통(nonverbal communication)을 통해 상호작용을 지속하고 매 순간 여전히 타인과 깊이 연결되어 있다. 이렇게 치매인이 맺고 있는 관계는 자기개념의 중요한 측면을 이룬다.[42]

치매진단은 삶의 전환점으로 작용했지만, 이는 배우자들의 지속적 관찰과 과정에서 '암묵적 협업'하에 가능한 것이었다.[43] 치매인 커플들은 자신들이 해 오던 특정한 동작, 발화, 상호작용의 방식을 일정 부분 유지할 수 있었고, 관찰력을 동원한 비언어적 의

---

40 Isis E. van Gennip et al., op.cit., pp.491-501; Ann Davis Basting, op.cit.

41 Christine Bryden, "Challenging the discourses of loss: A countinuing sense of self within the lived experience of dementia", *Dementia*, Vol.19, No.1, 2020. 1, pp.74-82.

42 Christine Bryden, ibid., pp.74-82.

43 이수유, 앞의 글, 279-308쪽.

사소통을 이어가고 있었다.[44] 즉, 몸에 체화되어 잔존하고 있는 기능들을 활성화하여 소통함으로써 연결성을 유지하고 있는 것이다. 치매인 커플 중 "나는 반영되는 중이다(I am being reflected)"로 표현되는 한 사례에서 치매인은 배우자를 미러링하고 있는 것으로 나타났다. 치매인은 배우자가 가끔 인내심을 잃는다는 것을 느끼고 있었고, 배우자의 기분이 상하지 않도록 하고 있었다. 배우자가 안정을 취하는 것은 치매인을 위해서도 좋은 것이었다.[45] 이 커플의 관계에 인지기능의 불균형은 존재하지만, 상호관계는 인지와 인식에 배타적으로 의존해 있는 것이 아니라, 상대와 호흡을 맞추면서 기다려주고 배려하는 상호정동 속에서 상호연결의 형태로 나타났다.

나아가, 치매인의 비언어적 의사소통에 관한 한 연구는 치매인이 사회적 상호작용의 맥락에서의 비언어적 행동을 사용하고 해석하는 방법을 탐색했는데, 치매인은 비언어적 행동을 의미 있는 방법으로 사용하고 있다는 것을 발견하였다.[46] 이들은 특별한 상황에서는 "공유된 의미의 맥락(in the context of shared meanings)"에서 행위를 하였고, '자기'를 유지하고, '타자'의 역할을 취하기도 하였다. 비언어적 행동은 치매인의 자기 정체성을 유지하도록 하는 잠재력이 있고, 그들의 삶과 돌봄의 질을 향상시킬 수 있다는 점이 제안되었다.

---

44 이수유, 앞의 글, 279-308쪽.

45 Ingrid Hellström, op.cit., pp.53-68.

46 Gill Hubbard, et al., op.cit., pp.155-167.

이외에도 치매인은 과거에 수행하던 역할을 지속하는 것으로 나타나는데, 이는 몸에 체화된 역량이 몸의 동력으로 수행되는 것이다. 예를 들어, 치매인을 대상으로 치매 경험을 연구한 국내의 한 연구는 '변치 않는 어미로서의 마음'을 범주화하여, 치매인의 모성애가 유지된다는 것을 밝혔다.[47] 이는 치매 노인들이 예전의 모습과 동일시하려는 노력이며, 치매 진단 이후에도 과거의 역할을 유지하고자 하는 것으로 해석되었다. 나아가 치매인은 이러한 가족 내에서의 역할뿐만 아니라 치매 진행 이전에 수행했던 사회적 역할도 몸에 체화된 역량을 동원하여 수행할 수 있다는 점이 확인되고 있다.[48] 즉, 앞서 언급했듯이 과거에 수행했던 역할은 치매인의 정체성과 개별성과 관련하여 매우 중요한 부분임이 분명할 것이다.

4.2. 자기감, 인간임, 커플임

치매인의 치매 경험에 대한 연구들은 자기감(sense of self), 인간임(personhood)과 커플임(couplehood)을 중요하게 고려하고 있는 것으로 나타났는데, 이는 치매인의 인간 존엄, 특히 정체성 존엄과 관련이 있다. 치매인과 치매인 커플은 치매인의 인간 존엄을 위해 이러한 자기 정체성 및 공유된 정체성을 유지하는 방향으로 관계와 환경을 조성하면서 치매로 인한 변화에 대응하는 것으로 나타

---

47   최윤정 외, 앞의 글, 113-128쪽.

48   Alison Wray, "'We've had a wonderful, wonderful thing': Formulaic interaction when an expert has dementia", *Dementia*, Vol.9, No.4, 2010. 9, pp.517-534.

났다.

치매인 당사자의 내부자 관점에서 수행된 한 연구에 따르면, 치매인의 살아있는 치매 경험 속에 자기감(sense of self)은 계속 유지된다.[49] 자기라 함은 '나'의 삶이라고 하는 지속적인 하나의 생각, 세계를 이해하고 나의 신체적, 정서적 환경과 상호작용하는, '나'라고 하는 정신적 느낌(mental feeling)을 포함한다. 치매인은 '신경세포와 신경 연결망의 손상' 너머 존재하는 '나'를 인식한다는 점이 강조되는데, 이는 자기상실(loss of self) 담론에 대한 대안적 통찰을 제공한다. 치매경험을 통해 지속적으로 유지되는 것은 체화된 자기, 관계적 자기, 그리고 서사적 자기 중에서 착근된 관계적 자기(embedded relational self)라는 점이 강조되는데, 이는 일종의 존재방식(ways of being)이며, "자신이 무엇을 했는지를 회상하는 것보다는 자신이 누구인지 아는 것과 관련이 있다."[50] 이는 치매인의 자기감이 정체성 존엄의 핵심을 이룬다는 점을 보여준다.

한편, 치매는 치매인 개인에게 찾아오는 것이 아니라 치매인과 돌봄인의 사이로 들어와서 치매인과 돌봄인의 관계와 외부와의 관계, 그리고 일상생활을 변화시켰다. 즉, 치매는 치매인 한 사람에게 찾아오는 것이 아니라 "사람과 사람 사이로 파고들"며, 여기서 중요한 것은 인간임(personhood)이다.[51] 치매인의 가족 돌봄인에 대한 연구를 종합적으로 검토한 한 연구에서, 치매인을 돌보는

---

49   Christine Bryden, op.cit., pp.74-82.

50   Christine Bryden, op.cit., pp.74-82.

51   이수유, 앞의 글, 279-308쪽.

경험은 돌봄인에서 치매인으로 삶의 중심성이 이동하는 '인간 되어감(human becoming)'의 과정으로 나타났다.[52] 치매인의 가족돌봄인은 치매인을 우선에 두고, 치매인을 위하여 삶을 재구성하고, 돌보는 과정에서 내적 성장을 경험하고 삶의 지평이 확장되었으며, 스스로 알지 못했던 능력을 발휘함으로써 오히려 유능감을 획득했고, 다른 치매인 가족의 어려움에 공감하는 이타심을 갖게 되는 과정이라는 점이 강조되었다.

치매인 커플을 종단적으로 조사한 한 연구는 치매인의 기능 면에서 차이가 있는 세 커플을 인터뷰한 결과를 바탕으로 "공유된 존엄(shared dignity)"을 유지하고 있다는 것을 발견했다.[53] 즉, 존엄은 커플관계에 있는 두 사람 사이에 상호연관되어 있는 것으로 나타났다. 한 단위로서의 커플에게 한 사람의 굴욕은 다른 한 사람에게도 마찬가지로 굴욕으로 경험되는 것으로 나타났다. 사례 중 한 커플은 치매인의 과거의 성취를 강조하고, 치매인의 자율성과 존엄을 유지하려고 했고, 동시에 자신의 존엄도 유지될 수 있도록 했다. 또한, "나는 그(치매인)를 아이처럼 다루지 않아요"에서 드러나듯 자신의 치매인 파트너가 아이처럼 취급받지 않도록 일상과 타인과의 관계를 조율하고 있었다. 치매인 남편은 매일의 일

---

52 유영미 · 유미 · 오세은 · 이해영 · 김해진, 「중심성의 이동: 치매 환자 가족의 돌봄 경험에 대한 질적 합성 접근」, 『Journal of Korean Academy of Nursing』 제48권 제5호, 한국간호과학회, 2018. 10, 601-621쪽. 이 글은 2017년까지의 치매 가족의 돌봄경험과 관련한 질적 연구 논문을 분석한 것이다. 돌봄을 통한 자신에 대한 존중에서 나아가 경험을 공유한 타인에게 공감하는 능력으로 연결되는 임파워먼트 과정으로 확장됨을 보여주고 있다.

53 Ingrid Hellström, op.cit., pp.53-68.

상생활을 자신과 가정방문 도우미서비스에 의존하고 있지만, 그가 아이처럼 대접받지 않을 수 있도록 서비스를 조율하고 그가 집 안일을 도울 수 있도록 하였다. 다르게 말하면, 그녀는 어머니노릇을 거부하고 커플임을 유지하는 방향으로 치매인의 존엄을 유지하였다. 이들은 돌봄제공자와 돌봄수혜자로 자신들을 규정하지 않음으로써 자신의 배우자로서의 위치를 유지하고 있었고, 이렇게 함으로써 치매인의 존엄을 유지하고 있었다. 치매인 커플의 역동은 단순하지 않으므로 역동적이고 상호작용적 특징에 주목하기 위해서는 치매인과 배우자를 돌봄수혜자 혹은 돌봄제공자로 고정된 역할로 규정하지 않고 위치의 변화에 주목하는 것이 도움이 될수 있다.[54] 커플임은 두 사람 사이에서 구성되고 공유된다. 커플은 하나의 단위로서 공유된 존엄을 유지하고, 양육하는 관계적 맥락(nurturative relational context)을 창조한다.[55] 이는 공유된 정체성 존엄에 부정적인 영향을 주는 요소들을 최소화하기 위함이었다.

5. 결론

본 연구는 지배적인 치매 서사와 치매 연구가 치매 증상을 중심으로 치매인을 획일화함으로써 치매인의 개별성과 다양성을 간과하고 있으며, 치매인의 가족 돌봄인의 부양부담과 부양스트레

---

54 Deborah. L. O'Connor, op.cit., pp.165-174.

55 Ingrid Hellström, op.cit., pp.53-68.

스에 중점을 둠으로써 치매인을 대상화하고 치매인의 존엄에 대해 논의할 공간을 협소하게 하였으며, 치매인을 연구참여자로 선택하지 않음으로써 치매인의 목소리를 배제하고 있다는 점에 문제를 제기하였다.

본 연구는 치매인의 목소리와 경험을 중심에 두고, 치매인의 상실과 의존을 대표하는 인지능력 이외의 정동적 측면, 즉 신체적 역량과 동력 및 상호정동성을 분석하여 인간 존엄에 대한 논의와 연결함으로써 치매인의 인간 존엄에 대한 논의를 확장하였다는 데에 의의가 있다.

본 연구를 통해 밝혀진 바는 다음과 같다. 첫째, 치매인의 몸에 체화된 역량과 동력은 치매인의 잔존기능에 기반한 행동, 몸을 통한 비언어적 상호작용, 과거 역할의 수행으로 상호정동의 형태로 나타난다. 치매인은 몸에 체화된 역량과 동력을 통해서 여전히 삶의 의미 만들기가 가능하고, 비언어적 의사소통과 상호정동을 통하여 타인과의 상호연결성을 유지할 수 있으며, 인지와 기억의 한계를 넘어 몸의 동력을 통하여 치매 이전에 수행했던 가족 내에서의 역할과 사회적 역할을 수행하는 것으로 나타났다. 이것은 모두 치매인의 개인적 정체성의 기반이 되며, 개별성 유지와 관련이 있다.

둘째, 치매인의 정체성 존엄은 자기감, 인간임, 커플임을 훼손하지 않는 방향으로 커플, 타인, 사회환경과의 상호작용이 조율되는 가운데 유지되고 있었다. 치매인의 인간 존엄의 근거가 되는 정체성은 관계 속에서 형성되는 것으로 나타났다. 개인의 자기 정체성은 개별자로서의 개인이 단독으로 취득하게 되기보다는 관계

속에서 타인과의 연결 속에서 형성되는 것이며, 치매인의 경우 자기감, 인간임, 커플임은 모두 환경과의 상호작용과 관계적 맥락을 포함하고 있다는 점이 강조되었다.

결론적으로, 몸에 체화된 역량 및 동력의 활성화와 상호정동을 통한 상호연결과 상호의존의 맥락은 치매인의 정체성 존엄 유지를 위한 중요한 조건이라 할 수 있다. 치매인의 인간 존엄은 정동적 측면을 고려할 때, 개별성과 독립성의 근대적 정의를 넘어 상호의존과 상호연결성 속에서 새롭게 조명될 수 있을 것이다.

본 연구의 결과에 기반하여 치매인의 경험 및 인간 존엄과 관련하여 다음과 같은 점이 제안된다. 첫째, 몸에 응축된 개인의 경험과 역사는 근원적인 자기 존재의 통일적 기반이며 한 개인이 살아온 삶의 총체적 역사가 담긴 자기 정체성의 근원이 된다.[56] 인지와 몸, 정신과 신체라는 이분법적 사고는 치매인의 인지능력 상실을 개별성과 인간성 상실로 인식해 왔으나, 이러한 인식을 극복하기 위하여 치매인의 몸에 체화된 역량과 동력에 관심을 기울일 필요가 있다.

둘째, 개인의 인격으로서의 지속성, 즉 개별성은 암묵적으로 지금-여기에서 현재화되는, 과거의 역사를 함축하고 있는 몸을 매개로 생성된다.[57] 따라서 치매인의 경우, 삶을 함께한 사람들과의 상호연결성 속에서 치매인의 몸의 역량과 동력을 끌어내 상호정동을 활성화할 수 있는 환경을 조성하는 것이 필요하다. 인지기능

---

56   공병혜, 앞의 글, 149-178쪽.

57   공병혜, 앞의 글, 149-178쪽,

과 독립 및 개별성 이외에 상호정동을 통한 상호연결성과 의존성이 치매인의 인간 존엄의 조건으로 함께 고려되어야 할 것이다.

셋째, 치매인의 인간 존엄성을 위해서는 치매인이 관계 속에서 공유된 존엄을 유지할 수 있도록 돌봄인을 함께 지원하는 것이 중요하다. 공유된 존엄은 돌봄인과 치매인이 인간 존엄이라는 가치를 공유하는 하나의 단위로 연결되어 상호의존하게 된다는 것을 의미하며, 이를 통해 치매인의 존엄과 그 단위에 포함된 개인의 존엄이 함께 유지된다는 것을 의미한다.

넷째, 치매인의 인간 존엄을 유지하기 위한 조건으로 독립 및 개별성뿐만 아니라 상호의존과 상호연결성이 함께 고려되고 수행되며 실천되어야 할 것이다. 치매인의 경우, 상호의존과 상호연결성은 상호정동성을 통해 유지되는 측면을 고려할 필요가 있다.

본 연구는 치매인의 치매 경험과 인간 존엄에 대한 논의를 확장하기 위하여 정동적 측면에 대한 분석을 시도한 시론적 연구이므로, 향후 치매인을 인터뷰하고 참여 관찰하는 경험 연구를 통해 논의가 심화될 필요가 있다. 치매인의 인간 존엄을 유지하기 위해 개별성, 독립성, 상호의존성, 그리고 상호연결성이 일으키는 역동의 보다 심화된 양상을 드러내는 추후의 경험 연구가 요구된다. 이를테면, 근대적 개인에 근거한 인간 존엄의 개념은 개인의 개별성과 독립성을 중심으로 구축되어 있는데, 이러한 개념, 특히 독립 개념을 재고하고 확장할 필요성이 제기된 바 있다.[58] 치매인은 가

---

58 Bridget Johnston et al., op.cit., pp.107-120; Sara Hillcoat-Nalletamby, "The meaning of "independence" for older people in different residential settings", *Journal of Gerontology, Series B*, Vol.69, No.3, 2014. 5, pp.419-430.

족을 포함한 사회적 지지체계의 도움을 수용하는 것에 대해 독립을 유지하지 못함으로써 인간 존엄을 상실한 것으로 인식하기도 하고, 돌봄인들은 치매인의 독립 의지 존중과 치매인의 안전 유지 속에서 딜레마를 경험하는 것으로 보고되었다. 결국, 독립 개념은 독립과 의존을 연결하는 것으로, 상대적 상호의존, 위임된 자율성, 그리고 사회적 · 공간적 독립으로 다원화하여 펼치는 것이 하나의 대안으로 제시되었다.[59] 이때, 치매인의 독립성 유지를 상호의존과 상호연결성 속에서 논의함에 있어 정동적 측면에 대한 논의가 포함되어야 할 것이다.

또한, 치매인의 몸의 역량과 동력을 동원하는 역할수행과 역할전환은 정체성뿐만 아니라 권력 관계를 내포하고 있으므로 커플임과 공유된 존엄을 유지함에 있어 긴장과 갈등을 유발할 수 있다. 치매인 커플에서 부부관계와 환자-보호자 관계의 병행으로 인한 수평적 관계와 수직적 관계의 병존은 역할전환에 따른 긴장과 갈등을 일으키고, 이는 다양한 감정을 유발하는 쉽지 않은 과정으로 나타나고 있다. 아울러, 돌봄을 제공하는 역할에서 치매인으로서 돌봄을 받는 역할로의 역할전환이 순조롭게 이루어지지 않는다는 점도 발견되고 있다. 이에 대해 치매로 인한 역할전환과 관련한 문제는 과거의 역할을 수행하는 것이 치매인의 정체성의 기반이고 권력관계와 얽혀있다는 점과 함께 고려되어야 한다는 점이 지적되고 있다.[60] 따라서, 치매인과 치매인 커플의 역할수행과

---

59   Sara Hillcoat-Nalletamby, ibid., pp.419-430.

60   이수유, 앞의 글, 279-308쪽; 최윤정 외, 앞의 글, 139-165쪽.

역할전환은 치매인의 인간 존엄과 관련한 더욱 심화된 논의가 필요한 영역이라는 점을 발견하였다. 이에 대한 추후의 경험 연구가 요구된다.

참고문헌

1. 논문과 단행본

1) 논문

강진숙, 「미디어교육 패러다임의 변화를 위한 시론: '미디어정동 능력'의 개념화를 위한 문제제기」, 『커뮤니케이션이론』 제10권 제3호, 한국언론학회, 2014. 9.

공병혜, 「몸의 기억과 자기 정체성」, 『현상학과 현대철학』 제78집, 한국현상학회, 2018. 9.

권명아, 「젠더·어펙트 연구에서 연결성의 문제: 미래 예측 시스템을 해킹하는 몸이라는 시간 여행자」, 『젠더 연구의 현황과 연결신체 이론의 필요성』, 동아대학교 젠더·어펙트연구소, 국제학술대회 (2020.1.30.~2.1.), 2020.

김은경·박희옥, 「재가 치매노인 가족 보호자의 부양부담감 관련요인: 체계적 문헌고찰 및 메타분석」, 『성인간호학회지』 제31권, 제4호, 한국성인간호학회, 2019. 7.

김은주, 『여성주의와 긍정의 윤리학: 들뢰즈의 행동학을 기반으로』, 이화여자대학교 박사학위논문, 2013.

김지영, 「오늘날의 정동 이론」, 『오늘의 문예비평』 제3권, 오늘의 문예비평, 2016. 3.

김화순·이영휘·정다워·이지연, 「치매주간보호센터에서 제공하는 서비스에 대한 치매노인의 만족도와 경험」, 『한국콘텐츠학회논문지』 제19권, 제7호, 한국콘텐츠학회, 2019. 7.

메건 왓킨스, 「인정 욕구와 정동의 축적」, 맬리사 그레그·그레고리 시그워스 편저, 최성희·김지영·박혜정 역, 『정동 이론』, 갈무리, 2016.

신경림·강윤희·정덕유·김려화·황선아, 「치매노인의 불안, 우울, 삶의 질에 대한 치매노인의 주관적 측정과 간병인의 측정 간의 차이 연구」, 『성인간호학회지』 제20권, 제5호, 한국성인간호학회, 2008. 10.

엄미옥, 「치매서사에 나타난 이야기의 윤리」, 『현대문학이론연구』 제76권, 현대문학이론학회, 2019. 3.

유승연, 「치매노인 부양부담 관련 국내 연구동향 분석」, 『보건과 복지』 제20권, 제4호, 한국보건복지학회, 2018. 12.

유영미·유미·오세은·이해영·김해진, 「중심성의 이동: 치매 환자 가족의 돌봄 경험에 대한 질적 합성 접근」, 『Journal of Korean Academy of Nursing』 제48권 제5호, 한국간호과학회, 2018. 10.

이수유, 「치매 발병 후 부부관계와 질병의 공동경험」, 『한국문화인류학』 제15권, 제3호, 한국문화인류학회, 2018. 11.

임동영·장현정, 「지역사회 경증치매노인의 행동심리증상과 가족의 부양스트레스 및 자기효능감」, 『한국콘텐츠학회논문지』 제19권 제4호, 한국콘텐츠학회, 2019. 4.

전병주·곽현주·이경주, 「치매노인 가족 보호자의 외상 수준과 외상 후 성장의 관계에서 사회적 지지의 성격별 보호효과: 성차를 중심으로」, 『한국콘텐츠학회논문지』 제19권 제7호, 한국콘텐츠학회, 2019. 7.

정화철, 「치매노인 보호자의 부양스트레스가 자살생각에 미치는 영향」, 『한국콘텐츠학회논문지』 제17권 제11호, 2017. 11.

최윤정·이민영·조미자·문정신, 「치매 노인 여성의 체험연구」, 『한국노년학』 제23권 제1호, 한국노년학회, 2003. 3.

최희경, 「치매인을 위한 인권중심 사회복지실천의 방향과 방안에 대한 연구」, 『노인복지연구』 제72권 1호, 한국노인복지학회, 2017.

최희경, 「초기 치매노인의 경험과 사회복지 개입방안에 대한 연구-주간보호센터를 이용하는 여성노인을 중심으로-」, 『한국사회복지조사연구』 제54권, 연세대학교 사회복지연구소, 2017. 9.

하진, 「초기 치매환자의 위축 경험」, 『노인간호학회지』 제8권 제1호, 한국노인
간호학회, 2006. 6.

Alison Wray, "'We've had a wonderful, wonderful thing': Formulaic interaction
when an expert has dementia", *Dementia*, Vol.9, No.4, 2010. 9.

Bridget Johnston, Sally Lawton, Catriona McCaw, Emma Law, Joyce Muray,
John Gibb, Jan Pringle, Gillian Munro, and Cesar Rodriguez, "Living well
with dementia: Enhancing dignity and quality of life, Using a novel
intervention, Dignity Therapy", *International Journal of Older People
Nursing*, Vol.11, No.2, 2016.

Christine Bryden, "Challenging the discourses of loss: A countinuing sense of self
within the lived experience of dementia", *Dementia*, Vol.19, No.1, 2020. 1.

Deborah. L. O'Connor, "Self-identifying as a caregiver: Exploring the Positioning
Process", *Journal of Aging Studies*, Vol.21, 2007. 4.

Daryl Pullman, "The ethics of autonomy and dignity in long-term care",
Canadian Journal on Aging, Vol.18, No.1, 1999.

Gill Hubbard, Ailsa Cook, Susan Tester, and Murna Downs, "Beyond words
Older people with dementia using and interpreting nonverbal behaviour",
Journal of Aging Studies, Vol.16, 2002. 5.

Gary Mitcheel and Joanne Agnelli, "Person-centered care for people with
dementia: Kitwood reconsidered", *Nursing Standard*, Vol.30, No.7, 2014. 7.

Isis E. van Gennip, H. Roeline W. Pasman, Mariska G. Oosterveld-Vlug, Dick
L. Willems, and Bregje D. Onwuteaka-Philipsen, "How dementia affects
personal dignity: A qualitative study on the perspective of individuals
with mild to moderate dementia", *Journal of Gerontology: Series B*,
Vol.71, No.3, 2016. 5.

Ingrid Hellström, "'I'm His Wife Not His Carer!"-Dignity and Couplehood in
Dementia", In Lars C. Hydén, Hilde Lindemann, and Jens Brockmeier(Eds.),
Beyond Loss: Dementia, Identity, Personhood, Oxford: Oxford University
Press, 2014. 12.

Lennart Nordenfelt, "The concept of dignity", In Lennart Nordenfelt, *Dingnity in Care for Older People*, Oxford: Wiley-Blackwell, 2009. 6.

Penny Rapaport, Alexandra Burton, Monica Leverton, Ruminda Herat-Gunaratne, Jules Beresford-Dent, Kathryn Lord, Murna Downs, Sue Boex, Rossana Horsley, Clarissa Giebel, and Claudia Cooper, ""I just keep thinking that I don't want to rely on people." A qualitative study of how people living with dementia achieve and maintain independence at home: Stakeholder perspectives," *BMC Geriatrics*, Vol.20, No.1, 2020. 1. https://doi.org/10.1186/s12877-019-1406-6.

Sara Hillcoat-Nalletamby, "The meaning of "independence" for older people in different residential settings", *Journal of Gerontology, Series B*, Vol.69, No.3, pp.419-430, 2014. 5.

2) 단행본

맬리사 그레그 · 그레고리 시그워스 편저, 최성희 · 김지영 · 박혜정 역, 『정동이론』, 갈무리, 2016.

보건복지부, 『치매매뉴얼』, 중앙치매센터, 2014.

브라이언 마수미, 조성훈 역, 『정동정치』, 갈무리, 2018.

이지수 · 강민지 · 남효정 · 김유정 · 이옥진 · 김기웅, 『대한민국 치매현황 2019』, 보건복지부 · 중앙치매센터, 2020. 2.

Ann Davis Basting, *Forget Memory*, Baltimore: Creating Better LIves for People with Dementia. Baltimore, MD: The John Hopkins University Press, 2009. 7.

Lars C. Hydén, Hilde Lindemann, and Jens Brockmeier(Eds.), *Beyond Loss: Dementia, Identity, Personhood*, Oxford: Oxford University Press, 2014. 12.

Lennart Nordenfelt, *Dingnity in Care for Older People*, Oxford: Wiley-Blackwell, 2009. 6.

Tom Kitwood, *Dementia Reconsidered: The Person Comes First*, Buchingham: Open University Press, 1997. 1.

2. 기타자료

질병관리본부, 「치매」, http://health.cdc.go.kr/health/HealthInfoArea/
　　HealthInfo/View.do?idx=2440

우생학의 재림과 '정상/비정상'의 폭력
: 가족계획사업과 장애인 강제불임수술[1]

1. 끝나지 않은 과거로서의 우생학

일찍이 플라톤이 자손의 질을 보장하기 위해 국가가 나서서 우생학적으로 생식을 감시해야 한다고 주장했던 것처럼[2] 자손의 건강에 대한 관심은 인류 역사에서 오래된 것이다. 그러나 일반적인 관심을 넘어서 '과학'의 이름으로 등장한 우생학이 국가 정책과 사회운동의 차원으로 확산되어간 것은 19세기 이후의 일이다. 프랜시스 골턴(Francis Galton)에 의해 주창되기 시작한 우생학은 좌우를 가리지 않고 사회개혁의 중요한 이념으로 자리 잡으며 다양

---

1   이 글은 「우생학의 재림과 '정상/비정상'의 폭력 – 가족계획사업과 장애인 강제불임수술」, 『역사비평』 제132호, 역사비평사, 2020. 8을 수정·보완하여 재수록한 것이다.

2   플라톤, 박종현 역주, 『국가』, 서광사, 2005, 336-339쪽.

한 실천들을 낳았다.[3] 우생학이 비단 나치의 전유물만이 아니라 미국·일본·스웨덴 등 여러 국가에서 우생운동으로 혹은 사회정책으로 광범하게 실천되었다는 점은 우생학의 역사에 관한 최근 연구를 통해 누누이 지적되어온 사실이다.[4]

한국에서도 우생학적 실천은 그리 낯선 일이 아니었다. 식민지 치하였던 1933년 민족의 '우생적 발전'을 기획하며 결성되었던 조선우생협회나,[5] 일제 말기부터 해방 직후까지 한센인에게 실시된 강제적 단종도 모두 '우생'의 이름을 앞세워 이루어진 일들이었다.[6]

우생학과 그에 기반한 실천은 그러나 단지 과거의 사건으로만 기억될 수 없다. 최근 유전자 검사와 치료 등에 대한 관심이 증가하면서, 바야흐로 '신우생학의 시대'가 도래했다는 진단이 내려

---

3 김호연,『우생학, 유전자 정치의 역사』, 아침이슬, 2009, 32쪽.

4 미국에서는 이미 1907년 인디애나를 시작으로 1909년 워싱턴, 코네티컷, 캘리포니아에서, 1950년에 이르러서는 미국 33개 주에서 다양한 환자들과 범죄자들의 불임시술을 법률로 제정하였다. 1928년에는 스위스와 캐나다, 1929년에는 덴마크, 1934년에는 노르웨이와 독일, 1935년에는 핀란드와 스웨덴, 1937년에는 에스토니아, 1938년에는 아일랜드, 1941년에는 중앙아메리카의 여러 국가들, 그리고 1948년에는 제2차 세계대전 이후 나치의 만행이 이미 알려진 상황이었음에도 일본에서 인종 개량을 위한 법률이 제정되었다. 앙드레 피쇼, 이정희 역,『우생학-유전학의 숨겨진 역사』, 아침이슬, 2009, 51-52쪽; 각국의 우생학 입법 과정에 대해서는 中村滿紀男 編著,『優生學と障害者』, 明石書店, 2004 참조.

5 소현숙,「일제 시기 출산통제담론 연구」,『역사와 현실』 38, 한국역사연구회, 2000; 신영전,「『우생(優生)』에 나타난 1930년대 우리나라 우생운동의 특징-보건사적 함의를 중심으로」,『의사학』 15-2, 대한의사학회, 2006.

6 김재형·오하나,「한센인 수용시설에서의 강제적 단종·낙태에 대한 사법적 해결과 역사적 연원」,『민주주의와 인권』 16-4, 전남대학교 5·18연구소, 2016.

지고 있다. 생명공학기술의 발달에 따라 확산되고 있는 유전자 결정론이나, 건강하고 우수한 자녀를 낳고 싶다는 개인적 욕망 속에서 증가하고 있는 산전 진단 등 각종 출산 관련 의료 행위들이 이를 보여준다. 한편에서는 개인들의 자발적 선택에 의한 우생학적 실천이 결국은 생명의 질을 선택하는 생명의 계급사회로 귀결될 것이라는 우려의 목소리도 들린다.[7] 이처럼 우생학이 단지 과거가 아닌 여전한 우리의 현실이라면, 이럴 때일수록 차분히 과거 우리의 역사에서 이루어진 우생학적 실천의 사회역사적 맥락과 그 결과를 예민한 시선으로 성찰해볼 필요가 있다.

이 글에서는 이러한 문제의식하에 우생학적 실천의 한 사례로서 1960~90년대 시행되었던 가족계획사업의 역사를 주목하고자 한다. 그동안 한국의 가족계획에 관해서는 다양한 연구들이 축적되어왔다. 가족계획사업이 한창 진행 중이던 1970년대부터 가족계획사업에 대한 사회학적 평가가 시작되었지만,[8] 정책의 입안과 진행 과정, 그 효과에 관한 본격적인 연구는 저출산 문제와도 관련하여 가족계획의 역사에 대한 관심이 커진 2000년대 이후 활성화 되었다.[9]

---

7   염운옥, 『생명에도 계급이 있는가-유전자 정치와 영국의 우생학』, 책세상, 2009, 12-13쪽.

8   장경식 · 윤종주 외, 「정부 가족계획사업의 평가」, 『사회학회 기타간행물』, 1972; 홍문식 · 서문희 · 계훈방, 『예비군 가족계획 실태 조사보고』, 한국인구보건연구원, 1986; 양재모, 「우리나라 인구 정책의 종합분석」, 『한국인구학』 9-1, 한국인구학회, 1986; 이미경, 「국가의 출산 정책-가족계획 정책을 중심으로」, 『여성학논집』 6, 이화여자대학교 한국여성연구원, 1989 등.

9   김홍주, 「한국 사회의 근대화 기획과 가족정치-가족계획사업을 중심으로」, 『한국인구학』 25-1, 한국인구학회, 2002; 이선이, 「전후 한국과 중국의 인구 정책

기존 연구들에 따르면 가족계획은 박정희 정권의 경제개발사업의 일환으로 추진되었으며, 광범한 계몽과 선전, 저출산자에 대한 다양한 인센티브 부여, 가족계획어머니회를 통한 여성들의 조직화 등을 통해 진행되었다. 국가 주도하에 시행된 가족계획사업은 시행 과정에서 여성의 몸이 도구화되거나 여아 낙태가 속출하는 등 부작용도 적지 않았지만, 대체로 대중들의 호응을 이끌어내는 데 성공하였다. 그 결과 출산율이 급격히 감소했고, 소자녀에 기초한 근대가족의 유형과 규범이 빠른 속도로 확산되어갔다. 특히 여성들은 단순히 정책의 수동적인 대상에만 머물지 않고, 출산 억제를 통해 계층상승의 욕구를 해소하고자 가족계획을 적극 수용하였다. 그러나 이러한 자율성은 배은경이 지적하듯이, 가족의 영역을 넘어설 수 없는 제한적인 것이었다.[10] 한편 국가의 통치성이라는 관점에서 가족계획을 분석한 조은주는 가족계획이 인구 조절을 위해 가족을 정치의 도구로 전면적으로 등장시키는 한편, 근대적 국가통계 체계의 확립, 보건체계의 수립 등 일련의 연계된 과정을 통해 국가의 통치화가 본격화되었음을 지적하였다.[11] 그 외

과 여성」, 『여성과역사』 7, 한국여성사학회, 2007; 박윤재, 「원로 산부인과 의사들이 기억하는 가족계획사업」, 『연세의사학』 12-2, 연세대학교 의학사연구소, 2009; 배은경, 『현대 한국의 인간 재생산-여성, 모성, 가족계획사업』, 시간여행, 2012; 박광명, 「5·16 군사정부의 가족계획 정책 입안 배경과 논리」, 『동국사학』 62, 동국대학교 동국역사문화연구소, 2017; 조은주, 『가족과 통치-인구는 어떻게 정치의 문제가 되었나』, 창비, 2018.

10   배은경, 앞의 책, 194-215쪽.

11   조은주, 『가족과 통치-인구는 어떻게 정치의 문제가 되었나』, 창비, 2018.

에 정부 주도의 가족계획사업에 비판적이었던 가톨릭계의 대응,[12] 비교사적 관점에서 중국과 한국에서의 가족계획사업의 실태에 대한 비교 분석,[13] 한국 가족계획이 급속하게 성과를 달성하게 된 요인으로 가족주의 이념에 주목한 연구[14] 등, 가족계획에 관한 연구는 정책의 내용이나 성격, 효과를 분석하는 것을 넘어서 보다 다양한 주제로 확장되고 있다.

한편, 최근 낙태죄 폐지 논란과 더불어 모자보건법 개정 문제가 사회적 이슈로 부상하면서 가족계획사업의 시행 과정에서 도입된 모자보건법에 관한 연구도 활발해졌다. 1973년 제정·공포된 모자보건법은 "모성의 생명과 건강을 보호하고 건전한 자녀의 출산과 양육을 도모함으로써 국민의 보건 향상에 기여"한다는 목적을 표방하였다. 그러나 이 법은 사실상 인공임신중절의 허용한계를 확대함으로써 가족계획을 촉진하기 위해 도입된 법이었다. 이러한 모자보건법과 관련해서 신유나·최규진은 모자보건법의 제·개정 과정과 제정 당시의 일본 우생보호법의 영향 등을 분석하면서, 모자보건법의 인공임신중절 허용한계에서 사회경제적 사

---

12 최선혜, 「1960~70년대 한국 정부의 가족계획사업에 대한 가톨릭의 대응」, 『인간연구』 9, 가톨릭대학교 인간학연구소, 2005; 이원희·김대기, 「성골롬반외방선교수녀회의 의료활동-강원도를 중심으로」, 『교회사학』 14, 수원교회사연구소, 2017; 박승만, 「천연한 자연과 완전한 자연-1970년대 중반 한국 가톨릭 가족계획사업과 자연피임법의 경합」, 『의사학』 29, 대한의사학회, 2020. 4.

13 이선이, 「전후 한국과 중국의 인구 정책과 여성」, 『여성과역사』 7, 한국여성사학회, 2007.

14 오영란, 「한국의 가족계획 정책은 가족주의를 어떻게 활용하였나」, 『한국사회정책』 27-1, 한국사회정책학회, 2020. 3.

유가 배제된 역사적 맥락을 추적하였다.[15]

이처럼 한국 가족계획사업과 그 일환으로 도입된 모자보건법의 역사는 사회학, 의학, 법학 등 다양한 분과학문에서 다각도로 접근되고 있다. 그러나 아직까지 가족계획사업과 모자보건법이 갖는 우생학적 성격과 장애인의 삶에 미친 영향을 역사적 관점에서 분석하려는 시도는 미흡하다.[16] 모자보건법은 인공임신중절 허용한계의 우생학 조항 외에도, 장애인에 대한 불임수술을 강제로 명령할 수 있는 조항도 포함하고 있는 만큼, 그것이 장애인의 삶에 어떤 영향을 미쳤는지 분석하는 것은 매우 의미있는 시도일 것이다. 1999년 김홍신 의원의 폭로로 장애인 불임수술 문제가 사회적으로 잠시 가시화되었지만,[17] 이 문제는 본격적인 사회적 논의로 이어지지 못했고 역사 연구의 대상으로도 포착되지 못했다. 이 글에서는 가족계획이 시행되는 과정에서 장애인에 대한 강제불임수술[18]이 모자보건법을 통해 어떻게 법제화되었는지, 그리고 실제

---

15 신유나·최규진, 「모자보건법 제14조(인공임신중절수술의 허용한계)의 역사-인구정책 변화에 따른 의미 변화와 '사회경제적 이유' 포함 논쟁을 중심으로」, 『비판사회정책』 66, 비판과대안을위한사회복지학회, 2020.

16 조은주는 가족계획사업이 주로 빈민층을 사업 대상으로 하여 빈민의 출산율을 통제하기 위한 일종의 우생학적 시각과 결합되어 있었다고 지적하였으나, 이에 관한 본격적인 분석으로 나아가지는 않았다. 조은주, 앞의 책, 154쪽.

17 「정신장애인 강제불임수술」, 『한겨레』 1999. 8. 20; 「정신장애인 불임수술 관이 주도」, 『한겨레』, 1999. 8. 23.

18 '불임시술'은 임신을 하지 못하게 하는 의학적 행위를 모두 포함하는 용어로, 난관절제술, 정관절제술, 루프 등 다양한 의학적 조치를 포함하지만, '불임수술'은 보다 협소한 개념으로 난관절제술과 정관절제술 등 인공적으로 임신을 하지 않게 만드는 수술을 지칭한다. 본 논문이 대상으로 삼고 있는 1960~90년대에는 '불임시술'과 '불임수술'이라는 용어가 엄밀한 구별없이 혼용되었다. 따

법의 시행 과정에서 발생한 사회적 논란은 어떠했는지 다루고자
한다. 이를 통해 한국 가족계획의 역사를 우생학이라는 렌즈를 통
해 새롭게 고찰할 계기를 마련해보고자 한다.

2. 가족계획사업과 '건전한' 자녀의 출산

2.1. 가족계획사업의 시행과 모자보건법의 도입

한국에서 가족계획사업은 5·16쿠데타로 집권한 박정희 정권
이 정당성을 확보하기 위해 추진한 경제개발 정책의 일환으로 시
작되었다. 인구과잉이 경제발전에 밑거름이 되기보다는 그것을 가
로막는 걸림돌이 된다는 근대화론에 기반한 인구억제 정책이었다.
보건사회부는 1962년 3월부터 피임술의 본격적인 보급을 위해 전
국 시·군·구 지역의 보건소에 가족계획상담소를 병설하고, 1964
년부터는 읍·면 단위로 2~3명씩 가족계획 계몽원을 배치하여 피
임약제와 기구를 보급해 나갔다. 이와 더불어 가족계획어머니회의
조직을 통해 가임여성들이 산아제한에 참여하도록 독려하였다.[19]

정부와 여당은 가족계획사업 초기부터 가족계획을 촉진하기
위해 인공임신중절을 폭넓게 합법화한 모자보건법의 도입을 모색

라서 본 논문에서는 모자보건법에 표현된 용어로서 '불임수술'을 주로 사용하
지만, 자료를 인용할 때는 경우에 따라 원문에 표기된 방식을 살려서 '불임시
술'과 '불임수술'을 모두 사용할 것이다.

19 배은경, 앞의 책, 3장, 4장; 조은주, 앞의 책, 3장 참조.

하였다. 1964년부터 여당 의원들 사이에서 모자보건법안을 발의하려는 시도가 나타나기 시작하여, 1965년 박규상 의원이 「모자보건 및 국민자질 향상에 관한 법률(안)」이라는 이름으로 인공임신중절과 관련된 내용을 담은 의원입법안을 국회에 제출하였다.[20] 1966년에는 보건사회부도 경제장관회의에 "제2차 5개년계획 수행에서 가장 난제인 인구 문제에 대한 기본계획을 수립"한 보고서를 상정했는데, 여기에 가장 중요한 과제로 모자보건법 제정을 포함시켰다.[21]

보사부가 밝힌 모자보건법의 제정 취지는 당시 형법 269조, 270조에 낙태금지 조항이 존재했지만 실제로는 인공임신중절이 음성적으로 널리 성행되고 있는 실정을 감안하여, 인공유산의 허용한계를 넓혀 양성화시킨다는 것이었다. 실제 1950년대 이래로 인공유산 시술이 대도시를 중심으로 광범하게 이루어지고 있었다. 전후 베이비붐이 일어나 출산력은 크게 올라갔지만, 생활이 극도로 어려운 가운데 생계를 책임지도록 내몰렸던 여성들 사이에서 출산억제의 욕구가 만연해 있었던 것이다.[22] 차옥희의 조사에 따르면, 1961년 당시 서울시 서대문구 신촌동 일대의 적령기 유부녀 472명 중 34.3%인 163명이 낙태를 1회 이상 경험하고 있었다.[23] 비슷한 시기 서울대 보건대학원이 행한 조사에서도 "부인" 1,058

20   신유나 · 최규진, 앞의 논문, 103쪽.

21   조은주, 앞의 책, 255쪽.

22   배은경, 앞의 책, 37-43쪽.

23   차옥희, 「인공임신중절의 사회의학적 조사」 서울대학교 석사학위논문, 1962, 4쪽.

명의 중 33.2%가 낙태수술을 경험하고 있었다.[24] 이처럼 불법임에도 불구하고 낙태가 광범하게 일어나고 있었고, 1960년대 이후 계속해서 증가해 갔기 때문에 정부의 취지 설명은 나름 설득력이 있는 것으로 비춰지기도 했다.[25]

그러나 인공임신중절을 합법적으로 허용하는 내용을 담고 있는 모자보건법은 반대 여론에 부딪혀 그 제정이 쉽지 않았다. 정부는 1966년부터 법제처에 모자보건법을 회부하는 등 법제화를 시도하였으나 실패하였고, 이후 1970년, 1971년에도 이 법안은 계속 법제처에 회부되었다가 철회되기를 반복하였다. 당시 가장 크게 문제가 되었던 것은 인공임신중절의 허용한계가 너무 넓다는 점이었다. 정부 여당이 마련한 모자보건법은 일본의 우생법[26]을 참조하여 '경제적인 이유'까지 인공임신중절 허용사유에 포함시키고 있었다. 이렇게 인공임신중절을 대폭 허용하는 법안에 대해 여론은 부정적이었다. 특히 '경제적인 이유'를 포함시킨 것이 핵심 논쟁거리가 되었다. 사회경제적인 이유로 인공임신중절을 합법

---

24 「임신중절은 살인행위」, 『동아일보』, 1963. 5. 9.

25 「공청회 후퇴한 모자보건법」, 『경향신문』, 1970. 12. 5.

26 전후 일본에서는 1940년에 제정된 국민우생법에 의한 우생 정책이 기능부전 상태에 빠졌다고 비판되었고, '신인구 정책 기본 방침에 관한 건의'에서 우생 정책의 강화, 피임의 추진, 인공임신중절 규제 완화가 제창되었다. 이에 따라 1948년 우생보호법이 성립되었다. 이 법은 추후 1949년, 1952년에 개정되어, 우생 조치의 적용 범위가 더욱 확대되었고, 피임, 인공임신중절에 대한 규제가 완화되었다. 1996년까지 존속된 이 법에 의해 공식 통계상 약 1만 6,500건의 강제적 불임외과수술이 실시되었다. 요코야마 다카시, 안상현·신영전 역, 『일본이 우생사회가 될 때까지-과학계몽, 미디어, 생식의 정치』, 한울아카데미, 2019, 제8장 참조.

화한 국가는 드물며, 애매한 규정으로 악용될 소지가 있다는 것이 반대의 이유였다. 결국 보사부는 부정적인 여론에 밀려 법안을 철회할 수밖에 없었다.[27]

결국 모자보건법안이 통과된 것은 유신 치하의 비상국무회의의 결정에 의해서였다. 1973년 1월 30일 비상국무회의는 모자보건법을 의결, 확정하였다. 국회의 동의 없이 비상국무회의에서 밀어붙인 결과 모자보건법의 법제화가 가능했던 것이다. 통과된 법에서는 계속 문제가 되었던 '경제적 이유'가 삭제되었다. 그럼에도 '보건의학적' 사유 등이 규정되어 사실상 인공임신중절을 폭넓게 합법화하였다.

정부는 모자보건법을 통해 모성보호와 국민보건 향상을 내세웠지만 사실상 인공임신중절을 허용하여 가족계획을 촉진시키려는 의도를 담고 있었다. 낙태의 권리가 여성운동의 주요한 이슈였던 서구의 경험과 달리, 한국에서 낙태는 가족계획사업의 시행 과정에서 이를 촉진할 수 있는 방법으로 정부에 의해 오히려 조장되었던 것이다. 결국 이러한 사실상의 합법화를 통해서 15~44세 유배우 여성의 낙태경험율은 1971년 26%에서 1976년 39%, 1979년 48%, 1985년 52%, 1991년 54%로 급격하게 증가해 갔음은 이를 보여준다.[28]

---

27   신유나·최규진, 앞의 논문, 104-105쪽.

28   전효숙·서홍관, 「해방 이후 우리나라 낙태의 실태와 과제」, 『의사학』 12-2, 대한의사학회, 2003, 137쪽, 표 1.

2.2. 모자보건법의 성격과 '건전한' 자녀의 출산

그렇다면 모자보건법은 어떤 내용을 담고 있었을까. 법률 제 2514호로 제정된 모자보건법(1973년 2월 8일 제정, 5월 10일 시행)은 전문 14조로 구성되었다. 제4조에서는 건강관리에 노력해야 하는 모성과 영유아의 친권자 및 후견인 등의 의무를 명기하였고, 제3 조, 5조, 6조에서는 모성 및 영유아에 대한 질병의 예방, 조기 발견 및 치료, 그리고 임산부의 안전 분만, 영유아의 건강관리를 위해 국가 또는 지방자치단체가 수행해야 할 역할을 규정하였다. 제7 조에서는 수태조절의 실시 지도 담당자를 의사, 간호원 등으로 한 정하였고, 제8조에서는 인공임신중절 수술의 허용한계, 제9조에는 불임수술절차 및 소의 제기에 대해 규정하였다. 그리고 제12조에 는 모자보건법에 의해 인공임신중절수술을 받은 자 및 행한 자는 형법 제269조·제270조의 낙태법 규정에 따라 처벌하지 않는다는 내용을 담았다.[29]

여기서 주목할 조항은 제8조 인공임신중절수술의 허용한계, 그리고 제9조 불임수술절차 및 소의 제기에 관한 조항이다. 우선 제8조를 살펴보자. 내용은 아래와 같다.

제8조 (인공임신중절수술의 허용한계)

---

29 국가법령정보센터(http://www.law.go.kr/lsInfoP.do?lsiSeq=899&ancYd=1973020 8&ancNo=02514&efYd=19730510&nwJoYnInfo=N&efGubun=Y&chrClsCd=01 0202&ancYnChk=0#0000). 모자보건법은 이후 수차례 개정을 거쳤지만, 그 골 자는 크게 바뀌지 않은 채 오늘날에 이르고 있다.

① 의사는 다음 각호의 어느 1에 해당되는 경우에 한하여 본인과 배우자(사실상의 혼인관계에 있는 자를 포함한다. 이하 같다)의 동의를 얻어 인공임신중절 수술을 할 수 있다.

1. 본인 또는 배우자가 대통령령으로 정하는 우생학적 또는 유전학적 정신장애나 신체질환이 있는 경우

2. 본인 또는 배우자가 대통령령으로 정하는 전염성 질환이 있는 경우

3. 강간 또는 준강간에 의하여 임신된 경우

4. 법률상 혼인할 수 없는 혈족 또는 인척 간에 임신된 경우

5. 임신의 지속이 보건의학적 이유로 모체의 건강을 심히 해하고 있거나 해할 우려가 있는 경우

② 제1항의 배우자의 동의에 있어서 배우자가 사망·실종·행방불명 기타 부득이한 사유로 인하여 동의를 받을 수 없는 경우에는 본인의 동의만으로 그 수술을 행할 수 있다.

③ 제1항의 경우에 본인 또는 배우자가 심신장애로 의사표시를 할 수 없을 때에는 그 친권자 또는 후견인의 동의로서, 친권자 또는 후견인이 없는 때에는 부양의무자의 동의로서 그 동의에 갈음할 수 있다.

이전까지 인공임신중절 수술은 모체의 건강이 위험할 경우에만 묵인해왔던 것인데 모자보건법 제8조는 이를 확대하여 본인 또는 배우자가 우생학적·유전학적 '정신장애' 및 신체질환, 전염성 질환, 강간 또는 준강간에 의한 임신, 법률상 혼인할 수 없는 혈족 및 인척 간에 임신된 경우에도 수술할 수 있게 했다.

1973년 법제화 이후 모자보건법은 수차례 개정을 거쳤지만,

이 인공임신중절수술의 허용한계 조항은 오늘날까지도 존치되고 있다(현 모자보건법 14조).[30] 일찍이 장애운동단체들은 이 법 조항의 전제가 장애 태아의 낙태를 정당화하는 논리이며 장애인 인권에 반하고, 우생학을 지지하는 내용이므로 폐지해야 한다고 주장하고 있다.[31]

그렇다면 모자보건법에 우생학 조항은 어떻게 삽입된 것인가? 이미 언급하였듯이, 정부 여당이 모자보건법안을 마련할 당시 일본 우생법이 폭넓게 참조되었다. 당시 우생법은 비판의 대상이라기보다는 오히려 따라야 할 세계적인 추세로 인식되었다.[32] 나

---

30 모자보건법은 제정 이후 여러 번 개정이 시도되었다. 결국 1986년 5월 10일 개정으로 14개의 조항이 29개로 증가하고 인공임신중절수술의 허용한계도 제8조에서 제14조로 변경되었다(모자보건법 법률 제3824호, 1986. 5. 10). 이와 더불어 모자보건법 시행령도 제3조가 제15조로 변경되었으나, 인공임신중절수술을 할 수 있는 우생학적 또는 유전학적 정신장애나 신체질환에 관한 규정은 동일하게 유지되었다(모자보건법시행령 대통령령 제12046호, 1986. 12. 31). 이후 1990년대 중반에 접어들면서 인구 정책의 기조가 바뀌어 저출산·고령사회에 대한 대응이 주요 과제가 됨으로써, 2009년 다시 한 번 개정, 모자보건법 제14조와 시행령 제15조가 개정되었고 인공임신중절 허용 사유의 범위와 허용주수가 축소되었으나, 우생학적 사유는 삭제되지 않고 남아 있다.

31 모자보건법 제14조의 '우생학적 사유'의 표현은 국제협약에서 금기시되는 과학용어일 뿐만 아니라 우리 헌법상의 평등권에도 모순되는 규정이다. 최근 시행령 개정을 통해 인공중절수술 허용 시기를 구 시행령상 28주에서 24주로 단축하였으며, 구 시행령에 포함되던 유전성 정신분열증, 유전성 조울증, 유전성 간질증, 유전성 정신박약, 유전성 운동신경원질환, 혈우병, 현저한 범죄 경향이 있는 정신장애 등의 7가지 적응 사유를 폐지하였다. 그러나 그 사유의 불명확성과 비전문성은 여전히 문제로 지적되고 있다. 신동일, 「모자보건법 제14조-개정 필요성과 방향」, 『안암법학』 32, 안암법학회, 2010, 154쪽.

32 예컨대, 1961년 무렵 나온 서울대 보건대학원 석사학위논문에서 저자인 유석춘은 "우생법이 민족의 우수한 소질을 보호 증식하고 악질 유전성 질환을 방지할 뿐 아니라 나아가서 인류의 행복에 기여한다는 중대한 목적을 함유하고 있

치의 홀로코스트가 낳은 비극으로 제2차 세계대전 이후 전 세계적으로 우생학의 영향력은 감소했으나, 여전히 많은 과학자들은 '개량'이라는 수식어를 달고 우생학 프로젝트의 추진을 멈추지 않았다.[33] 특히 일본에서는 제2차 세계대전 직후인 1948년 인종개량을 위한 법률인 우생보호법이 제정되었으며,[34] "본인 또는 배우자가 나(癩)에 걸렸거나, 또한 후손들에게 이를 전염시킬 우려가 있는" 경우 단종을 허용하도록 규정하였다.[35] 이러한 분위기의 영향을 받아 한국에서도 우생학이 당연한 상식처럼 간주되고 있었던 것이다.

그러나 해방 이후 한국에서의 우생학에 대한 관심은 단순히 일본우생법에 의해서 촉발된 것은 아니다. 앞서 언급했듯이, 이미 한국에서는 식민지 시기부터 우생학이 수용되고 우생운동이 보급되고 있었다. 1910년대 후반 '민족개선학' 또는 '인종개선학'이라는 이름으로 일본으로부터 수입된 우생학은 1920년대 중반 이후 유전학과 함께 일반인들에게 보급되었다. 1933년 식민지 조선에는 주요 인사 85인이 발기인으로 참여한 조선우생협회가 창립되

지만 우리나라는 아직도 입법 운동이 부진한 상태에 있다. 현하 우리나라는 우생학적 목적에서나 경제적 목적에서나 범죄 방지의 목적에서나 치료상 목적에서나 반듯이 긴급한 인구 정책과 병용해서 우생법이 제정되어야 할 줄 믿는다"라고 쓰고 있다. 유석춘, 「각국 우생법의 비교고찰」, 서울대학교 석사학위논문, 1961, 5쪽.

33 앙드레 피쇼, 이정희 역, 『우생학-유전학의 숨겨진 역사』, 아침이슬, 2009, 190쪽.

34 위의 책, 51-52쪽.

35 신영전 · 정일영, 앞의 논문, 71쪽.

었으며 기관지『우생』을 발간하고 대중강연 등 우생운동을 전개하였다.[36] 이러한 움직임이 해방 이후에도 계속해서 이어졌다.

대표적으로 식민지 시기 조선우생협회 이사를 지냈던 이갑수(李甲秀, 1889~1973)의 활동을 살펴보자. 이갑수는 1920년 경성의학전문학교를 거쳐 독일 베를린대학교에서 유학하고, 귀국 후 이갑수 내과의원을 개업하여 활동하였다. 이후 1933년 일본으로 다시 유학하여 교토제국대학에서 박사학위를 취득한 후 경성여자의학전문학교에서 교수와 부속병원 내과 과장으로 재직하였다. 해방 이후에는 수도의과대학 교수, 보건부차관, 대한 YMCA 후원회이사 등을 역임한 의학계의 대표적인 인물 중 하나이다.[37] 식민지시기 우생운동을 활발히 전개했던 그는 해방 이후에도 한국민족우생협회를 재발족하고 민족우생에 관한 법령을 제정하도록 관계당국에 건의하였다. 나아가 국민우생결혼상담소를 설치하는 등우생운동을 적극적으로 이어 나갔다. 1949년부터 1년 반 동안 보건부차관을 역임하였던 그는 차관 당시 우생법령을 제정하지 못한 것을 가장 후회할 만한 일로 언급할 정도로 우생운동에 매진하였다.[38]

모자보건법 제정 시도가 있었던 1960~70년대까지도 우생학

---

36 식민지 시기 우생학의 수용과 조선우생협회에 관해서는 소현숙,「일제 시기 출산통제담론 연구」,『역사와 현실』38, 한국역사연구회, 2000; 신영전,「『우생(優生)』에 나타난 1930년대 우리나라 우생운동의 특징-보건사적 함의를 중심으로」,『의사학』15-2, 대한의사학회, 2006 참조.

37 이갑수에 관해서는 신영전·정일영,「미수 이갑수의 생애와 사상-우생 관련 사상과 활동을 중심으로」,『의사학』28-1, 대한의사학회, 2019 참조.

38 「같은 길을 가는 부부 (6) 이갑수 유성순 부부」,『동아일보』, 1957. 4. 8.

은 일반 상식처럼 사회 저변에 널리 퍼져 있었다.[39] 특히 유전학의 발전과 유전병에 대한 염려가 증가하면서 우생결혼에 대한 관심도 커졌다. 예컨대 서울의대 산부인과 과장 나건영은 한국에서는 결혼조건으로 유전성 질환의 유무를 무시하고 있다고 비판하면서, 하루바삐 한국에도 유전성 질환의 여부를 따지는 우성(優性)결혼의 풍토가 이루어져야 한다고 주장하였다. 이를 위해 결혼 전에 의사와 상의하고 결혼상대자의 가계를 조사해서 유전성 질환의 여부를 미리 알아봐야 한다고 권고하였다.[40] 이러한 전반적인 사회 분위기 속에서 모자보건법에 우생학적 조항이 삽입되었던 것이다.

그러나 노골적인 우생학적 입법에 대해서는 저항감도 있었다. 일본에서의 우생보호법 제정 소식을 알리면서, 1961년 10월 13일 『경향신문』은 이 법이 "국민의 기본 권리까지 삭탈"한 것으로, 병의 유전성만을 강조하여 국가의 책임을 회피하고 개인에게만 책임을 전가하는 모순적인 것임을 지적하였다.[41]

이처럼 비판적 시선이 없지 않은 가운데도 결국 1973년 모자보건법에 우생보호 조항이 들어가게 된 것은 인구 정책의 문제가 그만큼 중요시되었기 때문이다. 그런데 그것은 단순히 숫자의 문제만이 아니었다. 국가적 차원에서는 인구의 수를 줄이기 위해 시

---

39 「인간개조론(1~5)」, 『동아일보』, 1959.7.8.~12; 「20세기의 궁합」, 『경향신문』, 1965. 9. 18. 등.

40 「의학계 권위들의 임상노트 (33) 결혼과 유전성 질환」, 『경향신문』, 1975. 3. 31.

41 「산아제한과 가족계획」, 『경향신문』, 1961. 10. 13.

작된 가족계획사업이었지만, 인구의 양과 더불어 질도 중대한 관심사로 인식되고 있었다. 적정한 수의 자녀를 출산하는 것과 더불어 "건전한" 자녀의 출산이라 표현되었던 자녀의 '질'은 바로 인구의 자질과 관련된 사안이었다. 이미 인구를 인적 자원으로 간주하는 시선은 일제 말 전시체제하에서 나타났지만, 1960년대 본격적인 산업화와 발맞추어 인력개발의 중요성을 강조하는 흐름이 본격화되었다. 실업자를 없애고 완전고용을 이룩하자는 목표가 제시되는 가운데,[42] 인구의 양적인 억제와 더불어 인구의 '질적인 향상'이 과제로 인식되어갔던 것이다.[43] 1973년 『경향신문』은 경제기획원 통계를 인용하여 가족계획의 보급, 생활의 근대화, 의료수준의 향상 등의 결과로, 1966년에서 70년까지 4년간 평균 인구증가율이 1.9%에서 1.67%로 감소했다고 보도했다. 이어서, 앞으로의 인구 정책에서 유의할 것은 인구증가를 적절한 선에서 억제 유지하는 것과 더불어 "인구의 자질 향상"이라 지적하고, 이것이야말로 "금후의 인구 정책의 기본"이 되어야 한다고 역설하였다.[44] 또다른 기사에서는 "우수한 인력이야말로 우리 국가의 가장 큰 자산"이므로 "민족의 소질을 어떻게 하면 더 훌륭한 자질로 향상시키느냐"에 인구 정책의 중요성이 있다고 설명하였다.[45] 1966년 모자보건법 도입을 위해 제출되었던 「모자보건및국민자질향상에관한법률안」에서 불임수술의 허용한계와 시술자의 자격을 규정한

---

42 「인력개발 (4) 활용」, 『매일경제』, 1967. 11. 16.

43 윤종주, 「한국의 인구 문제」, 『경향신문』, 1970. 7. 13.

44 「인구억제에 적절한 조절을」, 『경향신문』, 1973. 6. 1.

45 「인구조사 결과를 정책 추진에 살려야」, 『경향신문』, 1973. 6. 12.

것이 "국민 자질 향상"을 위한 것이라 설명되었던 것도 이러한 맥락 속에서 이해될 수 있다.[46]

모자보건법이 통과된 직후, 보건사회부 모자보건관리관 민창동은 모자보건법이 "가정이나 사회에 불우한 현상을 미리 막기 위한 것이요, 동시에 불우한 인구를 억제하는 데 있다"고 그 목적을 정당화하였다.[47] 가족계획이 "한국 현대화 프로젝트 중 가장 오랫동안 지속된 권력 장치의 하나로서 순결하지 않고 매각 가능한 유기된 계층을 사회공학과 우생학의 이름으로 숙청하면서 나라를 정결하게 하는 데 이용"되었다는 토비아스 휘비네트(Tobias Hübinette)의 지적은 그런 면에서 숙고해볼 지점이 있다.[48]

한편, 가족계획을 실천하는 개인들에게도 자녀의 '수'뿐만 아니라 '질'이 중요한 요소로 인식되어갔다. 개인의 입장에서 가족계획사업은 조은주가 지적하듯이, 자연적인 생애 과정으로 간주되던 임신과 출산을 계획의 차원으로 변모시키는 중요한 계기가 되었다. 출산의 여부, 시기, 터울을 계획하는 삶의 양식이 보편화되었고, 임신과 출산은 생애주기 전체를 구상하고 계획하고 예측하며 실천하는 근대적 태도 안에 자리 잡게 되었다.[49] 이 과정에서 가족계획은 정상가족의 구축에 일조하였다.[50] 그에 따라 적정한 수

---

46 「제58회 국회 보건사회위원회 회의록 제3호」(의안정보시스템).

47 민창동, 「가족계획과 법률-모자보건법과 가족계획」, 『가정의 벗』, 1973. 2, 23쪽.

48 토비아스 휘비네트 외, 뿌리의집 역, 『인종 간 입양의 사회학-이식된 삶에 대한 당사자들의 목소리』, 뿌리의 집, 2012, 279쪽.

49 조은주, 앞의 책, 224쪽.

50 조은주, 앞의 책, 253쪽.

의 자녀를 출산하는 것과 더불어, "건전한" 자녀의 출산이 점차로 중요한 문제로 인식되었다. 개인에게 자녀의 수를 줄이는 것은 자녀의 질을 확보하기 위한 방법이자 이를 통해 중산층으로 도약할 길을 모색하는 과정이었다. 제대로 교육시키기 위해서는 자녀를 많이 낳지 말고 적게 낳아야 한다는 논리가 설득력을 가질 수 있었던 것은 이 때문이다. 그 과정에서 여성은 '어머니다운 어머니'가 되어 "건전한 자녀의 출산과 양육을 도모"하여 궁극적으로 "국민의 보건 향상"에 기여할 의무를 부여받게 되었다.[51]

자녀의 '건전성'은 교육뿐만 아니라 다양한 요소에 의해 판별되었다. 우생학과 유전학, 도덕에 부합하는지 여부 등이 자녀의 건전성을 담보하는 기준이 되었고, 이는 모자보건법으로 가시화되었다. 건전한 자녀의 출산을 증진시키기 위해 모자보건법은 '건전치 않은' 자녀의 출산을 억제할 방법을 법제화하였고, 이 법에 의해 낳지 말아야 할 자녀의 특성이 가시적으로 규정되었던 것이다. 이처럼 국가 사회적 차원에서 모자보건법을 통해 '건전치 못한 자녀의 출산'을 억제하는 것을 통해 "인구의 질적 향상"을 도모해 나가고자 했다.

그러나 정부가 모자보건법을 입안하면서 처음부터 우생학적 인구통제를 일차적 목표로 설정했다고 단정 짓기는 어렵다. 모자보건법의 제정을 통해 인공임신중절을 폭넓게 합법화하고자 했던 정부 입장에서, 우생학적 조항은 법안 제정의 반대 여론을 잠재

---

51 김원규, 「1970년대 법률 담론에 나타난 하층여성(성)」, 『서강인문논총』 30, 서강대학교 인문과학연구소, 2011, 39쪽.

우기 위한 최소한의 법적 규정으로서 의미를 갖고 있었던 것으로 보인다. 즉, 우생학적 조항은 모자보건법 제정과정에서 반대여론을 잠재우고 인공임신중절수술을 폭넓게 합법화하기 위한 일종의 '우회로'로 선택된 것일 수도 있다. 물론, 그런 우회로가 가능했던 것은 앞서 언급했듯이 해방 이후에도 여전했던 우생학에 대한 대중들의 신뢰와 무비판적인 인식 때문이었다. 그러나 모자보건법이 제정된 이상, 이 법은 다시 인구의 '질적 향상'을 추구하는 담론을 강화하는 한편, '건전치 못한' 자녀의 출산을 억제하기 위한 국가의 개입을 정당화하는 기제로 작동했다.

3. 모자보건법의 강제불임수술 조항과 강제불임시술 논란

3.1. 모자보건법의 강제불임수술 조항

모자보건법은 단순히 인공임신중절수술을 받을 수 있는 경우의 허용한계만 규정한 것이 아니라, 불임수술을 국가가 강제할 수 있는 조항을 포함하고 있었다. 즉, "공익상 필요하다고 인정"될 경우, 보건사회부장관이 불임수술을 강제적으로 명령할 수 있는 권한을 명기한 것이다. 이 법의 제9조 불임수술 절차 및 소의 제기에 관한 내용을 보자.

제9조 (불임수술 절차 및 소의 제기) ① 의사가 환자를 진단한 결과

대통령령으로 정하는 질환에 이환된 것을 확인하고 그 질환의 유전 또는 전염을 방지하기 위하여 그 자에 대하여 불임수술을 행하는 것이 공익상 필요하다고 인정할 때에는 대통령령이 정하는 바에 따라 보건사회부장관에게 불임수술 대상자의 발견을 보고하여야 한다.

② 보건사회부장관이 제1항의 규정에 의한 보고를 받은 경우에는 대통령령이 정하는 바에 따라 그 환자에게 불임수술을 받도록 명령을 발할 수 있다.

③ 제2항의 규정에 의한 보건사회부장관의 명령을 받은 자가 불복이 있을 때에는 명령을 받은 날로부터 2주일 이내에 그 명령의 취소를 구하는 행정소송을 제기할 수 있다. 행정소송이 제기된 경우에는 제2항의 명령은 판결이 확정될 때까지 그 효력이 정지된다.

④ 보건사회부장관은 대통령령이 정하는 바에 따라 의사를 지정하여 제2항의 규정에 의한 불임수술 명령을 받은 자에게 불임수술을 행하게 하여야 한다.

위 조항에 따르면, 특정 유전병이 있는 경우 의사는 보건사회부장관에게 불임수술 대상자의 발견을 보고해야 하고, 보건사회부장관은 그 환자에게 불임수술을 받도록 명령할 수 있으며, 그 명령을 통해 불임수술을 강제해야 한다고 규정하고 있다. 1973년 모자보건법과 함께 발효된 시행령에서는 불임수술을 명령할 수 있는 대상 질환을 규정하였는데, ① 유전성 정신분열증, ② 유전성 조울증, ③ 유전성 간질증, ④ 유전성 정신박약, ⑤ 유전성 운동신경원 질환, ⑥ 혈우병, ⑦ 현저한 유전성 범죄 경향이 있는 정신장애, ⑧ 기타 유전성 질환으로 그 질환이 태아에 미치는 발생 빈도가 10% 이상의 위험성이 있는 질환 등이 명기되어 있었다.

모자보건법은 일본의 우생보호법을 참조하였지만, 불임수술 규정은 일본보다 더 강압적인 내용을 담고 있었다. 일본 우생보호법에서는 "지정 의사"가 "인공임신중절을 실시하는 것이 모성 보호상 필요하다고 인정되는 때에는 본인 및 배우자의 동의를 얻어 지구우생보호위원회에 인공임신중절을 실시하는 것의 적부에 관한 심사를 신청할 수 있다"(제13조)라고 규정하고 있다.[52] 이에 비해 모자보건법은 행정기관의 일방적인 명령에 의한 불임수술의 시행을 규정하고 있는 것이다. 그간 모자보건법이 일본 우생법을 "본뜬 것으로" 그 내용이 거의 동일하다고 설명되어왔지만,[53] 그 행정적 강제성에서 한국의 모자보건법은 일본 우생법보다 훨씬 강력한 내용을 담고 있었다.

모자보건법이 통과되자, 언론에서는 부모의 유전질환이 자녀에게 영향을 끼칠 우려가 있는 경우 보사부장관이 강제불임수술을 명령할 수 있게 한 모자보건법 제9조의 내용을 언급하면서 "집단우생학의 측면"이 엿보인다고 다소 우려하였다.[54] 더욱이 불임수술 대상 질환이 모호하고 잘못 지정된 부분도 있어 실효성이 떨

---

52 일본 중의원 홈페이지(http://www.shugiin.go.jp/internet/itdb_housei.nsf/html/houritsu/00219480713156.htm).

53 최규진, 「낙태죄의 역사」, 『의료와 사회』 8, 도서출판 사회와의료, 2017, 271-272쪽.

54 「비극의 감소와 윤리의 혼란」, 『동아일보』, 1973. 2. 1.

어진다는 비판도 제기되었다. 유전이 확인되지 않은 정신병을 유전성으로 잘못 표기했다는 것이다.[55] 당시 유전성 질환은 2,400여 가지로 알려져 있었으나, 이와 관련된 정확한 통계가 마련되어 있지 않았다. 더욱이 당시 유전성 여부는 의사가 환자를 진찰하는 과정에서 선조들의 병력을 확인하는 방법을 통해 판단할 수밖에 없어 유전성 판명 자체가 어려운 일이었다.[56] 신경정신의학 분야 전문의들은 "지금까지 정신질환으로 유전성이 확인된 것은 하나도 없다"고 지적하고 "유전성"이라는 불필요한 수식어를 붙여 마치 정신질환이 유전성과 비유전성이 있는 것처럼 오해를 자아내 환자 치료에까지 악영향을 끼치고 있다며 비판하였다.[57]

그러나 전반적으로 볼 때, 모자보건법 도입 당시 사회적 관심은 강제불임수술의 대상인 유전성 질환의 모호함과 진단의 정확성에 대한 우려에 집중되었고, 강제불임명령 자체가 장애인이나 유전질환 환자의 인권을 침해할 소지가 있다는 점은 크게 주목되지 않았다.

---

55 「모호한 〈불임 수술대상 규정〉」, 『동아일보』, 1973. 10. 19.

56 「공포된 모자보건법 시행령 불임수술 대상 구체화」, 『경향신문』, 1973. 5. 29; 「구체화된 중절 불임대상, 시행령 공포로 본궤도 오른 모자보건법」, 『동아일보』, 1973. 5. 30.

57 「모호한 〈불임 수술대상 규정〉」, 『동아일보』, 1973. 10. 19. 2009년 7월 모자보건법 시행령이 개정되어 인공임신중절은 '28주 이내'에서 '임신 24주 이내'로 단축되었고, 인공임신중절 허용 질환 중 의료기술의 발달로 치료가 가능한 유전성 정신분열증, 유전성 조울증, 유전성 간질증, 유전성 정신박약, 유전성 운동신경원 질환, 혈우병, 현저한 범죄 경향이 있는 유전성 정신장애 등 7가지 질환이 제외되었다. 김성진, 「출산억제 정책으로서 모자보건법과 낙태에 대한 반성적 접근」, 『법과 정책연구』 10-1, 한국법정책학회, 2010, 70-71쪽.

3.2. 정심원 강제불임수술 논란

'공익상 필요하다고 인정된' 강제불임수술 명령이 본격적으로 논란이 된 것은 그로부터 2년이 지난 후였다. 당시 실제로 "유전성 정신장애자"에 관한 강제불임수술 명령이 보사부장관에 의해 고려되고 있었기 때문에, 이 조항에 대한 사회적 논란은 크게 증폭되었다.

1975년 6월 24일 충청남도는 보령에 소재한 정심원에 수용 중인 12명의 여자 "정신박약" 및 간질환자들이 모자보건법 시행령 제4조 3항의 규정에 따른 불임(난관)수술 대상자라고 보사부에 보고하였다. 이에 보사부 당국은 충청남도의 진단이 일반의사에 의해 내려진 것이라 신뢰할 수 없다며 정신과 전문의에게 재진단을 의뢰, 유전성 "정신박약"과 유전성 간질병 환자라는 것을 확인한 후 불임시술 여부를 결정하기로 하였다.[58] 이에 보사부는 원자력연구소·대한의학협회·정신과학회·심리학회 등에 전문적인 조사를 의뢰하였고 그 결과 한국원자력연구소로부터 수용된 12명 중 9명의 소녀들이 유전성 정신질환 환자로 판명되었다는 보고를 받아 이를 가족계획심의회에 회부하였다.[59]

보사부가 이 소녀들에게 강제불임수술을 명령할 것으로 예상된다는 언론의 보도가 잇따르자 서울시내 병원에 입원 중이던 한

---

58 「간질 등 유전성 환자 불임강제시술 검토」, 『경향신문』, 1975. 3. 6.

59 「유전성 정신질환 가진 소녀 9명 국내 첫 강제불임시술할 듯」, 『동아일보』, 1975. 6. 24.

강박신경증 환자가 쇼크를 받아 자해하는 소동이 빚어지기도 했다. 자식에게 정신질환이 유전될까 두려운 나머지 자신의 생식기를 면도칼로 자르려다 상처를 입혔던 것이다.[60] 금방이라도 강제불임수술 명령이 내려질 듯한 분위기에서 보사부의 조치를 둘러싸고 토론회가 개최되는 등 찬반 논란은 뜨거워졌다.[61]

보사부는 모자보건법에 의한 불임수술은 본인과 그 배우자는 물론 사회공익상 극히 바람직한 것이며 유전질환자, 특히 정신병자를 미연에 방지함으로써 인간의 불행을 막는 것은 우생학적으로 당연하다고 주장하였다.[62] 그러나 이러한 보사부 측의 입장에 대해서 종교계와 의사 집단, 그리고 인권단체는 크게 반발하였다.

우선 대한신경정신의학회[63]는 긴급평의회를 소집하고 '강제불임시술명령' 발동을 당국에 재고해줄 것을 요구하는 건의문을 보사부에 보냈다. 이들은 유전성 정신질환 환자는 환자 10만 명 중 1명 꼴로, 대부분의 정신질환이 후천성이고 병에 따라서는 유전성 여부가 의학적으로 확인되지 못하고 있다면서 불임시술명령 발동을 신중히 재고하고, 이들 소녀들에 대한 유전성 여부를 재조사할

---

60 「신경정신의학회, 보사부에 건의, "불임시술 재고를"」, 『경향신문』, 1975. 6. 26.

61 「강제불임, 그 시비의 저변」, 『경향신문』, 1975. 6. 26; 「찬반 엇갈린 강제불임수술」, 『동아일보』, 1975. 6. 30; 「정박아 불임수술 찬반토론」, 『동아일보』, 1975. 7. 22.

62 「강제불임, 그 시비의 저변」, 『경향신문』, 1975. 6. 26.

63 대한신경정신의학회는 해방 직후인 1945년 9월 초 출범한 신경정신의학 관련 학술단체로 초기 단체명은 조선정신신경학회였으나 1955년 대한신경정신의학회로 그 명칭을 변경하였다. 신경정신의학의 발전과 국민 정신보건의 향상, 관련 분야 전문인력의 양성 등을 목적으로 활동해왔다. 대한신경정신의학회, 『대한신경신의학회 50년사』, 대한신경정신의학회, 1995, 27쪽.

것을 건의했다.[64] 이와 더불어 모자보건법에 불임시술명령을 내릴
수 있는 사유가 유전성 분열증, 유전성 조울증, 유전성 간질증 등
으로 명기되어 있으나 이는 50년 전의 병명으로 현대의학에서는
유전성이 없는 것으로 밝혀졌다면서 법조문에서 이들 3개 병명을
삭제해줄 것을 요구하였다.[65] 나아가, 유전성 질환 여부가 가려지
려면 염색체 검사 외에 가족력과 더불어 철저한 생화학적 조사도
실시해야 했지만, 대상자들이 고아였던 까닭에 원자력연구소에
의해 시행된 조사는 염색체 검사에 불과했다며, 충분한 조사 없이
염색체 조사만을 근거로 불임명령을 내리는 것은 위험하다고 경
고하였다.[66]

　가톨릭 의사단체인 한국가톨릭의사협회와 가톨릭병원협회,
한국행복한가정운동협의회[67] 등은 불임시술을 정면으로 반대하면
서, "세상에는 마땅히 우수한 자와 열등한 자가 함께 존재할 권리
가 있다"며, "건전한 종족만을 번식시키고 불건강한 종족은 도태
시켜야 한다는 사고는 인간의 천부적 권리인 생명 현상을 침해하

---

64 「신경정신의학회, 보사부에 건의, "불임시술 재고를"」, 『경향신문』, 1975. 6. 26.
65 「"강제불임 시술 신중을" 정신의학회 건의, 유전성 재검사 필요」, 『동아일보』,
　　1975. 6. 26.
66 「유전병 환자는 3~4명뿐」, 『경향신문』, 1975. 6. 27.
67 정부의 가족계획 정책에 대응하여 인공적인 임신중절과 피임을 비판하고 자연
　　가족계획법의 보급을 위해 가톨릭이 조직한 단체. 1973년 2월 한국 가톨릭병
　　원 협회 내에 '행복한 가정 연구위원회'가 발족되었고, 이후 1975년 5월 주교회
　　의 산하 독립기구로 전환하여 서울에 전국협의회, 각 교구에 교구위원회를 두
　　었다. 인간의 존엄성과 생명권 보호를 위해 활동하였다. 최선혜, 「1960~70년대
　　한국 정부의 가족계획사업에 대한 가톨릭의 대응」, 『인간연구』 9, 가톨릭대학교
　　인간학연구소, 2005, 195쪽.

는 비인간적 처사"라고 비판하였다.[68] 국제인권옹호한국연맹 역시 보사부의 강제불임시술 시도를 비판하고 그 철회를 촉구하였다.[69]

대한신경정신의학회 의사들은 유전성 조사의 정확성을 의심하여 불임시술명령의 발동을 반대하였지만 이들이 인권에 대한 진지한 고려 속에서 우생학적 입장과 그 강제성을 부정했던 것은 아니었다. 1967년 대한신경정신의학회는 정신위생법 초안을 작성하여 보사부에 제출하였다. 이 법률의 초안에는 '정신장애자' 또는 그렇다고 의심되는 자를 아는 사람은 누구나 정신위생 감정을 받도록 신청할 수 있으며, 환자의 강제수용은 본인의 동의 없이도 가능하도록 명시하고 있었다. 이것은 일본 법안을 참고한 초안이었는데, 환자의 자율권과 인권에 대한 고려가 턱없이 부족함을 알수 있다. 당시 이에 대해 주목할 만한 의사들의 비판은 없었다.[70]

이에 비해 가톨릭단체는 유전성 여부와 상관없이 열등한 자를 도태시키고자 하는 우생학적 시도 자체가 인권을 침해하는 처사라는 입장에 서 있었다. 이들은 강제불임시술을 비판하기 위해 '인

68 「우수 열등 공존할 권리 있다」, 『경향신문』, 1975. 7. 7.

69 「강제불임시술 철회 인권옹호연서 촉구」, 『동아일보』, 1975. 6. 27. 국제인권 옹호 한국연맹은 '세계인권선언'의 이념을 구현하기 위하여 1953년 10월 24일 창립되었다. 인권사상의 앙양, 인권 제도의 개선, 인권침해의 구제, 북한 인권의 개선 등을 표방하고 활동해왔다. 본 연맹은 대한인권옹호연맹으로 1953년 창립하여 1955년 UN인권이사회 산하 비정부국제기구인 국제인권옹호연맹에 1955년 기입하였고, 57년 국제인권옹호 한국연맹으로 개칭. 1941년 뉴욕에서 창립된 국제인권연맹은 비정부국제기구로서 26개국에 41개의 지부를 두었다(www.humanrights-korea.or.kr/).

70 임지연, 「1960~70년대 한국 정신의학 담론 연구」, 『의사학』 26-2, 대한의사학회, 2017, 199-200쪽.

권' 담론을 활용하였다. 한국에서 인권 담론은 애초에 정부에 의해 제도로서 도입된 것으로 주민들의 실질적인 인권 보장과는 거리가 먼 담론이었다. 더욱이 이 시기는 박정희 정권하에서 유신체제와 긴급조치로 모든 국민의 기본권이 정지되고 정치적 성향이나 조직은 배제된 '선행과 자선'만이 인권으로 규정되던 때였다.[71] 그러나 이러한 와중에도 인권의식이 일반인들 사이에서 내면화되고, 부당한 폭력과 억울함에 '인권'의 이름으로 대항하려는 움직임이 있었음을 알 수 있다.

한편, 강제불임수술의 시행에 적극 찬성하는 이들도 있었다. 서울대 보건대학원 정경균 교수는 "정신박약"의 부모와 그 부모에게서 태어나는 자식은 모두가 그렇게 불행할 수 없으며 또 "정신박약 환자"의 부모가 낳은 자식을 책임질 사람이 없어 결국 사회악을 낳기 때문에 특히 유전성 "정신박약" 환자에 대한 불임시술은 오히려 인도적이라 주장하였다. 그는 또 강제불임시술이라는 용어가 나쁜 인상을 주지만 그 뒤에 숨어 있는 참뜻은 도리어 도의적이라고 말하고 엄밀한 조사 끝에 유전성으로 판명된다면 이들에 대해서는 불임시술을 해야 한다고 강조하였다.[72] 또 서울자교교회의 마경일 목사는 "간질, 정신박약 등 고질적 유전병을 갖고는 부모 노릇하는 것도 괴롭고 자녀를 둔다는 것도 불안한 것이기 때문에 건전한 인간적 삶을 누리기 위해 이 같은 법적 조치에는 개인적으로 찬성한다"

---

71 이정은, 「한국 인권운동의 토대 형성-해방 후부터 1970년대 초까지」, 『역사비평』 103, 역사문제연구소, 2013, 86-87쪽.

72 「찬반 엇갈린 강제불임수술」, 『동아일보』, 1975. 6. 30.

고 발언하였다.[73] 직접적인 우생학에 근거하기보다는 현실론에 근거하여 불임시술의 필요성을 찬성하고 있음을 알 수 있다.

이에 비해 보사부 측 담당자는 보다 분명하게 우생학적 입장을 견지했다. 당시 모자보건관리관이었던 최익한은 미국 같은 선진국에서도 자손들에게 불행을 물려줄까봐 유전성 정신질환자들 자신이 병원을 찾아와 불임수술을 자청하는 경우가 흔한데, 가족계획사업이 최대 당면과제의 하나인 한국 사회에서 정신질환자를 정부가 무료로 수술해준다는데 왜 반대론자들이 많은지 모르겠다고 고개를 갸우뚱하였다. 그는 "솔직히 말해 인구의 급격한 팽창으로 지금 육신이 건강한 사람들도 살기 어려운 판에 불치의 병을 자손에게 물려줄 유전성 질환의 환자들을 대안 없이 방치해두는 것이 타당한가"라고 반문하며 "본인들 자신을 위해서도 수술을 받는 게 좋을 것"이라고 거리낌 없이 발언하였다.[74] 우생학적 신념이 상당했던 인물인 최익한은 우수민족을 위해 불임수술은 불가피하다는 논조로 "반대론자들이 그토록 인도주의를 앞세운다면 그들에게 정신박약이나 간질환자를 1년씩만 맡아 양육하도록 의뢰해보라"면서 "인구가 기하급수적으로 늘고 있는데 우수한 우리 민족을 보존하기 위해서는 악성 유전질환자에 대한 강제불임시술은 당연한 조치"라고 주장했다.[75]

이처럼 불임수술의 정당성을 두고 다양한 찬반 논의가 있었지

---

73 「천륜이냐 우생이냐 유전성 질환 강제불임시술명령-각계 반향을 알아보면」, 『경향신문』, 1975. 3. 8.

74 「"본인에게도 다행"」, 『경향신문』, 1975. 7. 2.

75 「우수민족 위해 불임수술 불가피」, 『경향신문』, 1975. 3. 12.

만 반대 여론이 더 컸던 것으로 보인다. 특히 신경정신과 의사들은 절차적 정당성을 문제 삼으며 불임시술명령을 저지하고자 하였다. 이들은 가족계획심의회가 유전성 정신질환을 실제로 판별할 수 있는 신경정신의학 분야와는 상관없는 산부인과, 소아과, 예방의학 의료행정관 및 비의료인으로 구성되어 정신과 분야 환자의 불임시술 여부를 결정한다는 것은 문제라고 지적하였다.[76] 이와 더불어, 유전성 여부를 명확히 판별하기 어려운 정신장애를 유전성으로 진단하고, 정신분열증, 조울증, 성격장애 등에 이르기까지 유전성 여부를 명확히 확인할 수 없는 경우까지도 강제불임수술의 대상으로 삼은 것은 지나치다고 비판하였다.[77]

논란이 가중되는 와중에 한국원자력연구소는 염색체 이상이 발견되었다는 9명 가운데 3명은 전형적인 다운증후군, 1명은 의증(疑症)으로 밝혀졌으나, 나머지 5명은 유전성 정신질환의 유발 가능성이 불확실한 '모자이크 염색체 현상'일 뿐이라고 보고한 것을 보사부가 9명 모두 유전성 정신질환자인 것처럼 묶어서 발표했다며, 모자이크 염색체는 일정한 빈도로 유전되기는 하나 확실한 유전적인 증상을 일으킬지는 불확실하다고 정정 보고했다. 이에 의학계에서는 모자이크 염색체는 정상인에게도 영양상태 등에 따라 나타날 수 있다며, 선천성 질환의 유전 여부가 확실치도 않은 모자이크 염색체 소유자에게 무더기로 강제불임수술을 검토하는 것

---

76 「의학에세이 (199) '바보'의 인권」, 『동아일보』, 1975. 7. 7.

77 위의 글; 「정신병과 유전」, 『동아일보』, 1975. 8. 21.

은 부당하다고 비판했다.[78]

이처럼 학계와 종교계 등 사회단체의 반발에 부딪힌 정부는 결국 정심원 소녀들에 대한 불임시술명령 결정을 무기한 보류하였다.[79] 이후 정심원 소녀들에 대한 불임시술명령이 실제로 내려져 시행되었는지 여부는 분명하지 않다. 결정을 보류한다는 보도 이후 추가적인 관련 보도는 나오지 않았다. 다만 1999년 이 문제가 다시 언론에 폭로되었을 때 보사부와 정심원 관계자들은 서류가 없어져서 정확히 알 수 없지만, 9명에 대한 불임수술이 시행된 것으로 추측했다.[80] 그러나 정확한 상황은 지금으로선 알 수 없다.

정심원 "정신장애아"에 대한 불임시술 논란은 모자보건법의 우생학 조항이 도입되었지만, 이를 강제적으로 실시하는 것이 쉽지 않았음을 보여준다. 이들이 대상자로서 적합한지 여부부터 강제명령이 인권을 유린한다는 측면까지 다양한 비판이 제기되었기 때문이다. 그러나 유신의 어두운 정치적 상황을 고려했을 때 이례적이었다고 할 만큼 사회적 논란이 되었음에도 불구하고, 이 논란을 통해 강제불임조항의 폐지나 개정을 요구하는 목소리는 거의 나타나지 않았다.

---

78 「유전병 환자는 3~4명뿐」,『경향신문』, 1975. 6. 27.

79 「학자들 이론 분분해서」,『경향신문』, 1975. 9. 5.

80 「충남 정심원 75년에도 강제불임시술 의혹」,『연합뉴스』, 1999. 8. 20.

4. 장애인 강제불임시술 실태

정심원 사건 이후 장애인에 대한 강제불임수술명령과 관련된 추가적인 사례나 사회적 논란은 언론에 나타나지 않아, 그 실태를 정확히 확인하기 어렵다. 다만 장애인에 대한 강제불임시술이 전 세계적으로 논란거리가 된 1990년대 후반에 이르러 이 문제는 다시 한 번 사회적으로 부상하였다. 1997년 스웨덴의 유력 일간지인 『디엔스 뉘헤테르(Dagens Nyheter)』는 스웨덴에서 "바람직하지 않은 인종적 특성이나 약시, 정신지체, 불건전한 성욕 등 열등한 속성을 가졌다고 판단되는 사람들을 대상으로 한 (강제)불임수술이 실시되었다"고 폭로하여 전 세계에 파문을 일으켰다.[81] 이 폭로에 뒤이어 유럽 각국과 미국, 일본 등에서의 강제불임시술 실태가 고발되었고 이는 한국에서도 대대적으로 보도되었다.[82]

해외에서의 강제불임수술이 논란이 되자, 1999년 2월 정부는 부랴부랴 모자보건법을 개정하여 강제불임수술명령 관련 조항을 삭제하였다.[83] 복지부는 1970~80년대 가족계획을 위해 정관수술을 권장하던 시기여서 이들에게 불임을 권유했을 가능성은 있지

---

[81] 「스웨덴 '강제불임수술' 충격」, 『경향신문』, 1997. 8. 27; 「스웨덴 '우생학 불임시술' 파문」, 『한겨레』, 1997. 8. 27.

[82] 「강제불임시술 미국이 원조」, 『한겨레』, 1997. 8. 29; 「복지천국 북유럽국, 강제불임시술 지옥」, 『동아일보』, 1997. 8. 31; 「日도 작년까지 불임시술」, 『동아일보』 1997. 9. 18; 「뉴질랜드서도 강제불임수술」, 『경향신문』, 1997. 9. 2; 「프랑스도 강제불임시술 정신박약 여성 대상 최소 1만 5,000명」, 『한겨레』, 1997. 9. 11.

[83] 「법률 제5859호 모자보건법 1999. 2. 8. 일부개정」.

만, "유전질환 예방 차원"에서 보건사회부장관이 강제불임수술을 명령할 수 있도록 규정했던 모자보건법의 관련 조항이 폐기될 때까지 보사부가 강제불임수술을 명령한 적이 있는지는 명확치 않다고 발표하였다.[84]

이처럼 보사부장관에 의한 강제명령이 발동된 추가적인 사례를 공식적인 자료나 언론 보도 등을 통해서 찾기 어렵지만, 그럼에도 불구하고 장애인 강제불임시술이 공공연하게 행해졌음은 1999년 김홍신 의원의 폭로와 그에 따른 보고서를 통해 알 수 있다. 특히 지적 장애인이나 발달장애인 등이 그 주요한 대상이 되었다.[85] 강제불임수술은 시설, 해당 행정기관, 보건소, 가족계획협회 등 정부의 공식 기관과의 광범위한 상호협조를 통해 이루어졌으며, 경우에 따라 장애인의 부모도 이에 가담했다.[86] 김홍신 의원에 의해 조사된 시설에서의 강제불임수술 현황은 아래와 같다.

---

84 「정신장애 66명 강제 불임수술」, 『동아일보』, 1999. 8. 20; 「절실한 장애인 인권 대책」, 『경향신문』, 1999. 8. 21.

85 1997년 스웨덴과 노르웨이 등 소위 선진국에서 '정신지체' 등의 이유로 수만 명이 강제불임수술을 당한 사실이 드러나 정부보상을 검토한다는 내용이 국내에 보도된 것을 계기로 국회의원이었던 김홍신이 한국에서 그러한 일이 있었는지를 조사하는 과정에서 정신지체 장애인 시설에서 강제불임수술이 이루어진 사실이 드러났다. 그러나 이 문제는 몇 차례의 보도 이후 다시 사회적 관심사로부터 멀어지고 말았다.

86 「정신장애인 불임수술 관이 주도」, 『한겨레』, 1999. 8. 23; 윤민화, 「정신지체 장애인 강제불임수술 실태와 대책」, 『월간 복지동향』 12, 참여연대사회복지위원회, 1999, 31-32쪽.

[표 1] '정신지체' 장애인 시설의 불임수술 현황

지역	시설명	원장명	결혼한 부부수	결혼전 불임수술		결혼후 불임수술		수술기관	수술시기	강제성 여부
				남	녀	남	녀			
부산 연제구	성우원	김창숙	1쌍	1				가협 지정병원	1986 ~85	강제
경기 남양주	신망애 재활원	박춘화	3쌍	3				가협 지정병원	1992	부모들에 의해 실행
강원 춘천	강원 재활원	홍기종	2쌍	1				가협 강원지부 부속 의원	1997	강제
충남 보령	충남 정심원	박현숙	33쌍	32	25			가협 지정병원	1983 ~89	강제
전북 전주	전주 자림 재활원	김재필	7쌍	2		3		일반병원	1998	강제
전남 곡성	곡성 삼강원	강영수	1쌍	1				일반병원	1987	강제
전남 목포	공생 재활원	최순임	1쌍				1	가협 지정병원	1987	강제
경북 안동	애명 복지촌	배영호	6쌍	4	1	1			1995	부모들에 의해 실행

* 출처: 김홍신, 「장애인 불법·강제불임수술 실태와 대책에 관한 조사보고서」, 1999, 11쪽 표 재구성.

위 [표 1]은 김홍신 보고서[87]에서 발췌한 것으로, 1983년부터

---

87   김홍신, 「장애인 불법·강제 불임수술 실태와 대책에 관한 조사보고서」, 1999(장애우권익문제연구소 자료실 http://cowalk.or.kr/bbs/board.php?bo_

1998년까지 전국의 8개 시설에서 75명(남자 48명, 여자 27명)의 정신지체 장애인에게 불임수술이 시행되었음을 알 수 있다. 시설 일방의 판단에 따라 강제불임수술이 행해진 곳이 6개 시설로, 총 66명(남성 40명, 여성 26명)에게 강제불임수술이 행해졌다. 나머지 2개 시설에서는 부모가 불임수술을 강행하였다. 가족계획사업이 종료된 1996년 이후에도 장애인 강제불임시술이 지속되고 있음도 알 수 있다.

이처럼 강제불임수술이 주로 시설에서 이루어진 것은 무엇보다 정신장애인들의 출산에 따른 육아 문제를 시설에서 해결하기 어려웠고, 부모도 감당하기 어려웠던 현실적인 문제 때문이었다. 장애 자녀의 돌봄을 시설에 의존하고 있는 상황에서 가족들 역시 장애 자녀의 출산을 원치 않는 경우가 많았던 것이다. 더욱이 정신장애인/발달장애인 여성들의 경우 시설에서 생활하던 중 성폭력 피해를 입는 경우도 많았기 때문에, 잠재적인 성폭력 피해로 인한 출산을 방지하기 위한 수단으로 불임시술이 이루어진 경우도 존재했을 것이다.

그러나 목표량을 정해놓고 그 달성을 과도하게 독려하였던 가족계획사업의 실행방식 또한 시설에서의 장애인에 대한 강제불임수술이 시행되었던 주요 요인이었다. 가족계획이 한창이던 1970~80년대에 가족계획요원들은 군 보건소로부터 정해진 목표량을 달성해야 한다는 압박을 받고 있었기 때문에 때로는 '수단과 방법을 가리지 않고' 실적을 채우기 위해 혈안이 되었다. 따라

---

table=B20&wr_id=422).

서 실적경쟁이 치열했던 가족계획요원들은 개별 가정을 방문하여 일일이 설득하는 것보다 시설에 가서 원장을 설득하여 집단적으로 불임시술을 하도록 하는 편이 실적 쌓기에 수월하다는 사실을 간파했다. 실제로 광주 동구 보건소 가족계획담당 공무원의 증언에 따르면, 각 보건소에서는 불임수술 목표량이 할당되었으며, 실적 우수자에게는 표창, 해외여행 등의 포상이 이뤄졌다. 그로 인해 보건소는 집단시술이 가능한 사회복지시설을 주로 찾아가 강제로 불임수술을 했던 것으로 보인다.[88] 최원규가 추정하듯이, 1980년대를 지나 최근 시점으로 올수록 시설 수용인에 대한 불임수술이 더욱 적극적으로 추진되었을 가능성도 있다. 이 시기 이후 한국에서 출산력이 2.0대에서 점점 떨어져 일반인들 사이에서 추가적인 불임시술 기회를 포착하는 것이 점차 어려워졌기 때문이다.[89]

이러한 사정 속에서 불임수술은 강제적으로 행해졌다. 피해자들은 "아이를 낳고 싶지만, 수술을 해서 낳을 수 없다"라고 공통적으로 증언했다. 또한 "아버지(원장)가 시켜서 수술을 했다"(김○○, 남, 33), "원장이 애기 낳으면 고생한다고 말했다", "애기를 낳으면 시설에서 쫓겨난다", "애기 낳으면 다른 데로 보내버린다"(이○○, 여, 36)는 등 강제성을 확인할 수 있는 일관된 증언이 보고되었다.[90]

그런데 1983년 제정된 가족보건 업무규정 제12조 1항에 따르

---

88 「장애인 강제불임수술 관이 주도」, 『연합뉴스』, 1999. 8. 22.

89 최원규, 「생명권력의 작동과 사회복지-강제불임 담론을 중심으로」, 『비판사회정책』 12, 비판과대안을위한사회복지학회, 2002, 167쪽.

90 김홍신, 앞의 보고서, 3쪽.

면, 가족계획사업을 통한 불임수술은 기혼자에게만 할 수 있도록 되어 있었고, 미혼자는 그 대상이 아니었다.[91] 그러나 김홍신 보고서에 따르면, 보건소 등 행정기관의 협조와 묵인 속에서 불임시술을 받은 장애인 63명 중 1명을 제외한 62명이 모두 미혼인 상태에서 불임수술을 받았다.

현재로서는 모자보건법을 통한 법률에 근거한 강제조치가 실제로 얼마나 이루어졌는지는 정확히 알 수 없다. 그러나 1970년대 이후 장애인에 대한 강제불임수술은 일종의 관행이 되어, 꼭 정부에 의한 강제조치가 아니더라도 시설장이나 부모의 결정에 의해 불법적이거나 음성적인 형태로 이루어졌다. 대개 시설에서는 장애인들이 결혼할 경우 불임시술을 전제조건으로 하였다. 예컨대, 1987년 5월 29일 『경향신문』은 "정박아" 부부의 "사랑극복 웨딩마치"를 보도하였다. 전남 곡성의 재활원인 삼강원에서 성장한 이창○, 이복○가 평소의 애정과 주변의 주선으로 결혼식을 올리게 되었는데, "건강한 아기를 낳을 수 있을까 하는 걱정이 있었으나 규정에 따라 불임수술을" 하였다고 보도하고 있다.[92]

설사 장애인 스스로가 자발적으로 불임시술을 선택했다 하더라도, 이러한 선택은 현실적으로 시설을 나가서 자립하여 출산과 자녀양육을 하기 어려운 조건 때문에 이루어진 것으로, 자율적인 선택이라기보다는 포괄적인 의미에서 강제적인 것이었다.

---

91 보건사회부 훈령 제464호 가족보건업무규정 1983.12.30. 대한민국 관보 제9631호(1983.12.30.) (http://theme.archives.go.kr/viewer/common/archWebViewer.do?singleData=N&archiveEventId=0028152108#61)

92 「심신장애 사랑극복 웨딩마치」, 『경향신문』, 1987. 5. 29.

5. 장애인의 자기결정권이 존중되는 사회를 기약하며

1990년대 중반을 지나면서 국가의 인구 정책은 인구억제로부터 저출산 대책으로 변경되었다. 이와 더불어 모자보건법의 장애인 강제불임수술 규정은 1999년 법 개정을 통해 역사의 저편으로 사라지게 되었다. 그러나 모자보건법의 인공임신중절수술 허용한계의 우생학적 조항은 그 폐지 요구에도 불구하고 아직도 존속하고 있다. 가족계획사업을 추진하는 가운데 국가가 법을 통해 장애인에 대한 강제불임시술을 정당화해온 이와 같은 역사는 장애인 불임시술이 사회의 관행으로 자리 잡게 하는 데 큰 영향을 미쳤다. 오늘날에는 정부나 시설이 주도하지 않더라도 가족에 의해 장애인의 불임시술이 강요 혹은 권유되고 있는 실정이다. 2011년 장애인 실태 조사에 따르면, 임신한 여성 장애인의 58.4%가 인공임신중절을 선택했는데, 51.5%가 본인 의사에 따라, 48.5%는 주변의 권유로 이러한 결정을 내렸다고 한다.[93] 이처럼 국가가 법령을 통해 장애인불임수술을 정당화해온 역사는 한국 사회에서 장애인 불임수술이 사회적 관행으로 자리 잡게 되는 계기가 되었을 뿐만 아니라, 오늘날 장애인의 임신과 출산에서의 자기결정권을 상상하는 데 제약을 주는 부정적 유산으로 남아 있다.

지난해 헌법재판소가 낙태죄에 관해 헌법불합치 결정을 한 이래로 모자보건법 개정이 불가피해진 상황이다. 이에 따라 문제가

---

[93] 「자기결정권 없는 장애인 불임수술」, 『서울신문』, 2019. 4. 18.

되고 있는 제14조의 우생학 조항을 삭제하려는 노력도 보다 가시화되고 있다. 그러나 법 조항을 삭제한다고 하더라도, 장애인의 삶을 무가치하게 여기거나 사회적인 짐으로만 보는 시선이 변화하지 않는다면, 암묵적인 강요나 권유에 의한 불임시술은 계속해서 관행으로 남을 수 있다. 2019년 서울신문, 장애인 인권포럼, 공공의창이 공동으로 실시한 설문조사에 따르면 만 19세 이상 성인 1,001명 중 응답자의 62.9%가 부모 등 주변인의 권유에 의한 장애인 불임수술에 찬성한다고 답하였고, 의사결정을 내리기 어려운 장애인이더라도 최소한의 자기결정권을 존중해야 한다는 의견은 37.1%에 그쳤다.[94] 국민 3명 중 2명은 인권 침해 논란에도 부모가 발달장애인(지적·자폐) 자녀의 불임수술을 결정하는 것에 대해 '용인해야 한다'고 밝힌 셈이다. 양육 현실의 어려움을 감안한 것으로 보이지만 장애인의 자기결정권 침해를 당연하게 여기는 심성이 엿보인다. 국가 돌봄과 지원이 빈약해 양육 책임을 장애인 가족이 모두 떠안을 수밖에 없는 장애인 복지의 어두운 현실도 문제지만, 우리의 역사적 경험과 그로부터 형성된 심성 속에 녹아 있는 우생학적 사고의 위험성을 성찰하는 일도 게을리해서는 안 될 것이다.

---

94 「자기결정권 없는 장애인 불임수술」, 『서울신문』, 2019. 4. 18.

참고문헌

1. 논문과 단행본

1) 논문

김원규, 「1970년대 법률 담론에 나타난 하층여성(성)」, 『서강인문논총』 30, 서
    강대학교 인문과학연구소, 2011.

김홍신, 「장애인 불법·강제 불임수술 실태와 대책에 관한 조사보고서」,
    1999(장애우권익문제연구소 자료실 http://cowalk.or.kr/bbs/board.php?bo_
    table=B20&wr_id=422).

김홍주, 「한국 사회의 근대화 기획과 가족정치-가족계획사업을 중심으로」,
    『한국인구학』 25-1, 한국인구학회, 2002.

박광명, 「5·16 군사정부의 가족계획 정책 입안 배경과 논리」, 『동국사학』 62,
    동국대학교 동국역사문화연구소, 2017.

박승만, 「천연한 자연과 완전한 자연-1970년대 중반 한국 가톨릭 가족계획사
    업과 자연피임법의 경합」, 『의사학』 29, 대한의사학회, 2020.

박윤재, 「원로 산부인과 의사들이 기억하는 가족계획사업」, 『연세의사학』 12-
    2, 연세대학교 의학사연구소, 2009.

소현숙, 「일제 시기 출산통제담론 연구」, 『역사와 현실』 38, 한국역사연구회,
    2000.

신동일, 「모자보건법 제14조-개정 필요성과 방향」, 『안암법학』 32, 안암법학
    회, 2010.

신영전, 「『우생(優生)』에 나타난 1930년대 우리나라 우생 운동의 특징-보건사
    적 함의를 중심으로」, 『의사학』 15-2, 대한의사학회, 2006.

신영전·정일영, 「미수 이갑수의 생애와 사상-우생 관련 사상과 활동을 중심
    으로」, 『의사학』 28-1, 대한의사학회, 2019.

신유나·최규진, 「모자보건법 제14조(인공임신중절수술의 허용한계)의 역사-
    인구정책 변화에 따른 의미 변화와 '사회경제적 이유' 포함 논쟁을 중심으
    로」, 『비판사회정책』 66, 비판과대안을위한사회복지학회, 2020.

신유나, 「한국 모자보건법의 역사-제14조 인공임신중절수술의 허용한계를 중심으로」, 인하대학교 석사학위논문, 2020.

양재모, 「우리나라 인구 정책의 종합분석」, 『한국인구학』 9-1, 한국인구학회, 1986.

오영란, 「한국의 가족계획 정책은 가족주의를 어떻게 활용하였나」, 『한국사회정책』 27-1, 한국사회정책학회, 2020.

유석춘, 「각국 우생법의 비교고찰」, 서울대학교 석사학위논문, 1961.

윤민화, 「정신지체 장애인 강제불임수술 실태와 대책」, 『월간 복지동향』 12, 참여연대사회복지위원회, 1999.

이미경, 「국가의 출산 정책-가족계획 정책을 중심으로」, 『여성학논집』 6, 이화여자대학교 한국여성연구원, 1989.

이선이, 「전후 한국과 중국의 인구 정책과 여성」, 『여성과역사』 7, 한국여성사학회, 2007.

이원희·김대기, 「성골롬반외방선교수녀회의 의료 활동-강원도를 중심으로」, 『교회사학』 14, 수원교회사연구소, 2017.

이정은, 「한국 인권운동의 토대 형성-해방 후부터 1970년대 초까지」, 『역사비평』 103, 역사문제연구소, 2013.

임지연, 「1960~70년대 한국 정신의학 담론 연구-정신위생학에서 현대 정신의학으로」, 『의사학』 26-2, 대한의사학회, 2017.

장경식, 윤종주 외, 「정부 가족계획사업의 평가」, 『사회학회 기타간행물』, 한국사회학회, 1972.

전효숙·서홍관, 「해방 이후 우리나라 낙태의 실태와 과제」, 『의사학』 12-2, 대한의사학회, 2003.

최규진, 「낙태죄의 역사」, 『의료와 사회』 8, 도서출판 사회와의료, 2017.

최선혜, 「1960~70년대 한국 정부의 가족계획사업에 대한 가톨릭의 대응」, 『인간연구』 9, 가톨릭대학교 인간학연구소, 2005.

최원규, 「생명권력의 작동과 사회복지-강제불임 담론을 중심으로」, 『비판사회정책』 12, 비판과대안을위한사회복지학회, 2002.

2) 단행본

김자경, 『국민우생 결혼훈』, 恩寵文化協會, 1955.

김호연, 『우생학, 유전자 정치의 역사』, 아침이슬, 2009.

대한신경정신의학회, 『대한신경의학회 50년사』, 대한신경정신의학회, 1995.

배은경, 『현대 한국의 인간 재생산-여성, 모성, 가족계획사업』, 시간여행, 2012.

앙드레 피쇼, 이정희 역, 『우생학-유전학의 숨겨진 역사』, 아침이슬, 2009.

염운옥, 『생명에도 계급이 있는가-유전자 정치와 영국의 우생학』, 책세상, 2009.

요코야마 다카시, 안상현 · 신영전 역, 『일본이 우생사회가 될 때까지-과학계몽, 미디어, 생식의 정치』, 한울아카데미, 2019.

조은주, 『가족과 통치-인구는 어떻게 정치의 문제가 되었나』, 창비, 2018.

차옥희, 「인공임신중절의 사회의학적 조사」 서울대 보건대학원 석사학위논문, 1962.

토비아스 휘비네트 외, 뿌리의집 역, 『인종 간 입양의 사회학-이식된 삶에 대한 당사자들의 목소리』, 뿌리의 집, 2012.

플라톤, 박종현 역주, 『국가』, 서광사, 2005.

홍문식 · 서문희 · 계훈방, 『예비군 가족계획 실태 조사보고』, 한국인구보건연구원, 1986.

中村滿紀男 編著, 『優生學と障害者』, 明石書店, 2004.

'보통이 아닌 몸'의 영화 보기에 대하여
: 한국영화사 연구에서 관객의 역사화를 성찰하기[1]

이 화 진

1. 들어가며

소리를 기록하고 재생하는 축음기를 발명한 토마스 에디슨 (Thomas Alva Edison)은 난청이었다. 자신이 발명한 축음기와 키네 토그래프를 결합한(kinetophone, 1912)을 개발할 정도로 소리와 이미지의 결합에 관심이 많았지만, 말년에 소리를 거의 들을 수 없게 된 에디슨은 '토키(talkie)'에 대해 강한 거부감을 가지고 있었다. 그는 평생 자신을 청각장애인으로 인정하지 않았는데, 어느 인터 뷰에서는 토키가 "귀머거리에게는 형편없는 것"이라고 괴팍하게 말했다.[2]

---

1 이 글은 「'보통이 아닌 몸'의 영화 보기에 대하여: 한국영화사 연구에서 관객의 역사화를 성찰하기」, 『현대문학의 연구』 제71호, 한국문학연구학회, 2020. 6을 수정·보완하여 재수록한 것이다.

2 Russell L. Johnson, "Better Gestures: A Disability History Perspective on the

에디슨의 일화는 감각 손상(impairment)을 지닌 사람이 미디어의 경험을 통해 장애를 구성하는 장면을 보여준다. 만일 무성영화 시대가 더 오래 지속되었다면, 에디슨이 난청 때문에 영화를 보는데 어려움을 겪는 일은 없었을 것이다. 무성영화에서 발성영화로의 전환은 기술적으로나 산업적으로 또 문화적으로 여러 획기적인 변화를 가져왔는데, 그중 하나는 이론의 차원에서든 실제의 차원에서든 영화의 관객이 재구성되었다는 것이다. 발성영화의 등장 이전까지 활동사진 혹은 영화라고 불렸던 무성영화는 사운드의 도입과 함께 '소리 없는 영화' 혹은 '침묵의 영화'가 되었다. 미셸 시옹(Michel Chion)은 그러한 무성영화를 '데프 시네마(deaf cinema)'로 명명하기도 했는데,[3] 이때 '데프(deaf)'란 사운드를 포함하지 않은 영화의 미디어적 특성을 '결여'로 확정해 버린 것이다. 아이러니하게도, 시옹의 의도와는 무관하게, '데프 시네마'는 청각장애인이 자신의 청각 손실에 대한 자각 없이 비장애인과 거의 동등한 수준으로 향유할 수 있었던 역사적 매체를 가리키는 것이 되었다.

한편, 소리의 도입은 시각장애인에게는 영화를 향유할 수 있는 새로운 기회를 열어준 것처럼 인식되었다. 사회사 연구자 러셀 존슨(Russell L. Johnson)에 따르면, 토키 초기 미국에서는 청각장애인을 위해 보청기가 설치된 특별 좌석을 마련하려는 시도가 있었다. 그러나 영화관이 토키에 의해 청각장애인 관객을 잃는 손실

Transition from (Silent) Movies to Talkies in the United States", *Journal of Social History*, Volume 51, Issue 1, Fall 2017, pp.11-12.

3   Michel Chion, *Film, a Sound Art*, translated by Claudia Gorbman and C. Jon Delogu, New York: Columbia University Press, 2009, pp.3-4.

이 그다지 크지 않고 시각장애인들이 영화에 새롭게 참여할 수 있는 가능성을 확인하자 그러한 시도는 곧 중단되었다.[4] 이는 영화산업이 장애 관객의 영화 관람을 고객의 수요 증감에 따른 경제적 손익의 차원에서만 헤아렸다는 사실 외에도, 장애의 경험이 다양하며 때로는 다양한 장애들 사이에 경쟁 관계가 형성될 수 있음을 말해준다. 영화사의 기술 변화는 장애의 경험을 심화시키기도 했지만, 동시에 어떤 손상을 가진 관객에게는 비장애인과는 다른 방식으로 문화를 경험할 수 있는 기회를 제공하기도 했던 것이다.

이 연구는 한국영화사 연구가 장애를 지닌 관객의 영화 경험을 어떻게 역사화할 수 있는가에 대한 질문에서 시작되었다. 이 질문은 2000년 즈음부터 극장과 관객을 화두로 삼아온 한국영화사 연구의 성과를 되짚고, 영화사 연구의 새로운 주제와 방법론을 모색하려는 시도와 결부된 것이기도 하다. 지난 20여 년간 한국영화사 연구의 장에서는 관객이라는 연구 대상을 통해 문학, 역사, 연극, 인류학, 문화사, 사회학, 미디어 연구 등 다양한 학문 분야의 관심이 교차하는 간학제적인 연구가 활성화되었고, 한국의 영화문화에서 집합적 주체로서의 관객과 극장 공간의 관계, 혹은 관객의 문화적 정체성이 영화의 경험에서 어떠한 변수를 구성하는지가 줄기차게 탐문되었다. 민족, 젠더, 취향, 지역에 따른 관객 주체의 경험을 역사화하려는 다양한 시도들은 영화사 연구의 장을 풍성하게 만들었다.

---

4 Russell L. Johnson, op.cit., p.12. 러셀은 이러한 변화가 미국 청각장애 교육이 수화주의(manualism)를 구화주의(oralism)로 대체한 흐름과도 맞물려 있다고 본다.

그러나 이제까지의 연구에서 관객의 장애와 영화 경험 사이의 관계성이 진지하게 주목된 적은 없었다. 가령 서두에 언급했던 토키 이행기 관객의 재구성과 관련해서도, 한반도에서 이 시기 관객의 몸은 식민의 경험과 불가분의 관계에 있었던 한반도의 역사적 조건에 대한 인식에서 '민족' 혹은 같은 언어를 사용하는 '동족(어) 집단'의 일원으로 상상되었다.[5] 토키 이행기에 교육의 정도나 리터러시(literacy)의 차이에 의해 계층적 차원에서 관객이 재구성되고, 민족을 가로지르는 취향의 공동체가 형성되었다고 하나,[6] 이것은 기본적으로 관객의 종족성(ethnicity)에 기반한 공통 경험을 의미화하는 작업의 일환이었다. 종족적 동질성을 균열하고 젠더와 지역에 의한 차이의 경험을 강조하는 연구라 해도, 이러한 정체성 범주가 장애의 문제와 교차해 사유되지는 않았다. 관객의 신체적 온전함(able-bodiedness)을 전제하지 않은 관객 연구는 없었다고 해도 과언이 아니다. 관객이라는 화두는 한국영화사 연구의 시야를 확장하는 데에는 기여해왔지만, 관람성 연구에서 '보통이 아닌 몸'[7]

5　유선영, 「극장구경과 활동사진 보기-충격의 근대 그리고 즐거움의 훈육」, 『역사비평』 통권64호(2003 가을호), 역사문제연구소, 2003.

6　이화진, 『소리의 정치』, 현실문화, 2016; 김순주, 「제국의 '소리들'과 식민지 '이중 도시'의 변화: 1930년대 전반기 경성의 발성영화 상영과 상영 현장의 변화」, 『서울학 연구』 제62호, 서울시립대학교 서울학연구소, 2016 등.

7　여기서 '보통이 아닌 몸(extraordinary bodies)'은 로즈메리 갈런드 톰슨(Rosemarie Garland Thomson)의 책 제목을 빌린 것이다. 톰슨의 책을 번역한 손홍일은 제목을 '보통이 아닌 몸'으로 옮긴 것은 저자가 비장애인을 지칭하는 ordinary의 반대 개념이되 un-ordinary가 아닌 extraordinary를 사용해 extra의 긍정적인 함축성을 강조하고, "장애를 지닌 몸을 새로운 방법으로 보는 것"임을 고려했다고 설명한다. 손홍일, 「옮긴이 서문」, 로즈메리 갈런드 톰슨, 『보통이 아닌 몸: 미국 문화에서 장애는 어떻게 재현되었는가』, 손홍일 옮김, 그린비,

의 영화 경험은 외부화되었다. 영화사 연구의 비장애 중심주의는 손상이 있는 관객의 관람을 소수의 제한된 인구의 문제로 특수화하거나 이들의 관람을 비장애 관객과 다르지 않은 경험으로 일반화하는 효과를 낳았다.

이 논문은 한국영화사 연구가 관객을 화두로 삼아 연구의 방향 전환을 꾀해온 그 시점으로 거슬러 올라가 관람성 연구의 궤적을 되짚고 한국영화사 연구에서 관람성 연구의 유효성과 잠재성을 다시 발견하는 한편, 몸의 다름 그리고 그 주변성에 대한 탐구가 관람성 연구뿐 아니라 영화사 연구를 비판적으로 다시 사유하는 계기가 되리라고 제안한다. 미디어 플랫폼의 다변화와 함께 영화관의 위기가 부각되고 있는 지금 관객에 대한 역사적 연구도 막다른 골목에 다다른 듯 보인다. 하지만 그렇기에 더욱, 지금이야말로 그동안 관객 혹은 관람성 연구가 당연하게 전제해온 '정상성'과 '신체적 온전함'에 대해 근본적인 질문을 던짐으로써 영화관 너머의 영화 역사를 탐구해야 할 시점이라는 것을 강조하고 싶다.

2. 관객 주체를 역사화하기

어두운 공간에서 스크린을 응시하는 시선의 주체와 스펙터클 그 사이의 관계는 영화이론의 오랜 관심사였다. 주지하듯이, 서구에서 영화학은 정신분석학과 기호학, 그리고 구조주의적 마크르

2015, 5-6쪽.

스주의와 관계 맺으며 관객 주체를 이론적으로 의제화한 것이 제도적 학문으로 성장하는 데 중요한 발판이 되었다. 주디스 메인(Judith Mayne)은 1970년대 영화학의 성장에 기여한 학자들이 텔레비전의 대중화와 소비문화의 급성장, 베트남전쟁과 68혁명같이 굵직한 사건들과 다양한 '스펙터클의 사회'를 경험한 세대였음을 지적하며, 영화연구에서 이미지, 신화, 내러티브를 통해 공유된 과거를 이해하는 방법을 발견했고, 영화가 그 세대의 환상을 형성하는 데 중요한 매체임을 인식했다고 말한다. 동시대에 문학 비평이 독자를 향해, 철학이 주체를 향해 이동했듯이, 영화연구는 스펙터클과 관객 사이의 관계에 특별한 관심을 집중시켰다는 것이다.[8]

그러나 기구(apparatus)와 주체(subject)에 집중된 이론적 탐색에서 관객은 필름 텍스트와의 정신적·심리적 관계로써 한정되고 균질적으로 또 비역사적으로 상상되었다. 실제 관객의 경험에 대한 사유는 전개되지 않았다. 페미니스트 관점으로 주류 영화에서 시선의 권력과 쾌락이 성별화되어 있음을 밝힌 로라 멀비(Laura Mulvey)의 「시각적 쾌락과 내러티브 영화(Visual Pleasure and Narrative Cinema)」(1975)도 서구 백인 남성의 동일시를 가정하며 여성 관객의 '영화 보기'에 대해서는 사실상 말하지 않았다고 비판된다. 스크린 밖 관객의 실제 경험이나 관객의 사회학은 1980년대 문화연구(cultural studies)와 인류학, 그리고 미디어 수용자 연구에 의해 추동되었다. 텍스트에서 컨텍스트로, 또 텍스트와 협상하거나 대항하는 읽기를 통해 즐거움을 얻는 관객으로 관심이 옮겨가면서 관

---

8   Judith Mayne, *Cinema and Spectatorship*, London: Routledge, 1993, pp.16-18.

람성 연구가 본격화되고, 영화연구의 학문적 지평이 확장되었다.[9]

이러한 서구 영화연구의 변화와 문화연구의 영향력은 1990년대를 지나며 한국영화사 연구의 방향 전환에 하나의 계기와 참조점을 제공했다. 그때까지 한국영화사는 많은 필름이 유실되었고 설사 필름이 남아있는 영화라고 해도 연구자의 접근이 쉽지 않은 상황에서 영화사가 개인의 기억과 영화인의 증언에 상당 부분을 의존했다.[10] 그럼에도 '영화의 역사는 필름의 역사'라는 틀을 견지하려는 모순적인 태도는 정전화된 영화작품과 그것의 작가로서의 감독들을 한국영화의 역사를 형성하는 근간으로 삼고, 영화를 통해 감독을, 감독을 통해 영화를 설명하는 '동어반복'의 작업으로 구체화되었다. 어떤 '기점'에서 출발해 '수난'(일제강점기와 한국전쟁 등)과 '역경'(검열과 시장)을 딛고 성숙해간 선형적 연대기로서의 '한국영화발달사(發達史)'로 고정되었던 것도 주지하는 바이다.[11] 여기에 탈식민 냉전 국가의 민족주의적 관점에서 공고화된

<hr>

9　서구 영화학계에서 1980년대 이후 여성 관객 연구 및 영화의 수용에 대해 관심을 기울인 수정주의적 영화사 연구의 흐름, 그리고 영화 경험의 기억 연구에 대한 최근의 흐름에 대해서는 Annette Kuhn, Daniel Biltereyst and Philippe Meers, "Memories of cinemagoing and film experience: An introduction," *Memory Studies*, Volume 10 Issue 1, January 2017, pp.5-8 참조.

10　이러한 영화사 작업을 대표하는 것이 안종화의 『한국영화측면비사』(1962)와 이영일의 『한국영화전사』(1969)이다. 여기에 대한 비판적 재평가는 다음 연구를 참조하라. 이순진, 「영화사 서술과 구술사방법론」, 김성수 외, 『한국 문화·문학과 구술사』, 동국대학교출판부, 2014, 78-118쪽; Hieyoon Kim, "Living with a Postcolonial Conundrum: Yi Yŏngil and Korean Film Historiography," *The Journal of Asian Studies*, Volume 78 Issue 3, August 2019, pp.601-620.

11　이것은 서구의 이른바 '정통적인 영화사' 역시 내포한 한계였다. 자크 오몽과 미셸 마리는 조르주 사둘이나 장 미트리가 기술했던 영화사의 한계로 ①기억이

영화사 서술, 그리고 그로부터 배제된 일제하 사회주의 영화 운동을 역사적으로 복원하며 주류의 영화사 서술에 저항하는 시도가 자리했는데,[12] 영화 운동과 제작 실천에 중심을 둔 영화사 서술이 근본적으로 흔들린 적은 없었다.[13]

2000년에 출간된 변재란의 박사논문은 "영화필름의 역사가 있고 그것을 받치고 지배하는 제도의 역사는 있지만 그것을 생산하는 시스템에 대한 역사는 보잘 것 없"고, "걸작을 중심으로 혹은 특정한 개인을 중심으로 한 제작의 역사는 있지만 그것을 소비하면서 또 다른 의미의 생산 활동을 하는 주체들의 역사는 부재한다"[14]고 비판하는 데서 출발한다. 여기서 "또 다른 의미의 생산 활동을 하는 주체들"이란 영화라는 상품을 소비하고 이를 통해 동질적 경험을 공유하며 (재)구성되는 주체로서의 여성 관객이다. 변재란의 연구는 남성 중심적이고 텍스트 중심적인 영화사에 도전해 기존 영화사에서 비가시화되었거나 '고무신 관객'으로 폄하되

나 증언 등의 부적절한 연구 도구 ②제한된 분석 범주의 설정과 작가와 작품에 대한 동어반복적 작업 ③선형적 연대기라는 재현 형식 ④영화작품에 초점화된 서술을 지적한다. 자크 오몽·미셸 마리, 『영화작품 분석의 전개(1934-2019)』, 이윤영 옮김, 아카넷, 2020, 300쪽.

12 가령 이효인의 『한국영화역사강의 1』(이론과실천, 1992)이 대표적인 사례이다.

13 이순진은 이영일의 『한국영화전사』의 '이념적 편향'을 비판했던 '1980년대 세대의 역사기술'이 근본적으로 한국영화의 전체상을 바꾸지 못한 것은 그들 모두 '리얼리즘'에 대한 강박에서 자유롭지 못했기 때문이라고 지적한다. 이순진, 「한국영화사 연구의 현단계-신파, 멜로드라마, 리얼리즘 담론을 중심으로」, 『대중서사연구』 12호, 대중서사학회, 2004, 189-191쪽.

14 변재란, 「한국영화사에서 여성관객의 영화관람 경험 연구: 1950년대 중반에서 1960년대 초반을 중심으로」, 중앙대학교 박사학위논문, 2000, 1쪽.

어온 여성 관객의 '영화 보러 가기(cinemagoing)'의 경험을 역사적으로 접근함으로써 한국영화사를 재구성하는 기획이었다. 이 연구와 비슷한 시기에 영화사 연구자들은 어떤 '역사적 순간'에 '역사적 관객들'의 조우에 관심을 기울이기 시작했는데, 이는 리얼리즘 일변도의 한국영화사를 비판적으로 다시 쓰면서 공포영화나 멜로드라마, 액션영화와 같은 장르 영화를 영화사에 다시 위치시키는 작업으로 나아갔다.[15] 그동안 영화사 서술에서 주변화되어왔던 장르 영화는 한국의 불균질적인 근대화를 재사유하는 계기를 제시했을 뿐 아니라, 동시대의 문화연구가 주목했던 하위 주체의 문화 경험에 대한 역사적 고찰을 가능하게 했다.

변재란의 연구에서 특히 주목되는 바는 관객의 경험을 역사화하고자 할 때 영화사 연구의 사료를 확장하고 접근 방법을 다양화할 필요성을 보여주었다는 점이다. 그의 작업은 미시사와 일상사에 대한 관심으로 1950년대 후반과 1960년대 초반의 신문과 잡지 등 문헌 자료를 사회문화적 맥락에 주의하면서 독해하고, 구술사 방법론을 적용해 여성 관객의 실제 경험에 귀 기울이고자 했다. 인터뷰에 참여한 구술자들이 소규모이고 계층도 제한적이어서, 연구 대상 시기인 1950년대 후반과 1960년대 초반 여성 관객의 경

---

15 유지나 외, 『멜로드라마란 무엇인가』, 민음사, 1999; 김소영, 『근대성의 유령들』, 씨앗을뿌리는사람, 2000; 백문임, 『월하의 여곡성』, 책세상, 2008 등. 그 외에도 장르영화와 그 관객들 사이의 관계에서 상영의 맥락을 구체적으로 파고들면서 그 장소성의 의미를 부각하는 작업들도 있었다. 김수미, 「1963년 전후 한국영화 관객층의 변화-아카데미 극장을 중심으로」, 중앙대학교 석사학위논문, 2003; 이길성, 「홍콩무협영화 수용을 통해 본 1970년대 하위문화 연구 - 하번관 관람객의 감성을 중심으로」, 『대중서사연구』 23(3), 대중서사학회, 2017 등.

험을 이들이 '대표'한다고 보기에는 무리가 있지만, 여성 관객의 '영화 보러 가기'의 기억을 통해 종래의 문헌 중심의 사료 관념에 도전하고 대안적인 역사 쓰기를 시도했다고도 할 수 있다.

이제 신문의 가정란, 여성잡지, 영화잡지, 광고, 영화 포스터 등이 필름 텍스트와 함께 동궤에 놓이고 연구자는 이러한 자료들을 상호텍스트적으로 접근함으로써 관객의 영화 보러 가기의 경험을 한국의 사회문화적 맥락에서 역사화했다.[16] 영화는 극장 안 스크린에서 영사되는 필름으로 한정되지 않고, 산업과 제도, 그리고 관객의 경험과 기억을 모두 아우르는 것으로서 연구자들의 시야에 포착된다. 이러한 흐름은 김소영이 한국영화의 '퀭한 아카이브'를 방법으로서 사유하며 주창한 이른바 '감상의 시대'[17]에 대한 역사적 탐색으로 포괄될 수도 있을 것이다.

2000년대 중반 한국영화사 연구는 간학제적 연구의 장이었

---

16 가령 박은경, 「한국여성의 모더니티 경험과 대중문화-60년대 영화관람을 중심으로」, 서강대학교 석사학위논문, 2000; 노지승, 『영화관의 타자들』, 앨피, 2016 등.

17 김소영, 「조선 영화라는 '내셔널' 시네마: 애활가와 부인석」, 『근대의 원초경』, 현실문화, 2010, 64쪽. 원래 이 글은 「감상의 시대: 애활가와 부인석」, 『계간 영화언어』 복간 3호, 2003 겨울호에 수록된 것을 재수록한 것이다. 김소영은 "현재 남한 사회가 가지고 있는 '영화적 사회와 사회적 영화'라는 특성, 그리고 비판적 대중 영화를 가능케 하는 지반"을 고찰하는 데 있어서 대안적 공공영역으로서의 영화, 그리고 한국영화와 관객의 관계에 대한 역사적 탐색이 요청된다고 주창한다. 그의 경우, 관객에 대한 관심은 경제적 불황과 한국영화의 호황이 공존하는 포스트 IMF 시대 '정치적, 경제적, 산업적 구성물로서의 한국형 블록버스터 문화'에 대한 위기의식이 조성되면서 동시대 공론장에 지속적으로 참여하는 영화를 모색한 비평적 시도(김소영 외, 『한국형 블록버스터: 아틀란티스 혹은 아메리카』, 현실문화연구, 2001)의 연장선에 있다.

다. 한국영상자료원이 식민지 시기에 제작된 극영화 필름들을 발굴 공개하면서 국내외의 학술적 관심을 불러일으키기도 했지만, 일상사와 미시사의 부상과 함께 여러 학문 분야의 관심이 문화사로 전환된 것이 주효하게 작용했다. 한국의 근대성 형성에 대한 인문사회학계의 관심, 김진송의 『서울에 딴스홀을 허하라』(1999) 이후 역사의 대중화를 이끈 출판 붐, 한국연구재단의 학술지원사업과 같은 제도적 차원에서의 조성도 간학제적인 영화사 연구를 활성화하는 데 작용했다.[18] 특히 근대 대중의 형성과 대안적 공공 영역(public sphere)으로서 영화,[19] 식민지하에서 "종족의 공간(space of ethnicity)이자 집합의 공간(place of gathering)"[20]으로서의 극장과 그 문화 경험에 대한 연구들이 다양하게 전개되었다.

그러나 이러한 연구의 활성화 속에서 실질적으로 영화사 연구 방법의 심화나 확장이 이루어졌는가에 대해서는 다소 회의적이다. 관객과 영화 문화에 대한 역사적 탐색이 주로 식민지 시기에 집중되다 보니 문헌 중심의 자료를 대상으로 한 실증에 함몰되는 경향이 있었다. 해방 후 관객 및 영화 문화에 대해 구술사적 접근 방법

---

18 특히 2000년대 중반 한국영화사 연구에서는 '일제강점기 연구 붐'이 일었는데, 이러한 현상에 대한 진단은 조준형, 「일제시대 영화의 재발견」, 『영화천국』 4호, 한국영상자료원, 2008. 11/12; 「한국영화사연구소 좌담회: 일제강점기 영화사를 말하다」, 같은 책 참조.

19 여선정, 「무성영화시대 식민도시 서울의 영화관람성 연구」, 중앙대학교 석사학위논문, 1999; 박현선, 「극장 구경 가다: 근대 극장과 대중문화의 형성」, 『문화과학』 제28호, 문화과학사, 2001 등.

20 유선영, 앞의 논문.

을 시도한 연구도 있으나,[21] 연구자 개인의 신념이 없었다면 꾸준히 지속되기 어려울 정도로 확장성을 얻지 못했다. 여러 공공기관에서 진행한 구술 작업 또한 영화사 연구에서는 실증을 위한 보충적 자료로 포섭되어 버리는 경우가 많았다. 실증의 열기는 영화사 연구의 사료를 확장했지만, 방법론적 자의식이 희미해지는 순간 문헌고(文獻庫) 안의 영화 역사로 스스로를 한계짓는 결과를 낳기도 했던 것이다.

지난 20여 년간 한국영화사 연구는 영화의 역사가 필름 그리고 영화인들의 제작 활동에 국한되지 않고 시네마의 경험 속에서 구성된 관객의 역사이기도 하다는 점을 강조해왔다. 그러나 실제 관객의 문화적이고 사회적인 경험에 대한 연구라 해도, 문헌 중심의 실증적 방법론은 기록되지 않은 기억과 경험을 여전히 비가시적인 영역에 머물게 만든다. 문헌고 안의 영화사가는 문서로 기록되지 않은 노동자나 부랑자, 장애인 등 하위 주체의 경험을 역사화하기 어렵다.

3. 역사화되지 않는 몸, '장애 관객'이라는 문제성

한국영화사 연구에서 장애 관객의 문제가 주목되지 못한 것은

---

21 가령, 위경혜, 「1950년대 중반~1960년대 지방의 영화 상영과 '극장가기' 경험」, 중앙대학교 박사학위논문, 2010. 위경혜는 한국영화사 연구에서 구술사 작업을 방법론으로 삼고 있는 대표적인 연구자이다. 그는 꾸준히 지역 극장과 지역민의 경험을 역사화하는 작업을 진행하고 있다.

영화연구 역시 사회에 만연한 비장애 중심주의에서 예외가 아니었기 때문이다. 다수의 비장애 연구자들이 장애 문제를 자신의 삶과 연구의 영역 안에 두지 않았고, 장애 당사자의 경험이 연구에서 소외되어왔으며, '영화=시청각 매체'라는 인식에서 시청각 장애인의 접근성 제한을 당연시해왔다. 장애 재현에 대한 연구[22]의 경우에도, 텍스트와의 관계 속에서 구축되는 관객의 자리는 비장애의 '온전한 몸'으로 상상됨으로써, 손상을 지닌 관객의 장애 정체성과 실제 경험은 외부화되었다. 페미니스트 관점에서의 관객 연구가 제기했던 도전적인 질문—"여자들은 항상 영화를 보았고 영화를 사랑했는데 왜 수용자 안에서 부재하는 것일까"[23]—을 빌려 말하면, 손상이 있는 사람들도 영화를 즐겨왔지만 영화연구는 이들을 위한 자리를 마련하지 못했다.

장애 관객의 경험을 역사화하는 관람성 연구란 무엇인가. 그것은 어떠한 개념과 범주, 그리고 방법을 설정할 수 있는가. 장애 관객의 관람성 연구라는 것이 가능하기는 한가. 장애 관객의 역사화를 논하기에 앞서, 장애 관객의 범주에 대한 근본적인 질문부터 던져야 할 것이다. 이 글에서는 장애 관객을 장애인 관객과 구분

---

22   장애학 연구자들을 중심으로 한국영화의 장애 재현에 대한 분석이 전개된 바 있다. 대표적인 사례로 박홍근, 「영화에서 재현되는 시각장애인의 이미지와 성차-2000년대 이후 한국영화를 중심으로-」, 『한국학연구』 44, 인하대 한국학연구소, 2017; 우충완(Woo, Chung Wan), "Disability as a Political Stand-In and Shield: Anxious Masculinity in a Korean Film, *Marat'on*(2005)," 『특수교육저널 : 이론과 실천』 15권 4호, 한국특수교육문제연구소, 2014 등을 들 수 있다.

23   E. Deidre Pribram, "Introduction," *Female Spectators: Looking at Film and Television*, Verso, 1988, p.1; 변재란, 앞의 논문, 12-13쪽에서 재인용.

해 사용한다. 장애인 관객이 손상을 지닌 관객을 가리킨다면, 장애 관객은 관객이 영화를 관람하는 동안 그의 신체적 조건이 상영의 환경과 맥락에 의해 장애를 구성하게 되는 경우로 한정한다. 다시 말하면, 관객이 지닌 손상 그 자체보다 그가 텍스트를 인지하고 수용하는 과정에서 자신의 손상을 신체적 차이로 경험하게 되는, 혹은 손상의 장애화가 구성되는 관람자의 위치를 장애 관객이라고 명명하기로 한다. 관람성이 '영화 보기'의 행위일 뿐 아니라 영화 보기의 경험에서 즐거움을 느끼는, 혹은 느끼지 않는 방식을 모두 포괄한다고 할 때,[24] 어떤 관객이 관람 경험을 통해 자신의 감각 손상을 장애로 구성하게 된다면, 그 역시 관람성 연구가 포괄해야 할 대상이다.

일반적으로 장애인은 영화관 객석에 도착하기까지 비장애인에 비해 여러 불편을 경험한다. 장애인의 이동권과 접근성(accessibility)에 대한 문제는 비단 영화관에만 한정되는 문제가 아니라 일상적으로 경험하는 불평등 가운데 하나이다. 이동에 제약을 받는 지체장애인의 경우 '장애인석'으로 분류된 객석이 대부분 상영관의 앞쪽이나 뒤쪽 혹은 구석으로 지정되는 데 불만을 품을 수 있지만, 영화가 상영되는 동안 그와 텍스트가 맺는 관계는 비장애인의 그것과 차이가 없을 수도 있다. 이런 경우, 관객의 관람 행위가 자신의 장애를 구성하거나 심화하지는 않는다. 장애인 관객이 선호하는 좌석의 선택지가 비장애인과 같은 수준으로 폭넓어지고, 물리적 차원에서 관람 공간에 대한 접근성이 향상된다면, 적어도

---

24 Judith Mayne, op.cit., p.1.

영화를 보고 있는 동안에는 비장애인과의 차이를 경험하지 않게 될 것이다. 그러나 영화관에 대한 접근성의 제한이 인간으로서의 보편적 권리를 침해하는 것일 때, 또 재현된 텍스트의 관람을 통해 관객의 손상된 몸의 차이를 인지하고 자신의 장애 정체성을 인식하게 될 때, 그의 영화 경험은 비장애인과 동질적인 것이 될 수 없다. 장애 관객의 정체성 구성은 텍스트의 재현과 영화 매체의 커뮤니케이션, 문화 시설의 접근성 등 여러 복합적인 측면과 관련된다.

강조하고 싶은 것은 일상의 경험에서든 몸의 차이에서든 "장애인이라고 불리는 사람들이 하나로 묶일 만한 객관적인 기준은 사실상 존재하지 않는다"[25]는 점이다. 장애는 인종, 민족, 젠더보다 유동적인 정체성일 뿐 아니라, 장애의 종류가 다르면 그들 각자가 놓이는 상황도 다르다. 장애 관객의 개별적인 신체 조건이 영화관의 상영 환경과 맺는 관계는 불균질적이다. 감각 손상으로 커뮤니케이션에 제약을 받는 관객이 상영 환경과 맺는 관계는 지체장애인의 그것과 다르고, 시각장애 관객과 청각장애 관객의 조건 역시 같지 않다. 청각장애인들 사이에서도 청각 손실의 정도나 의사소통을 매개하는 도구의 의존도가 다양하다.

장애 정체성의 유동성은 장애 관객의 문제를 다루기 어렵게 만든다. 장애를 지녔다고 해서 장애 정체성이 확고한 것은 아니며, 환경에 따라 다른 정체성 자질이 더 강화되거나 부각되기도 한다.[26] 한국 사회의 역사적 맥락에서 민족, 젠더, 계급, 그리고 교

---

25   김도현, 『장애학의 도전』, 오월의봄, 2019, 55쪽.

26   가령 시카고 서부 외곽 빈민가의 아프리카계 미국인들의 장애 정체성에 대한 조사 연구는 그들이 스스로를 장애 정체성보다 인종, 빈민, 갱단 멤버로 정

육받을 기회의 차이가 장애와 교차하는 것도 주의할 부분일 것이다. 또한 신체적 차이의 다양성으로 인하여 공통 경험의 형성이 어렵다는 점도 장애 관객 문제에 있어서 까다로운 조건이다. 그러나 '낙인(stigma)'이나 주변화라는 부정적 경험만이 유일한 공통점이라면, 장애 관객을 연구하는 것은 다른 소수자 정체성 집단의 경험 연구와 어떻게 다른 것이 될 수 있는가.

다양한 손상을 지닌 이들을 하나의 범주로 분류하고 동질화하는 것은 그 집단 내의 다양한 차이를 평준화해버리기 쉽지만,[27] 그럼에도 불구하고 장애 관객이라는 범주는 장애와 비장애라는 이분법을 넘어 장애의 다양성과 교차성에 대한 사유로 나아가기 위한 이론적 전략으로서 유효하다. 장애 관객의 범주는 사회적 장애 모델(social model of disability)을 거부하고 장애 그 자체를 본질화하려는 게 아니라, 손상이 있는 몸을 특정한 사회적, 역사적, 문화적 맥락에 위치시킴으로써 '신체적 온전함'이라는 보편주의로 환원되지 않는 특수성을 드러내고, 관람 공간이 신체적으로 '정상적이고 중립적인' 공간으로 동질화되는 데 저항하려는 것이다. 다양한 장애를 가진 사람들이 실질적으로는 신체의 공통 경험을 바탕으로 범주화될 수 없지만, 차이화된 신체들의 "삶의 질을 향상시키는 허구"[28]로

체화하는 경향이 더 강하다는 것을 발견했다. Patrick J. Devlieger and Gary L. Albrecht, "Your Experience is Not My Experience: The Concept and Experience of Disability on Chicago's near West Side," *Journal of Disability Policy Studies* 11, 2000, pp.51-60; 콜린 반스 · 마이클 올리버 · 렌 바턴 편, 『장애학의 오늘을 말하다: 차별에 맞서 장애 담론이 걸어온 길』, 김도현 역, 그린비, 2017, 63쪽 재인용.

27 로즈메리 갈런드 톰슨, 앞의 책, 31-32쪽.

28 Susan Bordo, Unbearable Weight: Feminism, Western Culture, and the Body,

서 장애 관객이라는 범주를 설정해 보는 것이다. 장애와 비장애를 구분하여 장애를 문화적으로 게토화하려는 것이 아니라 인종이나 민족, 젠더, 계급, 지역 등과 마찬가지로 장애 역시 문화적으로 구성되는 정체성임을 이해하는 방법으로 삼는 것이다.

한편, 장애 관객이라는 범주가 성립할 수 있는가 하는 문제와는 별개로, 관람 행위의 주체가 감각 손상을 지니고 있을 때 그를 어떻게 명명해야 하는가라는 문제도 제기될 수 있다. '관객(觀客, spectator)'이 보는 감각을 중심으로 하는 용어이고, 텍스트와의 관계에서 구성되는 주체의 위치를 가리키는 개념이라면, 흔히 물질적이고 사회적인 존재로 여겨지는 '청중(聽衆, audience)'은 듣는 감각 중심의 용어이다. 관람자의 감각 손상을 의식하는 연구자라면, 관객이나 청중이라는 용어를 "눈이나 귀에 특권을 부여하는 단어들"[29]로 여기게 되고, 시각장애인을 '관객'으로 청각장애인을 '청중'으로 부르는 것에 어떤 주저함이 생긴다. 관람성 연구에서 장애 관객의 문제를 고민하는 것은 관람 주체를 가리키는 '관객'/'청중' 등의 용어와 그것이 구성하는 개념을 바꾸는 일이 될 수도 있을 것이다. 혹은 '영화를 본다'는 경험이 시각에 한정하는 것이 아

<hr />

Berkeley: University of California Press, 1993, p.229; 『보통이 아닌 몸』, 46쪽에서 재인용. 장애가 문화적으로 구성된 것임을 강조해온 로즈메이 갈런드 톰슨은 수잔 보르도의 표현을 빌려 '장애인'이라는 정체성 범주가 "개인의 몸과 시각을 특정한 사회적 그리고 역사적 맥락 속에 위치시키는" 유용한 허구가 될 수 있다고 말한다. 같은 책, 같은 면.

29 리차드 쉐크너, 이기우 외 역, 『퍼포먼스 이론 II』, 현대미학사, 2004, 188-189쪽. 퍼포먼스 차원에서 쉐크너는 관객이나 청중 대신 '참여자(partaker)'라는 용어를 사용한다.

님을 인식하고 그 감각의 다양성을 재구성함으로써, 장애 관객의 몸을 보다 능동적이고 잠재적인 역능의 몸으로 사유하는 전환도 생각해 볼 수 있다. '보통이 아닌 몸'은 '비정상적(abnormal)'이고 열등함으로 위계화된 '불능'의 몸이 아니라, 그 몸이 잠재한 '역능'을 발견하는 장소가 되는 것이다.

4. 영화관 너머의 영화 역사와 기억

장애 관객의 경험을 주목할 때 한국영화사는 어떻게 다른 방식으로 구성될 수 있는가, 즉 장애 관객에 주목한 연구가 어떤 측면에서 유효한 문제틀을 제시할 수 있는가로 질문의 방향을 돌려보자.

앞에서 장애 관객 연구가 '관객'이나 '청중'과 같이 시각이나 청각에 특권을 부여해온 개념을 바꾸는 일이 될 수도 있다고 했는데, 관객이든 청중이든 그러한 추상적이고 집합적인 주체의 위치에 장애 관객을 기입하는 과정은 '영화 보러 가기(cinemagoing)'라는 행위, 그리고 그 경험을 생성하는 공간의 설정을 수정하는 작업과 병행된다. 장애가 있는 관객의 '영화 보러 가기'는 영화관에 대한 접근성이나 영화관 안에서의 커뮤니케이션 환경의 문제와 결합된 정치적 실천이 되기도 한다. 보편적 권리를 보장받기 위해 영화관의 물리적 환경과 상영 조건의 변화를 요구하는 장애인 단체들의 활동은 영화관이 영화 티켓을 구입한 소비자들 누구에게나 공평한 공간이 아니라 지속적으로 불평등을 생산하는 공간이었음을

폭로한다.[30]

영화의 수용에 대한 역사적 연구들은 영화 산업과 제도, 배급과 상영, 그리고 텍스트의 재현에 이르기까지 여러 분야를 가로지르며 다양한 자료를 수집하고 관점과 방법의 다각화를 모색했다. 공통적인 것은 비록 사회적 관점에서 상영 맥락에 주목하는 연구라고 해도 관객의 영화 경험을 영화관이라는 물리적이고 건축적인 공간의 경험으로 제한하는 경향이 있는 것이다. 초기 극장의 소란스럽고 산만한 상영 환경이나 비(非)-극장에서의 상영에 주목한 연구도 있지만, 대부분의 연구는 상설관이든 비상설관이든 영화와 관객이 만나는 공간이 관객 개개인의 일상과 단절되어 있고, 침묵 속에서 특정한 방향을 응시하도록 규율된 상태로 관람하는 집단적 주체들을 상상한다.

"침묵, 어둠, 거리, 관객 앞으로의 영사, 침해받거나 중단되지 않는 상영 시간"[31]이라는 영화적 지각의 장치(dispositif)는 관객 주체의 자리를 성립시키는 조건이지만, 실제 관객의 영화 경험은 영

---

30 2017년에 청각장애인 A씨가 국가인권위원회에 한국영화 상영에 자막 지원을 제공하지 않은 영화관을 장애 차별 사례로 진정한 것을 계기로 장애인 단체들과 멀티플렉스 사이의 법적 소송이 진행 중이다. 2019년 국가인권위원회가 A씨의 진정서를 기각 처리하면서 이 문제는 다시 논란에 휩싸였다. 이에 대해서는 이화진, 「'더 많은' 모두를 위한 영화—배리어프리 영상과 문화적 시민권」, 『대중서사연구』 25권 4호, 대중서사학회, 2019 참조.

31 Raymond Bellour, "The Cinema Spectator: A Special Memory," In I. Christie (ed), A. Martin (trans), *Audiences: Defining and Researching Screen Entertainment Reception*, Amsterdam: Amsterdam University Press, pp.211-4; 서동진, 「다중, 대중, 군중: 관객성의 분석을 위한 몇 가지 주장」, 『문화연구』 4권 1호, 한국문화연구학회, 2016, 50쪽에서 재인용.

화관과 그 외부, 그리고 다양한 매체들 사이에서 상호텍스트적으로 구성된다. 특히 오늘날 관객은 다종다양한 미디어를 통해 영화에 대한 정보에 접근하고, 이미 동영상 스트리밍 서비스 등으로 영화의 몇 장면을 수차례 보았으며, 인터넷 포털사이트와 SNS를 통한 바이럴 마케팅에 수없이 노출된 후에 영화관의 티켓 구입을 결정하는 소비자이기도 하다. 영화에 대한 집단적인 수용과 공적 영역(public sphere)의 형성을 주목하는 관람성 연구는 이러한 관객을 파악하는 데 역부족이다.

가브리엘 페둘라(Gabriele Pedullà)는 지각 장치로서의 극장이라는 관념에서 영화관을 '다크 큐브(dark cube)'[32]로 부르는데, 그동안의 관람성 연구는 '다크 큐브'의 외부, 즉 영화관 외부에서의 영화 경험을 다루는 데에는 소극적이었다. 예컨대 TV를 통한 영화 수용 등은 영화 연구가 아니라 미디어 커뮤니케이션의 수용자 연구가 주의를 기울여야 할 대상이라고 간주했다. TV를 통한 영화 수용은 영화관의 집단적 관람 경험과 분명한 차이가 있기 때문이었다. 한국에서는 1970년대 이후로 TV가 '안방극장'이라는 말 그대

---

32 페둘라는 1920년대부터 1970년대까지의 '시네마의 시대'의 영화관을 '다크 큐브(dark cube)'로, 미술관을 '화이트 큐브(white cube)'로 대조하면서, 영화관과 이태리 르네상스 시대의 "비트루비아 극장(Vitruvian theater)"의 유사성을 지적한다. '다크 큐브'는 극장이라는 특정한 시공간에서 일상과 단절된 채 움직임 없이 조용히 스크린을 응시하도록 규율된 관객들의 관람 방식과 연관된 것이다. '다크 큐브'가 소멸된 시대의 영화관람은 '백주대낮에(in broad daylight)' 어디에서나 관람이 가능한 양식으로 변화되었다. Gabriele Pedullà, *In Broad Daylight: Movies and Spectators after the Cinema*, translated by Patricia Gaborik, London: Verso, 2012, chapter 3 참조. 페둘라의 시네마 이후의 관람 양식에 대한 더 자세한 논의는 서동진, 앞의 글 참조.

로 근대 가정의 일상에 자리잡으며 사적 공간을 근대적으로 재구성했는데,[33] 그것은 '보는 사람(viewer)'의 경험을 사사화하고 파편화한다는 점에서 관람성 연구가 포착해온 공적 영역의 형성과 거리가 있었다.

그런데 OTT의 등장으로 영화관의 위기론이 부상하기 이전에도 영화관에 대한 접근성에 제한을 받는 사람은 자신의 사회적 지평을 넓힐 수 있는 문화의 창구로서 TV에 대한 의존도가 높았으며, 어떤 영화들에 대한 기억은 극장의 장소성과 무관하게 구성되었다. 한국에서 TV 방송 초기에 자체 제작 프로그램으로 편성 시간을 다 채울 수 없던 방송사들이 '주말의 명화', '토요명화', '영화특급', '명화극장'과 같은 프로그램을 편성해 한국영화와 외국영화를 방영하던 시대, 장애의 유무와 상관없이 '영화 보러 가기'를 여가로서 향유하기 어려운 이들에게 TV가 방영하는 영화는 단순한 오락이 아니라 사회적으로 표준화된 문화 교양의 교재였다. 영화관 너머로 시야를 돌리면, 그러한 수용 연구가 영화의 경험과 기억의 연구로 접근될 수 있을 것이다. 영화관에 대한 접근성의 제한이라는 측면에서 구성되는 장애 관객이라는 범주는 영화사 연구의 시야를 영화관 너머로 향하게 함으로써 이제까지 영화사 연구가 집중해온 영화관이라는 공적 영역, 그리고 그 물리적이고 건축적인 공간에서 생성되는 문화 실천을 상대화하는 관점을 제공해줄 수 있다.

장애 관객은 또한 영화사 연구에서 깊이 주목하지 않았던 자

---

33 임종수, 「텔레비전의 사회문화사」, 유선영, 박용규, 이상길 외, 『한국의 미디어 사회문화사』, 한국언론재단, 2007.

막이나 더빙을 통한 영화 수용에 대해 재인식할 수 있도록 해준다. TV 외화가 한국어 더빙으로만 방영되었을 때와 한국어 자막을 제공했을 때 외화의 수용자 집단이 어떻게 다르게 구성되는지, 1980년대 VHS의 대중적 보급과 비디오 대여점이 청각장애인의 외화 수용에 어떤 변화를 가져왔는지 등의 문제는 장애를 가진 사람들을 문화적 시혜의 대상이 아니라 영화를 능동적으로 소비하는 주체로 접근하는 데 하나의 열쇠가 될 수 있다. 더 나아가 '다크 큐브'가 소멸한 시대에 다양한 미디어 플랫폼을 통한 영화의 수용을 영화관 외부의 영화 수용의 역사와 연결하면, 주의가 산만한 텔레스펙테이터(telespectator)가 손에 쥔 리모콘의 기능은 문화사적 차원에서 다시 읽히게 될 것이다. 폐쇄자막 서비스 이전까지 청각장애인이 한국영화 관람에서 소외되었던 것이나[34] TV 외화가 더빙에서 자막으로 전환되면서 시각장애인의 외화 수용이 단절되었던 현상은 영화관 너머의 영화 역사로 시선을 돌려야만 비로소 포착될 수 있다.

영화관 너머의 영화를 생각할 때, 장애 관객의 영화 경험을 연구하기 위한 조사 자료를 축적하는 데 있어서 문헌은 어떤 특권적 지위도 갖지 못한다. 이 연구는 과거를 객관적으로 재구성하는 것을 지향하지 않으며, 오히려 그러한 객관성을 의심하는 자리에서

---

[34] 1998년의 조사에 따르면, 청각장애인 10명 중 9명이 한국영화를 본 적이 없었다. 한국에서 KBS 명화극장이 청각장애인을 위한 한글자막(폐쇄자막) 방송을 시작한 것은 1999년 3월부터였다. 「청각장애인 영화광이 외화만 보는 까닭은」, 『경향신문』, 1998. 1. 22; 「청각장애인 위한 자막방송 실시」, 『조선일보』, 1999. 2. 10.

출발해 이제까지 문서화되지 않았던 기억을 아카이빙하는 작업을 통해 전개되어야 하기 때문이다. 영화사 연구의 방향 전환을 촉발했던 구술사의 '아래로부터의 역사(history from below)'는 비장애인이 생산한 문헌 자료로는 재구할 수 없는 장애 관객의 경험을 역사화하는 데 핵심적인 방법론이 될 것이다. 기억에 의거해 공동체의 역사를 보존해온 시각장애인들에 대한 구술사,[35] 농인독립영상제작단 데프 미디어(Deaf Media)의 '한국농역사' 작업 등의 사례는 유익한 참조점을 제공한다. 영화 경험에 참여하거나 참여하지 못한 장애 관객의 기억을 구술을 통해 역사화하는 작업은 접근법과 조사 방법의 다양화뿐 아니라 연구 자원과 전략에 대한 부단한 재고를 요청할 것이다. 관람성은 한국영화사 연구에서 여전히 중요한 주제이며, 이 연구의 잠재성은 다양성과 차이의 문화 경험을 포착하는 시도 안에 있는 것이다.

5. 나오며

영화관 너머의 영화를 사유하고 장애 관객의 영화 경험을 역사화하는 것은 단순히 지금까지 전개된 영화사 연구의 공백을 메우려는 과거 지향적인 연구가 아니다. 장애 관객의 문제에 주목하는 것은 물리적 공간으로서의 영화관의 해체를 목도하는 지금 관객과 영

---

35 주윤정, 「시각장애인의 구술전통과 역사 전하기」, 『구술사연구』 제5권 2호, 한국구술사학회, 2014.

화 보기의 경험이 어떻게 다시 쓰여질 수 있는지를 묻는 일이기도 하다. 영화와 접속하는 미디어 플랫폼이 다양화된 시대를 살고 있는 지금의 관객들에게 영화의 기억은 어떤 물리적인 공간이나 특정한 장소가 아니라 홈시어터, 다운로드, OTT 등 비-영화관 모드와 훨씬 더 긴밀하게 구성될 것이다. 이러한 모드가 장애 관객에게 핵심적인 쟁점인 영화관에 대한 접근성과 커뮤니케이션 환경의 문제와도 닿아있다는 것은 시사하는 바가 크다. 영화관 너머의 영화 역사를 사유할 때에야 구체적으로 포착될 수 있는 '보통이 아닌 몸'의 영화 경험은 미디어 환경의 변화를 과거와 현재, 그리고 미래의 관계 속에서 다양성과 차이의 경험으로 바라보게 함으로써 지금 여기에서 관람성 연구의 의미를 다시 발견하게 해준다.

참고문헌

1. 논문과 단행본

1) 논문

김수미, 「1963년 전후 한국영화 관객층의 변화-아카데미 극장을 중심으로」, 중앙대학교 석사학위논문, 2003.

김순주, 「제국의 '소리들'과 식민지 '이중 도시'의 변화: 1930년대 전반기 경성의 발성영화 상영과 상영 현장의 변화」, 『서울학연구』 제62호, 서울시립대학교 서울학연구소, 2016.

박현선, 「극장 구경 가다: 근대 극장과 대중문화의 형성」, 『문화과학』 제28호, 문화과학사, 2001.

박홍근, 「영화에서 재현되는 시각장애인의 이미지와 성차-2000년대 이후 한국영화를 중심으로-」, 『한국학연구』 제44집, 인하대 한국학연구소, 2017.

변재란, 「한국영화사에서 여성관객의 영화관람 경험 연구: 1950년대 중반에서 1960년대 초반을 중심으로」, 중앙대학교 박사학위논문, 2000.

서동진, 「다중, 대중, 군중: 관객성의 분석을 위한 몇 가지 주장」, 『문화연구』 4권 1호, 한국문화연구학회, 2016.

우충완(Woo, Chung Wan), "Disability as a Political Stand-In and Shield: Anxious Masculinity in a Korean Film, *Marat'on*(2005)," 『특수교육저널 : 이론과 실천』 제15권 4호, 한국특수교육문제연구소, 2014.

위경혜, 「1950년대 중반~1960년대 지방의 영화 상영과 '극장가기' 경험」, 중앙대학교 박사학위논문, 2010.

유선영, 「극장구경과 활동사진 보기-충격의 근대 그리고 즐거움의 훈육」, 『역사비평』 통권64호(2003 가을호), 역사문제연구소, 2003.

이길성, 「홍콩무협영화 수용을 통해 본 1970년대 하위문화 연구-하번관 관람객의 감성을 중심으로」, 『대중서사연구』 제23권 3호, 대중서사학회, 2017.

이순진, 「영화사 서술과 구술사방법론」, 김성수 외, 『한국 문화·문학과 구술사』, 동국대학교출판부, 2014.

이순진, 「한국영화사 연구의 현단계-신파, 멜로드라마, 리얼리즘 담론을 중심으로」, 『대중서사연구』 제12호, 대중서사학회, 2004.

이화진, 「'더 많은' 모두를 위한 영화-배리어프리 영상과 문화적 시민권」, 『대중서사연구』 제25권 4호, 대중서사학회, 2019.

조준형, 「일제시대 영화의 재발견」, 『영화천국』 4호, 한국영상자료원, 2008. 11/12.

주윤정, 「시각장애인의 구술전통과 역사 전하기」, 『구술사연구』 제5권 2호, 한국구술사학회, 2014.

Annette Kuhn, Daniel Biltereyst and Philippe Meers, "Memories of cinemagoing and film experience: An introduction", *Memory Studies*, Volume 10 Issue 1, January 2017.

Hieyoon Kim, "Living with a Postcolonial Conundrum: Yi Yŏngil and Korean Film Historiography", *The Journal of Asian Studies*, Volume 78 Issue 3,

August 2019.

Russell L. Johnson, "Better Gestures": A Disability History Perspective on the Transition from (Silent) Movies to Talkies in the United States, *Journal of Social History*, Volume 51 Issue 1, Fall 2017.

2) 단행본

김도현, 『장애학의 도전』, 오월의봄, 2019.

김소영 외, 『한국형 블록버스터: 아틀란티스 혹은 아메리카』, 현실문화연구, 2001.

김소영, 『근대성의 유령들』, 씨앗을뿌리는사람, 2000.

김소영, 『근대의 원초경』, 현실문화, 2010.

노지승, 『영화관의 타자들』, 앨피, 2016.

로즈메리 갈런드 톰슨, 손홍일 역, 『보통이 아닌 몸: 미국 문화에서 장애는 어떻게 재현되었는가』, 그린비, 2015.

리차드 쉐크너, 이기우 외 역, 『퍼포먼스 이론 II』, 현대미학사, 2004.

백문임, 『월하의 여곡성』, 책세상, 2008.

유지나 외, 『멜로드라마란 무엇인가』, 민음사, 1999.

이화진, 『소리의 정치: 식민지 조선의 극장과 제국의 관객』, 현실문화, 2016.

이효인, 『한국영화역사강의 1』, 이론과실천, 1992.

유선영, 박용규, 이상길 외, 『한국의 미디어 사회문화사』, 한국언론재단, 2007.

자크 오몽·미셸 마리, 이윤영 역, 『영화작품 분석의 전개(1934-2019)』, 아카넷, 2020.

콜린 반스·마이클 올리버·렌 바턴 편, 김도현 역, 『장애학의 오늘을 말하다: 차별에 맞서 장애 담론이 걸어온 길』, 그린비, 2017.

Gabriele Pedullà, *In Broad Daylight: Movies and Spectators after the Cinema*, translated by Patricia Gaborik, London: Verso, 2012.

Judith Mayne, *Cinema and Spectatorship*, London: Routledge, 1993.

Michel Chion, *Film, a Sound Art*, translated by Claudia Gorbman and C. Jon Delogu, New York: Columbia University Press, 2009.

젠더·어펙트 연구에서 연결성의 문제
: 데이터 제국의 도래와 '인문'의 미래[1]

권 명 아

1. '젠더·어펙트' 패러다임이 필요한 이유
: '젠더 전쟁' 시대의 시간성과 연결성

이 연구는 젠더, 정동(어펙트), 연결성이라는 세 개념과 관련된 이론적·현실적 쟁점을 다루고 이론이 나아갈 방향을 탐색한다. 세 개념 모두 이론적·현실적으로 과도할 정도로 많은 논란이 따르고 있어, 개념이나 이론의 문제로 다룰 때 많은 난관에 봉착하곤 한다. 젠더는 페미니즘 이론의 기본 개념이지만 이론의 역사나 이론에서의 개념 정의와 무관하게 현실에서는 난감한 논란이 끊이지 않는다. 젠더와 관련된 많은 사안이 거대 권력과 대형 미디어, 대립하는 세력들의 담론 투쟁에 휩쓸려 불타오르고 있어 이론

---

1   이 글은 「젠더·어펙트 연구에서 연결성의 문제: 데이터 제국의 도래와 '인문'의 미래」, 『석당논총』, 제77집, 동아대학교 석당학술원, 2020. 7을 수정·보완하여 재수록한 것이다.

이 다루기에 도저히 역부족인 상태까지 극단으로 치닫고 있는 것이 오늘의 현실이다. 이런 파국에 이르게 된 여러 원인과 구조를 파악하는 일도 젠더 연구의 큰 과제이다. 본고에서는 그런 연구의 한 과정으로서 젠더, 어펙트, 연결성과 관련된 이론적·현실적 쟁점을 국내외의 여러 사례를 통해 살펴보고 담론 투쟁의 파국을 이론으로 돌파할 수 있는 가능성을 찾아보고자 한다.

'affect' 개념과 관련해서는 번역어 논쟁이 계속되고 있다. 본고에서는 다소 소모적인 번역이 논쟁을 우회히고 이론의 특이성을 강조하는 의미에서 때에 따라 정동, 어펙트라는 용어를 병행해서 사용하고자 한다. 또 젠더 연구와 어펙트 연구를 결합하는 젠더·어펙트라는 새로운 용어를 통해서 어펙트 연구에서의 젠더 연구의 중요성을 강조하고자 한다. 또 젠더·어펙트라는 용어는 젠더가 촉발하는 정동을 연구한다는 의미도 함축하고 있어서 '젠더 전쟁'으로도 표현되는 이 시대를 해석하는 유용한 개념이 되리라 기대한다.[2]

오늘날 한국사회에서 '젠더'는 가장 갈등적인 개념이 되었다. '젠더' 개념이 '자연적인' '생물학적 성(sex)'을 파괴하므로 반대한다는 집단에게 '젠더'란 지켜야 할 '인간의 본래성'과 '한국사회 전통'을 파괴하는 '적'이다. 이런 논의는 개념상으로도 틀린 말이지만 마치 젠더에 대한 개념처럼 인터넷 커뮤니티와 현실 담론 공간을 넘나들며 퍼지고 있다. 이런 논의에서 생물학적 성은 기원

2　번역 문제와 어펙트 연구에서 젠더 이론의 중요성에 대해서는 이전의 연구에서 자세하게 분석하고 규명하였다. 권명아, 『여자떼 공포, 젠더·어펙트: 부대낌과 상호작용의 정치』, 갈무리, 2019 참조.

(originality)과 관련되며 기원의 시간성으로서 과거에 속하게 된다. 반면 젠더는 근본(originality)을 알 수 없고 외부에서 이식된 것이거나, 때로는 '우리의 현실'을 위협하는 새롭고 낯설고 이질적인 것으로 여겨진다. 생물학적 성이 태어날 때 결정된, 그런 점에서 주어진 것이고 변할 수 없다는 담론 구조는 한편으로는 갱신의 시간성을 표방하지만 동시에 기원만이 무한 반복되는 무시간성의 전형적 특성을 보여준다. 이러한 무시간적 구조에서 인간(그리고 그 확대된 형태로서 사회와 국가)은 성장하고 늙어가지만 그것은 변화하지 않는 본질의 '자연적 순환 과정'이다. 그런 의미에서 '자연적 성'을 강조하는 담론 구조에서 자연은 변화와 차이를 특징으로 하는 '역사적 시간성'과 대립되는 개념이다. 즉 인간은 자연의 일부이지만 인류는 종의 생성과 소멸의 반복이 아닌, 차이와 변화를 통해 다른 삶을 만들어왔고 이를 우리는 역사라 칭한다. 그런 의미에서 자연적 성과 사회문화적 성을 구별하여 배타적으로 정립하는 담론은 역사적 존재로서 인간을 부정하고 인류사를 자연사의 일부로 환원하려는 일련의 흐름에 맞닿아 있다. 근대 초기 이래 '적자생존', '자연도태' 등 자연사의 개념으로 인간의 역사를 대체하려 했던 이런 흐름은 이어졌다. 이와 같은 흐름은 페미니즘 이론 자체의 역사적 전개와는 관련이 없다. 표면적으로 페미니즘이라는 이름을 내걸고 있더라도 실은 낯익은 사회진화론, 파시즘으로 이어진 가닥에서 파생된 것이다. 또 이런 사고구조에서 과학기술은 적자생존과 자연도태, 무한경쟁에서 승리하기 위한 도구로서 적극적으로 활용되어왔다. '자연적인 것'을 강조하는 논의와 과학기술에 대한 맹신이 전혀 모순 없이 병존하는 것이다.

먼저 페미니즘 이론에서 성(sex)과 젠더는 생물학적 성과 사회문화적인 성이라는 식으로 이분법적으로 설명되지 않는다. 섹스와 젠더를 이렇게 이해하는 게 페미니즘 기본 개념처럼 오해되고 있는 것도 한국 사회의 페미니즘 담론과 이론이 처한 난감한 현실을 보여주는 사례이다. 물론 섹스와 젠더를 대비되는 생물학적 층위와 사회문화적 층위로 사용하기도 하지만, 생물학적인 것, 혹은 주어진 것(pre-givenness), 자연적인 것의 층위는 그 자체로 사회문화적으로 구성된다. 이는 단지 페미니즘 이론의 문제가 아니라 근대 철학의 기본 개념의 하나라 할 것이다. 이미 헤겔 이래로 순수하게 자연적인 것은 더 이상 존재하지 않으며 자연적인 것과 사회문화적인 것의 구별 자체가 이미 사회문화적이다. 이런 맥락에서 19세기도 아닌 2020년이라는 시간대에서 생물학적인 것, 자연적인 것과 사회문화적인 것 사이의 대립, 투쟁, 화해불가능성 같은 논의가 부상한다는 사실 자체가 문제적이다.

즉 우리가 들여다보아야 할 지점은 섹스와 젠더, 자연적 성과 사회문화적 성에 대한 찬반양론이나 의견 차이나 이에 대한 온전한 개념적 해명 작업 등이 아니다. 이것은 개념의 문제가 아닌 것이다. 모두가 젠더를 논의하지만 그 논의는 젠더와 개념상 거의 무관하거나 틀린 경우가 허다하다. 그러나 틀린 개념이라는 지적도 무의미하다. '젠더 전쟁'이라고도 칭해질 정도로 폭발하는 젠더 관련 논의는 이론과는 거의 무관하며 이론으로 해결되지도 않는다. 즉 이는 젠더와 관련한 이론과 현실의 문제가 아니라, '젠더'라는 개념, 표상, 상징에 의해 촉발되어 파급되는 어떤 강력한 정동의 폭발이라 하겠다. 필자는 이를 '젠더·어펙트'라는 용어로 설명하고자 한다. 즉 젠더에 의해 촉발되는 정동과 정동 정치라 할 수 있다. 이 연구는 정동 연구를 젠더 연구의 이론적 원천을 통해 정교하게 만드는 것을 목표로 하며 이 연구를 젠더·어펙트 연구라는 개념 결합의 방식으로 새롭게 개념화하고자 한다. 동시에 이 연구는 젠더에 의해 촉발되는 정동과 정동 정치를 젠더·어펙트 개념으로 정의하면서 연구 범위에 포함하고자 한다. 전쟁의 수사와 비유에 반대하지만, 너무나 많이 사용되기에 인용을 해보자면, '젠더 전쟁'이라고 불리는 이 시대 젠더에 의해 촉발되는 정동과 정동 정치, 즉 젠더·어펙트의 사례는 거의 무한하다고도 할 수 있다. 여기서는 2019년을 전후한 국가 전략의 변화에서 젠더에 의해 촉발되는 정동과 정동 정치의 사례를 살펴보면서 논의를 시작하고자 한다.

2019년 연말에 출범한 새보수당은 '젠더갈등해소위'를 신설하면서 일종의 '반페미니즘 세대 연대'를 구축하였다.[3] 이들은 새보수의 핵심 이념으로 '젠더갈등해소위원회'를 내세웠는데 여기서 '젠더'란 '새로운' 보수, 즉 오래된 것을 새롭게 지키기 위해 '해소되어야 할 위협'이다. 이런 논의 구조는 앞서 살펴본 생물학적 성을 강조하는 논의 구조와 아주 밀접하게 닿아있다. 역사적 존재로서 인간을 부정하고 인류사를 자연사로 환원하여 적자생존, 자연도태, 약육강식의 무한도전을 기치로 하면서 과학기술을 이러한 자연사의 '발전과 성장'을 위한 도구로 적극 활용하는 방식이다. 4

---

3   「새보수당, '젠더갈등해소위' 개설…홍준연·문성호 위원장」, 『해럴드 경제』, 2019. 12. 20.

권명아 129

차 산업혁명에 대한 열광과 반페미니즘은 이들의 일관된 정치 공학이었다. 이들은 '미래'를 표제어로 내걸고 강조하지만 그 미래는 적자생존과 약육강식의 자연사의 순환과정을 뜻한다. 그런 의미에서 그 미래는 차이가 아닌 순환에 불과하다.

한편 진보를 표방하는 집권 정당은 미래 국가 전략으로 AI 노믹스를 선언했다.[4] AI노믹스는 마치 젠더 중립적이고 국가 공동체가 체계적으로 준비하여 맞이해야 할 '기술적인 미래'로 그려진다. 현 정부 AI노믹스 구상은 기술을 탈신체화, 탈자연화, 탈인간화하고 그 결과 기술 자체를 마치 젠더 중립적인 것처럼 담론화 함으로써 인간 신체를 근간으로 한 신체화된 갈등들(대표적인 젠더 갈등)을 회피하는 효과적인 전략이 된다. 또 이런 정책 기조는 인공지능의 자율성에 대한 신화(이세돌과 알파고의 대결로 상징되는)와 인공지능과 기술에 의해 인간 신체가 대체되는 일을 불가역적인 변화라고 주장하는 입장(톨게이트 여성 노동자 대량 해고 문제를 기술에 의한 노동력 대체의 어쩔 수 없는 산물이자, 어차피 없어질 직종이라고 보

---

4 "문재인 정부가 정보기술(IT) 강국에서 인공지능(AI) 강국으로 패러다임 전환을 선언하며 'AI 국가전략'을 선포했다. 2030년 AI 기반 지능화 경제 효과 최대 455조원을 창출하기 위해 경제와 사회 패러다임을 AI 중심으로 전환하는 거대한 설계도다. AI가 사회·경제 전반 변화를 촉진하는 'AI노믹스' 시대에 대응하기 위한 핵심과제는 법·제도 개혁이다. 단순 규제해소를 넘어 AI 중심 사회·경제 변화를 안정적으로 뒷받침하도록 법·제도 전반의 변화가 필요하다. 과학기술정보통신부는 법·제도 개혁 중요성을 인식하고 AI 국가전략 핵심과제로 AI 미래사회 대비 법제정비단을 가동하며 법·제도 개혁에 착수한다. 전자신문은 AI시대 법·제도 개혁 이슈를 점검하고 바람직한 방향성을 모색하는 'AI노믹스 시대, 우리에게 필요한 것은' 전문가 좌담회를 마련했다." 이 좌담회 참가자는 대부분 법률 전문가이다. 「AI노믹스 시대 선제적 법제도 정비 당장 시작해야」, 『전자신문』, 2020. 1. 1.

는 정부 관계자의 시각)과도 맞물려 있다.

극우, 새보수, 진보 진영이 내세우는 젠더에 대한 이질적 전략은 과거와 현재 그리고 미래에 대한 인식, 서사, 전망과 밀접한 관련이 있다. 과거와 미래에 대한 이질적 판단은 또한 신체성과 연결성에 대한 서사, 가치부여, 관계 설정과 분리되지 않는다. 젠더에 대한 관념과 정치적 입장은 신체성(육체화, 탈육체화, 재육체화를 포함한)과 연결성(인간과 인간, 인간과 사회, 인간과 비인간, 인간과 기술, 기술을 통한 연결성의 변화)에 대한 판단과 그 방향성에 대한 가치부여와 매우 밀접한 관련을 맺고 있다. 본 연구에서 젠더, 어펙트, 연결성과 신체를 키워드로 논의를 진행하려는 것은 바로 이러한 '미래전략'에 대한 비판적이고 이론적인 현실 개입을 위해서이다.

젠더가 반자연적이라고 주장하는 극우파들이 과학기술을 반자연적이라고 주장하지는 않는다. 젠더를 부정하는 극우파 논객들은 생물학적 성을 수호해야 한다고 외치면서 성에 대한 기술적, 의료적 조치를 반대한다. 그렇다면 이들은 인간에 대한 의료적, 기술적 조치도 반대하는 것일까. 그렇지는 않다. '자연적·생물학적 성'을 주장하는 논의는 얼핏 자연과 기술, 자연과 인위적인 것을 대립적이거나 양립 불가능한 것으로 구별하는 논의처럼 보인다. 매우 역설적이지만, 성에 대한 의료적 개입에 반대하는 이들 논의는 인간 신체에 대한 기술적 통제와 강제적 통제를 주장하는 것이다. 즉 신체의 '온전한 상태'나 '정상적 상태'를 기준으로 해서 이로부터 이탈되거나 벗어난 신체를 '병리적 상태', '비정상적 상태'로 규정하며 이런 병리적 신체를 본래적 신체로 '강제적이고' 기술적으로 전환하는 것을 과학기술과 의학의 목적으로 삼는다. 그런 점에서 이들에게 과학 기술과 의료는 인간 신체에 대해 정상성, 본래성을 기준으로 얼마든지 개입할 수 있는 도구이자 무기이기도 하다. 이런 의미에서 '자연적 성'을 숭배하고 젠더가 반자연적이므로 철폐되어야 한다는 이들의 주장은 과학기술과 의료적 처치를 통해 인간 신체를 강제적으로 통제해야 한다는 입장이기도 하다. 그런 점에서 이들은 '기술입국'을 신봉하면서 국가 주도형 기술을 통해 인간 신체에 대한 개입과 통제를 적극 주장하고, 이에 어긋나는 신체를 비국민으로 매도하고 절멸하고자 했던 한국의 오래된 극우파의 논리를 이어간다. '기술입국'은 인간 신체에 대한 국가의 강제적인 기술적 통제 프로젝트이기도 했다. 인간 신체로부터 원하는 정보를 뽑아내는 정교하고 난폭한 고문 기술은 인간 신체를 비국민에서 국민으로 전환시키는 '정화(淨化)', 즉 순수한 본래 상태로 전환시키는 국가주의적 처치로 정당화되었다. 노동 생산성 향상을 위한 노동력 착취는 인간 신체에서 추출할 수 있는 최대의 노동력을 뽑아내고는 껍데기만 남은 신체들을 폐기처분했다. 노동 생산성이 없는 신체들은 수용소에 강제로 수용되어 말소되었다. 여성의 신체는 국민 생산 기계로 동원되고 국가의 노동생산성 정책에 따른 인구통제의 목표와 필요에 따라 강제적으로 '조절'되었다. 또 이들은 정상적 신체를 사회적인 것, 국민적인 것의 기준으로 배타적으로 정립하면서 비정상적 신체성(반자연적인 것)을 반사회적, 비국민적인 것으로 매도하고 이들을 사회에서 격리(수용소화)하거나 절멸시킬 것을 주장한다. 기술 입국 담론과 정상적 신체성(자연적 신체)에 대한 담론이 수용소화와 이어지는 전형적 패턴이라 하겠다.

그렇다면 AI노믹스로 상징되는 정당의 국가 전략은 '기술입국'과 수용소화의 담론과 얼마나 멀리 떨어져 있을까? 한국 사회의 국가 독점 자본주의나 파시즘 체제는 한편으로는 국가 주도의 기술입국과 수용소화와, 다른 한편으로는 노동하는 신체에 대한 관리와 규율화(노동력과 생산성 증대)라는 두 축을 중심으로 구성되었다. 젠더를 부정하며 수용소화를 주장하는 입장이 전자를 계승하고 있다면 AI노믹스는 후자, 즉 노동 생산성에 대한 국가 중심적 설계와 노동을 젠더 중립적으로 바라보는 패러다임을 계승하고 있다.[5] 국가 중심의 강력한 개발주의, 생산력주의, 대량생산 대

---

[5] 문재인 대통령은 취임 당시 페미니즘 대통령을 표방했으나, 집권 2년차를 지난 2020년 현 정부의 정책 기조에 젠더 정치 관련한 논점은 거의 전무하다. 이른바 경제와 민생 패러다임으로 전환하는 일은 선거 때마다 반복되는 일이지만, '여론 조사'와 '표심 동향' 조사를 통해 젠더 이슈에서 멀어지는 방향으로 나아가고 있다. 특히 20대 남녀 유권자에 대한 동향 보고서는 이런 젠더 이슈에서 이탈하는 전환점이 되었다. 이에 대해서는 뒤에서 간략하게 언급하고자 한다. 또 노동과 경제, 그리고 테크놀로지를 젠더 정치 차원에서 다루고 분석하며 대안을 제시할 전문가 그룹이 아주 소수인 한국 사회에서 젠더 이슈 자체가 노동이나 경제 테크놀로지와 무관한 이슈처럼 배치되고 할당되는 것 역시 국가 정책 기조에서 젠더 이슈가 협소하게 배치되는 이유이기도 하다. 국가 정책, 노동, 경제 테크놀로지 문제를 젠더와 무관한 협소한 차원으로 이해하는 방식은 이른바 다음과 같은 논의에서도 전형적으로 드러난다. 마르크스 경제학자인 우석훈은 조국 사태란 상부구조의 문제일 뿐이라면서 하부구조에 집중하자고 주장한다. "상부구조의 화려함과 뜨거움만 좇아가지 마시라. 하부구조의 공론장이 절실히 필요하다. 그게 청년들의 미래를 위해서 지금 해야 할 논의 아니겠는가? 우리가 조국에 대해서 논하던 열정의 10만분의 1만 하부구조에 써도, 한국이 정말 좋은 나라가 될 것 같다. 이제, 경제 얘기 좀 하자." 우석훈, 「'하부구조'에 무관심한 '상부구조'」, 『경향신문』, 2019. 9. 15. 이런 식의 이분법이 의도된 단순화라고도 하겠다. 그러나 이런 경향은 단지 의도된 단순화에 그치기보다, 집단적 담론 프레임으로 조직화되었다고 하겠다. 이른바 '진보 진영' 필자들이 대거 참가한 『한국의 논점 2020』에는 페미니즘이나 젠더 이슈 자체가 「20대 남자

량소비 시스템은 모두 생산력 증강을 목표로 한다. 4차 산업혁명 중 AI노믹스가 유독 강조되는 것은 AI로 상징되는 "기술적인 능력 증강 시스템"에 대한 열광과도 이어진다. 이러한 양상은 기계적 신체에 대한 '한국적 수용' 방식에서도 전형적으로 확인된다. 입는 로봇(wearable robot)이 실용화되면서 전 세계적으로 다양한 논의가 진행되었다. 정부의 AI노믹스 선언 이후 2020년 1월에만 로봇, 인공지능 관련 기사가 수백 건이 쏟아졌다. 입는 로봇에 대한 기사도 셀 수 없을 정도로 쏟아졌다. 입는 로봇에 대해서 한국에서는 몇 년 전부터 지속적으로 논의가 진행되었다. "아이언맨의 현실화"라는 표현이 잘 보여주듯이 입는 로봇은 인간의 신체 근육 능력치를 증강하는 도구로 논의된다. "45kg 배낭 가뿐⋯ 한국軍도 '입는 로봇'에 성과"와 같은 기사 제목이 잘 보여주듯이 입는 로봇은 인간 신체의 근육 능력치의 측정값을 증강하는 전형적 도구로 받아들여진다.[6]

AI가 인간 노동력을 대체할 것이라는 위협이 현실로 임박한 오늘날 이른바 '포스트휴먼'에 대한 논의 또한 다양하게 진행되고 있다. 페미니스트 학자이자 문학전문가인 N. 캐서린 헤일스(Nancy Katherine Hayles)는 포스트휴먼 시대의 도래는 '4차 산업혁명'에 의해 갑자기 도래한 것이 아니라 근대의 의식 중심적인 자유주의 전통의 산물이라고 분석한 바 있다. 인간의 뇌를 다운로드

와 페미니즘」단 한 꼭지에 배치되고 그마저도 20대 남성을 반페미니즘 세력으로 단순화하는 문제를 비판하는 차원에 그치고 있다. 고태봉 외, 『한국의 논점 2020』, 북바이북, 2019.

6 『조선일보』, 2014. 9. 29.

하여 '의식'을 기계화하려는 욕망은 인간의 주체성을 의식과 정신으로 환원한 근대 자유주의 사상의 귀결점이라는 것이다.[7] 캐서린 헤일스는 포스트휴먼 논의를 비판적으로 검토하기 위해서 근대성의 궤적을 다시 살펴야 한다는 점을 인상 깊게 묘파한다. 한국에서는 포스트휴먼과 근대성의 궤적을 살피는 논의는 주로 철학사상사의 맥락에서 진행되었다.[8] 페미니즘 연구나 페미니스트 과학기술학의 관점에서 포스트휴먼과 한국 근대성의 역사적 궤적을 살펴본 연구 또한 거의 부재하다.[9]

캐서린 헤일스는 문학 전공자로 문학 연구로부터 인간 주체에 대한 상상과 담론과 지식이 변화되는 과정을 추적하면서 "어떻게 해서 인간이라 불리는 역사적으로 특수한 구성체가 포스트휴먼이라고 불리는 다른 구성체로 대체되었는가."를 탐구한다. 인간이 포스트휴먼으로 대체되는 긴 역사적 과정은 물질과 정보가 분

---

7   캐서린 헤일스, 허진 역, 『우리는 어떻게 포스트휴먼이 되었는가』, 플래닛, 2013, 25쪽.

8   이종관, 『포스트휴먼이 온다』, 사월의책, 2017; 김재인, 『인공지능의 시대, 인간을 다시 묻다』, 동아시아, 2017; 김진석, 『강한 인공지능과 인간』, 글항아리, 2019.

9   페미니스트 과학기술학 연구가 흔치 않은 여러 사정에 대해서는 임소연, 「과학기술과 여성 연구하기: 신유물론 페미니즘과 과학기술학의 안-사이에서 "몸과 함께"」, 『과학기술학연구』 제19권 제3호, 한국과학기술학회, 2019. 3. 페미니스트 과학기술학으로 한국의 과학 기술의 궤적을 연구한 학자는 임소연이 대표적이다. 임소연의 「성괴를 위한 변명: 사이보그 프로젝트로서의 성형수술」(『한국과학기술학회 학술대회 발표집』, 한국과학기술학회, 2017. 5.)은 페미니즘 연구에서 신체에 대한 논의가 재현이나 문화적, 혹은 이데올로기적 비판에 그치면서 신체의 물질성과 복수성에 대한 논의로 나아가지 못함을 비판하면서 성형이라는 기술적 변형 과정이 신체의 물질성을 변용하고 신체들이 복수화하는 과정을 흥미롭게 분석하고 있다.

리되고 "신체 없는 정보"라는 추상성에 도달하는 과정이었다. 캐서린 헤일스가 포스트휴먼 논의를 비판하는 주요 논점은 "신체 없는 정보와 같은 추상성에 도달하기 위해서 얼마나 많은 것을 소멸시켜야 하는지 분명히 보여주기 위해서다."[10] 캐서린 헤일스의 표현을 변용해보자면 이 연구는 기술적으로 통제되는 '젠더가 박멸된 미래적 신체'를 만들기 위해서 얼마나 많은 것을 소멸시켜야 하는지 분명히 보여주기 위한 작업이다.[11]

또한 한국에서는 한국 근대사의 구체적인 전개과정 속에서 이러한 변화와 대체의 역사를 고찰한 연구는 거의 없다. 이 논문에서는 역사적 궤적을 거슬러 본격적으로 논하기보다 정동적 전환의 맥락에서 이 문제를 살펴볼 것이다. 캐서린 헤일스는 포스트휴먼 관점에서 "신체란 우리 모두가 조작법을 배우는 최초의 인공 기관이며, 따라서 신체를 다른 인공 기관으로 확장, 대체하는 것

---

10 캐서린 헤일스, 앞의 책, 40쪽.

11 뒤에서도 논의하겠지만 본 연구에서 다루는 젠더 해소론의 범위와 진폭은 너무나 넓다. 이 글에서는 '젠더 해소'라는 표현을 주로 젠더에 반대하거나 젠더 갈등 해소 등을 표방하는 우파적 논의를 지칭하는 용어로 사용하고 있다. 그러나 명시적으로 젠더에 대한 언표를 하지 않지만 젠더 중립성을 표방하는 경우(AI 노믹스처럼)도 젠더 해소의 일환으로 논하고 있다. 반면 gender abolitionism의 경우 한국에서는 젠더 해소론으로 번역되는데 생물학적 성을 강조하면서 트랜스젠더를 배제하는 페미니즘을 주장하는 진영(래디컬 페미니즘의 한 분파로 분류되는)에서 논하는 젠더 해소론과 교차성 페미니즘이면서 젠더 해소론을 주장하는 제노페미니즘의 젠더 해소에 대한 주장과 기술에 대한 관점은 너무나 상이하다. 젠더를 없애자는/철폐하자는 주장은 이처럼 너무나 이질적이어서 다양한 논의를 단일한 젠더 해소론을 등질화할 수는 없다. 본 연구에서는 젠더 해소라는 표현을 둘러싼 이질적 정치 입장과 결을 가능한 섬세하게 드러내면서 기술/자연, 인간/테크놀로지, 신체성/기술에 대한 논의의 지형도를 그려나가고자 한다.

은 우리가 태어나기 전부터 시작된 과정의 연속일 뿐이라고 여긴다." 무엇보다 포스트휴먼 관점은 "인간을 지능을 가진 기계와 매끄럽게 접합될 수 있는 형태로 여긴다." 물론 캐서린 헤일스의 포스트휴먼 논의 비판이 유기체로서 인간 신체의 재도입이나 '인간주의'의 재구축을 목적으로 하지는 않는다. 헤일스의 논의에서 신체의 문제는 유기체로서 인간 신체의 자기완결성을 다시 도입하기보다 더욱 광범위한 힘들과의 열린계로 재정립된다. 패트리샤 클라프의 용어를 빌자면 바로 "생체매개된 몸(biomediated body)"에 대한 사유다. 패트리샤 T. 클라프(Patricia Ticineto Clough)는 정동적 전환의 "가장 도발적이고 영구적인 기여"를 "신체적 물질(bodily matter)과 물질 일반에 내재한 역동주의, 즉 물질이 정보가 되면서 자기조직화하는 능력에 주목"한 점이라고 평가한다. "정동에서 주관적으로 느껴진 정서적 상태로 이어지는 회로를 따라가는 게 아니라 정동에 주목한다면, 정동적 전회가 생체매개된 몸이라고 불리는 새로운 신체를 벼리는 데 선구자이자 담론적 동반자가 된다는 사실이 명확해진다."[12]고 패트리샤 클라프는 강조한다.

---

12 패트리샤 클라프, 「정동적 전회」, 멜리사 그레그·그레고리 시그워스 편저, 『정동 이론』, 갈무리, 2015, 335쪽. 인공지능과 장애학, 페미니스트 기술학을 결합한 흥미로운 연구로는 하대청, 「휠체어를 탄 인공지능: 자율적 기술에서 상호의존과 돌봄의 기술로」, 『과학기술연구』 제19권 제2호, 한국과학기술학회, 2019. 7.

2. 데이터 제국의 시대, 신체성의 변용과 테크놀로지: 예측 시스템과 약속의 다발

　1장 서두에서 논한 것처럼 한국에서 젠더는 오래된 자연을 고수하기 위해 철폐되어야 할 '위협'이거나, 새로운 '기술적 미래' 속에 자연스레 사라질 무언가가 되고 있다. 적폐 청산이 민주화의 상징이던 지난 2년간 한국 사회의 미래는 '과거를 바로잡는 일'이었다면 AI 노믹스 시대 미래는 '알파고의 위협과 신화'로 함축된다.

　미래 전략이 'AI노믹스'로 전환된 것은 한국 사회만은 아니다. '4차 산업혁명' 담론으로 대표되는 과학기술을 통해 미래 전략을 재구성해야 한다는 요청은 이제 교육, 삶, 돌봄, 재생산 등 삶 전반에 걸쳐 진행 중이다. 돌봄을 정동체계의 하나로 분석해온 페미니즘 이론에서 과학 기술과 미래에 대한 논쟁이 다시 대두한 것은 이런 사정과 관련된다. 그러나 젠더 연구와 과학 기술, 그리고 다가올 것들에 대해서는 아직은 본격적인 논의가 진행 중이지 않다. 4차 산업혁명 담론이나, 'AI노믹스'가 국가 전략이 되는 시대, 페미니즘 이슈는 '생물학적 성과 사회문화적 성'의 대립과 갈등의 주위를 맴돌고 있다. 이 역시 매우 징후적이다. 이에 대해 1장에서는 '젠더·어펙트'라는 개념으로 접근하여 규명할 것을 제안하였다. 한국에서는 4차 산업혁명이라는 언표 자체가 미래 예측과 거의 동의어로 사용되고 있기도 하다. 잘 알려져 있듯이 2018년 스위스 다보스에서 열린 제46차 세계경제포럼(다보스 포럼)이 "4차 산업혁명의 이해"를 핵심 주제로 개최되었고, 또 여기서 '미래고용보고서'가 발표되면서 4차 산업혁명에 대한 대응은 곧바로 미래에 없어질 직업에 대한 예측과 대비로 인지되었다. 4차 산업혁명의 도래는 기술적 미래에 대한 무수한 예측으로 이어졌고 역으로 기술적 미래에 대한 위협적인 예측들이 미래라는 이름으로 현재의 곤경과 난관을 정당화하도록 만들고 있다. 이러한 미래 예측에는 AI 붐과 다양한 데이터 과학이 '객관적' 근거로 작동하곤 한다.

국가 전략이나 사회 분석 차원에서 데이터 과학은 기존의 사회조사, 여론조사를 보완하는 데이터 실증주의의 기초가 되고 있다. 사회조사 차원에서 '혐오'를 분석하는 방법으로 데이터 과학이 활용되는 방식은 하나의 흥미로운 사례이기도 하다. 국민주권 2소 분과에서 2019년 작성한 「20대 남성지지율 하락 요인 분석 및 대응 방안」은 한국 갤럽의 통합 여론조사, 국정지지율, 리얼미터 지지율 분석, 정부 정책에 대한 공감도 조사 등 다양한 기관이 수행한 여론 조사를 바탕으로 제작되었다. 이 보고서는 이런 통계 자료를 바탕으로 "20대 남성들이 피부로 느끼는 '역차별' 이슈들은 법 제도 불만에서부터 생활문화적 고충까지 폭넓게 형성되어 있으나, 대체로 정부 정책의 여성 '편익 우선적' 편향성에 대한 불신을 공통된 특징으로 함"이라고 결론 내린다.[13] 또 이런 분석을 바탕으로 "일부 정부·여당 인사들의 편향적 행태에 대한 정무적 관리 방안"을 제안하고 있다.[14] 흥미로운 것은 이러한 제안에 "디지털 경제의 핵심 주체화"가 자리잡고 있는데 막상 이 보고서에는

---

13 국민주권 2소 분과, 「20대 남성지지율 하락 요인 분석 및 대응 방안」, 2019. 2. 18, 8쪽.

14 국민주권 2소 분과, 위의 글, 3쪽.

디지털 경제에 대한 어떤 기본적 이해조차 찾아볼 수 없다. 이 보고서는 고전적인 통계 기반 여론 조사를 통해 시대 흐름을 예측하고 전망하고 정책을 수립하는 전형적인 방식을 보여준다. 이 보고서가 젠더와 성평등에 대해 편향된 인식을 갖고 있다는 점은 누차 지적되었다. 그런데 좀 더 흥미로운 것은 이른바 혐오와 차별과 같은 문제에 대해 여론조사나 사회 통계와 같은 고전적 조사 방법으로 대안을 찾아낼 수 있을까 하는 점이다. 이런 문제에 착안한 새로운 조사는 시사인의 '20대 남자' 분석이다. 이 조사는 애초에 국민주권 2소 분과의 기획서의 문제에서 출발했다고 밝히고 있다.[15] 시사인의 조사는 여러 지점에서 흥미로운 결과를 보여주고 유익한 결과를 제공했다. 다만 여기서는 이 조사 방법의 문제에만 한정해서 살펴보고자 한다. 시사인 분석은 "질문 숫자가 208개에 이르는 초대형 여론조사"이고 "사흘간 1000명"을 대상으로 진행했다. 즉 기존의 여론 조사 방식에 양적 확대라 할 것이다.[16] 2호에서는 "25.9%"라는 통계를 표지에 앞세워서 "우리는 페미니즘과 싸운다"는 제호를 걸었다. 2호에서 20대 남성의 반페미니즘적 특성을 분석하는 데에 숫자만으로는 되지 않는다고 결론을 내렸지만, 3호의 분석 역시 "25.9%"라는 통계에 집중되어 있다.[17] 시사인의 20

---

15 천관율 기자, 「20대 남자 그들은 누구인가」, 『시사인』 604호, 2019. 4. 16, 16쪽.

16 천관율 기자는 '데이터 저널리즘'이라는 새로운 영역을 도입해서 다양한 시도를 하고 있다. '멀리보기'라는 디지털 인문학의 방법을 원용하여 비록 다소 짧은 주기를 다루고는 있지만, 주로 시대 변동의 구조와 주기를 분석하는 방법을 활용한다. 천관율, 『줌아웃』, 미지북스, 2018. 참조.

17 "우리는 전략을 바꾸기로 했다. 20대 남자가 다른 세대·성별과 무엇이 다른

대 남자 분석의 가장 큰 문제는 초대형 여론조사라도 역시 제한적인 통계 조사임에도 그 조사 결과치를 절대화하여 20대 남성의 특성으로 일반화하고 고정시켜서, 이들이 어떤 사람인지, 이들이 왜 페미니즘과 싸우는지를 분석한다는 점이다. 20대 남성은 "25.9%"에 못 박혔다. 물론 이런 통계조사와 진단은 시사인 분석만이 아니라 거의 모든 고전적 사회조사에 공통된 문제다. 이 논의에 대해 다양한 논점이 제기되었으나 혐오라는 정동 혹은 감정을 분석하는 데 데이터 과학은 과연 어떤 의미와 한계를 갖는가라는 질문은 제기된 적이 없다. 고전적 통계나 이를 확대 보완한 데이터 과학 기반 조사는 공통적으로 특정 집단의 경향이나 성향, 기질을 확정적으로 진단해서 현실의 변화 추이를 예측하고 전망한다. 이런 조사 연구는 시대의 흐름을 예측하지만, 막상 변화무쌍한 가능성들은 예측되지 못한다. 데이터 과학은 기술적으로 더 정교한 예측가능성을 확신한다. 혐오나 반페미니즘 정서에 대한 연구는 젠더 연구와 정동 연구의 핵심 주제이다. 한국에서 정동 연구는 바로 이 지점에 가장 활성화되어 있다. 흥미롭게도 한국에서는 정동 연구나 젠더 연구가 혐오나 반페미니즘 정서에 대해 다양한 연

지 물어보는 방식은 적절하지 않았다. 우리는 20대 남자 현상의 핵심 엔진을 25.9% 정체성 집단으로 특정했으므로, 이들이 왜 등장했나를 물어보는 것이 더 나은 접근법이다. 그리고 이들을 이해하면, 이들을 엔진으로 하는 20대 남자 현상을 설명할 수 있다. 우리는 208개 질문 문항을 짜면서, 20대 남자 현상을 설명할 가설을 최대한 집어 넣었다. 정한울 연구위원이 기각할 가설과 검토할 만한 가설을 추렸다. 우리가 추린 가설들의 조합을 소개한다. 앞으로 볼 문항들은, 반페미니즘 정체성과 통계적으로 한 덩어리로 움직일 가능성이 높다고 나온 것이다.", 천관율 기자, 「20대 남자 현상 왜 생겼나」, 『시사인』 606호, 2019, 4, 30, 12쪽.

구 결과를 내놓았으나, 국가 정책이나 사회조사 방법의 이론적 근거로 채택되는 일은 흔치 않다. 반면 사회조사 방법에서 고전적인 데이터 실증주의가 여전히 지배적이고 오래된 데이터 실증주의의 토대를 디지털 기반의 데이터 과학이 자연스럽게 이어가고 있다. 정동 이론은 바로 이런 시대에 대한 질문과 개입에서 출발한다. 정동 연구가 벤 앤더슨(Ben Anderson)은 21세기의 권력, 혹은 권력과 삶의 문제를 연구하기 위해서는 반드시 정동 연구를 통과해야 한다고 논한다. "21세기 초반 권력 기능이 어떻게 작동하는지를 이해하기 위해서는 권력이 정동을 관통하면서 어떻게 작동하고, 정동적 삶을 권력의 효과로 환원하지 않으면서 정동적 삶이 어떻게 권력으로 물들어있는지를 규명해야만 한다."[18]

정동 연구가 소개된 이래 한국에서 정동 연구는 다양한 방면에서 폭발적으로 진행되었다. 그러나 여전히 정동 연구가 도대체 어떤 점에서 새로운 인식이나 해석 방법론을 보여주는 것인지 모호하다는 의견이 많다. 어떤 점에서 정동 연구에 대한 불만의 가장 큰 지점은 '모호함'에 있다고 보인다. 사실 이 '모호함'은 이론적 실천이자 방법이라고 할 것인데 이를 정동 이론 내적으로 보기보다는 다른 이론과의 교차와 비교를 통해 살펴보면 좀더 명확해질 것이다. 특히 데이터 과학이 미래에 대한 예측가능성을 높이는 새로운 지식이라고 평가하는 이론적 흐름을 정동 이론의 '미래'와 '예측 가능성'에 대한 방법적 특성과 비교해보면 정동 연구의 함의

---

18 Ben Anderson, *Encountering Affect: Capacity, Apparatus, Conditions*, Durham University(UK), 2014, p.8.

가 좀더 명확해진다. 특히 정동 이론에서 자주 발견되는 '약속'이라는 정동 이론 특유의 개념을 디지털 과학의 '예측' 개념과 비교해볼 필요가 있다. 여기서는 정동 이론의 문제의식과도 매우 유사한 논의를 펼치는 제노페미니즘의 '선언'을 비교해서 살펴보면서 정동 이론과 젠더 연구의 교차점을 살펴보려 한다.

2015년 출간된 라보리아 큐보닉스(Laboria Cuboniks)의 '제노페미니즘 선언'[19]은 출간과 함께 열렬한 지지와 논쟁을 불러일으켰다. 영어권에서의 격렬한 반응과 비교해서 한국에서는 거의 아무런 반응이 없는 것이 징후적이다. 스스로를 XF라고 부르는 Xenofeminism은 페미니즘을 21세기에 적합하게 변용할 것을 주장한다. XF는 정리된 이론 진영으로 스스로를 규정하지 않고, 일종의 "소프트웨어의 오픈 소스처럼, 전투적인 윤리적 추론이 지닌 항해의 충동을 따르면서 끊임없이 수정되고 강화되고자 한다."고 선언한다. 이들은 자신들의 정치적 전략을 "젠더해킹"이라고 명명한다. XF의 주장을 한마디로 정리할 수는 없지만 이들은 명료한 선언을 수행하고 있기도 하다. XF는 반자연주의, 젠더철폐주의(gender abolitionism), 교차성, 합리주의와 보편주의로서 페미니즘을 선언한다. 이들은 자신들의 젠더철폐론(gender abolitionism)과 보편주의, 교차성 이론이 백인 우월주의적이고 남성 중심적인 보편성

---

19 Laboria Cuboniks, *The Xenofeminist Manifesto: A Politics for Alienation*, Verso Books, 2015, (라보리아 큐보닉스, 아그리파 소사이어티 역, 『제노페미니즘: 소외를 위한 정치학』, 미디어버스, 2019). 『제노페미니즘』은 독특한 편집 형식을 취하고 있어서 별도의 페이지 표시가 없다. 따라서 이하 인용에서도 별도 인용 페이지 표시 없이 출처만 표기하도록 한다.

을 반복하지 않는다고 강조한다. 특히 "젠더의 철폐는 심지어(특히) 스스로를 페미니스트라고 공언하는 이가 주창할 때에도 살짝 은폐된 여성혐오가 될 것이다. (트랜스 여성에 반대하면서 스스로를 젠더 철폐론자라고 주장하는 그토록 많은 캠페인들의 터무니없고 난폭한 광경이 이를 너무나 잘 입증한다.)[20] 이들이 이런 위험성을 충분히 인지하면서 제노+페미니즘, 젠더폐지론+교차성, 보편주의+교차성, 기술해방론과 합리주의를 결합하고자 하는 건 이른바 이들이 21세기를 기술적 인공물이 자연적 신체성을 대체하고, 자연적 신체성이 기술적 인공물에 의해 이행(transition)이 가능해진 전혀 새로운 시대로 파악하고 있기 때문이다. 이들은 "이 세계는 기술적인 매개로 가득하다. 제노페미니즘은 이러한 현실을 수용하는 페미니즘, 전례 없는 숙련도와 스케일과 비전을 갖춘 페미니즘이다.", "왜 진보적인 젠더 정치의 목적을 위해 기술을 용도 변경하려는 명쾌하고도 조직화된 노력이 그토록 없는가? XF는 세계를 재편하기 위해 현존하는 기술을 전략적으로 사용하고자 한다. 이러한 도구들에는 심각한 위험이 장착되어 있다. 이것들은 불균형적인 데다 남용되기 쉽고 약자를 착취하기 마련이다. XF는 위험을 피하기보다는 이러한 위험에 반응하는 테크노-정치적 인터페이스 조립의 필요성을 옹호한다." "기술이 지닌 진정한 해방의 잠재력은 여전히 실현되지 않았다."[21]

기술에 대한 이런 입장은 페미니즘 실천에 대한 다음과 같은

---

20 라보리아 큐보닉스, 위의 책.

21 라보리아 큐보닉스, 위의 책.

평가로 이어진다. "최근 수십 년 동안 페미니즘 의제들이 보여준 과한 단정함은 우리의 현실이 지니는 괴물적인 복잡성과 어울리지 않는다. 우리의 현실은 광케이블, 라디오와 전자파, 석유 가스관, 항공로와 해로, 그리고 1/1000초마다 벌어지는 수백만의 커뮤니케이션 프로토콜의 꾸준한 동시적 실행으로 직조된다. 체계적인 사유와 구조적인 분석은 고정된 지역성과 파편화된 반란에 묶인 채, 경탄스럽지만 불충분한 투쟁의 성격을 띠며 대부분 중도에 실패했다."[22]

오늘날 세계에서 일상은 "추상성, 가상성, 복합성"으로 가득하고 이 세계는 "기술적 매개"로 득시글거린다. "XF는 페미니즘을 이러한 현실에 적합하도록 구성한다."[23] 동물의 떼나 무리에 사용하는 득시글거린다는 표현을 일부러 기술적 매개에 대해 사용하고 있다. 즉 이들이 보기에 '현재'가 이전의 세계와 다른 것은 이전에 '자연'이 있던 자리에 더 이상 자연이 아닌 기술적 매개 더 나아가 '추상성, 가상성, 복합성'이 자리하고 있다. 이들은 스스로가 전례 없는(즉 과거에서 물려받은 것이 없는) "민첩함과 스케일과 비전을 지닌 페미니즘"이라고 논한다. XF의 마니페스토는 일종의 시간에 대한 인식의 내러티브로 가득하다. 혁명은 시간의 흐름을 절단한 것이라는 점에서 예상 가능한 일이다. 이들에게 미래는 "젠더 정의와 페미니즘 해방이 인종과 장애와 경제적 지위와 지리적 구속을 횡단하여 모든 인간의 요구에 부응하는 보편주의적 정치

22　라보리아 큐보닉스, 위의 책.

23　라보리아 큐보닉스, 위의 책.

에 기여하는"[24] 세상을 의미한다. XF의 미래는 다음과 같은 미래 없음(futurless)과 대비하면 그 의미가 더욱 명확하다. 즉 "자본의 쳇바퀴의 반복, 생산이라고 부르든 재생산이라고 부르든 마찬가지인 고역스러운 노동에 예속되는 일, 비판이라는 가면을 쓴 주어진 것의 물신화(reification of the given)"라는 미래 없음과 단절하는 일이다. 그리하여 XF는 "자신들의 미래는 화석화된 상태를 벗어날 것을(depetrification: 주어진 것의 물신화와 화석화에서 벗어날 것-인용자 주) 요구한다. XF는 되어도 그만이고 안 되어도 그만이고 입찰이 안 되어도 판돈을 잃지 않는 그런 식의 혁명에 대한 경매입찰이 아니라 지면 모든 것을 잃는 역사라는 기나긴 게임에 판돈을 거는 일이며 이는 상상력과 민첩함과 끈기(persistence)를 필요로 한다.[25] XF는 자신들의 젠더 철폐론은 인종 철폐론이나 계급 철폐론과 같은 의미를 지닌다고 논한다. 젠더 철폐에 대한 이들 주장의 핵심은 다음 문장에도 선명하게 드러난다. "자연이 부당하다면, 자연을 바꿔라!" 피터 헤프트(Peter Heft)는 제노페미니즘이 젠더 철폐론을 주장한다는 점에서는 래디컬 페미니즘의 정치학과 명백하게 유사한 점이 있지만, 이들의 젠더 철폐론이 들뢰즈적인 의미의 차이들을 이론적으로 도입한다는 점에서 래디컬 페미니즘과 구별된다고 평가한다. "수백 개의 성들이 꽃피게 하라(Let a hundred sexes bloom!)"는 제노페미니즘의 선언은 대표적인데, 젠더를 철폐함으로서 차이를 근절하는 게 아니라 차이가 "(사회적)정체성의 표식으

---

24 라보리아 큐보닉스, 위의 책.

25 라보리아 큐보닉스, 위의 책.

로서 부과되는 것을 근절하기 위함"이라고 주장한다. 헬렌 헤스터 (Helen Hester)는 "제노페미니즘에게 젠더(인종, 계급, 비장애 등과 마찬 가지로)는 더 이상 설명적 힘을 갖지 않는다. 차이들이 억압의 벡터 가 되어서는 안 된다."라고 선언한다.[26]

XF는 기술을 통한 성해방을 꿈 꾼 마르크시스트 페미니즘의 대표 논자인 슐라미스 파이어스톤(Shulamith Firestone)의 논의를 이 어받고 있기도 하다. 애니 고(Annie Goh)는 XF의 논지가 파이어 스톤의 기술 낙관론을 반복하고 있다는 비판하고 있다. 애니 고 는 또 제노페미니즘을 기존의 '진보적인 담론이나 주장'이 정반대 로 전유되는 현상 혹은 위험한 사례의 하나라고 비판한다. 제노 페미니즘이 희랍어 어원인 Xeno의 전형적 사용례가 '제노 포비아' 인 것처럼 특정한 집단을 증오하고 차별하는 의미로 사용되어온 맥락이 있다. 물론 제노페미니즘이 페미니즘을 기술주의적으로 재구성한다는 제노페미니즘이라는 표면적 의미를 부정하는 것 은 아니지만, 'Xeno'를 페미니즘과 결합하여 신조어를 만들어낸 발상의 위험성 역시 문제적이라고 애니 고는 지적한다. 이런 현 상이 기존의 극우파적인 담론 전략을 마치 정치적으로 올바른 논의인 것처럼 전도하는 최근의 어떤 흐름과도 결부된 것처럼 보인다고 애니 고는 비판의 강도를 높인다. 게다가 이들이 주장 하는 보편주의, 교차성(교차성에 기반한 퀴어 페미니즘) 등이 모두 지구 북반부의 백인 중심주의의 보편성과 합리주의를 특권화한

---

26 Peter Heft, "Gender hacking an alien future: On Helen Hester's Xenofeminism", *THE MANTLE: SMART CONTENT FOR GLOBAL CITIZEN*, THE MANTLE, 2019.

다고 지적한다.[27]

　간략한 선언문 형식의 '제노페미니즘 선언'에 이어 선언 멤버 중 한 사람인 헬렌 헤스터의 『제노페미니즘』[28]이 단행본으로 2018년 출간되면서 논쟁은 격렬하게 이어지고 있다. 제노페미니즘의 이론적 지형은 테크노머티리얼리즘과 테크노퓨처리즘(technofuturism)으로 요약되기도 한다. 특히 헬렌 헤스터는 제노페미니즘은 "미래로 정향된 정치학(future-oriented politics)"이라고도 단정 짓는다.

　제노페미니즘의 논의는 흥미로운 지점도 있고 래디컬 페미니즘이나 도나 해러웨이, 사회주의 페미니즘 등 이들이 활용하는 전거와의 관계나 차이에 대해서도 다양한 논쟁이 진행 중이다. 도나 해러웨이와 제노페미니즘의 논의를 비교해볼 때 제노페미니즘이 매우 대립적인 이분법을 극단화해서 선언을 이끌고 있다는 점이 무엇보다 눈에 띈다. "사이보그는 포스트젠더 세계의 피조물"이라는 해러웨이의 진술은 래디컬 페미니즘과 사회주의 페미니즘 양자에 대한 비판적 문제제기에서 출발한다. 사이보그가 "유기적 총체성을 향한 유혹과 거래하지 않는" 이유는 "사이보그는 어떤 면에서 서구적 의미의 기원 설화가 없기 때문이다."[29] 해러웨이와 브뤼노 라투르(Bruno Latour)를 경유하여 임소연이 명확하게 언표하듯이 "살아있는 몸을 가지고 있는 것만으로도 우리는 사이보그이

27　Annie Goh, "APPROPRIATING THE ALIEN: A CRITIQUE OF XENOFEMINISM", *MUTE*, 2019. 7. https://www.metamute.org/

28　Helen Hester, *Xenofeminism*, Polity Press, 2018.

29　도나 해러웨이, 황희선 역, 「사이보그 선언」, 『해러웨이 선언문』, 책세상, 2019, 20쪽.

다." 임소연은 과학기술의 실행이 (젠더화된 혹은 육체를 갖는) 인간 및 (권력관계에 의해 작동되는) 사회와 영향을 주고받는 점을 고찰하는 것이 페미니스트 과학기술학의 핵심이기도 하다고 논한다.[30] 즉 "사이보그 과학 기술학은 생물학적 몸이 사회적 주체에게 제약이면서 자원이기도 하다는 점, 특히 과학기술과 사회가 함께 구성되는 장소로서의 역할을 한다는 점을 보여준다."[31]

제노페미니즘의 논의는 도나 해러웨이나 기존의 사이보그 페미니즘의 관점에서 보아도 (특수성이 아닌) 보편주의, (정서가 아닌) 합리주의, (자연이 아닌) 기술적 네트워크, (미래없음/반복이 아닌) 미래-지향적 정치학을 주장한다는 점에서 보다 말 그대로 테크노퓨처리즘을 추구한다. 제노페미니즘의 미래에 대한 논의는 들뢰즈나 혹은 생체매개된 몸에 대한 정동 이론의 어휘를 연상하게 하는 지점도 있지만, 많은 점에서 이질적이다. 미래와 생체매개된 몸에 대한 사유 방식, 무엇보다 '대상'에 대한 접근 방식 자체가 상이하다. 무엇보다 정동 이론에서 미래는 '예측'하거나 선언을 통해 선취될 수 없다. 합리적 예측은 정동 이론의 분석과는 거리가 멀다. 보편주의, 합리주의, 기술적 미래에 대한 예측이라는 제노페미니즘의 이론적 근원은 정동 이론이 비판하고자 하는 지식 패러다임의 전형이기도 하다.

정동적 차원을 구성하는 삶의 특이한 질에 객관적이거나 보편적인

---

30   임소연, 『과학기술의 시대 사이보그로 살아가기』, 생각의 힘, 2014, 50쪽.
31   임소연, 위의 책, 57쪽.

접근 방법이 가져다줄 수 있는 것이란 무엇일까? 적막, 따분함, 죽어버린 규율적 계산. 이 책의 목적은 타당성을 주장해서 설득하려는 것이 아니다. 오히려 그 주제가 가진 어떤 활기를 전달하려는 것이다. 독자들을 초대하고 자극해서 이 책의 페이지들로부터 자기 자신의 시야 밖을 넘어 도표-이탈의 사유 경험을 유도하는 것이다. 정동을 '통해 생각하기'는 삶-채우기, 삶-형성하기의 여행을 계속하는 것이다. 개념이란 질 들뢰즈가 언젠가 말했듯이, 살아진 것 외에 그 무엇도 아니다.[32]

앞서도 논한 바와 같이 정동 이론이 모호하게 느껴지는 것은 정동 이론이 진단, 예측, 규율적 계산과 합리적 추론 등을 비판하기 때문이다. 이른바 정동을 통해 생각하기란 미래를 예측하는 합리적 추론과는 다르다. 데이터 과학의 예측이나 디지털인문학의 '멀리보기'와 달리 정동 이론은 희미한 개똥벌레의 반짝임을 뒤쫓는 방식을 방법으로 삼는다.

정동은 혼탁하고 매개되지 않은 관계됨에서 나타나는 것이지, 명확하게 대립적인 요소들의 어떤 변증법적 전화나 기초 단위들 속에 들어 있는 것이 아니기에, 손쉬운 분리주의가 물러가고 문턱이나 긴장들, 혼합과 흐릿함이 들어서도록 만든다. (중략) 정동에 대해 논한다는 것은 무한히 흘러넘치는 차이들의 우글거림과 미끄러짐 속에서 길을 잃는 것처럼 보였던 것도 전혀 놀라운 일이 아니다.

---

32 브라이언 마수미, 조성훈 역, 『정동정치』, 갈무리, 2018, 11쪽.

달리 말해 그것은 밤하늘에 희미하게 반짝이는 작은 개똥벌레의 강렬함을 뒤쫓는 것이며 개똥벌레의 밤과 대비되는 온 천지를 환하게 밝히는 햇빛 속에서 미묘한 떨림부터 극심한 진동까지 그 반향들을 기록하는 것이다.[33]

정동 이론에서 신체는 생체 매개된 몸이며, 정동 이론은 신체 일반(the body)에 대한 보편이론이 아닌 하나의 몸(a body)에 대한 이론이다. 이는 스피노자(Baruch de Spinoza)를 따라 하나의 몸이 무엇을 할 수 있는지는 아직은 모른다는 의미이기도 하다. 정동에 대한 논의는 신체 일반에 대한 보편이론이 아니고 하나의 몸에 대한 이론이지만, 정동은 단수적(singular)이기보다 항상 복수적(plural)으로 머물려 한다.[34] 신체들의 마주침과 조우를 통한 이행과 변용(정동되고 정동하는 신체적 능력)이라는 점에서 정동은 시간적 개념이기도 하다. 그런 의미에서 정동 이론은 시간성을 신체화 혹은 물질화했다고도 할 수 있는데, 이는 정동 이론이 즐겨 사용하는 어휘인 '약속'이라는 말에 함축되어 있다. 시간을 물질화하고 신체화 한다는 건 이른바 '공간적 전회'라고 하는 이론적 흐름과도 밀접한 관련이 있다. 페미니즘 지리학은 이 분야에서 탁월한 성과를 내놓았다. 정동 이론은 그런 의미에서 기존의 페미니즘 지리학의 공간적 전회를 이어가는 지리학의 새로운 단계이기도 하다. 『정동 이론』의 편저자들은 정동의 기본 어휘인 '약속'에 대해 다음

---

33 멜리사 그레그·그레고리 시그워스, 「미명의 목록[창안]」, 멜리사 그레그·그레고리 시그워스 편저, 앞의 책, 20-21쪽.

34 Ben Anderson, op.cit., p.5.

과 같이 진술하고 있다.

이러한 표현들은 나름의 방식으로 스피노자식 정동의 '아직 아님'을 정동의 '약속'이라고 이름 붙인다. 사라 아메드, 벤 앤더슨, 로랜 벌랜트(약속의 다발)가 가장 직설적으로 말한다면 다른 기고자들은 좀더 함축적으로 말한다. 이와 동시에 이러한 정동의 약속과 그 것이 정동 이론으로 이어지는 생성적 릴레이는 결코-잘-알 수 없음의 '아직 아님' 속에서, 정동하고 정동되는 능력이 '지금보다 더 나은 다음이나 새로움을 실현할 것이라는 궁극적인 혹은 최종적인 보장을 해줄 수 없다는 점도 인정하지 않을 수 없다. 정치적으로든 윤리적으로든, 미학적으로든, 교육적으로든, 그리고 다른 어떤 식으로든 보장되지 않는다. 그런 그럴싸한 약속의 순간은 더 나쁜 것을 가져다 줄 공산이 크다. (중략) 과정적 유물론으로서 정동론의 발화와 관련해서 정동 이론이 가장 고심하는 질문은 '약속인가 위협인가'하는 것이다. 대개 이 질문에 대한 어떤 답변이든 희망과 위협 양자를 동시에 포함한다는 사실은 전혀 놀라운 일이 아니다.[35]

정동 이론은 부대끼는 몸들의 "생성적 릴레이"를 탐구한다는 점에서 변화무쌍한 시간, 혹은 존재들의 시간성을 뒤쫓아 가는 일이다. 이 생성적 릴레이는 고정되어 있지 않기에 '다음에 올 것'에 대한 무한한 약속을 가능하게 하며 그 약속은 현실화되기 전에 약속 자체로 이미 미래를 작동시킨다. 그래서 정동이 약속이며, 수행

---

35 멜리사 그레그 · 그레고리 시그워스, 앞의 글, 30쪽.

적(performative)이기를 넘어서 명령문(imperative)으로 작동한다고 벤 앤더슨은 논한다. 생성적 릴레이라는 정동의 무한한 약속은 약속과 동시에 무언가를 작동시키기에 위협적이다. 정동 이론이 정동의 '약속과 위협'이라는 차원을 중심으로 진행된다는 건 이런 의미이다.[36] 이것이 스피노자의 '아직 아님'의 의미이고 그렇기 때문에 정동 이론의 방법론은 "결코 잘 알 수 없음"을 이론의 바탕으로 삼는다. 이는 단지 '모호함'의 문제가 아니라 판단, 성찰, 인식, 전망, 예측과 같은 서구적인 인식론의 나르시시즘을 벗어나는 시도이기도 하다. 그렇기 때문에 "정동하고 정동되는 능력이 '지금보다 더 나은' 다음이나 새로움을 실현할 것이라는 궁극적인 혹은 최종적인 보장을 해줄 수 없다는 점도 인정하지 않을 수 없다."

정동 이론가들은 '약속'을 정동의 함의로도 정동 이론의 함의로도 사용한다. 앞서 벤 앤더슨의 말을 다시 인용하자면 "21세기 초반 권력 기능이 어떻게 작동하는지를 이해하기 위해서는" 정동 연구를 통하지 않고서는 불가능하다.[37] 그런 점에서 정동 이론은 이론과 지식 패러다임에 있어 새로운 약속이기도 한데, 이 약속 때문에라도 정동 이론이 제각각 다른 논의를 진행하는 것은 곤란하다고 벤 앤더슨은 지적하고 있다. 즉 벤 앤더슨은 정동 이론이 너무나 큰 힘을 발휘하고 있기 때문에 정동 이론 내의 너무나 큰 차이는 문제가 될 수밖에 없는 상황이라고 비판한다. 뒤에서도 살펴보겠으나 논자에 따라 정동 이론의 폭과 외연을 어디까지 확대할

---

36 Ben Anderson, op.cit., pp.7-8.

37 Ben Anderson, op.cit., p.8.

것인가에 대해서도 논의가 진행 중이다.

약속(promise)이란 "어원 상 pro(앞/전에)+mittere(놓다, 보내다)"의 의미로 미리 앞서 내놓다는 뜻이며 현재에 이미 미래에 대한 전망이 기입되어 있음을 뜻한다.[38] 페미니스트 정동 연구자 로렌 벌랜트(Lauren Berlant)의 잔혹한 낙관주의에 대한 논의는 약속으로서 정동의 성격을 잘 보여준다.

> 우리가 욕망의 대상에 관해 이야기할 때 정말로 우리가 말하는 것은, 다른 사람이나 사물이 우리에게 약속하거나 우리를 위해 가능하게 해주길 원하는 **한 다발의 약속**들에 대한 것들이라고 할 수 있다. **이러한 약속 다발은 한 사람이나 사물, 제도나 텍스트, 규범, 세포 다발, 냄새, 기발한 생각 등 어디에나 새겨져 있을 수 있다.** '욕망의 대상'을 한 다발의 약속들이란 말로 바꿔 생각하면 우리의 애착들 속에 있는 비일관적이거나 불가사의한 측면들을 우리의 비합리성의 표시로서가 아니라, 우리가 '대상 속에 머문다'라고 느끼는 것에 대한 설명으로서 마주할 수 있게 된다. 대상에 근접함 proximity이 그 대상이 약속하는 한 다발의 일들, 그 중 어떤 것은 우리에게 선명히 다가오고 어떤 것은 그다지 선명하지 않은 그 일들에 근접함을 의미한다는 점에서 말이다. (중략) 낙관주의 속에서 주체는 약속들에 기대는데, **그 약속들이란 그것들의 대상과 마주치는 현재 순간 속에 들어있다.**[39](강조 인용자)

---

38 로렌 벌랜트, 「잔혹한 낙관주의」, 멜리사 그레그·그레고리 시그워스 편저, 앞의 책, 162쪽, 번역자 주 참조.

39 로렌 벌랜트, 위의 글, 162쪽.

들뢰즈의 생성적 차이를 강조하는 제노페미니스트들은 기성 페미니즘의 멜랑콜리(정서)와 국지주의, 고착과 반복에 맞서 기술적 미래주의를 주장한다. 미래는 과거와 단절(탈화석화)함으로써만 도래한다. 그러나 페미니스트 정동 이론가인 로렌 벌랜트에 의하면 미래는 그런 단절과 선언으로 도래하지 않는다. 미래는 언제나 "대상과 마주치는 현재 순간 속에 들어있다." 또 한 다발의 약속이란 "무언가를 가능하게 하면서도 불능으로 만드는 어떤 대상에 대한 투사의 이상한 시간성"(165)이다. 이렇게 미래는 나아감이라는 '진보적' 시간성이 아니라 "한 다발의 약속"으로 신체화 되고 물질화된다. 물론 그 한 다발의 약속이 반드시 오늘과는 다른 무엇으로 이어지지는 않는다. 역으로 잔혹한 낙관주의의 사례처럼 "'나중'의 개념으로 '지금'의 잔혹함에 대한 물음을 유예시킬 수 있게 하는 지체"를 반복하게 한다. 정동은 생성적 릴레이라는 점에서 무한한 차이를 생성하는 능력이다. 그러나 특정 시대의 정동 정치는 무한한 차이를 생성하는 정동 능력을 정치적이고 사회적인 변화가 불가능하도록 하는 동력으로 만든다. 잔혹한 낙관주의는 주체들에게 지금이 아닌 나중에 올 '좋은 삶'에 대한 익숙한 애착 관계를 고수하게 하면서 변화가능성을 '스스로' 축소하도록 한다. 로렌 벌랜트는 잔혹한 낙관주의에 대한 분석은 정치적 우울증에 대한 조금 더 방대한 분석의 하나라고도 논한다.

잔혹한 낙관주의는 우리가 '좋은 삶'이라고 부르는 삶 속에 거주하며 그것에 정동적 애착을 가지도록 자극한다. 하지만 많은 사람들에게 그 '좋은 삶'이란 나쁜 삶이다. 주체들을 기진맥진하게 하지만, 그럼에도 불구하고 그리고 동시에, 그들은 그 속에서 자신들의 가능성의 조건을 발견하기 때문이다. 나의 가정은 미국처럼 상대적으로 부유한 현대 세계에서조차 일상적 삶의 조건들은 주체들을 소모시키는 혹은 기진맥진하게 하는 조건이라는 것이며, 현대 세계에서 삶을 재생산하는 노동이 동시에 그 세계에 의해 소진되는 활동이기도 하다는 아이러니가 고통의 일상성, 규범의 폭력, 그리고 '인내의 기술들', 즉 '나중'의 개념으로 '지금'의 잔혹함에 대한 물음을 유예시킬 수 있게 하는 지체에 대해 생각하는 데 특별한 의미를 지닌다는 것이다. 이런 의미에서 잔혹한 낙관주의는 실제로 체험되는 위급함의 양식을 가리키는 개념이다. 그것은 왜 사람들이 멜빌의 바틀비가 아닌지, 왜 사람들은 갖가지 비참한 처지에 끼어들고 싶어하지 않으며 대신 그들에게 익숙한 애착 체계를 영위하면서도 이와 함께 삶을 축소하는 쪽을 선택하는지, 달리 말해 패배라고 할 수 없는 상호성이나 화합, 단념의 관계를 고수하기를 선택하는지 등에 대한 이유를 생각하면서부터 자라나는 개념이다. 아니면 아마도 사람들은 그저 규범적 형식으로 옮겨가서 합의된 약속에 무디어지고 그 약속을 성취로 오인하게 되는지도 모른다.[40]

나중을 위해 지금의 잔혹함을 견디는 것이 일상이 된 한국 사회의 '정동체계'는 잔혹한 낙관주의에 의해 구축되었다고도 할 수 있다. 로렌 벌랜트가 현대 미국 사회를 잔혹한 낙관주의라고 분석

---

40   로렌 벌랜트, 위의 글, 170쪽.

한다면 브라이언 마수미는 이라크 전쟁 이후 미국 사회를 '미래'가 지배하는 사회라고 분석했다. 즉 "아직 일어나지 않은 일이 실제로 일어난 일보다 요란한 우위를 차지하는 시대"라는 것이다. 아직 일어나지 않은 일에 대한 위협이 현재를 가려버리면서 "현재는 미래로 향해 되돌아가는 즉 스스로 갱신하는 다음 사건에 대한 미결정적인 잠재성의 잉여가 잔존하면서 그로 인해 그늘이 드리워진다."[41] 현재를 일어나지 않은 미래의 위협이 잠식해버리고 정동 정치는 위협적 미래에 대한 두려움을 매번 강화시킨다. 이때 일어나지 않은 미래의 위협에 대한 두려움은 "어떤 위협적인 미래에 대한 현재에 속하는 예상적 현실이다. 존재하지 않는 것에 대해 느껴진 현실이며 그 문제의 정동적 사실로서 어렴풋이 드러난다." 미래에 대한 위협과 두려움 속에서 미래는 이미 여기 예상적 현실과 정동적 사실로서 어렴풋이 드러나는 것이다.

이런 맥락에서 한국 사회는 오래된 '잔혹한 낙관주의'(나중을 위해 지금의 잔혹함을 인내하는)와 기술적 미래라는 '정동적 사실로서 미래'에 대한 낙관과 위협이 각축을 벌이고 있다. 정동 이론과 페미니스트 정동 이론의 연구가 보여주듯이 몸 없는 미래는 없으며, 미래는 몸으로 온다. 몸 없는 미래를 꿈꾸는 정치적 기획이 엄청난 미래를 예측한다고 해도, 결국 당도하는 것은 죽음 혹은 소멸이다. 사라지는 몸들을 통해 이미 당도하고 있듯이 말이다.

정동 이론은 정동적 전회라는 전세계적 지각변동을 통해 우리

---

41 브라이언 마수미, 「정동적 사실의 미래적 탄생」, 멜리사 그레그 · 그레고리 시그워스 편저, 앞의 책, 97쪽.

에게 당도했다. 정동(affect)을 주제어로 한 연구가 분류하고 통독하기 어려울 정도로 양적으로 엄청나게 쏟아져 나오고 있다. 따라서 최근의 정동 연구는 하나의 가닥으로 분류하기도 어렵다. 그러나 최근 정동 연구의 흐름은 '정동적 전환 이후의 정동 연구'라는 화두를 통해 논의 범위를 확대하고 있다. 특히 정동과 신체성, 물질성에 대한 논의가 정동적 전환의 핵심 키워드였다면, 정동적 전환 이후의 연구는 여기서 나아가 권력과 정동에 대한 조금 더 체계화된 이론틀을 구성하고 있다. 또 정동적 전환의 주요 논점이 정동 이론이 사회적인 것에 대한 새로운 유물론을 수립해야 한다는 점이었다면 이제 이러한 논의는 관계적 정동과 사회적인 것에 대한 연구로 확대되고 있다. 또 정동의 복수성이라는 논점은 앞서 논한 것처럼 서구의 나르시시즘적 자아(홀로 주체성, 김상봉)를 근원적으로 비판하였다. 이러한 논점은 장애학에서 이미 1990년대 제기한 의존성에 대한 논의와 김상봉이 비서구 철학의 주체관으로 제시한 서로주체성과도 깊은 관련을 맺는다. 다시 도나 해러웨이의 말을 빌자면 사이보그 정치학의 '선언'의 정치성은 서구이론의 한계를 넘어서는 탈식민화 없이는 불가능하다. 이렇게 다양한 연구의 역사와 궤적이 모여든 곳에 젠더, 어펙트 연구와 연결, 신체성에 대한 논의가 자리 잡고 있다. 마지막으로 관계 정동과 사회적인 것에 대한 논의와 사회 분석틀로 확대된 '정동체계'에 대한 논의를 통해 그 궤적을 살펴보자.

3. 정동적 삶과 사회: 정동의 복수성, 삶의 의존성, 관계 정동의 사회성

1990년대 이래 '정동적 전환'이라 할 만큼 정동 연구가 다양하게 진행되었다. 최근에는 '정동적 전환 이후의 정동 연구'에 대한 논의가 시작되고 있다. 정동적 전환 이후의 정동 연구 논의에서 특징적인 것은 '관계성', 혹은 관계 정동에 대한 강조와 활발한 연구라고 보인다. 물론 관계 정동에 대한 논의는 정동 논의에서 초기부터 존재했다. 예를 들어 다니엘 스턴의 논의를 바탕으로 한 메건 왓킨스(Megan Watkins)는 상호정동성은 스턴의 '관계 정동' 개념과 유사하다고 논한 바 있다. 메건 왓킨스는 인정 욕구가 단지 헤겔식 주인과 노예의 변증법이 아니라 상호의존성이자 상호주관적 관계성이라고 주장한다. 벤자민이 어머니와 아이 사이의 관계를 분석하면서 도출한 "정동으로 촉발된 것으로 보이는 상호인정의 놀이"는 상호정동성이 무엇인지 잘 보여준다. 상호정동성은 "정동적 상태를 공유하는 것은 상호주관적 관계성의 가장 강력하고 임상적으로 밀접한 관련이 있는 양상"이다.[42]

여기서 상호정동성은 다니엘 스턴(Daniel N. Stern)이 제시한 관계 정동 개념에 가깝다. 다니엘 스턴은 세 가지 범주의 정동을 구별한다. 범주적 정동, 활력 정동(vitality affects: 살아있음의 자연적인 과정에 포함된 감정 상태의 순간적인 변화에 상응하는, 감정의 역동적이며

---

42 메건 왓킨스, 「인정 욕구와 정동의 축적」, 멜리사 그레그 · 그레고리 시그워스 편저, 앞의 책, 437쪽.

움직이는 성질), 관계적 정동(감정의 등록-register of feeling, relational affect)이 그것이다. 관계 정동은 다른 두 정동과 병행해서 작동하며, 사랑받고 미움 받는 감정, 안정감 등과 관련된다. 관계적 정동은 범주적 정동, 활력 정동으로 환원될 수 없고, 별개의 유형으로 구성되어야 한다.[43]

한편 '정동적 사회들(Affective Societies)'이라는 주제로 총서를 발간하기 시작한 공동 연구 프로젝트 역시 관계 정동을 정동적 전환 이후 정동 이론의 핵심 주제로 제시한다. 이 총서의 첫 시리즈인 『관계 속의 정동(Affect in relation)』의 서문에서 저자들은 정동적 전환 이후 관계 정동 연구의 중요성을 강조한다. "관계적 정동(relational affect)은 단지 개인적인 심적 상태(mental states)가 아니라, 사회적-관계적 과정들(social-relational processes: 이는 인간 주사회-관계적 과정으로서 정동을 바라보는 연구의 시각에서 정동은 언제나 '개인성' 특히 자유주의 전통에서 말하는 '자율적인 주체'라는 사유 구조를 넘어서도록 우리를 이끈다. 정동이 사이들(inbetweeness)에서 펼쳐진다고 할 때 그 사이들은 단지 '개인 내적인' 차원의 사이들이라는 의미가 아니다. 정동이 사이들에서 펼쳐진다고 할 때 그 사이들은 상호작용하는 행위자들의 사이이며, 일상적인 소통의 실천에서 행위자와 요소들 사이, 전송 과정들의 작용자들 사이에서 펼쳐지는 무엇이라는 뜻이다.

브리짓 뢰트거-뢰슬러(Birgitt Röttger-Rössler)는 이 책 서문에서 정동적 전환 이후 정동 연구의 현황을 다음과 같이 정리한다.

---

43 메건 왓킨스, 위의 글, 439쪽.

1990년대 이래 정동 연구가 다양한 분야에서 활발하게 일어났고 정동적 전환 초기 연구들이 신경과학이나 정신분석, 진화론적 인류학이나 행동 이론 등에 영향을 많이 받으면서 어떤 이들은 "정동적 전환"이 인문학과 문화연구를 생물학화(bio-logy)시킨다고 비판하기도 했다. 그러나 최근 정동 연구에서는 생물학적 연구로 경도된 문화연구 경향은 점차 쇠퇴하고 있다. 오늘날 정동 연구는 인간 경험의 미묘한 결들에 대한 섬세한 탐구에서 더 나아가 소속됨의 양태(mode of belonging)나 애착의 형식들 또는 일상적 실천의 동역학과 오래되고 새로운 미디어의 정동적 작업(affective working)을 탐구하는 방향으로 나아가고 있다. 마찬가지로 정동연구자들은 거버넌스의 새로운 형식이나 최근 다시 부상한 우파 포퓰리즘이나 권력 관계를 분석하는 경향이 강해지고 있다. 정동 연구는 초기 비판자들이 추정한 것보다 더 복합적이고 역동적이며 양가적이라는 것이 판명되었다. 또한 정동적 전환에 의해 포괄되는 정동적 현상의 범위는 규정되기도 접합되기도 힘들 정도로 넘쳐났다. 어떤 단일한 학문 기율이나 규율들의 조합, ―예를 들어 정신분석학 또는 사회과학 같은―단일한 학문 기율이 정동적 영역에 대한 독점적 지배권을 주장할 수 없게 되었다.

관계 정동과 사회적인 것에 대한 새로운 논의와는 다소 다르지만 평등학자인 캐슬린 린치(Kathleen Lynch)는 "정동체계"라는 개념을 사회 분석의 새로운 개념으로 도입하고 있기도 하다. 그녀의 연구를 통해 장애학의 의존성과 정동 연구의 관계를 요약하면서 글을 마무리하고자 한다.

돌봄노동에서 생산성 증가는 달성되기 어렵다. 개인들 사이의 관계가 돌봄의 바탕을 이루기 때문에 생산성을 늘려가는 데는 한계가 있다. 그러므로 제공되는 돌봄의 질을 훼손하지 않고서 경제 전체에 걸쳐 돌봄노동에 투여되는 시간의 총량을 감축할 수는 없다. 이런 질적 측면에 관한 예를, 때때로 경제적 효율성을 위해 교사 1인당 학생 수를 늘리려는 욕망이 앞세워지는 교육 부문에서 찾아볼 수 있다.[44]

평등학 연구자인 캐슬린 린치는 한 사회에서 평등과 불평등을 발생시키는 매개이자 영역을 "경제 체계, 정치 체계, 사회-문화 체계, 정동체계(affective system)"의 네 체계로 설정한다. 평등과 불평등 문제에서 이들 사회적 관계의 체계가 서로에게 깊이 의존하며, 어떤 사회를 조직하는 데도 중심이 된다는 게 캐슬린 린치의 문제의식이다. 이들 네 체계 중에서 사랑, 돌봄, 연대의 관계를 형성하고 지속시키는 데 관련되는 정동체계는 거의 분석되지 않은 바, 이 주제는 『정동적 평등』에서 캐슬린 린치와 공동 연구자들의 핵심 연구 주제이다. 『정동적 평등』에서 사랑, 돌봄, 연대는 "협조적인 정동 관계"라고도 정의되는데, 이 관계들은 사람이 삶을 성공적으로 영위할 수 있게 하는 필수적인 요소이자 근본적인 상호의존성의 표현이다. 따라서 이러한 협조적인 정동적 관계를 만들어갈 능력을 박탈당하거나, 그런 능력을 가졌더라도 정동적 관계에 참여하는 경험을 하지 못하

---

[44] 캐슬린 린치·존 베이커·세라 캔딜런·주디 월시, 강순원 역, 「어떤 평등이 중요한가? 평등주의적 사유에서 정동적 평등의 위치」, 『정동적 평등: 누가 돌봄을 수행하는가』, 한울, 2016, 42쪽.

면 인간성을 상실할 수 있다. 바로 이것이 정동적 불평등의 핵심적 차원이라고 『정동적 평등』의 저자들은 논의한다.[45]

　『정동적 평등』의 저자들이 정동체계나 협조적 정동적 관계 등의 개념으로 분석하고 도달하고자 하는 이론적 실천의 지점은, 상호정동성(interaffectivity)[46], 관계 정동(relational affect)[47]에 대한 논의와도 공통점이 있다. 뒤에서도 논하겠지만 정동적 평등, 상호정동성, 관계 정동에 대한 논의에서 "의존성"에 대한 인식은 1990년대 이후 진행된 장애학의 관점에서 큰 영향을 받았다. 한국에서 정동에 대한 논의는 주로 신자유주의적이거나, 인지자본주의적인 문제로서 다소 최근의 현상, 혹은 네트워크 테크놀로지와 관련된 문제로 논의되는 경향이 강하다. 물론 한국이나 다른 지역에서 정동 연구는 너무나 다양한 방면으로 진행되고 있어 하나의 갈래로 정리하는 건 무의미하다. 필자는 정동에 대한 초기 논의에서부터 주로 힘-관계로서 정동(부대낌), 연결(고립)과 주체성 형성의 문제로서 정동에 관심을 기울여왔다. 관계와 연결, 상호성, 사회적인 것, 사회적 불평등의 문제와 권력을 사유하는 이론으로 정동에 관심을 기울여온 학자들은 거의 공통적으로 "의존성"과 "상호연결성"을 새로운 인간의 조건으로 규정하는 이론적 작업으로 향한다.

　『정동적 평등』의 저자들은 사회과학(교육학, 경제학, 법학, 사회복지학, 사회정책연구, 사회학 등)에서 정동체계가 간과된 이유를 분

45　캐슬린 린치 · 존 베이커 · 세라 캔딜런 · 주디 월시, 위의 책, 17쪽.

46　메건 왓킨스, 앞의 글, 437쪽.

47　Birgitt Röttger-Rössler and Jan Slaby, *Affect in relation: Family, Places, Technologies*, Routledge, 2018.

석하면서 1980년대 페미니즘과 1990년대 장애학에서의 '의존성 담론'의 등장을 방법론적 전환의 중요 계기로 제시한다.[48] 또한 사회과학 분과학문은 저마다 고유한 학문 방법론의 궤적에서 정동적 불평등에 무관심하거나 이를 부차적으로 만드는 이론적 정교화에 기대고 있다. "고전파 경제학과 사회학은 자립할 수 있는 합리적 경제인이 인간의 전형이라는 핵심 가정을 고수해왔다. 어렸을 때와 병들고 노쇠해졌을 때 모든 인간이 내보이는 의존성은 진지하게 고려되지 않았다."[49]

또한 교육학의 경우 "자유주의 교육학의 중심에 자리잡은 모범 시민이라는 (협의의) '이성적인' 시민이면서 공적인 페르소나"는 이른바 "합리적 경제행위자 모형"을 바탕으로 구성된다. 이런 교육 이념하에서 "학생들은 돌봄과 타인을 생각하는 상호의존적인 존재로서 관계적 삶을 준비하지 않고, 공적 영역에서의 경제적 · 정치적 · 문화적 삶을 준비한다. 데카르트의 코기토적 존재는 "교육대상인 개인을 자율적이고 이성적이며 더욱더 경제를 중시하는 존재로서, 관계적이며 돌봄을 주는 자아를 대체로 무시하는 존재로 만드는 데 성공했다."[50]

정동 능력이란 곧 교육상의 과정이라고 논하는 메건 왓킨스 역시 오늘날 교육 현장에 만연한 온라인 교육, 대형 강좌, 원격 교육에 대한 쏠림 현상이 단지 "정보와 컴퓨터 기술의 영향 그리고

---

48 캐슬린 린치 · 존 베이커 · 세라 캔딜런 · 주디 월시, 앞의 책, 33쪽.

49 캐슬린 린치 · 존 베이커 · 세라 캔딜런 · 주디 월시, 앞의 책, 30쪽.

50 캐슬린 린치 · 존 베이커 · 세라 캔딜런 · 주디 월시, 앞의 책, 37쪽.

가르치는 비용을 최소화하고자 하는 경제적 합리주의의 동기"에 의해서만 가속화된 것은 아니라고 분석한다. 이런 현상은 가르치는 일과 배우는 일을 분리하고, 교사를 학생과 분리시키면서 '자율적인 학습'("개인화된 학습", "독립적인 학습", "자기 속도에 맞춘 학습" 등)을 이상적 교육이자 '자연적' 발달 과정으로 강조한 1970년대 교육 사상에서부터 시작되었다.[51]

〈연결신체 이론과 젠더 · 어펙트 연구〉이라는 연구 프로젝트의 고민과 문제의식은 여러 방면으로 나아가고 있지만, 정동과 교육과 관련된 매우 현실적이고 실천적인 고민에 바탕을 두고 있다. 현재 한국 대학 교육은 '죽음'을 선고 받은 지도 너무 오래고, 인문학의 위기 담론은 이미 오래된 유행가보다도 진부하다.[52] 대형 강좌, 비정규직 교수의 불평등한 처우, 다양한 새로운 이름을 매기며 '4차 산업혁명'이나 '미래적'이라는 근거 없는 당위로 교실과 교사를 대체하는 동영상 수업, 그리고 인문학, 사회과학, 기초학문의 강제적 폐지 등 이루 말할 수 없는 많은 문제들이 '학령인구 감소', '취업 우선', '시장 논리', '4차 산업혁명의 미래' 등의 상투어구로 정당화되고 있다. 이런 대학 현실에 대한 비판적인 논의도 주로 대학을 지배하는 경제 논리, 경쟁 우선주의, 공정성 등의 문제에 치우쳐 있다. 〈연결신체 이론과 젠더 · 어펙트 연구〉은 그런 점

---

51 메건 왓킨스, 앞의 글, 427쪽.

52 필자는 한국에서 정동적 전환이 비판자들이 지적하듯이, '해외학문의 영향'에서 촉발된 것이 아니라 '인문학의 위기'라는 담론에 의해서 '내재적'으로 발생했다는 점을 규명한 바 있다. 권명아, 『여자떼 공포, 젠더 · 어펙트: 부대낌과 상호작용의 정치』, 갈무리, 2019. 참조.

에서 현재 대학, 교육, 인문학, 사회과학 및 학문 분야 전반에서 부대끼는 문제들에 대해 젠더 연구와 정동 연구의 맥락에서 개입하고, 비판적으로 분석하여 현실적인 대안을 만들어가는 것을 주요 목표로 삼고 있기도 하다.

4. 결론: 비대면 시대의 젠더 · 어펙트와 연결성 연구의 의미와 곤경

비대면이 '새로운 정상성'이 되는 시대가 올 것이라고 예측한 사람은 많지 않다. AI에 대한 낙관과 비관 모두 현재로서는 중단되었다. 바이러스의 위협이 '돌봄', '집단 거주지', '수용소 체계'라는 오래된 단어를 전세계적인 이슈로 끌어올렸다. 대형 강좌는 교육적 의미로 비판되기도 전에 다중 접촉의 위험성 때문에 중단되었다. 네트워크 자본을 통한 전세계적 연결성의 강화는 코로나 팬데믹으로 구체적인 질감으로 사람들에게 다가왔다. 코로나 바이러스라는 비가시적인 것의 물질성이 전지구적 연결의 물질성, 상호의존의 물질성을 현실적인 감각으로 몸에 새겨 넣었다. 연결의 물질성은 되돌이킬 수 없을 정도로 신체에 각인되었으나, 코로나 팬데믹이 만든 신체화의 감각은 연결과 의존을 감염에 대한 공포감으로 물들였다. 모든 접촉면이 감염 공포로 물들고, 어떻게든 접촉하지 않는 것만이 생존의 법칙이 된 시대, 젠더, 어펙트, 연결성에 대한 연구는 더 많은 고민과 질문, 그리고 이론만으로 해결하기 어려운 현실적인 난제들에 직면해있다. 이 논문은 이러한 질문과 난제를 돌파해나가기 위한 한 걸음이라 하겠다. 이후의 남은 문제들은 후속 연구를 통해서 더욱 심화하고자 한다.

참고문헌

1. 논문과 단행본

1) 논문

임소연, 「과학기술과 여성 연구하기: 신유물론 페미니즘과 과학기술학의 안- 사이에서 "몸과 함께"」, 『과학기술학연구』 제19권 제3호, 한국과학기술학회, 2019. 3.

임소연, 「성괴를 위한 변명: 사이보그 프로젝트로서의 성형수술」, 『한국과학기술학회 학술대회 발표집』, 한국과학기술학회, 2017. 5.

하대청, 「휠체어를 탄 인공지능: 자율적 기술에서 상호의존과 돌봄의 기술로」, 『과학기술학연구』, 제19권 제2호, 한국과학기술학회, 2019. 7.

Annie Goh, "Appropriating The Alien: A Critique of Xenofeminism," *MUTE*, 2019. 7.

Peter Heft, "Gender hacking an alien future: On Helen Hester's Xenofeminism," *THE MANTLE: SMART CONTENT FOR GLOBAL CITIZEN*, THE MANTLE, 2019.

2) 단행본

권명아, 『여자떼 공포, 젠더·어펙트: 부대낌과 상호작용의 정치』, 갈무리, 2019.

김진석, 『강한 인공지능과 인간』, 글항아리, 2019.

고태봉 외, 『한국의 논점 2020』, 북바이북, 2019.

김재인, 『인공지능의 시대, 인간을 다시 묻다』, 동아시아, 2017.

도나 해러웨이, 황희선 역, 『해러웨이 선언문』, 책세상, 2019.

멜리사 그레그 · 그레고리 시그워스 편저, 최성희 외 역, 『정동이론』, 갈무리, 2015.

브라이언 마수미, 조성훈 역, 『정동정치』, 갈무리, 2018.

이종관, 『포스트휴먼이 온다』, 사월의 책, 2017.

임소연, 『과학기술의 시대 사이보그로 살아가기』, 생각의 힘, 2014.

천관율, 『줌아웃』, 미지북스, 2018.

캐서린 헤일스, 허진 역, 『우리는 어떻게 포스트휴먼이 되었는가』, 플래닛, 2013.

Ben Anderson, *Encountering Affect: Capacity, Apparatus, Conditions*, Durham University(UK), 2014.

Birgitt Röttger-Rössler and Jan Slaby, *Affect in relation: Family, Places, Tech nologies*, Routledge, 2018.

Helen Hester, *Xenofeminism*, Polity Press, 2018.

Laboria Cuboniks, *The Xenofeminist Manifesto: A Politics for Alienation*, Verso Books, 2015. (라보리아 큐보닉스, 아그리파 소사이어티 역, 『제노페미니즘: 소외를 위한 정치학』, 미디어버스, 2019.)

2부

공간과 정동

'여성 공간'과 페미니즘
: 트랜스젠더 여성에 대한 배제를 중심으로[1]

김보명

1. 들어가며

2020년 1월 22일 변희수 하사관의 대국민 인터뷰가 있었다. 성별재확정수술(gender-reassignment surgery) 후 육군 전역심사위원회에 의해 강제전역을 통보받은 변 하사관은 그간 젠더디스포리아로 인해 고통 받아왔음을 밝히며 계속해서 군인으로 복무하고자 하는 자신의 의지를 호소하였다.[2] 그러나 뛰어난 전차조종사이며 군인으로 나라를 지키는 것이 꿈인 변 하사관의 군인으로서의 자질은 트랜스젠더 정체성을 '심신장애'로 규정하는 육군의 결정

---

1   이 글은 「'여성 공간'과 페미니즘 - 트랜스젠더 여성에 대한 배제를 중심으로」,
     『현대문학의 연구』 제71호, 한국문학연구학회, 2020. 6을 수정·보완하여 재수
     록한 것이다.

2   「공개석상 나온 성전환 하사 "육군에 돌아갈 때까지 싸울 것"」, 『한겨레』, 2020.
     1. 12.

앞에 무의미해졌다. "성별 정체성을 떠나 이 나라를 지킬 수 있는 훌륭한 군인 중 하나가 될 수 있다는 것을 보여주고 싶다"는 변 하사관의 호소에 불구하고 1월 23일 자정부로 변 하사는 강제전역 되었으며, 이 결정을 통해 육군은 이성애규범적 성별정체성이 '군인'의 자격요건임을 선언했다. 얼마 후인 2월 10일 청주지법에서 가족관계부상 성별정정 절차를 마친 변희수 씨는 여군으로 다시 복무하기 위해 인사소청 중에 있다. 그러나 "성전환 수술 후 모든 게 정상으로 돌아왔다"고 말하며 "기갑의 돌파력"으로 차별을 이겨나가겠다 다짐하는 '군인' 변희수씨의 정체성과 성별재확정수술을 '심신장애 3급'으로 분류한 육군의 결정 사이에는 여전히 '군인'의 자격에 대한 큰 이해의 차이가 존재한다.[3]

변희수 하사에 대한 육군의 강제전역 결정이 여전히 논쟁의 대상이 되는 중, 이어서 1월 30일에는 숙명여자대학교 예비신입생 A씨에 대한 언론보도가 있었다. 법조인이 되고자 하는 희망으로 숙명여자대학교에 지원하여 합격한 A씨는 학내외의 거센 반발과 저항을 맞이하면서 2월 7일자로 등록을 포기하게 되었다. 여성으로서의 여자대학교에 지원하여 합격한 A씨는 그 절차적 정당성과 권리에 불구하고 대학생으로서의 평범한 삶의 기회를 박탈당했다. 트랜스젠더 여성을 비둘기에 비유한 자보에서부터 각종 혐오표현으로 채워진 대자보들이 숙명여자대학교 교정을 덮었으며 트위터를 비롯한 디지털 공간에서는 또다시 트랜스젠더 여성들을

---

3   「"기갑의 돌파력으로 그런 차별 없애버릴 수 있습니다. 하하."」,『한겨레』, 2020. 3. 20.

여성공간의 침략자로 비난하는 '급진' 페미니즘의 목소리가 높아졌다. 혐오와 배제의 목소리에 맞서 A씨를 환영하는 입장의 성명서와 자보들 또한 쏟아져 나왔지만 앞으로 매일을 여성으로 숙명여자대학교 캠퍼스에서 살아가야 할 A씨에게 자신의 존재를 반대하는 이들의 목소리는 넘어서기 어려운 장벽으로 느껴졌을 것이다. A씨의 등록포기 결정 이후 〈숙명여자대학교 트랜스젠더 남성 입학 반대 TF 팀 X〉는 '트랜스젠더 남성 입학 저지에 힘써주신 숙명인들께 감사드립니다'라는 제목의 글을 게시하면서 여성공동체인 숙명여자대학교를 지켜낸 '숙명인'들의 노고와 승리를 자축했다. 이들은 A씨가 "남성으로 태어났기에 숙명인이 될 수 없[다]"고 단언하며 A씨를 "자신을 여성이라 주장하는 남성"으로 불렀다. 이어서 이들은 숙명여자대학교가 "여성의 공간"이자 "안전했던 우리의 공간"으로, 그리고 A씨의 숙명여자대학교 지원을 "안전했던 우리의 공간에 남성이 침투하여 겪는 생존과 직결된 우리의 공포"의 문제로 정의하면서 A씨의 입학 저지를 여성의 생존과 승리로 자축하였다. 나아가 이들은 '여성의 권리'를 침해하는 트랜스젠더의 가족관계부상 성별정정에 대한 위헌소송을 진행하고 숙명여자대학교 교칙에 '생물학적 여성'을 그 입학조건으로 추가할 것을 요구할 것을 밝히기도 하였다.[4] 일련의 행보 속에서 여성과 페미니즘의 이름으로 만들어지는 성소수자 혐오는 반복되었으며 페미니즘과 성소수자 운동 간의 갈등은 깊어졌다.

---

4 「숙대 反트랜스젠더 학생들 '생물학적 여성만 입학 가능' 학칙 요구할 것」, 『한국일보』, 2020. 3. 6.

변 하사와 A씨는 자신의 커리어와 미래를 건 결단과 행동을 통해 트랜스젠더의 존재를 드러내고 공적 영역에서의 가시성을 시도하였다. 두 사람의 시도는 또한 군대와 대학이라는 제도 및 공간에서 안전과 안보의 정치학이 어떻게 트랜스젠더 시민권과 충돌하는지를 보여주었다. 육군이 변 하사의 트랜스젠더 정체성을 질병과 장애의 범주로 분류하며 변 하사가 안보의 수행자인 군인으로서의 자격과 가능성을 상실한 것으로 보았다면 A씨의 입학에 반대한 '래디컬' 페미니스트들은 A씨를 여성의 안전과 권리를 위협하는 침입자로 규정하면서 트랜스젠더 혐오를 페미니즘의 실천으로 왜곡하였다.[5] 두 사례 모두에서 성 소수자에 대한 혐오와 배제는 안전과 안보의 이름으로 정당화 되었으며 성 소수자들은 군대와 대학이라는 규범적 제도와 공간 외부로 밀려났다. 특히 숙명여자대학교 A씨의 경우 여성의 안전과 권리라는 페미니즘의 의제가 트랜스젠더 여성에 대한 적대와 배제의 명분으로 제시되면서 최근 리부트된 페미니즘의 담론장 안에서 이어져온 '래디컬' 페미

---

5   안전과 안보의 정치학은 또한 여성과 소수자에 대한 보호와 공동체의 안전을 그 목적과 대의명분으로 내세우면서 페미니즘을 제국주의와 전쟁, 이슬람포비아, 반이민주의와 자국민중심주의, 그리고 서구 중산층 중심의 이성애규범적 섹슈얼리티와 같은 기성 질서와 규범을 재생산한다. 테러리즘과 난민의 시대를 맞아 미국과 유럽 국가들에 우파 대중주의와 신자유주의적 이주정책은 여성의 안전과 인권을 반이주민 정서와 정책의 논리와 기제로 활용해오고 있다. 여성, 아동, 성소수자 등을 인종화된 젠더폭력의 피해자로 호명하는 담론적 구도는 서구백인중산층 기준의 '문명'과 '진보'를 재소환하면서 페미니즘을 제국주의적 폭력의 알리바이와 공모자로 만든다. Sara Farris. "Femonationalism and the "Regular" Army of Labor Called Migrant Women", *History of the Present*, 2(2), 2012, pp.184-199; Margaret Denike, "The Human Rights of Others: Sovereignty, Legitimacy, and "Just Causes" for the "War on Terror"", *Hypatia*, 23(2), 2008, pp.95-121.

니즘과 성소수자 정치학 간의 대립과 충돌이 반복되었다.[6] 트랜스젠더 정체성에 대한 부정과 왜곡 속에서 사회문화적 구성이자 특권으로서의 이성애규범성과 이분법적 성별질서는 재확인 되었으며, 이미 오래전에 해체되거나 폐기된 듯 보였던 자연적 본질로서의 '생물학적 성'은 페미니즘과 여성 정체성의 안전하고 견고한 토대로서 재소환되었다. 덧붙여 이렇게 재소환된 '생물학적 성'은 페미니즘의 집합적 주체로서의 '여성'이 갖는 공통성과 동질성을 지시하는 기표로서 페미니즘의 실천적 가능성을 뒷받침하는 것에 그치지 않고 트랜스젠더 여성을 비롯한 성소수자들을 페미니즘의 외부이자 적으로 규정하고 배제하는 데 적극적으로 배치되고 활용되었다. '여성으로 태어난 여성'이라는 시스젠더 정체성은 여성 공간과 페미니즘 실천에 참여할 수 있는 자격이자 특권으로 제시되면서 트랜스젠더 정체성을 주변화하고 삭제하는 혐오와 배제의 힘을 행사한다. 페미니즘과 퀴어 정치학의 이론적 계보에서 어쩌면 이미 오래 전에 끝난 것처럼 보였던 '생물학적 성'에 대한 비판과 해체는 트랜스젠더 정치학과의 만남 속에서 재조명되고 있다.[7]

---

6   최근 한국사회 페미니즘의 지형에서는 양성평등 vs. 성평등 논쟁과 생물학적 여성을 참여 자격으로 요구한 '여성시위'에 이르기까지, 페미니즘과 성소수자 정치학 간의 긴장과 갈등이 반복되면서 젠더 정치학의 새로운 지평과 계보들에 대한 논의를 만들어내고 있다. 나영, 「모순과 혐오를 넘어 페미니즘 정치를 향하여」, 『황해문화』 제97호, 새얼문화재단, 2017, 98-117쪽; 이진옥, 「성평등」, 『여/성이론』 제38호, 여성문화이론연구소, 2018, 188-205쪽.

7   한국은 물론 영국, 미국, 캐나다 등에서도 나타나는 트랜스젠더 혐오적인 페미니즘의 부상과 생물학적 본질주의의 귀환은 페미니즘과 소수자 정치학의 역사가 일방향적 진보가 아닌, 불연속적으로 단절되고, 변주되고, 재배치되는 담론적 지형들의 계보임을 보여준다. T. B. Daniel, and H. Berwick, "Queer In/

역사나 진보가 그저 시간의 순차적 흐름과 누적의 결과물이 아닌 사건과 충돌과 실천의 흔적들과 그것에 대한 서사적 재현인 것처럼, 페미니즘의 역사와 미래 또한 직선적 시간성의 흐름을 교란하고 넘어서는 다원적 경로들과 그 경로들 간의 겹침과 충돌을 포함하여 또한 그러한 궤적과 흔적들을 포착하고 서술하는 재현적 노력을 요구한다.[8] 트랜스젠더 여성들의 이행(transition)이 '남성'에서 '여성'으로 이동하는 일방향적인 전진이 아니라 젠더 디스포리아로 정의되고 경험되는 혼란과 전치의 경험, 그리고 내적 자아와 외적 젠더 표현 및 수행 간의 적절한 균형을 찾아가는 반복적인 질문들과 시도들을 포함하듯, 페미니즘 또한 그것이 발화되고 실천되는 세계 속에서, 그리고 때로는 실패와 혼란 속에서, 새로운 젠더 정치학의 가능성을 찾고 만들어간다. 성소수자에 대한 혐오와 배제를 페미니즘의 이름으로 정당화하는 모순적이고 혼란스러운 오늘날의 사건들과 상황들은 페미니즘의 미래에 대한 진지한 질문과 응답을 요구하며, 트랜스젠더의 젠더 정체성과 젠더 수행은 페미니즘의 외부나 반대가 아니라 페미니즘의 가장 당면한 문제이자 미래에 대한 질문으로 접근되어야 한다.

Security", *GLQ*, 26(1), 2020, pp.129-140.

8   Joan W. Scott, *The Fantasy of Feminist History*, Durham: Duke University Press, 2011.

2. 페미니즘과 여성공간의 정치학

페미니즘의 역사에서 여성과 남성 간의 신체적, 문화적, 경제적 차이에 따른 성별 영역분리(separate spheres)와 '여성공동체'의 존재가 갖는 위상은 이중적이다. 성별 영역분리의 이데올로기가 여성과 남성의 본질적 차이를 전제하고 이를 공사영역분리와 같은 공간적 배치로 물질화하면서 자본주의와 가부장제의 근대적 협력관계를 가능하게 하였다면 이러한 성별 영역분리의 결과로 형성된 여성들(만)의 공간, 문화, 공동체, 네트워크는 종종 페미니즘의 중요한 자원과 역량이 되었기 때문이다.[9] 참정권 운동을 비롯한 19세기 서구 여성운동에서 성별 영역분리는 한편으로는 여성들을 공적 활동으로부터 배제하는 차별적 효과를 가졌지만 다른 한편으로는 여성들이 남성들의 통제와 의심을 피해 자유롭게 자신들만의 문화와 관계를 누릴 수 있는 공간과 가능성을 제공하였다. 정치와 경제로부터 배제되어 가정과 모성이라는 사적 영역에 갇혔던 중산층 여성들은 문화적, 사교적, 종교적 활동들을 매개로 하여 여성의 권리와 역량에 눈뜨기 시작하였으며 특히 19세기 들어 성장하기 시작한 여학교, 여성 종교 단체 및 활동들, 빈민 여성과 미혼모 등을 위한 구제시설, 그리고 중산층 여성들의 클럽 등은 정치와 경제의 영역에서 배제된 (중산층) 여성들이 '사회활동'

---

9   Estelle Freedman, "Separatism as Strategy: Female Institution Building and American Feminism, 1870-1930", *Feminist Studies*, 5(3), 1979, pp.512-529; Carroll Smith-Rosenberg, "The Female World of Love and Ritual: Relations between Women in Nineteenth Century America", *Signs*, 1(1), 1975, pp.1-29.

의 이름으로 리더십과 영향력을 행사할 수 있는 장소와 공간들을 제공하였다. 교육의 혜택을 받았고 독립적이고 헌신적인 태도를 가졌던 당대의 여성 개혁주의자들은 빈곤이나 노동착취와 같은 '사회문제'의 영역들에서 자신들의 정치적 역량을 실험하면서 보다 불운한 위치에 있던 여성 노동자들이나 빈곤 아동들을 도왔으며, 이를 통해 여성이 도덕적, 정치적, 사회적 자질을 가진 존재임을 실천적으로 입증하였다. 또한 이들은 종종 결혼과 출산을 거부하고 일평생 여성들 간의 동성사회적 친밀성과 우정을 유지하면서 레즈비언 정체성과 문화를 키워나가기도 하였다. 여성문화와 분리주의 공간을 배경으로 형성되는 레즈비언 페미니즘 정치학은 앞서 살펴본 것처럼 1970년대 미국 여성해방운동에서 또 한 번의 전성기를 맞이하면서 주류사회로의 동화나 통합보다는 기성사회와 분리되고 독립된 대안 공동체와 대항문화의 양성을 통한 여성 해방의 가능성을 모색하고 실험하였다.[10]

여성의 평등한 정치적, 경제적, 문화적 권리를 주장한 여성 참정권 운동가들은 당대의 보수적 여성들과 남성들로부터 자연과 신에 의해 부여된 성적 차이와 경계를 부정하거나 지우는 이들로 비난 받았다. 잘 알려진 사례처럼 당대의 언론과 잡지들은 여성 참정권 운동가들을 '수염 달린 여성', '바지를 입은 여자', '무성(unsexed)' 등으로 부르면서 반페미니즘의 정서를 고양하였으며, 여성 참정권 운동가들은 여성의 '자연스러운' 본능과 자질을

---

10 Verta Taylor and Leila Rupp, "Women's Culture and Lesbian Feminist Activism", *Signs*, 19(1), 1993, pp.32-61.

거부하고 '남자같이' 되려는 이들로 의심 및 비난 받았다. 또한 여성 참정권의 획득이 여성의 해방을 가져오는 것이 아니라 반대로 가부장적 자본주의 체제에서 (중산층 백인) 여성들에게 제공되던 경제적 부양과 문화적 보호를 박탈하여 여성들을 비참한 노동자와 빈민의 상태로 만들 것이라는 주장과 걱정이 남성들뿐 아니라 여성들 사이에서도 대중적 설득력을 가지면서 여성참정권 반대 세력의 확산에 기여했다.[11] 참정권운동에 반대하는 여성들은 여성들이 여성의 자리(women's place)에 머물면서 젠더경계를 지킬 때 자본주의와 같은 위험한 세계로부터 안전하게 보호받을 수 있다고 여기면서 페미니즘이 여성들의 이해관계에 반하는 선택이라 주장하기도 했다. 당대의 성차에 대한 이분법적, 본질주의적, 위계적 관념에 따르면 여성의 신체적, 자연적, 생물학적 차이와 그로부터 비롯되는 인지적, 정서적, 문화적 역량, 혹은 역량의 부족은 여성을 정치와 경제보다는 문화와 가정에, 능동성과 주권보다는 수동성과 의존성에, 독립성과 개인성보다는 관계성과 모성에 적절한 존재로 만들었기 때문이다. 따라서 권리를 가진 여성, 평등한 여성, 주체인 여성은 더 이상 '여성'이 아닌 무성적이거나 부자연스러운 존재로 묘사되었으며, 여성이 정치적 주권자가 되어야 한다는 페미니즘과 참정권운동의 요구는 반-여성적(anti-

---

11 Sue Davis, *The Political Thought of Elizabeth Cady Stanton*, New York: New York University Press, 2008; Susan Marshall, "In Defense of Separate Spheres: Class and Status Politics in the Antisuffrage Movement", *Social Forces*, 65(2), 1986, pp.327–351.

female), 반-사회적, 반-미국적 행위로 규정되었다.[12] 페미니즘이 불러올 젠더 경계의 위반과 해체에 대한 당대의 불안과 저항을 목격하면서 엘리자베스 캐디 스탠튼(Elizabeth Cady Stanton)은 다음과 같이 말하면서 '여성의 영역'이 고정된 장소가 아니라 움직이는 실천의 영역임을 제안하였다. "성(sex)에 따른 영역이란 건 없다. 모든 사람들이 서로 다른 영역을 가졌고 그곳에서 남성이 빛난다면 여성 또한 마찬가지로 빛날 것이며, 그 여성은 언젠가 다른 시간에서는 다른 영역을 가질 수도 있을 것이다."[13]

스탠튼의 희망 혹은 전망처럼 페미니즘의 역사를 통해, 그리고 두 번의 전쟁과 자본주의의 성장을 거치면서, 미국사회에서 여성의 영역과 위치들은 변화하였다. 정치, 경제, 교육, 문화 등의 공적 영역은 더 이상 남성들의 전유물이 아니면 마찬가지로 정치적 주권, 생계부양자, 지적 능력, 문화적 창조력 또한 더 이상 '남성적' 속성으로(만) 규정되지 않는다. 여성들의 영역과 공간들은 사회경제적 구조와 지배관계들이 변화함에 따라 재정의되고 재배치되어 왔으며, 이런 점에서 '여성'과 '여성의 영역(women's sphere)' 모두 언제나 운동과 변화 중에 있는 정체성과 범주이자 경계라 할 수 있다. 참정권의 획득 및 여성의 노동시장 진출과 더불어 성별 영역분리 이데올로기의 구조와 이데올로기는 약화 혹은 재편되었으며 성(과 인종, 출신국가, 종교 등)에 따른 차별을 금지하는 민권법 제7조 차별금지조항(the Title VII of the Civil Rights Act of 1964)

---

12 Susan Marshall, 1986, p.336.

13 Sue Davis, 2008, p.105.

의 도입과 더불어 노동과 교육 등 공적 영역에서의 성적 분리(sex segregation)는 생물학적 차이의 자연적 귀결이 아닌 법률적, 제도적으로 설명하고 방어해야 하는 '예외'가 되었다. 여전히 남아있는 군대, 경찰, 교육, 운동경기, 화장실, 감옥, 주거시설 등에서 나타나는 성별분리(sex-segregation) 공간, 프로그램, 직업 등은 그것이 성차별적 의도나 효과를 갖지 않음을 입증해야 한다. 연방정부의 재정지원을 받는 학교들에서의 성차별을 금지하는 교육법 제9조(the Title IX of the Education Amendments Act of 1972)에 따라 교육 프로그램과 시설들은 통합되기 시작하였으며 '신체적 차이'와 '안전'을 이유로 기존에 남학생들에게만 참여가 허락되었던 스포츠 종목과 팀들 또한 여학생들에게 개방되었다.[14] 또한 이러한 평등과 통합의 흐름 속에서 과거에 열등성과 약함으로 치부되었던 여성의 성적 차이는 (차이에 대한 고려 없는) 평등과 통합 모델에 대한 대안과 대항적 담론으로 재구성 되었으며 나아가 평등과 차이 간의 이분법 대립에 대한 비판적 해체와 대안적 담론의 구성을 위한 논의들 또한 시작되었다.[15]

1970년대에 본격적으로 시작된 분리주의 페미니즘의 역사와

---

14 Scott Skinner-Thompson and I. M. Turner, "Title IX's Protections for Transgender Student Athletes", *Wisconsin Journal of Law, Gender, and Society*, 28(3), 2013, pp.271-300.

15 Joan W. Scott "Deconstructing Equality-versus-Difference: Or, the Uses of Poststructuralist Theory for Feminism", *Feminist Studies*, 14(1), 1988, pp.33-50; Wendy Williams, "Equality Riddle: Pregnancy and The Equal Treatment/Special Treatment Debate", *New York University Review of Law and Social Change*, 13(2), 1984, pp.325-380.

트랜스젠더 정치학 간의 갈등은 성별 영역분리와 공적영역에서의 제도적 성차별이 약화되면서 '여성 공간'이 더 이상 여성의 신체적, 문화적 열등성에 대한 본질주의적 이데올로기의 산물이 아닌, 대안적인 문화적 실천과 저항의 공동체가 될 수 있었던 시대를 배경으로 등장한다. 단지 가부장제와 남성지배의 폭력에 의해 만들어진 주변적 공간이 아니라 여전히 주변적이지만 동시에 대안적 의미와 저항적 가능성을 내포한 공동체로서의 여성공간이 제2물결 페미니즘의 역사 속에서 새롭게 사유되고 실천되기 시작한 것이다. 이러한 배경 속에서 문화주의 페미니즘과 레즈비언 분리주의 페미니즘은 여성의 정체성, 문화, 역사, 섹슈얼리티 등을 대안적인 가치와 실천으로 새롭게 구성하고 주장하는 정치학을 선보였다(Taylor and Rupp, 1993). 그러나 이러한 분리주의 페미니즘은 '여성 공간'의 내부와 외부를 엄격하게 구별하고 그 외부를 남성적 폭력과 불평등의 세계로 규정하면서 젠더 이분법과 성에 대한 생물학적, 문화적 본질주의를 고착화했다는 비판을 받았다. 1970년대부터 시작되어 오늘날까지 이어지고 있는 트랜스젠더 여성들과 문화주의, 레즈비언, 분리주의 페미니즘의 경계전쟁은 '여성 공간'이 그 구체적인 실천의 맥락과 양식에 따라 서로 다른 정치적 의미와 효과를 가질 수 있음을 보여준다.

1973년 LA에서 열린 한 레즈비언 컨퍼런스에서 『자매애는 강하다(Sisterhood is Powerful)』의 편저자이자 1960년대 미국 여성해방 운동의 중요한 저자이자 활동가였던 로빈 모건(Robin Morgan)은 트랜스젠더 포크송 가수 여성 베스 엘리엇(Beth Elliott)이 페미니즘 행사에 초대된 것에 대해 공개적으로 반발하면서 페미니즘이 트

랜스젠더 정치학과 충돌할 수 있음을 보여주었다. 모건은 가부장
제 사회에서 여성들이 경험하는 고통이 여성을 '여성'으로 만든다
고 지적하며 그러한 젠더(기반)폭력을 동일하게 경험하지 않은 트
랜스젠더 여성을 여성으로 인정할 수 없다고 주장하였다.[16] 트랜
스젠더 정체성에 대한 모건의 (몰)이해는 '여성됨'을 여성들의 사
회문화적 경험과 그것에서 비롯되는 비판적 의식에서 찾으면서도
그 기원과 토대를 생물학적 차이로 귀결하는 본질주의적 정치학
의 모순 혹은 난관을 보여준다. 여성으로 태어난 여성만이 가부장
제 사회에서 여성에게 부여되는 차별과 혐오를 경험하고 그 고통
을 진정으로 이해할 수 있으며, 그러한 경험, 의식, 정체성 속에서
'여성'이자 페미니스트가 될 수 있다는 모건의 논리는 섹스를 젠
더의 토대이자 기원으로 이해한 1970년대 페미니즘의 문법을 반
영하며, 이러한 섹스와 젠더의 문법은 오늘날에도 반복되면서 트
랜스젠더 여성들의 '여성됨(womanhood)'을 부정하는 근거로 활용
되고 있다.[17] 급진 페미니즘, 문화 페미니즘, 분리주의 페미니즘,

---

16 "나는 남자를 "그녀"라 부르지 않을 것이다. 남성중심적인 이 사회에서 32년간
살아오면서 고통 받고 생존한 시간이 나에게 "여성"의 자격을 주었다. 남자가
여성의 옷을 입고 거리를 걸으면서 5분 정도 (그가 즐길 수도 있는) 괴롭힘을
경험한다고 해서 감히 우리의 고통을 이해한다고 생각할 수 있다는 말인가? 그
렇지 않다. 어머니의 이름으로, 우리의 이름으로, 우리는 결코 그를 자매로 부
를 수 없다." (New York Times, "What is a Woman?", July 28, 2014).

17 이러한 논리 속에서 트랜스젠더 여성들은 생물학적으로, 문화적으로, 정신적으
로 '진정한' 여성이 될 수 없지만 여성의 몸, 정체성, 문화, 역사 등을 선망하여
여성 공간과 페미니즘에 침입하는 남성권력의 수행자로 오인 및 왜곡된다. 유
사한 논리와 맥락에서 여성해방운동과 게이레즈비언 해방운동에서 트랜스젠더
정체성은 '가짜'나 '질병'으로 간주되거나 동성애 정체성을 회피하는 '도피기제'
로 간주되기도 하였으며 특히 트랜스젠더 여성들은 여성 공간과 정체성을 침

레즈비언 페미니즘, 트랜스젠더 배제적 페미니즘(TERF), 트랜스 비판적 페미니즘(trans critical feminism), 젠더비판적 페미니즘(gender critical feminism) 등 다양한 명칭으로 불리는 일련의 주장과 실천들은 '여성'이 생물학적 범주로 정의되어야 함을 주장하면서 트랜스젠더 여성들의 정체성과 권리를 부정하고 페미니즘과 트랜스젠더 정치학 간의 양립불가능성을 주장한다.

또한 잘 알려진 것처럼 트랜스젠더 여성들과 페미니즘 간의 갈등은 미시간여성음악축제(Michigan Womyn's Music Festival)와 그것이 표방한 '여성으로 태어난 여성만(womyn born womyn only)' 참여할 수 있다는 분리주의 정치학을 매개로 심화되고 확장되었다.[18] 행사의 기획에서부터 집행 전반에 이르기까지 모두 여성들만으로 이루어졌던 미시간여성음악축제는 레즈비언 분리주의 페미니즘의 살아있는 역사이자 증언으로 기억되고 회자되지만 동시에 페

범하는 남성권력의 수행자로 규정되면서 레즈비언 페미니스트 정치학과 분리주의 공동체의 '적'으로 취급받았다. 트랜스젠더 정체성과 정치학에 대한 페미니즘의 오인과 무지는 재니스 레이먼드의 『트랜스섹슈얼 제국 The Transsexual Empire』(1979)에서 정점을 찍었으며, 여성음악 레이블인 올리비아 레코드에서 일하면서 레이먼드의 집중적인 공격을 받았던 샌디 스톤(Sandy Stone)은 10년 후 『제국의 역습: 포스트-트랜스섹슈얼 선언(The Empire Strikes Back: A Post-transsexual Manifesto)』(1989)을 통해 레이먼드의 논리를 조목조목 반박하면서 트랜스젠더 연구 및 운동의 새로운 장을 열었다.

18 Elizabeth McConnell et al., "Trans Women and Michfest", *Journal of Lesbian Studies* 201, 2016, pp.8-28; Kath Browne, "Lesbian Separatist Feminism at Michigan Womyn's Music Festival", *Feminism and Psychology*, 21(2), 2010, pp.248-256; Kath Browne, "Womyn's Separatist Spaces: Rethinking Spaces of Difference and Exclusion", *Transactions of the Institute of British Geographers*, 34(4), 2009, pp.541-556.

미니즘의 이름으로 생물학적 본질주의와 트랜스포비아를 정당화한 문제적 사례로 비판의 대상이 되었다. 특히 남자 아동을 포함하여 연령, 성적 지향, 젠더 정체성, 젠더 표현과 수행 등에 상관없이 '생물학적 남성'의 참여를 일체 불허하는 원칙은 남자아이를 동반한 참여자[19]와 '여성으로 정체화하는(woman identified)' 트랜스젠더 여성들에게 비판과 저항의 대상이 되었다.[20] '여성으로 태어난 여성' 방침을 지지하는 스태프와 참여자들은 미시간여성음악축제가 남성의 지배와 폭력으로부터 일시적으로나마 분리될 수 있는 '여성들만의 안전하고 자유로운 해방구'의 역할을 하며 생물학적 남성의 존재가 여성들이 경험하는 이러한 안전감과 해방감을 저해할 수 있음을 말했다. 이들은 또한 앞서 언급한 모건의 입

---

19 특히 1990년대부터 시작된 레즈비언 베이비붐은 레즈비언 모성(lesbian motherhood)과 남자 아이를 양육하는 방법에 대한 논의들을 만들어내면서 기존의 레즈비언 페미니즘 정치학과 공동체에 새로운 균열과 갈등을 불러오기도 하였다. 분리주의 공동체에 거주하면서 함께 활동하던 레즈비언 여성들 중 유자녀, 특히 남자 아이를 키우게 된 여성들은 기존에 누리거나 느끼던 자유로움과 해방감보다는 불편함과 소외감을 경험하기도 하였으며 레즈비언 페미니즘 정치학에 대한 입장을 새롭게 정립하게 되기도 하였다(Jennings, 2016). 미시간여성음악축제의 경우 남자아동을 동반한 참여자에 대한 배려로 행사장에서 가까운 곳에 탁아소를 운영하게 되었다.

20 1960년대 후반 급진 페미니즘과 정치적 레즈비어니즘(political lesbianism)의 실천 속에서 생겨난 '여성으로 정체화하는 여성(woman identified women)' 혹은 '여성과 동일시하는 여성'이라는 정체성의 정치학의 기조는 '여성으로 태어난 여성만'이라는 생물학적 본질주의로 번역 및 실천되면서 트랜스젠더 여성들의 '여성됨'을 부정하고 이들을 여성 공간으로부터 배제하는 근거 및 장벽으로 작동하기 시작하였다. '여성으로 정체화하는 여성'에 대한 논의들은 나영이 번역 및 편저한 『레즈비언 페미니즘 선언』(현실문화, 2019)과 모니크 위티그의 저서 『모니크 위티그의 스트레이트 마인드』(행성 B, 2020)를 참조할 수 있다.

장과 유사하게 '여성'을 후천적이거나 선택적인 정체성이 아니라 생물학적 토대 위에 부여되는 사회문화적 지위나 신분(sex caste)으로 이해하고 규정하면서 트랜스젠더 여성들의 '여성됨'을 불가능성이나 '가짜'로 치부하기도 하였다. 다른 한편 축제에 참여하거나 이를 지지하지만 스스로를 젠더 퀴어로 정체화하거나 페미니즘의 젠더 표현의 다양성에 보다 수용적이어야 한다고 보는 이들은 트랜스젠더 여성들의 참여에 대해 긍정적인 태도를 보였다. 트랜스젠더 여성들과 미시간여성음악 축제 간의 갈등은 1991년 행사에서 트랜스젠더 여성이 쫓겨나는 사건이 일어나면서 본격적으로 공론화되기 시작하였다. 주최 측의 이러한 처사에 반발한 트랜스젠더 및 젠더 퀴어들이 행사장 근처 캠핑장에 트랜스 캠프(Trans Camp)를 설치하고 시위를 벌이기 시작하였으며 일련의 충돌 속에서 미시간여성음악축제와 트랜스젠더 커뮤니티 사이의 갈등은 심화되었다. 그간 주최측과 참여자들에 의해 일정 부분 묵인되기도 했던 트랜스젠더 여성들의 존재는 보다 적극적인 검열과 추방의 대상이 되었으며, 미시간여성음악축제는 트랜스포비아의 상징이 되었다. '여성으로 태어난 여성(womyn born womyn)' 범주가 시스젠더 여성들의 특권이며 트랜스젠더 여성들을 '여성'으로 인정해야 한다는 입장과 '여성으로 태어난 여성' 범주와 레즈비언 분리주의 공동체가 여전히 정치적으로 유효하고 필요하다는 입장이 평행선을 달렸으며 결국 새로운 대안이나 합의에 이르지 못한 채, 미시간여성음악축제는 2015년에 막을 내렸다.

오늘날 여성 공간과 트랜스젠더 여성들의 접근성에 대한 논쟁은 여성쉼터, 여성 스포츠 경기, 여자대학, 여자 화장실과 탈의실,

그리고 감옥 등과 같이 전통적으로 성별 분리되어 운영되는 프로그램과 시설들을 둘러싸고 계속 진행되고 있다.[21] 트랜스젠더 여성들의 여성쉼터 거주나 근무는 기존의 활동가들이나 직원들의 저항과 반발을 야기하였지만 동시에 젠더(기반)폭력과 '여성'에 대해 새로운 기준과 관점이 논의되는 동기가 되기도 하였다. 스포츠 경기에서 트랜스젠더 선수들의 참여 문제 또한 인터섹스 선수들에 대한 젠더 테스트(gender test)에 이어 계속되는 소송과 논쟁의 대상이 되고 있다. 트랜스젠더 여성들의 여성경기 참여가 공정성을 해친다는 주장과 트랜스젠더 선수들이 자신들의 성별 정체성과 일치하는 팀과 경기에 참여할 권리가 있으며 트랜스젠더 여성들의 신체적 차이가 경기의 공정성을 해칠 만큼 크거나 절대적이지 않다는 입장이 충돌한다.[22] 여자대학교의 경우 트랜스젠더 여성이 지원할 수 있는지와 여성으로 입학한 학생이 남성으로 트랜지션 하는 경우 학적을 유지할 수 있는지, 만약 그렇다면 기숙사, 화장실, 탈의실 등과 같은 성별 분리된 시설들에 대한 접근권에 대해 학교가 어떤 책임을 갖는지, 그리고 학생증이나 성적표와 같은 학적 서류들에 어떤 성별로 표시될 것인지 등이 쟁점의 대상

---

21 Kath Browne, "Genderism and the Bathroom Problem: (Re)materialising Sexed Sites, (Re)creating Sexed Bodies", *Gender, Place and Culture*, 11(3), 2004, pp.331-346; Lorene H. Gottschalk, "Transgendering Women's Space: A Feminist Analysis of Perspective from Australian Women's Service", *Women's Studies International Forum*, 32, 2009, pp.167-178.

22 대학 팀들의 경기를 관장하는 NCAA(National Collegiate Athletic Association)는 선수들, 즉 성인 트랜스젠더 여성 선수들에 대해 테스토스테론 억제제를 처방함으로써 '생물학적 성'의 표준 혹은 평균을 규제한다.(Skinner Thompson and Turner, 2013: 276).

이다. 미국의 경우 스미스 대학 등 다수의 여자대학교에서 트랜스젠더 여성의 입학과 여성으로 입학한 트랜스젠더 남성의 학업권을 보장하고 있지만, 탈의실과 화장실 등 보다 오랫동안 문화적으로 성별 분리된 공간에 대한 트랜스젠더 여성들의 접근권은 여전히 대중적 반발과 보수 우파의 공격의 대상이 되고 있다. 특히 공공 화장실 사용에 있어서의 성별 정체성에 따른 접근권에 대한 요구는 최근 미국에서 일련의 소송들과 관련 규정, 조례, 법안의 도입으로 이어지면서 동성혼 법제화 이후 성소수자 시민권의 주요 이슈로 부상하였다.[23] 성별정체성에 따른 화장실 사용권이나 젠더 중립 화장실(gender neutral bathroom, family restroom) 혹은 젠더 다양성을 포용하는 화장실(all gender bathroom)을 주장하는 입장과 염색체나 출생증명서 등으로 판단되는 생물학적 성에 따른 성별분리 화장실 사용을 주장하는 입장이 대립하였으며 후자의 입장은 (시스젠더 시민들의) 프라이버시와 공공의 안전, 특히 여성과 어린이의 안전을 그 주요 근거로 제시하였다.[24] 후자의 관점에서 제안된 몇

---

23 Sheila Cavanagh, *Queering Bathrooms: Gender, Sexuality, and the Hygienic Imagination*, Toronto: University of Toronto Press, 2010; M. B. Fleming and G. McFadde-Wade, "The Legal Implications under Federal Law When States Enact Biology-Based Transgender Bathroom Laws for Students and Employees", *Hastings Women's Law Journal*, 29(2), 2018, pp.157-198; Leland Spencer, "Bathroom Bills, Memes, and a Biopolitics of Trans Disposability", *Western Journal of Communication*, 83(5), 2019, pp.542-559.

24 예를 들어 쉴라 제프리스(Sheila Jeffreys)는 트랜스젠더 여성을 범죄적이고 공격적인 남성으로 묘사하면서 성중립 화장실의 존재나 트랜스젠더 여성의 여자화장실 사용을 (시스젠더) 여성의 권리나 안전에 대한 체계적이고 의도적인 침해와 공격으로 주장한다(Jeffreys, 2014).

몇 법안들은 특히 화장실에서 "반대 성을 가진 사람"을 마주칠 경우 "신체적, 정서적, 금전적 손해"에 대한 소송과 배상의 여지를 포함하면서 화장실을 젠더 검열과 처벌의 공간으로 만들고 트랜스젠더 정체성을 범죄화하는 효과를 낳았다.[25] '올바른 몸'을 가진 자들과 그렇지 않은 자들을 구별하고 후자를 처벌하는 검열과 감시의 실천을 통해 '생물학적 몸'의 자연, 본질, 규범, 실재로서의 지위와 이에 기반한 사회적 공간의 성별분리는 공고화되었다. 또한 시스젠더 중심의 '안전'과 '프라이버시' 주장 아래 실제로 트랜스젠더나 젠더 퀴어가 성별분리공간이나 일상에서 경험하는 불편함과 젠더(기반) 폭력의 현실은 '안전' 및 '프라이버시'와 무관하거나 중요하지 않은 문제로 치부되었다.[26]

다양한 사례들에서 나타나듯 '여성 공간'에 대한 접근성은 페미니즘과 트랜스젠더 정치학 간의 갈등의 중요한 기제로 작용해 왔다. 여성들만의 분리된 공간을 안전하고 자유로운 해방구이자 자매애와 페미니즘의 원천으로 보는 문화주의 페미니즘과 레즈비언 분리주의 페미니즘 정치학은 이분법적이고 본질주의적인 의미의 생물학적 성(biological sex)을 젠더 정치학의 필수적이고 필연적인 토대로 주장하면서 트랜스젠더 정체성을 부정하며 특히 트랜스젠더 여성들에 대한 차별과 배제를 페미니즘의 이름으로 정당화했다. '여성'의 근거를 생물학적 성으로 규정하면서 본질주의

---

25 Murib, 2019, pp.13-15.

26 Caterina Nirta, "Trans Subjectivity and the Spatial Monolingualism of Public Toilets", *Law Critique*, 25, 2014, pp.272-288; Sally Hines, "The Feminist Frontier: on Trans and Feminism", *Journal of Gender Studies*, 28(2), 2019, pp.145-157.

적 문법을 반복할 뿐 아니라 이를 페미니즘과 '여성 공간'에 접근할 수 있는 '자격'으로 규정하면서 트랜스젠더 여성들을 배제하는 트랜스젠더 배제적인 급진 페미니즘(Transgender Exclusionary Radical Feminism, TERF)의 논리와 실천은 몸을 차별과 폭력의 기제로 삼아온 인종주의(racism), 성차별주의(sexism), 장애인차별주의(ableism)의 역사를 반복할 뿐 아니라, 이러한 차별과 폭력을 여성의 권리와 페미니즘의 이름으로 변주하면서 보수적 페미니즘(conservative feminism) 혹은 신자유주의적 페미니즘(neoliberal feminism)의 계보를 만들어나간다. 페미니스트 지리학자 도린 메시(Doreen Massey)의 언급처럼 "공간적인 것(the spatial)은 사회적 관계들의 '확장(stretched out)'"이며, 따라서 사회적 관계들의 역동성은 공간적 실천에도 녹아들기에 "공간적인 것은 언제나 변화 중에 있는 권력과 의미의 사회적 기하학(social geometry of power and signification)"으로 읽어낼 수 있다.[27] 덧붙여 공간의 경계를 그리고 내부와 외부를 구별하는 사회적 실천, 즉 "지평선을 만들고 경계를 확립하고 장소들의 정체성을 단속하려는 시도들은 특정한 시공간적 둘레들의 의미를 안정시키려는 시도들"로 이해될 수 있다.[28] 나아가 이러한 공간적 구획과 경계짓기가 소수자들의 '안전'과 '권리'의 이름으로 일어나면서 성, 인종, 문화 등에 대한 본질주의적 담론이 또다시 대중적 호소력을 얻는 현실은 지문이나 얼굴 등으로 개인의 정체성을 인식하고 그 이동성을 규제하는 생체식별 기술(biometrics)이 국경통

---

27   Doreen Massey, *Space, Place, and Gender*, Minneapolis: University of Minnesota Press, 1994, pp.2-3.

28   Massey, 1994, p.5.

제와 치안의 수단으로 개발되고 적용되는 현실과 더불어 여전히 '몸'이 시민권과 이동성의 차별적 배분과 배치에 있어 중요한 기제로 작용하고 있음을 보여준다.[29]

3. '진짜' 여성과 시스젠더 특권

'여성 공간'에 대한 트랜스젠더 여성들의 접근권에 대한 반응이나 태도는 트랜스젠더 여성을 '여성'으로 인정하는지와 이러한 판단의 근거로서 작동하는 젠더 정치학에 대한 입장의 차이에 따라 다르게 나타난다. 트랜스젠더 여성들의 여성쉼터 입소나 여자대학 입학과 여성화장실 사용 등에 긍정적인 입장을 보이는 이들은 주로 그 근거로 젠더 범주의 다원성과 젠더 경계의 유동성을 인정하며 따라서 트랜스젠더 여성들의 여성 정체성과 지위가 시스젠더 여성들의 그것과 본질적으로 다르지 않다고 보는 반면 이에 부정적인 입장을 보이는 경우는 생물학적 성 자체를 절대적이고 본질적인 실재로 규정하면서 트랜스젠더 정체성을 불가능성이나 '가짜'로 간주하거나 위험하고 병리적인 현상으로 취급한다. 여성쉼터나 여성음악축제와 같은 페미니즘 실천의 장에서 나타나는 트랜스젠더 여성들에 대한 혐오와 배제 또한 유사하게 생물학적 본질주의와 젠더이분법을 (보다 정교하고 이론적 언

---

29 Paisley Currah and T. Mulqueen, "Securitizing Gender: Identity, Biometrics, and Transgender Bodies at the Airport", *Social Research*, 78(2), 2011, pp.557-582.

어로) 반복한다. 예를 들어 모건은 트랜스젠더 여성들이 '[생물학적] 여성으로 태어나 [사회문화적] 여성으로 고통받은' 경험을 공유할 수 없다는 이유로 트랜스젠더 여성들의 여성됨을 부정하였으며, 제프리스는 "젠더"를 "정체성"이 아니라 "여성억압의 결과이자 여성억압을 정의하는 데 도움이 되는 성에 대한 정형화된 관념들(sex stereotypes)"을 포괄하는 개념으로 정의함으로써 트랜스젠더 정체성을 불가능성이나 모순으로 규정한다.[30] 모건과 제프리스 모두 공통적으로 젠더를 생물학적 성에 부가되는 사회문화적 억압의 산물로 이해하면서 (트랜스) 젠더 정체화의 기제와 과정에 존재하는 저항적 정체화(dis-identification)나 전복적 수행(subversive performativity)의 가능성을 삭제한다.[31] 이들에게 있어서 젠더는 사회문화적 구조, 관계, 실천과 더불어 구성되는 주체성이나 정체성이기보다는 사회문화적 힘의 외부에, 그것에 선행해서 존재하는 자연적 신체로서의 '여자(female)'와 '남자(male)'에게 부과되는 사회문화적이면서 강제적인 규범이나 제약으로 정의된다. 버틀러의 통찰과 비판처럼 1970년대에서 출발한 페미니즘의 여성해방의 정치학은 생물학적 결정론에서 벗어나기 위해 섹스와 젠더를 분리하였지만 이러한 분리의 과정에서 역설적으로 생물학적 성과 몸을 사회문화적 권력과 담론의 외부이자 선험적 요인으로 남겨두는 한계와 모순을 보여주었다. 사회문화적 권력과 담론의 외부이

---

30   Jeffreys, 2014, p.43.

31   Jose Munoz, *Disidentifications: Queers of Color and the Performance of Politics*, Minneapolis: University of Minnesota Press, 1999; Judith Butler, *Gender Trouble*, Routledge, 1990.

자 선험적 요인으로 남겨진 생물학적 성과 몸은 단지 젠더 정치학에 가려져 비가시화되거나 그 영향력을 상실했다기보다는 오히려 반대로 도전, 비판, 해체되지 않은 젠더의 토대로 남아 반페미니즘뿐 아니라 페미니즘의 다양한 이론과 실천들을 추동했다. 생물학적 본질이자 몸으로서의 여성(female)은 사회문화적 힘으로서의 젠더가 작용하는 원재료(raw material)이자 대상으로 전제되었으며 동시에 이러한 젠더의 사회문화적 작용으로부터 벗어나거나 해방될 때 되찾거나 회복할 수 있는, 남성지배에 의해 오염되거나 손상되지 않은 '진짜' 여성 정체성이 정박할 수 있는 물질적 터전으로 상상되기도 한다. 이러한 서사 속에서 섹스와 젠더(와 섹슈얼리티)는 인과적이고 필연적 관계들 속에서 연결되며 서로의 실재성(substantiality)과 진정성(authenticity)을 지지하고 보장하게 된다.

1990년대 이후 성장한 퀴어 정치학, 트랜스젠더 권리운동, 인터섹스 연구 등은 이분법적 범주이자 젠더에 선행하는 자연적 본질로서 상상되고 나타나는 생물학적 성으로서의 섹스는 이미 그 자체로 생물학과 의료과학은 물론 법과 행정의 촘촘한 작동과 규율 속에서 구성되고 유지되는 사회문화적 범주이자 젠더 정치학의 산물임을 보여주었다.[32] 인간의 신체를 여자와 남자라는 두 개

---

32 Alice Dreger, *Hermaphrodites and the Medical Invention of Sex*, Cambridge: Harvard University Press, 1998; Anne Fausto-Sterling, *Sexing the Body*, New York: Basic Books, 2000; Joanne Meyerowitz, *How Sex Changed: A History of Transsexuality in the United States*, Cambridge: Harvard University Press, 2004; Elizabeth Reis, *Bodies in Doubt: An American History of Intersex*, Baltimore: The Johns Hopkins University Press, 2009; Thomas. W. Laquer, *Making Sex: Body and Gender from the Greeks to Freud*, Cambridge: Harvard University Press, 1992.

의 배타적인 범주로 나누고 그 차이와 구별의 근거를 생식기, 호르몬, 염색체 등과 같은 생물학적 지표들에 정박하고자 했던 근대 자연과학의 시도들과 이를 통해 '자연적 사실'로 구성된 생물학적 성의 범주를 출생증명서와 신분증 등을 비롯한 행정문서들에 기록하고 관리함으로써 시민 혹은 개인의 일관되고 단일한 정체성(identity)을 규정하기 시작한 근대국가의 협력적 관계 속에서 모호하거나 분류가 어려운 신체들과 위반적인 젠더 정체성 표현들은 의료적, 심리적, 법률적, 문화적 간섭과 교정의 대상이 되기 시작하였으며, 섹스는 이러한 모호한 신체들과 위반적인 정체성 및 표현들 이면에 놓인 '진짜 성(the true sex)'으로 배치되었다. 자연과학, 의학, 법학은 '진짜 성'으로서의 '두개의 성(two sexes)', 즉 '남자'와 '여자'라는 두 개의 인간신체의 범주를 구성하고 부여하고 규제하는 '전문가'로서의 지위와 권위를 행사하게 되었으며, '남성'과 '여성'이라는 성별이분법의 체계에 부합되지 않거나 이를 위반하는 신체들과 주체들은 정신의학적 검증의 대상이 되거나 형법적 처벌의 대상이 되었다.

현대사회의 대부분의 국가에서 의료적으로 검증되고 분류되고 행정적으로 등록되는 범주이자 코드로서의 섹스는 개인의 신분(ID)과 정체성을 확인하는 데 있어서 필수적인 요소로 작용하면서 젠더 이분법을 물질화, 제도화, 규범화 한다. 이분법적으로, 그리고 강제적으로 부여되는 성 분류 체계(sex classification)의 작동 속에서 이를 위반하거나 혼란스럽게 만드는 젠더 표현과 가시성을 실천하는 시민들은 공항 등에서의 신분증명의 어려움이나 취업 및 교육에서의 차별은 물론 화장실 사용과 같은 기본적인 인권

마저 위협받는 현실을 경험한다. 예를 들어 911 테러 이후 강화된 공항 검색의 결과 신분증에 표기된 성과 일치하지 않는 젠더 가시성을 보여주는 경우라든가 신분증의 이름과 성이 하나 이상인 경우 등을 포함하는 트랜스젠더 시민들은 이동성을 제약받고 때로는 잠재적 테러리스트 범주로 분류되기도 하였으며, 신체구조나 내부 보형물을 읽어내는 바디 스캐너의 도입으로 프라이버시와 인권의 침해를 경험해야 했다.[33] 신분증상의 성별의 모호함이나 신체와 법률 및 행정 서류 간의 '불일치'에 대한 혼란은 자연적이고 당연한 현실로 전제되는 '생물학적 성'이 사실은 사회문화적으로 구성되고 실천되는 성별 구별(sex classification)의 촘촘하고 강제적인 과정 속에서만 '거기 있는 것으로' 나타날 수 있음을 보여준다. 스포츠 경기에서의 젠더 테스트와 화장실 접근권에 대한 일련의 논쟁과 소송들 또한 '생물학적 성'이 사법적, 행정적, 문화적 실천 속에서 강제적으로 부여되고 작동하는 제도적 산물이자 효과임을 드러낸다. 자연적이고 자명하며 훈련이나 노력으로 극복할 수 없는 것으로 간주되는 생물학적 차이는 호르몬 수치와 염색체 검사 등을 통해 검증되고 분류되어야 하며, 오직 그렇게 분류될 수 있을 때에만 그 지위와 효과를 유지한다. '반대 성을 가진 것으로 보이는 사람'을 만날 경우 신고하거나 배상을 청구할 수 있다는 화장실 관련 조례들이나 규정들 또한 마찬가지로 생물학적 성이 결국 그곳에 이미 선험적으로 존재하는 것이 아니라 사후적으

---

33 Laura Shepard and Laura Sjoberg, "trans-bodies in/of war(s): cisprivilege and contemporary security strategy", *Feminist Review*, 101, 2012, pp.5-23.

로 일어나는 사법적 권력과 규제의 작동을 통해 확립되는 것임을 보여준다. 즉 두 사례에서 '여성'과 '남성'의 자연적 토대이자 준거로 소환된 '생물학적 성'이 사회문화적 규범과 권력의 작동 이전이나 외부에 이미 존재하는 무엇이 아니라 출생증명서와 같은 의료적이고 법률적인 성 분류 체계의 작동을 통해서만 '실재'로서의 지위와 효과를 가질 수 있는 자연화된 담론의 하나임을 볼 수 있다. 나아가 이러한 사례들은 트랜스젠더 시민들에 대한 차별이 생물학적 성에 대한 의료적, 법률적, 문화적 규범 자체에서 자동적, 필연적으로 발생하기보다는 '이상'하거나 '문제적'인 젠더 가시성을 검열하고 반응하는 일상적이고 시스젠더 특권적인 실천들이 있을 때에만 작동할 수 있는 폭력임을 보여준다.[34] 예를 들어 미시간 여성음악 축제에서 적용된 '여성으로 태어난 여성' 방침은 그 자체로 여성공동체로서의 미시간음악축제를 구성하는 필수적이거나 필연적이거나 자동적인 원인이나 토대라기보다는 가부장제와 폭력적 남성성으로부터 분리되고 구별되는 여성공동체는 구성하기 위한 정치적 실천의 결과로 나타난 결과이자 효과였다(Browne, 2009). 단적으로 말하자면 미시간여성음악축제가 '여성공동체'로 경험되고 기능했던 것은 실제로 축제에 참여하는 여성들의 벗은 몸이나 외부 생식기, 염색체 구성, 호르몬 수치, 자궁의 여부 등을 검사하고 확인하여 특정한 기준을 통과한 '생물학적 여성'들만을 허락했기 때문이 아니라, 미시간여성음악축제라는 일시적이고 수

---

34 Julia Serano, *Whipping Girls: A Transsexual Woman on Sexism and the Scapegoating of Femininity*, New York: Seal Press, 2007.

행적으로 구성된 공간 속에서, (실제로 트랜스젠더 여성들이 그곳에 함께했지만) 서로가 서로를 '여성으로 태어난 여성'으로 간주하고 인정하는 관계들 속에서 경험되고 현상했기 때문이다.

트랜스젠더 배제적인 '래디컬' 페미니즘을 주장하는 이들은 트랜스젠더 여성들이 자신들이 벗어버리기 위해 노력하는 '코르셋' 즉 이성애규범적인 여성성을 반복하고 재생산한다고 비판한다. '래디컬' 페미니즘의 트랜스젠더 여성들에 대한 이러한 비판은 섹스와 젠더를 이분법적으로 구분하고 후자를 전자에 더해지는 외부적, 사후적, 문화적 폭력으로 정의하는 '래디컬' 페미니즘의 '탈코르셋' 문법이 정체성에 대한 본질주의적 접근 속에서 시스젠더 특권(cis-gender privilege)을 강화하는 측면을 보여준다. 이러한 '탈코르셋'의 문법에서는 섹스와 젠더의 일치가 당연시될 뿐 아니라 섹스가 젠더에 선행하는 원인이자 토대로 정의되면서 섹스 자체의 사회문화적 구성과 그 구성의 폭력성, 그리고 시스젠더 여성들과 트랜스젠더 여성들의 젠더 정체성이 공통적으로 이성애중심적, 이분법적, 본질주의적 성 담론 속에서 일어나는 서로 다른 회로와 유형의 정체화(identification)임을 삭제하기 때문이다. 시스젠더 정체성의 자연화와 규범화는 섹스가 젠더의 전제나 토대가 아니라 오히려 반대로 젠더의 효과이자 오직 그 효과로서만 젠더에 선행하는 자연화된 물질로 '보일 수(appear)' 있으며, 젠더가 단지 생물학적 차이들에 부여된 사회문화적 규범의 일방적, 자동적, 필연적 결과가 아니라 개인의 내적 정체성과 그것의 문화적 수행 및 신체적 체현 속에서, 그리고 그러한 정체성과 수행과 표현으로서의 젠더와 상호작용하는 성적 욕망이나 관계의 양식들을 비롯한 다양한 요인들 속에서 일어나고 가시화되고 또 달라지는 복합적 배열(configuration)일 수 있음과, 트랜스젠더 정체성이 인종이나 장애와 같이 신체적 차이들을 등록하고 규제하고 위계화하는 사회문화적 실천 속에서 그 (비)가시성과 인정의 경계가 변화하는 시민권의 문제로 접근될 수 있음을 간과하고, 섹스와 젠더의 단선적이고 일방적 관계를 반복한다.[35] 시스젠더 특권은 생물학적 성이 실재하거나 본질적이기 때문에 생겨난다기보다는 다양하게 젠더화된 몸들에 대해 '진짜'와 '가짜'를 구별하고 서로 다른 젠더 표현과 몸들이 있을 수 있는 경계들을 구획하는 시각성과 검열의 실천 속에서 그 효과를 가지며, 따라서 다른 방식의 젠더 실천과 관계맺음을 통해 트랜스젠더 여성들에게 충분히 확장될 수 있는 '특권'이다.[36]

4. 트랜스, 페미니즘의 미래

〈숙대 등록 포기에 부쳐〉에서 A씨는 자신을 지지하고 도와준 이들에게 감사와 연대의 마음을 표하면서 "나는 비록 여기에서 멈

---

35 Judith Butler, *Gender Trouble*, New York: Routledge, 1990; Judith Halberstam, *Female Masculinity*, Durham: Duke University Press, 1998; Raewyn Connell, "Transsexual Women and Feminist Thought: Toward New Understanding and New Politics", *Signs*, 37(4), 2012, pp.857-881; Susan Stryker, "Transgender Feminism", *Feminist Frontiers*, 9th edition. eds. Verta Taylor, Nancy Whittier, Leila J. Rupp, McGraw Hill, 2011, pp.63-69.

36 Serano, 2007, pp.161-193.

추지만, 앞으로 다른 분들이 더 멀리 나아갈 수 있을 것이라 믿고, 또 감사한다."는 말로 본문을 맺었다. A씨가 멈춘 곳은 숙명여자대학교의 문턱이자 '여성'을 위해 트랜스젠더 혐오를 정당화하는 페미니즘의 경계이자 트랜스젠더가 '일상적'인 존재로 스며들지 못하는 이성애규범성과 성별이분법이 지배하는 세계이다. 이러한 세계에서 젠더의 가시성(visibility)과 이를 통과하며 작동하는 검증과 검열의 권력은 트랜스젠더 시민들의 이동성(mobility)을 제약한다. 공항이나 관공서와 같은 신분증이 필요한 곳에서, 화장실이나 탈의실 같은 성별분리된 공공시설에서, 그리고 서로가 서로를 시각적으로 검증하고 거리와 일상의 공간에서 젠더 이분법은 촘촘하게, 반복적으로, 강제적으로 작용하면서 젠더의 경계를 흐리거나 가로지르는 위반자들을 검열하고 규제한다. 젠더 이분법이 해체된 세계에서 성(sex, gender, sexuality)은 개인의 삶의 가능성을 결정하거나 제약하기보다는 그것이 다양하고 고유한 경험들, 정체성들, 표현들, 수행들, 권리들, 관계맺음들의 '자연스러운' 방식이자 터전이 될 수 있을 것이다.

A씨의 입학에 반대하며 가족관계부상 성별정정에 대한 위헌소송을 추진하겠노라 밝힌 '래디컬' 페미니스트 모임들이 보여준 '생물학적 여성'에 대한 주장은 새로운 종류의 본질주의 정치학을 보여준다. 19세기 서구 자연과학의 생물학적 본질주의가 여성을 공적 영역으로부터 배제하는 역할을 했다면 1970년대 페미니즘에서 등장한 분리주의 실천에서 생물학적 성은 '여성'과 페미니즘의 필연적인 토대로 전제되었다. 오늘날의 트랜스젠더 배제적인 급진 페미니즘의 사례들에서 '생물학적 성'은 대안적인 여성공동

체의 경계를 지키는 기준으로 작용하는 것을 넘어 적극적인 트랜스젠더 혐오의 기제로 배치되고 활용된다. '여성의 권리'의 이름으로 트랜스젠더 여성들의 가족관계부상 성별정정을 불가능하게 만들겠다는 발상과 시도는 이미 시스젠더 여성들의 특권이라 할 수 있는 '생물학적 성', 혹은 그것을 주장할 수 있는 사회문화적으로 구성된 시스젠더의 정체성과 위치를 보다 의식적이고 적극적으로 지키고 활용함으로써 트랜스젠더 시민들의 삶의 가능성을 제약하려는 혐오와 배제의 문법을 보여준다. 달리 말해, 트랜스젠더 여성들에 의해 (시스젠더) 여성의 안전과 권리를 '침해'당했다고 느끼고 주장하면서 여성공간에 대한 접근권을 '생물학적 성'이라는 시스젠더 특권에 정초하고자 하는 '래디컬' 페미니즘의 논리는 '권리없는 자들(the rightless)'이 아니라 권리를 '빼앗겼다(deprived)'고 느끼는 이들의 반응과 전략을 보여준다. 소수자에 대한 혐오와 배제를 위험과 취약성에 대한 정당한 자기방어와 권리회복으로 인식하고 실천하는 사례는 난민과 이주민에 반대하며 '국경강화'를 외치는 백인 시민들의 자경단 활동에서도, 동성혼 합법화와 다문화주의 정책에 대항하여 종교의 자유를 주장하는 보수 개신교의 입장에서도, 더 멀리는 '아이들과 가족을 지키기 위해' 임신중지 권리와 성소수자 인권에 반대했던 1980년대의 신보수주의적 가족주의의 부상에서도 유사하게 발견된다(Oliviero, 2018). 이러한 구도에서 이주민, 난민, 동성애자, 트랜스젠더, 임신중지를 필요로 하는 여성 등은 보호의 대상도, 권리의 주체도 아닌, 기성사회의 질서와 안전을 침해하는 위험으로 인식되며, 백인 중산층 이성애 가족주의는 의심의 여지없는 정상과 규범으로 재확인된다.

"내게도 일상은 있다. 눈을 뜨고 눈을 감을 때까지 특별하지 않은 삶을 견뎌낸다. 꿈이 있고, 삶의 목표가 있으며, 희망이 있다. 그러니 내 삶은 남들에게 확인받을 필요는 없을 것이다. 그러나 대학을 가고자 하는 당연한 목표, 그 속의 꿈조차 누군가에게는 의심의 대상이고, 조사의 대상에 불과하다. 또한, 내 삶은 다른 사람의 일상 속에서 끊임없이 무시되고, '반대'를 당한다. 그렇게 나는 일상을 영위할 당연함마저 빼앗겼다."는 A씨의 이야기는 소수자들의 삶에 있어서 평범함과 보편성이 갖는 의미를 재확인하게 한다. '대학생'이라는 이제는 대부분의 20대들에게 당연해진 인생의 한 단계가 그 절차적 정당성에 무관하게 '반대'와 '검증'의 대상이 된 현실 앞에서 A씨가 살아오던 "특별하지 않은 삶"은 세상에 있을 수 없는 불가해한 대상이 되었고 "대학을 가고자 하는 당연한 목표"는 좌절되어 "더는 볼 필요가 없을 것이라 생각했던 수험서를 다시금 뒤적일 수밖에 없[는]" 상황이 되었다. 생물학적 본질주의와 성별이분법을 그 인식론적 토대로 삼아 이루어진 '래디컬' 페미니즘의 트랜스젠더 혐오는 이미 또래들보다는 다소 늦은 나이에 대학에 지원한 A씨를 다시 수험생으로 돌려놓았다. 그러나 A씨의 대학생으로의 삶의 단계는 유예되었지만 A씨의 삶은 계속 진행 중이며, 트랜스젠더 인권 또한 마찬가지다. 일련의 사건들이 지난 후 A씨가 변 하사에게 보낸 편지에는 자신의 정체성을 따라 "평범한 삶"을 살아가고자 하는 "자연스러운 일"에 대한 예상치 못한 반발과 비난을 받으면서 등록포기를 결정했던 A씨가 기약하는 진보와 미래성이 나타난다. A씨는 "만약 이러한 일을 벌이지 않았더라면 하는 가정은 저에겐 아무 의미가 없습니다. 저희 둘이 한

일은, 평범한 일상을 살고자 하는 자연스러운 일이었고, 아직 사회는 저희의 평범한 일상을 허락해주지 않았습니다. 슬프고 힘든 일이지만 지금이 아니었다면 미래에 누군가 겪었을 일이고, 또 똑같이 상처받았을 일입니다. 힘들지만, 그래도 미래에 다른 분들이 저희의 평범한 일상을 돌려받을 수 있는 목소리를 계속 내주시기를 희망하면서 용기를 내서 앞으로 나아가겠습니다."라고 말하며, A씨는 자신의 선택이 "자연스러운" 결정이었으며 비록 그로 인해 혐오와 폭력의 피해자가 되었지만 피해 이전으로 돌아가기를 소망하기보다는 자신과 변 하사의 선택에 이미 들어와 있는 미래적 시간성을 기약한다.

미국 제2물결 페미니즘의 급진 페미니즘과 문화 페미니즘의 사례에서 나타나듯 역사적 진보를 가속화하고자 하는 급진주의의 정치학은 종종 출구를 찾지 못한 채 시간성의 위기를 경험하거나 폐쇄된 공간 속으로 고립되어 분리주의 정치학으로 전환되기도 한다.[37] 분리되고 고립된 '여성 공간' 속에서 실천되는 유토피아주의는 그것의 바깥을 위험과 폭력의 세계로 규정하면서 내부의 경계를 다질 뿐 아니라 하나의 공식(formula)처럼 굳어진 해방의 정치학을 고수하면서 사실은 진보나 변혁이 아닌 반복과 고정에 가까운 실천의 양식을 보여준다. 트랜스젠더 배제적인 '래디컬' 페미니즘 또한 지난 반세기간 다양하게 분화되고 변주해온 젠더 정치학의 이론과 실천의 계보들에는 무관심하거나 무지한 태도를 고

---

37 Alice Echols, *Daring to be Bad*, Minneapolis: University of Minnesota Press, 1989; Jane Elliott, *Popular Feminist Fiction as American Allegory: Representing National Time*, London: Palgrave Macmillan, 2008.

수하면서 생물학적 본질주의를 신자유주의적 혐오와 배제의 기제로 재활용한다. 최근 한국사회에서 나타난 난민반대와 트랜스젠더 여성 배제에서 그 근거로 등장하는 여성의 '안전'과 '권리'에 대한 요구 또한 평등과 평화를 일상으로 만들어가기 위한 고민보다는 국가의 책임과 법의 힘을 요구하고 시민으로서의, 그리고 시스젠더 여성으로서의 특권을 활용하여 '위험'하거나 이질적으로 보이는 타자들을 '여성 공간'의 바깥으로 배제하는 전략이 우선되는 모습을 보인다.

페미니즘 리부트의 강력한 모멘텀을 제공한 강남역 사건에서부터 미투 선언의 흐름들, 그리고 최근의 n번방 사건과 같은 디지털 성범죄의 현실들은 여성들이 '안전'과 '권리'에 대한 목소리를 높이고 여성만의 공간과 연대의 필요성을 말하는 이유가 되었다. 신체적, 문화적 동질성으로 상상되는 '여성'은 공간이자 공동체이자 집합적 주체로 기능하면서 페미니즘 실천의 안전하고 확고한 터전으로 표상되지만 실제로 이렇게 동질적이고 견고한 실재로 표상되는 '여성'이 성별이분법과 생물학적 본질주의의 작용 속에서 담론적으로 구성되고 실천되는 범주이자 효과이다. 문제는 이러한 본질주의적 담론에 기대어 '여성대중'을 페미니즘의 주체와 동력으로 조직하고 이를 통해 여성의 권리와 이해관계를 확보하고자 하는 시도들 속에서 나타나는 페미니즘의 탈정치화와 보수화에 있다. 디지털 성범죄를 비롯한 젠더(기반)폭력의 현실과 적절한 제도적 대응의 부재는 페미니즘 정치학이 '안전'과 '권리'에 집중하게 만들지만 배타적 경계짓기와 개별적 자기방어의 전략을 넘어서는 '안전'과 '권리'의 구체적인 내용과 방식에 대한 상상과 고민은 여전히 부족하다. 일련의 상황과 조건들은 페미니즘이 젠더(기반)폭력과 정체성의 물질적 터전으로서의 몸·성의 정치학, 그리고 안전과 평등에 대한 새로운 상상력을 필요로 하고 있음을 보여준다.

참고문헌

1. 논문과 단행본

나영, 「모순과 혐오를 넘어 페미니즘 정치를 향하여」, 『황해문화』 제97호, 새얼 문화재단, 2017.

래디컬레즈비언즈 외, 나영 역, 『레즈비언 페미니즘 선언』, 현실문화, 2019.

모니크 위티그, 허윤 역, 『모니크 위티그의 스트레이트마인드』, 행성B, 2020.

이진옥, 「성평등」, 『여/성이론』 제38호, 여성문화이론연구소, 2018.

Alice Dreger, *Hermaphrodites and the Medical Invention of Sex*, Cambridge: Harvard University Press, 1998.

Alice Echols, *Daring to be Bad*, Minneapolis: University of Minnesota Press, 1989.

Anne Fausto-Sterling, *Sexing the Body*, New York: Basic Books, 2000.

Carroll Smith-Rosenberg, "The Female World of Love and Ritual: Relations between Women in Nineteenth Century America", *Signs*, 1(1), pp.1-29, 1975.

Caterina Nirta, "Trans Subjectivity and the Spatial Monolingualism of Public Toilets", *Law Critique*, 25, pp.272-288, 2014.

Doreen, Massey, *Space, Place, and Gender*, Minneapolis: University of Minnesota Press, 1994.

Elizabeth McConnell et al., "Trans Women and Michfest", *Journal of Lesbian Studies* 201, pp.8-28, 2016.

Elizabeth Reis, *Bodies in Doubt: An American History of Intersex*, Baltimore:

The Johns Hopkins University Press, 2009.

Estelle Freedman, "Separatism as Strategy: Female Institution Building and American Feminism, 1870-1930", *Feminist Studies*, 5(3), pp.512-529, 1979.

Jane Elliott, *Popular Feminist Fiction as American Allegory: Representing National Time*, London: Palgrave Macmillan, 2008.

Janice Raymond, *The Transsexual Empire: The Making of the She-Male*, New York: Teachers College Press, 1994.

Joan W. Scott, *The Fantasy of Feminist History*, Durham: Duke University Press, 2011.

_____, "Deconstructing Equality-versus-Difference: Or, the Uses of Poststructuralist Theory for Feminism", *Feminist Studies*, 14(1), pp.33-50, 1988.

Joanne Meyerowitz, *How Sex Changed: A History of Transsexuality in the United States*, Cambridge: Harvard University Press, 2004.

Jose Munoz, *Disidentifications: Queers of Color and the Performance of Politics*, Minneapolis: University of Minnesota Press, 1999.

Judith Butler, *Gender Trouble*, Routledge, 1990.

Judith Halberstam, *Female Masculinity*, Durham: Duke University Press, 1998.

Julia Serano, *Whipping Girls: A Transsexual Woman on Sexism and the Scapegoating of Femininity*, New York: Seal Press, 2007.

Kath Browne, "Lesbian Separatist Feminism at Michigan Womyn's Music Festival", *Feminism and Psychology*, 21(2), pp.248-256. 2010.

_____, "Womyn's Separatist Spaces: Rethinking Spaces of Difference and Exclusion", *Transactions of the Institute of British Geographers*, 34(4), pp.541-556, 2009.

_____, "Genderism and the Bathroom Problem: (Re)materialising Sexed Sites, (Re)creating Sexed Bodies", *Gender, Place and Culture*, pp.331-346, 11(3), 2004.

Katie Oliviero, *Vulnerability Politics: The Uses and Abuses of Precarity in*

Political Debate, New York: New York University Press, 2018.

Laura Shepard and Laura Sjoberg, "trans-bodies in/of war(s): cisprivilege and contemporary security strategy", *Feminist Review*, 101, pp.5-23, 2012.

Leland Spencer, "Bathroom Bills, Memes, and a Biopolitics of Trans Disposability", *Western Journal of Communication*, 83(5), pp.542-559, 2019.

Liz Fekete, "Enlightened Fundamentalism? Immigration, Feminism and the Right", *Race and Class*, 48(2), pp.1-22, 2006.

Lorene H. Gottschalk, "Transgendering Women's Space: A Feminist Analysis of Perspective from Australian Women's Service", *Women's Studies International Forum*, 32, pp.167-178, 2009.

M. B. Fleming and G. McFadde-Wade, "The Legal Implications under Federal Law When States Enact Biology-Based Transgender Bathroom Laws for Students and Employees", *Hastings Women's Law Journal*, 29(2), pp.157-198, 2018.

Margaret Denike, "The Human Rights of Others: Sovereignty, Legitimacy, and "Just Causes" for the "War on Terror"", *Hypatia*, 23(2), pp.95-121, 2008.

Mark Joseph Stern et al, "The Judicial and Generational Dispute over Transgender Rights", *Stanford Law and Policy Review*, 29(1), pp.159-182, 2018.

Paisley Currah and T. Mulqueen, "Securitizing Gender: Identity, Biometrics, and Transgender Bodies at the Airport", *Social Research*, 78(2), pp.557-582, 2011.

Sally Hines, "The Feminist Frontier: on Trans and Feminism", *Journal of Gender Studies*, 28(2), pp.145-157, 2019.

_____, *TransForming Gender: Transgender Practices of Identity, Intimacy and Care*, Bristol: The Policy Press, 2007.

Sara Farris, "Femonationalism and the "Regular" Army of Labor Called Migrant Women", *History of the Present*, 2(2), pp.184-199, 2012.

Scott Skinner-Thompson and I. M. Turner, "Title IX's Protections for Transgender Student Athletes", *Wisconsin Journal of Law, Gender, and Society*, 28(3), pp.271-300, 2013.

Sheila Cavanagh, *Queering Bathrooms: Gender, Sexuality, and the Hygienic Imagination*, Toronto: University of Toronto Press, 2010.

Sheila Jeffreys, "The Politics of the Toilet: A Feminist Response to the Campaign to 'Degender' a Woman's Space", *Women's Studies International Forum*, 45, pp.45-51, 2014.

Sue Davis, *The Political Thought of Elizabeth Cady Stanton*, New York: New York University Press, 2008.

Susan Marshall, "In Defense of Separate Spheres: Class and Status Politics in the Antisuffrage Movement", *Social Forces*, 65(2), pp.327-351, 1986.

Susan Stryker, "Transgender Feminism", *Feminist Frontiers*, 9th edition. eds. Verta Taylor, Nancy Whittier, Leila J. Rupp, McGraw Hill., pp.63-69, 2011.

Tallie B. Daniel, and H. Berwick, "Queer In/Security", *GLQ*, 26(1), pp.129-140, 2020.

Thomas. W. Laquer, *Making Sex: Body and Gender from the Greeks to Freud*, Cambridge: Harvard University Press, 1992.

Raewyn Connell, "Transsexual Women and Feminist Thought: Toward New Understanding and New Politics", *Signs*, 37(4), pp. 857-881, 2012.

Ruth Phillips, "Feminism, Policy and Women's Safety during Australia's 'War on Terror'", *Feminist Review*, 89, pp.55-72, 2008.

Verta Taylor and Leila Rupp, "Women's Culture and Lesbian Feminist Activism", *Signs*, 19(1), pp.32-61, 1993.

Wendy Williams, "Equality Riddle: Pregnancy and The Equal Treatment/Special Treatment Debate", *New York University Review of Law and Social Change*, 13(2), 1984, pp.325-380.

Zein Murib, "Administering Biology: How "Bathroom Bills" Criminalize and Stigmatize Trans and Gender Nonconforming People in Public Space", *Administrative Theory and Praxis*, pp.1-19, 2019.

2. 기타자료

「숙대 反트랜스젠더 학생들 '생물학적 여성만 입학 가능' 학칙 요구할 것」, 『한
　국일보』, 2020. 2. 6.

「공개석상 나온 성전환 하사 "육군에 돌아갈 때까지 싸울 것」, 『한겨레』, 2020.
　1. 12.

「모두의 나라를 지키고 싶은 변희수 하사에게」, 『한겨레』, 2020. 4 .11.

「"기갑의 돌파력으로 그런 차별 없애버릴 수 있습니다. 하하."」, 『한겨레』,
　2020. 3. 20.

New York Times, "What is a Woman?", July 28, 2014.

한국전쟁과 젠더화된 생존의 기록
: 박완서 소설에 나타난 전시(戰時)의 집에 대한 젠더지리학적 고찰[1]

권 영 빈

1. 목소리, 소설, 지리학: 박완서의 전쟁 경험과 그 공간화 방식에 대하여

전쟁을 회상하다보니 집사람에겐 집사람만의 전쟁이, 나에겐 나만의 전쟁이 있다는 생각이 드는군요. (중략) 나도 그 비슷한 일이 있었던 것 같소. 하지만 기억은 안 나요. 그때만 해도 그런 건 사소한 일이라고 여겼으니까. 실없는 소리이기도 했지. (중략) 내겐 전쟁에 대한 구체적인 지식이 많은 반면, 집사람에겐 전쟁에 대한 감정이 더 많아요. 하지만 언제나 감정이 사실보다 더 분명하고 강력한 법이지.[2]

이 글은 젠더·어펙트연구소 주최 국제학술대회 '젠더 연구의 현황과 연결신체 이론의 필요성'(2020.1.31.-2.1)의 발표문 및 「박완서 소설의 젠더지리학적 고찰」, 동아대학교 박사학위논문, 2020의 일부를 수정·보완하여 재수록한 것이다.

2 스베틀라나 알렉시예비치, 박은정 역, 『전쟁은 여자의 얼굴을 하지 않았다』, 문

벨라루스의 저널리스트 스베틀라나 알렉시예비치(Svetlana Alexievich)가 1985년 출간한 『전쟁은 여자의 얼굴을 하지 않았다』 (War's Unwomanly Face)는 소비에트 여성 참전용사의 경험을 중심으로 구성한 르포르타주이다. 2차 세계대전에 참가한 여성 이백여 명을 대상으로 한 이 인터뷰 기록은 내담자의 전쟁 경험을 생생하게 전달함으로써 작가 자신이 창조한 '소설-코러스'('목소리소설', Novels of Voices)라는 독특한 문학 장르의 특징을 실감하게 한다. 알렉시예비치는 전쟁을 탈신성화하고 참전용사의 위상과 자부심을 떨어뜨린다는 이유로 러시아, 동구권의 출판 검열과 재판에 부딪혀왔고 자국의 탄압으로 인해 오랜 시간 타국을 전전할 수밖에 없었다. 그럼에도 불구하고 그는 세계대전과 아프가니스탄전쟁에 대한 인터뷰 기록에서 나아가 체르노빌 원전 폭발사고 등의 재난에서 생존한 사람들의 목소리를 확보하는 작업을 지속해나갔다. 특히 그가 중시한 여성, 아동과 같은 약자에 대한 기록은 전쟁을 포함한 전인류적 재난의 결과가 모두에게 동일한 방식으로 배분되거나 동질적으로 담론화되지 않는다는 사실을 보여줄 뿐만 아니라, '목소리'가 가진 개별성과 특수성이 집합적인 공명으로 직조되는 순간을 열어 보이고 있다는 점에서 의의가 있다. 다시 말해 그의 작업들이 표방하는 소설-코러스라는 장르는 단순히 구술 인터뷰를 글쓰기 자원으로 삼고 있다는 데에서 의미화되는 것이 아니라, 이 세계의 '목소리'들이 얼마나 다를 수 있는지, 그리하여 그

학동네, 2015, 196-198쪽.

것이 사실에 대한 보고(報告)에 그치지 않고 얼마나 윤리적이고 미학적인 측면을 담지해낼 수 있는지를 보여준다고 할 수 있다.

　　인용된 대목은 『전쟁은 여자의 얼굴을 하지 않았다』에 수록된 인터뷰 내용 가운데, 여성 참전용사 올가와 그의 남편 사울에 대한 것이다. 이들의 인터뷰는 "우리집엔 두 개의 전쟁이 산다"라는 소제목을 달고 있는데, 제목 그대로 남편인 사울은 아내 올가의 전쟁 경험을 듣고 그것이 자신의 것과 매우 다르게 느껴진다고 술회한다. 사울은 올가의 시시콜콜하고 일상적인 체험을 사소한 것, 실없는 소리, 그리고 감정(적인 것)으로 범주화하면서도, 그것이 '사실보다 더 분명하고 강력한 법'이라며 아내의 경험에 힘을 실어준다. 여기서 주목되는 것은 지식(적인 것)과 감정(적인 것)을 양분하는 기제에 내포된 젠더화의 문법과, 그것이 폭넓게 연결되는 공적 세계와 사적 세계의 이항대립적 구분, 역사적인 것과 비역사적인 것의 경계에 대한 문제와 더불어, 그러한 결과이자 효과가 종국에 수렴되는 "기억은 안나요"라는 대목이다.

　　알렉시예비치의 책이 보여주듯이, 전쟁은 젠더화(genderized)되어 있다.[3] 전쟁의 속성으로 거론되는 피아(선악)의 대립, 다양한 살

---

[3]　주지하다시피 젠더는 사회적으로 구성되고 수행되는 성(性)을 의미하는 동시에 이러한 성차(性差)에 내재되어 있는 차별의 구조와 메커니즘을 분석하고 정교화하기 위한 개념이다. '젠더화'는 성별이 특정되거나 배타적으로 범주화되는 방식을 검토하기 위한 용어로, 주로 남성중심적인 담론체를 비판하고자 할 때 쓰이나 그러한 구조적 한계 속에서 여성이 전유할 수 있는 전략화의 의미로 쓰이기도 한다. 여기서는 이 용어를 전쟁을 기록(기억)하는 주체와 대상으로서의 여성의 경험이 비가시화되어 온 것을 비판적으로 볼 뿐만 아니라 박완서의 소설을 통해 전쟁 생존자로서의 경험의 특수성과 그 구체적 내용을 보다 의미 있게 고찰하는 도구로 사용하고자 한다. 이는 젠더지리학의 관점으

상무기, 유혈충돌 등은 역사적으로 전쟁을 일으키고, 전장에서 싸우고, 그 승패에 '직접' 관여해온 것으로 인식되는 전쟁 주체로서의 남성(성)을 환기하며, 이들은 특히 전쟁의 결과이자 효과로 구축되는 정치적·이데올로기적 역학관계의 중심에 자리한다. 인류사는 곧 전쟁사라고 해도 과언이 아니고 근대국가의 형성 및 분화·발전은 곧 전쟁의 규모 및 성격의 변화와 중차대한 함수관계를 갖는다. '역사는 승자의 기록'이라는 잘 알려진 표현은 전쟁 담론을 형성·유포하는 주체의 문제를 겨냥하고 있으며, 결국 전쟁을 기록하고 기억하는 방식은 국가 형성의 동력이 되는 개인적·집단적 주체화와 불가분의 관계에 놓일 수밖에 없다.

우리 현대사의 격랑에서 가장 첨예하게 솟아오른 지점이 한국전쟁이라는 것은 부인할 수 없는 사실이다. 19세기 말에서 20세기 초부터 본격화된 제국주의 식민지화와 전쟁은 과학 기술의 비약적 발전과 우생학적 패러다임, 그리고 정치적·경제적 주체로서의 인간과 공동체를 재구성하는 근대화의 미명을 현시하는 것이었다. 이러한 보편사(普遍史) 속에서 한국전쟁은 조선 후기의 학정과 식민지, 미군정을 거치면서 누구보다도 갈급하게 '국가 되기'를 열망할 수밖에 없었던 한국의 특수성이 전면화된 사태였다.

한국전쟁은 미·소 열강의 이데올로기 대리전(代理戰)이라는 해석을 뒷받침하는 한국의 지정학적 특수성은 물론, 식민지기로

로 독해되는, 여성의 몸과 사적(私的) 공간으로서의 집의 중첩이 박완서가 소설을 통해 자신의 전쟁 경험을 말하는 특정한 방식을 노정하고 있다는 점에서 확보된 접근이다.

부터 연속되는 민족주의의 심화·굴절이 이승만, 김일성이라는 글로벌 스케일의 행위자를 통해 현실화된 하나의 국면[內戰]을 의미하는 것이기도 했다. 중요한 것은 제국주의와 파시즘이 문명화의 기치로 휩쓴 자리에서 또다시 냉전 이데올로기의 각축장이 된 한국이 국가 형성의 주된 메커니즘을 '피아식별'이라는 전쟁 논리로 쉽게 정향할 수밖에 없었다는 점이다. 이승만·박정희 독트린 속에서 이러한 적대화는 보다 실천적인 현실논리로 자리 잡게 되고 '국가 되기'의 문제가 곧바로 '국민 되기'의 문제로 치환되어 한국(인)이라는 집단적이고 등질적인 주체화 과정이 곧 국가의 경계를 둘러싼 심문의 구조를 끊임없이 갱신하는 과정과 다름 아니게 된다.

한국전쟁이 한국이라는 국가 형성의 기원이자 국민됨의 경계를 둘러싼 피아식별 시스템을 배태한 지점이라면, 그러한 시스템의 주된 속성으로 거론할 수 있는 반공(反共)과 개발은 한국을 둘러싼 경계뿐만 아니라 그 내부를 겨냥하는 위계화의 토대가 되었다. 한국(인)이라는 자기조직 논리로서의 반공이나 개발은 한국·한국인의 '지금-여기'를 구성하는 주된 동력이 되어 왔으며, 그것을 변화시키거나 거기 균열을 내는 이질적인 목소리는 쉽사리 가시화될 수 없었다. 1980·90년대에 이르러 탈식민주의 연구의 심화와 현실사회주의 해체, 그리고 지구화의 흐름 속에서 양차대전을 포함한 20세기 전반의 전지구적 전쟁과 학살의 경험을 글로벌 공유기억의 맥락에서 사유하는 학술장의 움직임이 확대되고, 한국에서도 일본군 '위안부' 문제와 더불어 한국전쟁 중 민간인 학살에 대한 연구가 구술사 연구 방법론의 활황과 더불어 가속화되었다. 이로써 전쟁 경험을 이야기하고 기록하는 주체와 한국(인)이라는 등질적 정체성의 이면을 새롭게 인식하는 사회·문화적 저변 또한 점차 확장되어 갔다고 할 수 있다.[4]

이러한 맥락에서 한국전쟁을 경험한 '우리'라는 범주는 이제 세대, 계급, 지역, 젠더 등의 차이를 가로지르는 다양한 생존자와 그 생존의 형식을 '차이'로써 아우르는 방식으로 지속적으로 발굴되어야 하는데, 여기에 중요한 참조점이 되는 것이 바로 여성의 전쟁 경험이다. 이성숙은 "전쟁 이야기라면 우리집 양반이 잘 알지"라며 전쟁 경험과 기억의 주체화를 거부하는 여성 구술자들의 주된 특징을 논하면서, 반공이데올로기와 젠더이데올로기라는 이중의 억압 속에서 침묵되고 망각되어야 했던 전쟁 경험의 문제를 지적했다.[5] 물론 여성의 한국전쟁 경험에 대한 연구는 남성 가부장의 부재 속에서 공적 노동의 주체가 된 여성과, 전쟁미망인이나 '양공주'와 관련된 섹슈얼리티에 대한 담론을 형성·부각했으며, 여성 수난사와 자아 정체성을 논하는 문학 연구 또한 전쟁과 여

---

4   대표적으로 김동춘의 연구가 있다. 김동춘은 『전쟁과 사회』(2000)에서 '행위로서의 전쟁'과 '상태로서의 전쟁'을 분리하여 한국을 여전히 전시(戰時) 상태로 규정하고, 전쟁상태로부터 유래된 한국이라는 국가 형성의 경과를 (비)국민이 겪은 피란과 학살의 경험에 초점을 두고 밝힘으로써 그 속에서 국가와 국민의 관계를 직접적으로 묻는다. 그는 국내외 철학·역사학·사회학계의 저술 및 구술 기록, 문학적 진술 들을 폭넓게 참조하면서 한국전쟁 해석 분야에서 하나의 전환점을 마련했다.(김동춘, 『전쟁과 사회: 우리에게 한국전쟁은 무엇이었나』, 돌베개, 2018 참조.)

5   이성숙, 「한국전쟁에 대한 젠더별 기억과 망각」, 『여성과역사』 7, 한국여성사학회, 2007, 126-127쪽.

성을 둘러싼 재현과 해석을 다변화하고 예각화하는 데 기여했다.[6] 그런데 전쟁 경험에 대한 이러한 구술이나 문학적 형상화는 구술이나 기록의 주체가 선택적으로 재구성하는 것으로써 그들 내부에는 여전히 언어화될 수 없는 영역이 존재하며, 특히 여성의 경우 젠더 체계를 둘러싼 감시와 억압, 그리고 그 내면화로 인해 자신의 경험을 어떤 차원에서든 '우리'로 환원되지 않는 것으로, 몸으로 안고 살아가고 있다고 말할 수 있다.

과거에 대해 말하고 기억하고 기록하는 문제는 그 주체와 대상을 공동체 안에 기투하(게 하)는 형식에 관한 것이자 언제나 공동체의 재현 질서에 이미 포함되어 있는 개인의 인식체계를 끊임없이 (재)구조화하는 동력이기도 하다. 여성의 전쟁 경험은 종종 국가주의적이고 공적인 담론 체계의 이면에 놓인 사적이고 내밀한 체험의 층위에 자리하고, 그럼으로써 오히려 '차이'를 지닌 것이 아닌 당대를 살아낸 여성 공통의 경험으로 일반화되곤 한다. 그러나 전쟁이라는 전방위적 타자화의 경험을 가진 모든 존재들의 내부에는 그 자신 혹은 공동체에 기투되지 않는 식별 불가능한 경험·기억의 지대가 존재한다. 따라서 여성의 전쟁 경험을 이해하는 것 또한 그것을 단순히 금기(禁忌·襟期)에서 발화로 이동시키는 것만으로는 충분치 않다. 그러한 전쟁 경험을 전하는 목소리들 각각이 가진 이채로운 형식을 면밀히 비평해내는 작업이 중요하다.

---

6   윤택림, 「분단과 여성의 다중적, 근대적 정체성: 1930년대 초 출생한 두 실향민 여성의 구술 생애사를 중심으로」, 『한국여성학』 29-1, 한국여성학회, 2013, 130-133쪽.

이러한 인식하에, 전쟁 경험을 전장(戰場)의 경험에서 전쟁미망인, '양공주'와 같은 젠더화된 하위주체의 위치 문제로 확장했던 작업의 성과를 이어받아, 오늘의 한국사회를 구성하는 동인(動因)으로서의 전쟁이 '국가 되기'이자 '국민 되기'의 체계로 특정 위치에 놓인 여성의 일상에 침투했던 사태를 박완서라는 '목소리'를 통해 살펴보고자 한다. 이때 목소리는 반복 자체를 목적으로 하고 있다는 점에서 증언과 다르며, 환원되지 않는 경험을 발화하는 형식이라는 점에서 이 목소리는 '에코(echo)'나 '사운드(sound)'의 형식에 보다 가깝다고 할 수 있다.[7]

　　박완서는 그가 성인이 된 직후 생생히 겪었던 한국전쟁 경험을 소설을 통해 지속적으로 발화해온 것으로 익히 알려진 작가이다. 등단작 『나목』(1970)과 「부처님 근처」(1973), 「카메라와 워커」(1975), 「겨울 나들이」(1975), 「엄마의 말뚝」 연작과 같은 대표작 계열을 거쳐 후기 작품인 『그 남자네 집』(2004)에 이르기까지 그의 전쟁 경험의 문학적 형상화는 수많은 장·단편소설에서 반복·변주되어 왔다. 특히 그가 1990년대에 들어서 자전적 소설임을 명시하고 연이어 발표한 『그 많던 싱아는 누가 다 먹었을까』(1992, 이하

7　박완서 소설을 끌고 가는 서사주체인 경험적 자아는 그러한 '자기 경험'을 말하기를 결코 멈추지 않는다. 그 이유를 참조할 수 있는 비평은 다음과 같다. "박완서 문학에서 '자기 경험', '자기 이야기'로서 소설이란 결코 '우리 모두'의 역사도 '우리 모두'의 이야기도 될 수 없는 근대사의 본질적 모순에 대한 근원적 비판을 의미한다. 이때 '자기'란 그 어떤 타자로도 환원될 수 없는 고유한 차이를 지닌 '개인'이자 근대의 메커니즘에서 언제나 '우리'가 될 수 없었던 정치적 소수자들로서 '자기'를 의미하기도 한다."(권명아, 「미래의 해석을 향해 열린, 우리 시대의 고전」, 김병익, 호원숙 외 3인, 『박완서 문학앨범: 모든 것에 따뜻함이 숨어 있다』, 웅진지식하우스, 2011, 253-254쪽.)

'싱아')와『그 산이 정말 거기 있었을까』(1995, 이하 '그 산')는 식민지 기와 한국전쟁이라는 역사적 국면과 한국이 근대국가로 재편되는 과정을 여성의 성장서사와 겹쳐서 보여주는, 폭넓은 시공간적 스 펙트럼이 돋보이는 소설이다. 여기에 자전적 성격이 강한『목마른 계절』(1978)까지 추가하면 작가 자신의 전쟁 체험을 비교적 직접 적으로 재구성해냈다고 볼 수 있는 이 세 편이 그의 소설세계에서 하나의 작품군을 이루게 된다.

그의 왕성한 저술 활동과 상통하는 두터운 연구 성과는 한국 전쟁과 그의 작품세계의 상관성을 또다시 언급하는 것이 일면 불 필요해보일 정도로 그것을 풍성하게 논해왔으며, 박완서 자신도 전쟁 경험을 자신의 "문학정신의 뼈대"[8]라고 표현할 정도로 그 영 향력을 분명히 하고 있다. 특히 1990년대 발표된 자전적 소설『싱 아』와『그 산』은 그의 소설세계에 접근할 때 전쟁서사에 대한 해 석을 주요 준거점으로 자리 잡게 만드는 계기가 되었고, 이는 상 술한『전쟁과 사회』로 대변되는, 한국전쟁을 새롭게 사유하려는 2000년대 초반 학문장의 질적 변화와도 관련된다.[9] 이들 소설은 많은 연구자들로 하여금 박완서가 전쟁 경험을 발화하는 형식을 변용한 것의 의미와 그 회심의 계기에 주목하게 했으며,[10] 그것이

---

8   박완서,「나에게 소설은 무엇인가」, 김병익, 호원숙 외 3인, 위의 책, 31쪽.

9   이선미,「박완서 소설과 '비평': 공감과 해석의 논리」,『여성문학연구』25, 한국 여성문학학회, 2011, 42쪽.

10   신수정,「증언과 기록에의 소명」,『오늘의문예비평』, 오늘의문예비평, 1998; 임 규찬,「박완서와 6.25 체험:『목마른 계절』을 중심으로」,『작가세계』12, 작가세 계, 2000; 김양선,「증언의 양식, 생존·성장의 서사: 박완서의 전쟁 재현 소설 『그 산이 정말 거기 있었을까』를 중심으로」,『한국문학이론과 비평』15, 한국문

단순히 개인적 경험의 기록이나 회고의 형식이 아닌 사회적·공적 증언의 형태를 가리키고 있다는 점을 의미화하는 것으로 나아갔다. 최근에는 『싱아』, 『그 산』에 앞서 그가 등단 직후 발표한 첫 번째 장편소설인 『목마른 계절』을 보다 다양한 접근으로 재독하려는 연구가 비교적 활발히 전개되고 있다.[11]

이러한 연구들이 박완서 문학 이해에 기여한 질적 성과는 굳이 논할 필요가 없다. 그러나 한편으로는, 박완서의 한국전쟁 경험이 그의 소설세계에서 지배적인 화소로 너무나 자주 등장하고 있기에 오히려 읽는 이로 하여금 그 중요성을 헤아리는 방식을 평면적으로 조직하게 만드는 데 영향을 미치기도 했다. 이를테면 인민군 치하의 경험과 '국민 되기'의 문제 앞에서 발가벗겨졌던, 이

학이론과 비평학회, 2002; 강진호, 「반공주의와 자전소설의 형식: 박완서를 중심으로」, 『국어국문학』 133, 국어국문학회, 2003; 조미숙, 「박완서 소설의 전쟁 진술 방식 차이점 연구」, 『한국문예비평연구』 24, 한국현대문예비평학회, 2007; 최선희, 「박완서 소설의 자전적 의미」, 『한국말글학』 25, 한국말글학회, 2008; 조회경, 「박완서 소설에 나타난 증언의 소명과 구원에 관한 연구」, 『우리문학연구』 38, 우리문학회, 2013; 이선미, 「세계화와 탈냉전에 대응하는 소설의 형식: 기억으로 발언하기: 1990년대 박완서 자전소설의 의미 연구」, 『상허학보』 12, 상허학회, 2004.

11 정하늬, 「박완서의 『목마른 계절』에 나타난 청년들의 전향과 신념의 문제」, 『한국문학과 예술』 26, 숭실대학교 한국문학과예술연구소, 2018; 김영미, 「박완서 문학에 나타난 서울에서의 한국전쟁 체험의 의미」, 『한국현대문학연구』 54, 한국현대문학회, 2018; 한경희, 「나는 왜 '여성'이 되었는가」, 『현대소설연구』 71, 한국현대소설학회, 2018; 차미령, 「한국 전쟁과 신원 증명 장치의 기원: 박완서 소설에 나타난 주권의 문제」, 『구보학보』 18, 구보학회, 2018; 강진호, 「전쟁기의 증언과 반공주의의 규율: 박완서 『목마른 계절』의 개작 양상」, 『인문과학연구』 40, 성신여자대학교 인문과학연구소, 2019.

른바 '벌레의 시간'[12]을 증언하는 차원에서 박완서의 소설(글쓰기)은 작가 개인적으로는 '구원'이자 사회적으로는 '증언'이라는 평가 방식과 어우러지면서 개인적인 것과 사회적인 것이 연결될 때 반자동적으로 확보되는 가치론적인 의미가 적극적으로 탐색되는데, 여기서 다소 간과되는 지점이 있다면 구원이나 증언은 전쟁과 관련된 작가 자신의 주체화 문제나 그 문학적 수행의 차원을 고정되거나 완결된 형태로 인식하게 한다는 데 있다. 또한 '자전적 글쓰기'라는 서사전략에 착목하게 될 때 등장하는 자기구성기제로서의 '경험'이나 '기억'의 문제는 작가 자신의 주체성 정립 과정과 관련해 폭넓은 논의를 가능하게 만드는 한편, 그럼으로써 작가와 작품의 관계가 경험 주체와 경험에 대한 발화 공간으로 분리되고 양자가 모두 대상화되는 현상을 피할 수 없게 만들기도 한다. 구원이나 증언, 혹은 사전적 의미로서의 자전(自傳)과 기억을 접목하는 방식과 같은 선험적 관점에 의지하는 독법이 아닌, 박완서가 종생토록 천착한 '전쟁 경험의 문학적 형상화'의 내용과 의미를 입체적으로 독해할 수 있는 방법을 지속적으로 고민할 필요가 있다. 그리고 그것은 이전에는 없었던, 전쟁을 경험한 다른 '목소리'를 보다 면밀하게 (재)발굴하는 작업이기도 하다.

이러한 견지에서 이 글은 박완서가 일련의 소설을 통해 전쟁 경험을 '서사화'하고 있는 것이 아니라 '공간화'하고 있다는 것을 말하고자 한다. 이를테면 박완서는 등단작 『나목』을 포함해 전쟁

---

12 박완서, 『그 많던 싱아는 누가 다 먹었을까』(박완서소설전집 19), 세계사, 2016, 268쪽.

경험을 환기하고 있는 다수의 작품 속에서 '집'과 같은 한정된 공간에서 벌어지는 인물들의 투쟁을 초점화하는데, 이때 집은 가부장 질서에 매어 있는 여성들의 거점에 그치는 것이 아니라 그들 각자가 지닌 '지리학'의 차원에서 보다 특별한 위상을 갖는다. 박완서의 소설에서 집을 매개로 펼쳐지는 전시의 경험은 그 안에서 부대끼고 시달리는 몸(들)의 물질성에 각인됨으로써 전쟁이 몸으로 접혀진(fold) 특정한 존재 양태를 불러온다. 집은 더 이상 개인에게 친밀하고 안정된 공간이 아닌 개인 내부 혹은 가족·공동체를 화해 불가능한 존재로 구조화하는 장소가 되며, 이러한 경험은 그것이 체현된 이들 '몸'의 물질성과 확실성으로 인해 무엇으로도 재현되거나 환원되거나 분유(分有)되지 않는다.

이처럼 박완서 소설에서 집과 몸은 일종의 '경험의 구조'를 적시하고 있으며 그것은 그의 소설세계를 관통하는 축이기도 하다.[13] 박완서에게 '전쟁 경험의 문학적 형상화'는 한국전쟁이라는 우리 현대사의 비극을 자꾸만 망각해가는 세태를 진단하고 그것을 극복하려는 작가의식의 발현을 뜻하기도 하지만,[14] 그것이 전

---

13 전쟁 경험에 대한 형상화뿐만 아니라, 박완서가 소설을 통해 지속적으로 그려낸 젠더화된 노동과 가족이데올로기는 여성의 몸으로부터 구축되는 집, 가족 자본의 문제에 폭넓게 연결되어 있다. 물질적이고 담론적인 장소로서의 몸을 중시한 그의 소설세계는 몸·집과 같은 미시스케일과 한국 현대사를 하나의 적층구조로 제시하고 있다는 점에서 한국(인)이라는 실존적 차원의 틈새를 파고든다.

14 박완서는 자전적 소설 『그 산이 정말 거기 있었을까』의 초판 작가 서문에서, "개인사인 동시에 동시대를 산 누구나가 공유할 수 있는 부분이고, 현재의 잘사는 세상의 기초가 묻힌 부분이기도" 한 자신의 옛 기억을 "망각의 힘"에 저항하고자 펼쳐보이게 됐다고 창작 동기를 밝히고 있다.(박완서, 「작가의 말」, 『그 산

쟁 경험을 쉼 없이 반복·변주하는 그의 소설의 의미를 다 설명해 내지는 않는다. 박완서의 소설이 전쟁을 말하는 목소리보다 에코 나 사운드의 형식에 보다 가까운 이유는 그것이 '공간화된 경험' 이 '발화'하는 비인칭적 특성을 띠고 있기 때문이다. 이제 전쟁을 이야기하는 그의 소설이 보여주는 특별한 지리학의 내용을 검토 해보고자 한다.

2. 전쟁을 체현하는 집의 젠더지리지

주지하다시피 한국전쟁은 1950년 6월 25일 새벽 북한 인민군 의 기습적인 남침으로 개전되어 전쟁 발발 삼 일만에 대한민국 공 화국의 수도 서울은 적치(敵治) 상태로 접어든다. 당시 이승만 대 통령이 미국의 개입과 지원을 기대하던 와중에 27일 돌연 대전으 로 피신하면서 서울 및 경기 북부에 거주했던 사람들의 유일한 탈 출구였던 한강 다리를 폭파했던 사건은 세계사에 기록될 만한 장 면이다. 이윽고 미군 및 UN군의 공세로 서울은 9.28수복이라는 국면에 들어가지만 이어진 중공군의 개입은 이듬해 정세를 1.4후 퇴라는 새로운 상황으로 견인한다. 이처럼 당시 서울을 두고 벌어 진 '국가'의 첨예한 교체 사태는 서울이라는 지정학적 위치의 중요 성을 환기했을 뿐만 아니라 '순결한 국민'을 둘러싼 담론을 발생 시키기도 했다.

이 정말 거기 있었을까』, 웅진출판사, 1995.)

이른바 '적치하 삼 개월'의 상황을 포함해 당시 서울에서의 전쟁 경험을 직접적으로 남긴 기록물은 많지 않다. 자주 거론되는 『고난의 90일』[15]이나 『적화삼삭구인집(赤禍三朔九人集)』[16]은 반공의 의도 아래 전쟁 경험을 곧바로 공산주의의 경험으로 축소시켜 전쟁 상황에서 타자의 얼굴을 똑바로 보지 못했을 뿐만 아니라 자신마저 근본적으로 추상화하는 결과를 가져왔다고 평가되고,[17] 국가라는 초자아의 시선 앞에서 구축되는 반공주의적 죄책감이 개인의 선악유리 차원으로 내면화되는 형국을 증거하고 있다고 해석되기도 한다.[18] 문학의 경우 염상섭의 『취우(驟雨)』[19]가 당시 피난 가지 못했던 서울사람들의 생존 풍경과 이른바 도강파(渡江派)와 잔류파(殘留派)를 둘러싼 인물들의 관계 변화를 보여주는데, 이는 작가가 실제 적치하에서 이루어졌던 선택의 불가피성을 재현하여 당시 국민 간 갈등을 불식시킬 수 있는 가능성을 문학적으로 타진한 것으로 논의된다.[20] 그러나 정호웅의 지적대로 박완서는 '적치

15   유진오 · 모윤숙 · 이건호 · 구철회, 『고난의 90일』, 수도문화사, 1950.

16   양주동 · 백철 · 장덕조 · 김용호 · 박계주 · 최정희 · 오제도 · 손소희 · 송지영, 『적화삼삭구인집(赤禍三朔九人集)』, 국제보도연맹, 1951.

17   신형기, 「6.25와 이야기: 전쟁 수기들을 중심으로」, 『상허학보』 31, 상허학회, 2011, 215-216쪽.

18   이민영, 「전시의 서울과 피난의 (불)가능성」, 『현대소설연구』 71, 한국현대소설학회, 2018, 366-368쪽.

19   염상섭의 『취우』는 전쟁 기간인 1952년 7월부터 1953년 2월까지 『조선일보』에 연재된 장편소설로 적치하 서울에 잔류한 사람들의 계층에 따른 대응방식을 보여준다.

20   김영경, 「적치하 '서울'의 소설적 형상화: 염상섭의 『취우』 연구」, 『어문연구』 45-2, 한국어문교육연구회, 2017.

삼 개월'이라는 대상에 정면에서의 접근을 시도한 이례적인 작가로,[21] 특히 1.4후퇴라는 서울시민의 전면적 피난 기획 이후의 문학이 주로 부산을 배경으로 삼고 있는 것과 비교해 박완서의 그것은 계속해서 서울 혹은 경기 북부 지역을 무대로 하는 특수한 생존기를 보여준다는 점이 중요하다.

그러나 『목마른 계절』, 『싱아』, 『그 산』과 같이 박완서의 전쟁 경험이 비교적 직접적으로 다뤄진 작품들의 의미가 단지 그 시공간적 재현의 희소성에 국한되는 것은 아니다. 이들 작품에서 주목되는 전시의 집은 '피난가지 못한 여성'이라는 위치에서 비롯되는 경험의 특수성이 구체적으로 그려지는 공간으로, 여성·가족의 이름으로 배타적으로 할당되는 사적(private) 세계의 질서가 중단되고 전쟁터의 후방이 전방으로 역전되는 상황을 보여주는 무대이다. 이러한 '집'과 전쟁을 체현하는 여성의 '몸'은 다양한 공간적 스케일(scale)의 관계성에 주목하는 젠더지리학의 관점에서 읽히기를 요청하며, 이러한 독법은 서사주체의 정체성을 이해하는 것을 넘어 작가의 소설세계를 총체적으로 해석하는 지도를 그릴 수 있게 한다.

젠더지리학(gender geography)은 공간에 기입된 사회적 관계를 페미니즘·젠더 연구의 계보와 맥락 위에서 고찰하는 인문사회과학 분야의 연구 방법론이다. 젠더지리학이 가리키고 있는 '지리학'이라는 분과학문적 용어는 실증주의 지리학과 대별되는 인문지리

---

21   정호웅, 「타자의 시선과 맞겨루는 주체」, 박완서, 『목마른 계절』(박완서소설전집 2), 세계사, 2016, 436-437쪽.

학, 공간에 새겨지는 정치 · 경제학적 권력 관계와 그러한 공간의 위계적 할당을 문제시하는 마르크스주의 비판지리학, 공간이나 장소에 배태된 지식 · 권력 · 주체를 일종의 경관-텍스트로 비평하는 문화지리학 등이 지닌 연구 방법론 및 대상(field)과의 접점을 환기한다. 이들의 문제의식은 공간을 고정되거나 매끄러운 것, 비변증법적인 것으로 간주해온 과거의 관점을 비판하고 공간을 구성하는 힘들의 교차와 그 관계성을 사유하는 데 있다.

이처럼 젠더지리학은 기본적으로 공간을 구축하는 경계와 역동성에 주목하여, 그것이 다양한 층위의 스케일에서의 사회적 상호관계 속에서 관계적이고 유동적으로 형성된다고 바라보는 비판적 공간이론이다. 젠더지리학은 지리학계 내부의 남성중심성을 비판하는 것은 물론, 공적/사적 공간의 이분법적 분할이나 공간에 작동하는 위계적인 젠더 분할 체계를 해체하는 것으로 나아가고자 하며, 과거에 비가시화되고 배제된 여성의 공간을 공적 담론으로 자리매김하고자 한다.[22] 그렇다고 해서 지리학과 젠더의 만남이 갖는 의미가 젠더화된 공간 분할의 기제와 성차별이데올로기, 그리고 차별을 지속 · 양산하는 억압적 사회적 구조를 그 분석과 비판의 대상으로 바라보는 데 있는 것만은 아니다. 페미니즘 · 젠더 연구가 여성으로의 주체화나 성별화된 정체성 수행의 과정을 초점화하는 것과 마찬가지로, 젠더지리학은 젠더화된 공간의 (재)구성과 유동성이 주체에게 육화되고 체현되는(embodied) 메커니즘

---

22 질리언 로즈, 정현주 역, 『페미니즘과 지리학: 지리학적 지식의 한계』, 한길사, 2011 참조.

을 문제시한다. 다시 말해 성별화된 몸이나 젠더의 차이로부터 오는 서로 다른 장소경험이 어떻게 다양한 공간적 스케일을 (재)구성하고 그것이 다시 젠더의 사회적 구성을 이루고 있는지를 드러내고자 하는 것이다.

이러한 견지에서 박완서의 소설세계를 관통하는 주제이자 작가의 원체험으로서의 한국전쟁에 대한 논의는 가족·공동체의 훼손과 불가능한 애도의 문제와 연결되기에 앞서 그것이 '젠더화된 생존기'를 쓰게 했다는 점에서 출발해야 할 것이다.『목마른 계절』,『싱아』,『그 산』과 같은 자전적 소설의 주인공들은 일상화된 전쟁을 하루하루 경험해가면서 자기의 존재 양태를 동적(動的)인 것으로 파악하는데, 특히 인민군의 겁박과 탈취, 극도의 궁핍 속에서 남성 가부장이나 가족 구성원을 먹이고 입혀야 하는 문제에 내몰려 전쟁상태를 계속해서 '삶'으로 체현하고 있는 경우라 할 수 있다. 박완서 소설에서 전시의 여성은 이러한 독특한 위치에 서서 전쟁에 대한 여타의 문학이나 기록이 세밀하게 포착해내지 못한 전쟁의 또 다른 얼굴을 보여준다.

박완서의 자전적 소설『싱아』는 박적골이라는 근원적 장소에서의 체험과 그로부터 이소(離巢)하는 소녀의 성장기가 중심을 이루고 있다. 유년기의 '나'는 세계의 전부였던 박적골과 현저동의 집을 비교하면서 계속해서 자기 세계를 재구성하는데, 특히 현저동 집은 박완서의 많은 소설에서 반복적으로 등장하는 매우 특별한 공간이다. 그것은 나의 '엄마'라는 개인이 상상할 수 있는 최대치의 근대적 기획의 일환으로, 나를 이른바 '신여성'으로 만들기 위해 처음 '말뚝'을 박은 곳이라는 이유 때문만은 아니다. 송은영은 현저동의 특별한 장소성이 단지 '처음'이기 때문이 아니라, 박적골과의 비교 속에서 형성된 그것이 주체로 하여금 '뿌리내림'과 '거리두기'의 의식을 동시에 작동하게 하는 근원적 주변성을 내포하고 있기 때문이라 보았다.[23] 박적골과는 또 다른 의미에서의 근원적 장소인 현저동 집은 결론적으로 박적골을 기형적으로 옮겨놓은 장소가 되는데, 그러한 요인은 단연 그 집으로부터 체현된 전쟁 경험에 있다.

개인이나 공동체가 어찌할 수 없는, "무지막지하게 지조되어 들어온 시대의 씨줄"[24]로서의 전쟁 경험은 『싱아』 후반부에서 『그 산』으로 이어지는 부분의 서사에서 본격화된다. 해방기의 혼란과 갈등을 이데올로기적 대립의 관점에서만 바라봤던 '오빠'와 '나'의 사고체계, 그리고 좌익 활동에의 가담은 젊은 치기를 보여주는 것이기에 앞서 "어느 한쪽 이념에 붙지 않으면 불안한"[25] 당시 사회상을 반영한 것이다. 어린 시절부터 줄곧 나의 우상이던 오빠는 첫 번째 올케와의 사별을 극복하려는 동기까지 더해 좌익 활동을 선택하고, 이로부터 촉발된 엄마와 오빠의 갈등은 "6.25가 날 때까지 거의 1년에 한 번 꼴로 이사를 다녀야 했"(212)던 것으로 현실화된다. 그런 오빠가 두 번째 결혼으로 가까스로 마음을 잡고 교사로 취직하면서 보도연맹에 가입했던 짧은 평화의 시절 속에,

---

23 송은영, 「'문밖의식'으로 바라본 도시화: 박완서 문학과 서울」, 『여성문학연구』 25, 한국여성문학학회, 2011, 116-120쪽.

24 박완서, 「작가의 말」, 『그 산이 정말 거기 있었을까』, 웅진출판사, 1995.

25 박완서, 『그 많던 싱아는 누가 다 먹었을까』, 207쪽. 이하 본문 내 괄호 안의 숫자는 책의 면 수.

"좌익을 탄압하는 정도가 아니라 근절을 신생독립국가의 기본방침으로 삼"(226)은 대한민국 정부 수립과 전향 후유증을 오빠 자신이 아닌 엄마가 심각하게 앓는 모습이 겹쳐짐으로써 앞으로의 일이 암시된다. 지난한 이사에 종지부를 찍고 교사 사택에 정착하려는 마지막 이사를 앞두고 전쟁이 발발해버린 것이다.

집이란 인간이 타자와 관계 맺는 최초의 공간이자 개인의 자아정체감을 구조화하고 유지하게 하는 고정된 공간이다. 특히 공동체를 구성하는 기본 단위인 가족을 위한 안식처로서의 집은 오늘날에도 본질적으로 개인적이고 사적인 공간으로 인식되곤 한다. 그러나 전쟁 발발 직후 바뀐 세상에서 이루어진 오빠의 첫 귀가는 수의(囚衣) 차림의 사상범들과 함께였고 나와 엄마, 올케는 오빠나 가족 전체가 '거물'로 낙인찍힐까 전전긍긍한다. 오빠가 의용군으로 붙들려간 사이 다시 세상이 바뀌고, 애국이 반공이 되는 계엄령하에서 나는 '벌레의 시간'을 체험한다. 1.4후퇴를 앞두고 오빠는 생존해 돌아오지만 그는 자기가 없는 동안 태어난 아들을 안아보려고 하지조차 않을 정도로 심각한 정신적 외상을 입은 상태였고, 피난 기획을 완수하기 직전 오빠의 '시민증' 획득과 그의 사인(死因)이 된 허벅지 관통상이 등가교환되는 아이러니한 사태는 일가를 다시 현저동으로 이끌게 된다. 이러한 경과 속에서 피난가지 못한 자들의 집은 이제 가족의 화합과 안정을 도모하는 공간이 아닌 피난을 가장해야 하는 연극적 무대가 된다. 게다가 그것은 나의 엄마가 남매의 근대적 생을 설계하는 최초의 거점이었던 집과 다른, "먹다 남은 밥상이 그냥 헤벌어져 있"는, "총각김치의 이빨자국이 선명"한, 주인이 피난을 떠나고 잠겨있던 "허술한 집", '남의 집'이다.(281-282) 이처럼 젠더화된 생존기는 여성이 이러한 이름 없는 집을 하나의 진지(陣地)로 구축하는 것으로부터 시작된다.

> 올케가 나더러 보급투쟁을 나가자고 했다. (중략) 올케는 어느 틈에 만반의 준비를 해놓고 있었다. 장도리, 펜치, 끌, 드라이버, 손도끼 따위 이 집에 있는 연장은 모조리 찾아낸 것 같았다. 도둑질 아니라 수틀리면 살인도 하게 생겼다. 전등불 없이 사는 동안에 우리 눈은 올빼미처럼 밝아져 있었다. (중략) 지금부터 하려는 일에 대한 수치심과 공포감 때문에 더 밝음이 부담스러웠을 것이다. 앞장선 올케는 횅허케 더 높은 비탈 쪽으로 향했다. 비탈에 붙은 집들은 해방 후 혼란기에 들어선 하꼬방들이었다. 없는 사람들이라 문단속도 허술했다.[26]

박완서의 자전적 소설에서 전면화되는 여성 인물들은 6.25 발발 직후의 일차 피난과 1.4후퇴라는 이차 피난을 모두 제대로 수행하지 못했던 탓에 국가의 첨예한 교체 사태를 온몸으로 겪으면서 전쟁상태를 먹고 입는 몸의 실존적 상황으로 체현한다. 박완서는 주인이 피난가고 없는 빈집에서 먹을거리와 이불, 옷감 등을 도둑질해 연명하는 장면을 『목마른 계절』, 『그 산』에서 공들여 서술하고 있고, 장편 『도시의 흉년』(1979)에서는 그것을 아예 축재

---

26 박완서, 『그 산이 정말 거기 있었을까』(박완서소설전집 20), 세계사, 2016, 37-38쪽.

(蓄財)의 기반으로 삼기까지 하는 여성 인물을 제시한다. 나와 올케가 벌이는 '보급투쟁'은 타자들의 적나라한 생활의 현장과, 그것을 능숙하게 다루는 여성들의 침투력, 그리고 "며느리와 딸이 밤마다 저지르는 차마 못할 짓에 대해 철저하게 함구"(41)하는 엄마로 인해 젠더화된 생존기의 모순된 특성을 대변하는 장면이 된다. 이러한 장면들은 단지 먹고 입는 일, 즉 가사·돌봄노동의 현장에 익숙한 여성들의 생존 방식이 표면화된 결과인 것이 아니다. 젠더화된 생존기의 본질적 의미는 집의 공간성이 새로운 차원으로 옮아가는 전시 상황에서 가족 구성원 각자의 분투가 집과 몸으로 구조화되는 경험에 있다.

한편 한국전쟁 당시 피난의 경험은 통상적으로 한강을 경계로 하여 의미화되는 것이지만 박완서의 경우 그것이 집을 중심으로 펼쳐지고 있어 별도의 해석을 요한다. 즉 피난가지 못한 여성에게 전시의 집은 복수(複數)의 이데올로기가 계속해서 교차하고 통과하는 접경지대이자 피난의 주체와 목적을 특정하기를 끊임없이 유보해야 하는 진공상태의 공간이다. 주지하다시피 한강 이남으로의 피난 경험은 대한민국 성원권을 획득하는 자격이 되며 서울에 남아있던 사람들은 자동적으로 적/동지를 구분할 수 없는, '감염'의 혐의가 있는 존재들로 위치지어진다. 국가의 부재 속에서 더욱 심화되는 피아식별의 전쟁논리는 이웃이나 동료의 의심이나 목격의 형태로 민간에 이양되고, 이러한 속화된 이분법적 질서 하에서 집으로의 피난은 발병을 앞둔 잠복상태와 같은 것이 된다. 나의 일가가 다시 '빨갱이'로 취급될지, '국민'으로 대접받게 될지는 그들 머리 위로 오가는 어떤 전선에 어떻게 발각되는가에 달려 있으며, 이러한 잠복상태의 일상은 사실상 부재하는 전쟁에 압도적인 지배를 받는 모순된 상황을 의미하기도 한다. 따라서 여성들이 구축하는 생활'전선(戰線)'은 그들이 감행하는 처절한 생존 투쟁이나 여성적 연대에 대한 은유이기에 앞서, 계속되는 대기상태와 잠복기를 그들 스스로 추구해야만 하는 모순된 상태를 가리킨다. '보급투쟁'의 '수치심'과 '공포감'은 밤 도둑질에서 오는 것일 뿐만 아니라 근원적으로는 이러한 상황에의 인질상태에서 유래하는 것이기도 하다.

전쟁이 지나갔다면 패자의 잔해와 호곡이 있어야 할 게 아닌가? 또 승자의 함성과 횡포도 있어야 할 게 아닌가?

이것은 분명히 전설에나 나오는 끔찍한 전염병이 휩쓸고 지나간 거리인 것이다.

역신(疫神)이 지배하는 거리. 그러면 진이네는 무엇이란 말인가? 전염병을 면할 수 있었던 행운아들? 아니다. 역신조차 외면하는, 지옥으로 가는 축에서조차 따돌림을 당한 저주받은 족속인 것이다.[27]

『목마른 계절』의 '진'은 『싱아』나 『그 산』의 '나'와 마찬가지로 적치의 시간을 보낸 뒤 부역 의심자에 대한 무자비하고 사사로운 복수 행위가 횡행하는 것을 목격한다. 따라서 진 역시 1.4후퇴라는 전면적 피난 기획에 적극 동참하려 하지만 오빠 '열'이 시민증을 얻는 과정에서 국군의 오발로 허벅지 관통상을 입는 바람에

---

27 박완서, 『목마른 계절』(박완서소설전집 2), 283쪽.

한강을 건너지 못하고 남의 집에서의 가짜 피난을 공작하게 된다. 모두가 떠난 낯선 동네에서 진은 전쟁의 적막이라는 아이러니한 풍경과 마주하면서 그러한 전쟁-전염병의 부재상태보다 차라리 '발병'의 상태가 나은 것으로 인식하며 일종의 수치심을 느낀다.

이처럼 상황에의 인질상태라는 아이러니는 '집'이라는 물질적 거점을 가지며, 여성에게 전장의 전쟁과는 다른 전쟁을 경험하게 한다. 이는 진이 전쟁의 속성을 '체감'하는 것과 '체현'하는 것의 차이를 읽을 수 있게 하는 대목에서 설명된다. 전쟁 발발 직후 진은 바뀐 세상에 환호할 정도로 이데올로기의 역동성을 좇는 여대생이었다. 길거리에 방치된 국군의 시체를 보고 "전쟁의 명분을 얼굴로 치면, 살육과 파괴는 내장이다", "아름다운 얼굴에 아름다운 내장이 따를 리도 없다"(55-56)면서 환멸에 빠지다가도 이내 스스로를 다잡고 한껏 오만해진다. 그러나 가짜 피난의 시기에 이르면 그는 이미 보았던 전쟁상태의 진면목을 새롭게 관찰하게 되는 특수한 위치를 획득한다. 그리고 '남의 집'에서, 잠복상태로 경험되는 전쟁을 통해 유동하는 적/동지의 구분을 집의 공간적 확실성 위에서 새롭게 인식한다. 진이 밤 도둑질 중 목격하는 판자촌의 지저분하고 적나라한 생활의 단면에 애착을 느끼는 것은 '전쟁의 일상화'[28]라는 특수한 사태 속에서 잠복상태라는 현실을 희석시키

---

28 "전쟁으로 일상성은 단숨에 예고 없이 붕괴되지만 전쟁이 다시 일상이 되면 일상성은 전쟁을 압도하며 회복된다."(김미향, 「1950년대 한국 전쟁소설에 나타난 전쟁과 일상성의 상호침투 양상」, 『한국문학이론과 비평』 42, 한국문학이론과 비평학회, 2009, 501쪽.) 이러한 측면에서 '전쟁의 일상화'는 전장이 아닌 민간인의 '생활'에 침투한 전쟁상태의 특성을 조명하게 하는 관점이라 할 수 있다.

는 효과를 주기 때문이다. 그리하여 인근에 주둔하는 인민군이 빈 집들을 부수고 흙발로 밟고 살림살이를 짓이기자 진은 형언할 수 없는 분노를 느낀다. "꼭꼭 닫혔던 문들이 활짝활짝 열린 채 오장 육부를 드러낸 썩은 시체"(304)같은 '남의 집'의 죽음은, 그로 하여금 앞서 한 인간의 시체를 대면했을 때보다 즉각적인 적의를 품게 한다. 이는 진이 전쟁을 전장이 아닌 집이라는 일상의 영역에서 공간적으로 체현하는 것을 확인케 해주는 대목이다.

체현은 주체의 변이(trans)를 계속해서 수행하게 하는 자기반영적 동인이다. 린다 맥도웰은 체현이라는 말이 몸의 조형성 또는 가단성(可鍛性, malleability)을 가리키고 있으며, 그것은 곧 몸이 '지리학'을 갖게 된다는 것을 의미한다고 지적한다.[29] 몸 자체 혹은 몸을 통한 수행과 그것의 유동성은 박완서의 자전적 소설에서 집의 공간성과 중첩되고 혼재되어 분리되지 않는다.

아직 무엇으로 발병할지 모르는 잠복기를 살아내야 하는 집으로의 피난은, 엄폐와 노출 사이에서 유동하는 공간의 조직화 기제를 주체로 하여금 체현하게 만든다. 결국 전시의 집을 통해 "살아내는 지리적 경험"[30]은 생활-전선의 중첩과 그 경계를 체현하는 것을 의미한다. 이때 '살아내는'이 가리키는 주체와 '경험'이 가리키는 대상은 공간을 매개로 하여 양쪽으로 환원되지 않는 이합적

---

29 린다 맥도웰, 여성과공간연구회 역, 『젠더, 정체성, 장소: 페미니스트 지리학의 이해』, 한울, 2017, 83쪽.

30 캐스 브라운·개빈 브라운·제이슨 림, 김현철·시우·정규리·한빛나 역, 『섹슈얼리티 지리학: 페미니즘과 퀴어 지리학의 이론, 실천, 정치』, 이매진, 2018, 396쪽.

상호 관계를 형성한다. 이는 전쟁 경험이 '집'과 '몸'으로 공간화되는 과정에서 무엇으로도 재현되거나 환원되거나 분유될 수 없는 것으로 자리하게 되는 것을 의미하는데, 이로써 전쟁을 함께 겪은 개인이나 가족, 공동체는 결코 '우리'로 불리지 못하고 각자의 신체를 앓는 것으로 전쟁을 체현하게 된다.

3. 생존한 몸의 좌표와 그 기록의 형식

모든 지리학적 방법들이 궁극적으로는 물질세계의 변화를 촉구한다는 점에서 젠더지리학 또한 공간을 정치적인 것으로 사유한다. 이 같은 특징은 공간의 (재)구성과 유동성을 촉발하는 사회적 관계들이 거기에 어떻게 기입되고 작동되는지를 설명할 때 신체(body)를 중요한 고려대상으로 삼고 있다는 점에서 보다 명확히 드러난다. 근대적 사고체계에 등록되어 있는 정신과 신체의 이분법적 구분은 '주체'와 '몸'과 '경험'이 각각 서로에게서 등을 돌리게 만들었고, 사실상 이러한 구분의 중심에 놓여 있는 성별화된 몸의 문제는 젠더와 공간의 이론적 · 실천적 접목에서 중심축이 될 수밖에 없다.

비판지리학의 견지에서 몸을 사회적 관계들이 기입되고 그것들이 수행되는 하나의 공간으로 바라본다면, 주체와 몸은 서로가 서로를 (재)구성하는 자기조직체계(autopoiesis)가 되어 몸에 새겨지는 의미와 실천을 계속해서 생성한다. 이처럼 오늘날의 인문지리학은 공간을 '인식의 형식'이 아닌 '존재의 형식'으로 바라보고 각각의 '나'가 신체를 매개로 하여 세계와 독자적인 관계를 만들어 나간다는 기본 전제를 갖는데,[31] 젠더지리학은 여기서 보다 심화되는 변별의 지점을 갖는다. 그것은 공간에 기입되는 사회적 관계들의 가장 첨예한 각축장으로서 '몸'의 중요성을 강조하여, 정신과 신체의 이분법으로부터 파생된 '나'라는 인식론적이고 선험적인 보편주체의 자리를 의문시하고 대신 몸의 물질성을 그 자리에 위치시키는 것이다. 따라서 젠더지리학의 관점에서 '주체'와 '몸(공간)'과 그것이 살아내는 '경험'은 서로 의존해 있는 동시에 끊임없이 서로를 교차하고 통과하는 비고정적인 관계를 가질 뿐만 아니라, 이러한 계속된 삼투 과정에서 남는 흔적[情動]이 그 자신을 드러내는 방식으로 체현된 주체(embodied subject)[32]로서의 몸을 내세운다는 점을 부각한다.

박완서의 전쟁 경험을 이러한 공간적 체현의 관점에서 검토할 수 있는 이유는 상술한 전시의 집이 갖는 공간성과 더불어, 그가 소설을 통해 반복적으로 제시한 '오빠의 죽음'을 경험하고 의미화하는 방식이 이로부터 정향됐기 때문이다. 박완서 소설에서 집을 통해 '오빠'와 더불어 생존하고자 했던 여성(들)의 악전고투는 한국전쟁이라는 '국가 되기'와 '국민 되기'의 소용돌이 속에서 목격되는 하나의 구체적인 생존의 기록이지만, 끝내 오빠의 죽음을 막지 못했으므로 그것은 실패한 엑소더스(exodus)의 기록이기도 하

---

31 마루타 하지메, 박화리 · 윤상현 역, 『장소론: 웹상의 리얼리즘과 지역의 로맨티시즘』, 심산출판사, 2011, 13쪽.

32 김현미, 「페미니스트 지리학」, 『여/성이론』 19, 여성문화이론연구소, 2008, 286쪽.

다. 따라서 박완서의 일련의 자전적 소설은 실제로는 단순한 '생존기'가 아닌 '생존'이라는 존재 양태를 설명해주는 기록이며, 여기서 젠더화된 생존기에 내포된 또 다른 특징이 도출된다.

『싱아』후반부와『그 산』초반부의 서사에는 과거 좌익 활동에 가담했던 오빠가 전쟁 발발 직전에 전향해버려, 바뀐 세상에서 이쪽도 저쪽도 아닌 상태에 놓이게 되는 상황이 그려진다.『싱아』에서 오빠는 "지하에 숨을 기회도 놓치고 당에 속죄할 기회도 놓치고 마냥 어정쩡한 무소속 상태"[33]로 있다 우발적으로 의용군에 끌려가고 9.28수복 후 요행히 집에 돌아오게 되는데, 돌아온 오빠는 전쟁과 숙청에 대한 공포로 정신이 반쯤 나간 상태였다. 그런 그가 유일하게 의지를 내는 대상은 그가 없을 때 태어난 아들도, 가족도 아닌, '빨갱이'로 발병하지 않을 수 있는 가능성, '피난'뿐이다. 그렇게 한강 이남으로 피난하고자 했던 그는 국군의 오발 사고라는 지독한 운명의 장난으로 결국 운신하지 못하게 된다.

여기서 오빠가 입은 관통상은 상징적인 의미를 지닌다. 피난의 가능성이 사라지자 오빠는 신체적 고통을 못 느끼는 것처럼 행동하고 말을 더듬게 된다.

오빠가 말을 더듬기 시작했다. 속에서 끌어당기는 것처럼 허한 소리였지만 나에겐 아우성처럼 들렸다. 오빠가 무엇을 그렇게 애타게 궁금해하는지 드디어 명백해졌다. 오빠는 이 수도 서울에 우리 식구 말고 다른 사람이 있나 없나를 알고 싶은 게 아니라 우리가 누

---

33   박완서, 『그 많던 싱아는 누가 다 먹었을까』, 256쪽.

구 치하에 있나가 알고 싶은 거였다. (중략)

오빠의 말더듬증은 나아지지 않았다. 더 심해지고 있다는 걸 본인도 느끼는지 번번이 더듬기만 하고 말 끝을 못 맺었다. 그걸 듣는 건 고문당하는 것처럼 고통스러웠다.[34]

오빠는 전장에서의 트라우마와 피난가지 못한 상황에 대한 공포로 말을 더듬고 계속해서 안절부절못한다. 나는 어떻게든 전선과 마주쳤던 오빠가 살아왔을 리 없으며, 그가 전장도 아닌 곳에서 뒤늦게 입은 총상은 곧 그의 상징적 죽음을 의미하는 것으로 이해한다. 그리고 오빠가 여전히 생존해 있음에도 불구하고 그를 죽은 사람처럼 인식하면서, 그에게서 죽은 자를 대할 때와 같은 낯선 감각과 혐오감을 느낀다.

의용군으로 나갔다가 국군 지역으로 돌아왔다면 어디서고 한번은 그 금을 넘었을 것이다. 제가 무슨 불사신이라고 그가 만신창이가 돼서 돌아온 건 당연하다. 오빠의 다리에 뒤늦게 입은 총상은 그 상징에 불과하다. 나는 오빠에 대한 헤어날 길 없는 육친애와, 산 사람이 죽은 사람에게나 느낄 것 같은 차디찬 혐오감이 겹쳐 오한이 있을 때처럼 불안하고 불쾌했다.[35]

그의 잠든 모습은 살아 있는 사람 같지가 않았다. 그가 사선을 넘

---

34 박완서, 『그 산이 정말 거기 있었을까』, 16쪽.

35 박완서, 위의 책, 17-18쪽.

었다는 게 믿어지지 않았다. (중략)

오빠는 예전의 그가 아니었다. 그럼 돌아온 게 아니지 않나. 나는 잠든 오빠를 보고 있으면 전선이 어떻게 생겼을까 하는 의문이 도지곤 했다. 적과 우리 편을 분간할 수 있는 선 같은 게 있을까? (중략) 어떤 미친 사람이 홀로 그 선을 향해 돌진한다면 틀림없이 앞뒤에서 일제히 맹렬한 살의가 퍼부어질 테고 순식간에 온몸이 벌집이 되고 말 것이다. 오빠도 살아 돌아온 게 아니라 그때 무참히 죽은 것이다. 지금 아랫목에 누워 있는 건 오빠의 허깨비일 뿐 진정한 그가 아니다.[36]

이처럼 오빠가 입은 총상은 그의 상징적 죽음일 뿐만 아니라 그로 하여금 '집'을 통해 존재하게 하는 요인이다. 오빠의 관통상은 곧 '피난 불가능성'을 의미하기에 그의 말더듬 증상은 절망의 표현이기도 하지만, 실은 그것이 내가 인식하듯이 살아있는 인간으로서의 지표를 상실해가는 것을 나타내는 것이기도 하다. 그의 허벅지를 관통해 있는 구멍으로 한 인간으로서의 오빠는 빠져나가고, 그 자리는 그가 유폐되어 있는 집의 공간성이 채우게 된다. 생활과 전선의 중첩 속에서, 엄폐와 노출 사이에서 유동하는 공간성이 오빠를 침윤시키는 과정은 소설에서 '오빠의 죽음'을 한 존재의 죽음이 아닌 '사라짐'을 목격한 초현실적 체험으로 이야기하는 데에서 또한 확인된다.

---

36 박완서, 위의 책, 25-26쪽.

체온 외엔 오빠가 살아있을 때하고 달라진 건 아무것도 없었다. 눈 똑바로 뜨고 지키고 앉았었더라고 해도 아무도 그가 마지막 숨을 쉬는 순간을 포착하지 못했을 것이다. (중략) 그는 죽은 게 아니라 8개월 동안 서서히 사라져간 것이다. 우리는 아무도 그의 임종을 못 본 걸 아쉬워하지 않았다. 그 대신 그의 너무도 긴 사라짐의 과정을 회상하고 있었다. 우린 미리 상갓집에 잘 어울리는 표정을 짓고 있었기 때문에 아무것도 할 것이 없었다. 날이 밝을 때까지의 시간관념도 없었다.[37]

나를 포함한 가족들은 그의 사라짐의 과정을 회상하면서 그다지 비통해하지 않는다. 오빠는 관통상을 당하고, 말을 잃는 과정을 거쳐, 결국 '사라진' 것이다. 오빠의 실제적 죽음은 복중(伏中)의 '부란의 냄새'로 인식될 뿐이며, 남은 이들은 서둘러 그를 빈 농가에 매장한다.

이 대목에서, 단지 썩을 것을 염려하여 숨 끊어진 지 하루도 안 된 오빠를 되는 대로 매장해버린 것과, 숙모가 쑤어 온 팥죽이 단지 쉴까 봐 '아귀아귀' 먹어 치우는 행위는 상동성을 보인다. 오빠의 죽음(사라짐)이 갖는 비물질적이고 비실재적인 특성은 부패의 '냄새'라는 몸의 반응으로 각인되고, 나와 올케, 엄마는 그를 즉각적으로 집에서 분리시킨다. 그리고 그 행위를 허기가 느껴지지 않음에도 불구하고 '쉴까 봐' 팥죽을 먹어 치우는 유사한 형식으로 한 번 더 반복한다. 이를 통해 '오빠의 죽음'이라는 사태는 '집'

---

37 박완서, 위의 책, 188쪽.

과 '몸'이라는 공간에 등록된다. 그것은 팥죽이라는 비유로, 나의 입을 통해 들어와 오장육부에서 돌아다니고 있는 것이다.

생활과 전선이 중첩되어 있는 집으로의 피난은 나와 올케, 엄마와 오빠에게 서로 다른 전쟁 경험을 체현하게 만든다. 특히 집과 생활 속에서 발생한 '전사자'인 오빠의 죽음-'사라짐'의 과정은 그가 곧 '집'이 되고 그 집이 나의 '몸'이 되는 과정에 다름 아니다. 특히 사자(死者)의 육체가 '냄새'로써 집과 생존한 자들의 몸에 스며드는 것은 집과 몸의 정동적 연결을 형성하는 일차적인 동인이다.

이러한 결과로 그 여성은 결국 집을 몸으로 '앓는' 존재가 돼버리고 만다. 박완서의 소설에서 죽음은 이렇듯 '집'과 '몸'이라는 사적이고 일상적인 영역과 분리 불가능한 상태에서 부지불식간에 도래하게 되는데, 집으로 귀환하는 '죽었거나 혹은 살아있는 망령'의 문제[38]가 서사주체의 신체적 통증이나 감각과 중첩되는 것은 등단작『나목』과「세상에서 제일 무거운 틀니」(1972),「부처님 근처」등을 거쳐 유작「빨갱이 바이러스」(2009)를 관통하는 작가의 문제의식의 발현이기도 하다. 절대적인 타자를 품은 신체는 그것의 생존이 언제나 죽음을 포함하고 있는 특정한 '몸의 상태'를 의미하게 하며, 이는 오직 '신음'과 '떨림'으로만 전달되는, "전쟁

---

38 박성은은 박완서 소설에 나타나는 '분단 트라우마'를 개인이나 가족의 일상적 삶에 엄습하는 두 부류의 '망령'을 통해 분석한다. '죽은 자의 망령'은 전쟁 중에 일어난 죽음들을 의미하고, '살아 있는 자의 망령'은 좌익에 가담했거나 월북한 가족을 의미한다. 이들의 반복적이고 일상적인 출몰은 살아있는 자들의 삶을 전복한다.(박성은,「박완서 소설 속 '망령들'을 통해 본 분단서사의 틈과 균열」,『용봉인문논총』53, 전남대학교 인문학연구소, 2018. 참조.)

상태적 신체"[39]라 할 수 있다.

물질적이고, 담론적이며, 물리적인 몸에 대해서 우리가 아는 유일한 것은 우리가 그것을 알지 못한다는 것이다.[40] 몸의 해부학적 신체성(물질적)과, 몸에 기입되는 사회적 관계(담론적)와, 몸이 안팎으로 꿈틀대며 변용(물리적)하는 특성은 하나로 포착되거나 무언가로 환원되지 않고 계속해서 움직이는 '상태'로서 존재한다. 이러한 전쟁 경험의 공간화 방식은 박완서 소설세계를 규명하는 두 가지 관점을 발견하게 한다.

첫째, 박완서 소설에 등장하는 가족공동체의 성격이다. 전쟁이라는 전방위적 타자화의 경험은 전근대적이고 규범적인 의지처로서의 비혈연 공동체는 물론 가정 내 친족질서까지 재구성하게 만들고, 박완서 소설에서 그것은 화해 불가능한 가족공동체를 직조하는 것으로 나타난다. 이러한 요인은 전쟁 경험으로부터 촉발된 자·타를 향한 적대화 기제의 영향이라기보다, 전쟁을 체현한 각자의 몸이 서로 분유될 수 없는 '상태'로 생존하면서 의존과 해체 사이를 오가는 이합적 상호 관계를 형성한 때문이다. 우리가 아닌 우리로 만들어지는 '츱츱한' 가족공동체는 공통된 윤리감각을 갖지 못하며, 다만 '평균치'라는 경제학적 용어로 집합적 주체

---

39 권명아, 『여자떼 공포, 젠더 어펙트: 부대낌과 상호작용의 정치』, 갈무리, 2019, 255쪽.

40 로빈 롱허스트, 「몸」, 데이비드 앳킨슨·피터 잭슨 외 2인, 이영민·진종헌·박경환·이무용·박배균 역, 『현대문화지리학: 주요개념의 비판적 이해』, 논형, 2014, 183쪽.

가 될 수 있다.

둘째, 전쟁 경험을 형상화하는 박완서의 글쓰기에 관한 것이다. 상술한 바와 같이 주체와 몸(공간)과 경험이 분리되지 않는 형국은 작가 박완서의 글쓰기의 맥락에서 또 다른 의미를 갖는다. 생존의 구조에 언제나 포함되어 있는 전쟁이라는 원체험은 그로 하여금 "현실적인 틀 속에서 어떻게 실재(reality)면서 동시에 허구인 트라우마적인 진실을 대면하느냐"[41]에 대한 문제에 천착하게 한다. 한 존재의 죽음이 아닌 '사라짐'을 목격했던 초현실적 체험과, 그것을 몸으로 체현한 것은 과거 사실에 대한 기술이나 문학적 재현으로 안착되지 않는 미학적 차원의 경험이다. 그러한 전쟁 경험은 자전적 글쓰기 형식과 접목되더라도 양자가 환원되거나 충족되지 않는 형태로 남게 한다. 따라서 그의 글쓰기는 그러한 '몸의 상태'를 좇는 끝나지 않는 행위가 되며, 이는 그의 작품세계를 계속해서 운동 중인 무언가로 파악하게 하는 요인이 된다.[42]

---

41 서길완, 「어떻게 외상을 기억할 것인가?」, 몸문화연구소 편, 『기억과 몸』, 건국 대학교출판부, 2008, 138-139쪽.

42 이러한 측면에서 박완서 소설에서 반복·변주되는 전쟁 경험의 의미를 '수치의 쓰기'라는 메커니즘을 통해 접근할 수 있다. 망각에 저항하는 정치적 발화 행위로서의 그의 글쓰기는 경험 주체와 대상, 그리고 그것을 발화하는 공간으로서 '문학'을 서로 분리하거나 대상화하지 않는다. 다만 글쓰기 자체가 글을 쓰는 몸과 그 내용, 그리고 그것을 읽거나 듣는 몸들에 대가를 치르게 할 뿐이다. 젠더지리학의 관점에서 그의 소설세계에 형상화되는 전쟁 경험을 범박하게 '교차성'이나 '위치의 정치' 문제로만 이야기할 수 없는 이유는 이러한 비인칭적 요소가 그의 글쓰기를 추동하고 있기 때문일 것이다. '몸'과 '글쓰기'가 정동적으로 교통하는 것에 대해서는, 엘스페스 프로빈, 「수치의 쓰기」, 멜리사 그레그·그레고리 시그워스, 최성희 외 2인 역, 『정동 이론』, 갈무리, 2015. 참조.

참고문헌

1. 기본자료

박완서, 『목마른 계절』(박완서소설전집 2), 세계사, 2016.

_____, 『그 많던 싱아는 누가 다 먹었을까』(박완서소설전집 19), 세계사, 2016.

_____, 『그 산이 정말 거기 있었을까』(박완서소설전집 20), 세계사, 2016.

2. 논문과 단행본

1) 논문

김미향, 「1950년대 한국 전쟁소설에 나타난 전쟁과 일상성의 상호침투 양상」, 『한국문학이론과 비평』 42, 한국문학이론과 비평학회, 2009.

김영경, 「적치하 '서울'의 소설적 형상화: 염상섭의 『취우』 연구」, 『어문연구』 45-2, 한국어문교육연구회, 2017.

김현미, 「페미니스트 지리학」, 『여/성이론』 19, 여성문화이론연구소, 2008.

박성은, 「박완서 소설 속 '망령들'을 통해 본 분단서사의 틈과 균열」, 『용봉인문논총』 53, 전남대학교 인문학연구소, 2018.

신형기, 「6.25와 이야기: 전쟁 수기들을 중심으로」, 『상허학보』 31, 상허학회, 2011.

윤택림, 「분단과 여성의 다중적, 근대적 정체성: 1930년대 초 출생한 두 실향민 여성의 구술 생애사를 중심으로」, 『한국여성학』 29-1, 한국여성학회, 2013.

이민영, 「전시의 서울과 피난의 (불)가능성」, 『현대소설연구』 71, 한국현대소설학회, 2018.

이선미, 「박완서 소설과 '비평': 공감과 해석의 논리」, 『여성문학연구』 25, 한국여성문학학회, 2011.

이성숙, 「한국전쟁에 대한 젠더별 기억과 망각」, 『여성과역사』 7, 한국여성사학회, 2007.

정호웅, 「타자의 시선과 맞겨루는 주체」, 박완서, 『목마른 계절』(박완서소설전집 2), 세계사, 2016.

2) 단행본

권명아, 『여자떼 공포, 젠더 어펙트: 부대낌과 상호작용의 정치』, 갈무리, 2019.

김동춘, 『전쟁과 사회: 우리에게 한국전쟁은 무엇이었나』, 돌베개, 2018.

김병익, 호원숙 외 3인, 『박완서 문학앨범: 모든 것에 따뜻함이 숨어 있다』, 웅진지식하우스, 2011.

데이비드 앳킨슨·피터 잭슨 외 2인, 이영민·진종헌·박경환·이무용·박배균 역, 『현대 문화지리학: 주요 개념의 비판적 이해』, 논형, 2014.

린다 맥도웰, 여성과공간연구회 역, 『젠더, 정체성, 장소: 페미니스트 지리학의 이해』, 한울, 2010.

마루타 하지메, 박화리·윤상현 역, 『장소론: 웹상의 리얼리즘과 지역의 로맨티시즘』, 심산출판사, 2011.

멜리사 그레그·그레고리 시그워스, 최성희 외 2인 역, 『정동 이론』, 갈무리, 2015 참조.

몸문화연구소 편, 『기억과 몸』, 건국대학교출판부, 2008.

스베틀라나 알렉시예비치, 박은정 역, 『전쟁은 여자의 얼굴을 하지 않았다』, 문학동네, 2016.

질리언 로즈, 정현주 역, 『페미니즘과 지리학: 지리학적 지식의 한계』, 한길사, 2011.

캐스 브라운·개빈 브라운·제이슨 림, 김현철·시우·정규리·한빛나 역, 『섹슈얼리티 지리학: 페미니즘과 퀴어 지리학의 이론, 실천, 정치』, 이매진, 2018.

항구도시 부산과
여성 노동자들의 해양노동[1]

신 민 희

1. 들어가며

　본 연구는 항구도시 부산이 역사화되는 과정 속에서 여성노동자들의 노동을 규명하고자 하는 맥락 위에 있다. 부산 여성노동자들을 '해양노동'이라는 관점에서 분석하여, 이를 통해 부산의 여성노동자들의 계보학을 밝히는 작업으로 삼고자 한다. 본 논의에서는 '수산가공업'에 주목해서 수산가공업과 수산가공업에 종사하는 여성들의 노동의 관계를 밝히고자 한다. 수산가공업은 부산의 산업으로 오랫동안 존재해왔지만, 수산가공업뿐만 아니라 수산가공업에 종사하는 여성노동자들은 지금까지 부산의 역사에서 비가시화된 영역으로 남아있다. 그 이유는 항구도시 부산의 산업

1　이 글은 젠더·어펙트연구소 주최 국제학술대회 '젠더 연구의 현황과 연결신체 이론의 필요성'(2020.1.31.-2.1)에서 발표한 글을 수정·보완하여 재수록한 것이다.

과 노동이 육지를 중심으로 구조화되어왔다는 데에 있다. 이때 육지를 중심으로 구조화되었다는 것의 의미는 생산과 확장에 대한 욕망으로서, 이는 국가 아래에서 지역의 산업이 재편되는 과정, 기술 중심의 산업화와 활성화 전략, 남성노동자 중심의 생산력에 대한 인식과 이어진다. 이와 같은 맥락하에서 육지 중심의 인식을 비판적으로 검토하고, '지역-노동-젠더'의 교차점을 통한 해양노동의 역사화와 여성노동자들의 계보학적 연구를 진행하고자 한다.

이를 위해 먼저 1장에서는 항구도시 부산의 역사적 전개를 살피면서, 일반화로서의 항구도시 부산의 공간과 산업을 비판적으로 검토하고자 한다. 이를 위해 공간과 산업을 젠더적 관점에서 재독해하고자 한다. 이는 표면적으로 여성노동자의 항목을 늘리는 것에 있지 않으며, 지역의 '성장-몰락'의 시간적 인과성을 비판하고 시간적 인과성 안에서 지워져버린 공간과 노동의 자리를 마련하는 일을 의미한다. 2장에서는 항구도시 부산의 역사 안에서 수산가공업이 왜 비가시화 되어왔는지를 밝힌다. 수산가공업은 부산의 공간사 안에서 비가시화되어 왔기에, 부산의 '수산가공선진화단지'는 그런 점에서 주목을 요하는 공간이다. 본 논의에서는 수산가공선진화단지의 구축을 통해 수산가공업과 수산가공업에 종사하는 여성노동자들의 관계를 살피고자 한다. 3장에서는 수산가공업과 수산가공업에 종사하는 여성노동자들이 행하는 노동의 관계를 구체적으로 살피는 작업을 진행한다. 이때 수산가공업이 여성의 해양노동이라는 역사적 지평 안에 놓여있다고 보고, 부산의 대표적인 해양노동으로서의 '아지매노동'을 수산가공업 노동과의 역사화 안에서 논의하고자 한다. 4장에서는 수산가공업의

'가공'의 공정이 음식을 만드는 일이라는 점에서 제조업의 산업적 분류와 동일화될 수 없으며, 그것이 결국 노동과 노동하는 자의 관계를 새롭게 바라보도록 만든다는 점에 주목하였다. 음식 만드는 일을 여성의 노동, '어머니'의 노동으로 치환하지 않고, 노동과 노동하는 자의 구체적인 양상 속에서 제시하고자 한다.

2. 항구도시 부산의 배후지

부산은 '항구도시'로 정체성을 만들어왔다. 이때 항구도시는 무엇을 의미하는가. 그것은 부산이라는 도시가 바다(자연)라는 조건 속에서 만들어졌다는 것을 의미하지만은 않는다. 오히려 항구도시는 바다가 탈역사적 조건 속에서 존재할 수 없다는 것을 보여준다. 이 역사적인 맥락을 보여주는 한 축이 항구와 근대도시의 관계이다. 항구도시가 갖는 의미는 바다에 항구라는 부착물을 통해 근대적 도시가 탄생했음을 말해준다.[2]

근대적 도시화의 장치로서의 항구는 어떤 역할을 해왔는가. 항구도시로서의 부산의 성장서사를 논의하는 연구들은 그 기점을 식민지 시기의 개항으로부터 삼고 있다.[3] 식민지 시기에 매축과

---

2 항구도시에서 항구는 터널과 다리를 통해 연결된다. 항구는 터널과 다리를 통해 속도를 만들어 내고, 이를 통해 분배를 특정한 방식으로 만들어 낸다(전국조, 「부산의 터널과 다리」, 경성대학교 석사학위논문, 2014. 참조).

3 김승, 「일제강점기 부산항 연구성과와 과제」, 『항도부산』 29, 부산광역시시사편찬위원회, 2013. 5; 배석만, 「한국전쟁 전후 부산항 연구의 성과와 과제」, 『항도부산』 30, 부산광역시시사편찬위원회, 2014. 5. 항구도시 부산의 역사화 작

함께 부두시설들이 들어섰고, 이 시설들은 한반도의 지배와 대륙 침략의 기반시설이 되었다는 것이다. 부산의 성장서사 안에서 침략이라는 그 목적을 부정할 수는 없지만, 부산이 근대도시로 성장하는 기반이었다는 것 또한 부정할 수 없다고 논의된다. 이후 한국전쟁기의 항구는 군수·원조물자가 전달될 수 있는 통로인, '이입항구'로서 전쟁의 수행과 재건의 중심지로 의미화된다.[4] 이는 1960년대 이후 산업화 과정에서 부산이 경부성장축의 핵심 도시로 성장했다는 논의와 이어진다.

이 과정 속에서 부산은 '제2의 수도', '제1의 항구도시'라는 서수(序數)를 통해 도시의 정체성을 정위시켜 왔다. 부산은 한국경제의 요람이며, 특히 산업화시기를 부산의 전성기로 상상하게 하는 기반이 되었다. 경제 '발전'에 대한 인식은 최근 지역을 둘러싼 '쇠락도시'의 담론과 연결된다.[5] 부산 역시 제조업, 조선업의 불황과

업은 부산시에서 발간되는 『항도부산』과 부산광역시라는 주체설정으로 축적되어 온 지점도 있다.

4 한국전쟁기 항구의 역할로 인해 부산을 '임시수도'(피란수도)라는 이름으로 특권성을 부여하기도 한다. 피란의 경험은 다양함에도 불구하고, '수도'라는 중심의 논리로부터 경험을 파생시키고 있다. 차철욱(「한국전쟁기 임시(피란)수도 부산의 재현과 의미」, 『항도부산』 제35호, 부산광역시사편찬위원회, 2018)은 한국전쟁기 구성원과 생활공간의 다양성, 이에 따른 피란경험의 복잡성을 이해하는 것이 중요하다고 설명한다.

5 "이 도시들 중 상당수는 경제가 성장하고 인구가 팽창하던 시기에 건설한 도심 인프라와 건물들을 관리하지 못해 '쇠락도시'(rust-belt city)의 악순환에 빠져든다. 쇠락의 분위기가 한 번 도시를 덮치면 경쟁력이 남은 기업과 인재들이 먼저 빠져나가고, 비어버린 도심은 우범지대가 되며 이 때문에 사람들은 더 빠져나가게 되는 것이다. 영국의 글래스고, 리버풀, 미국 디트로이트, 볼티모어 등이 이런 위기를 맞아 헤어 나오지 못 하고 쇠락한 대표적인 도시들이다. 태백, 사천 등 탄광 도시들도 비슷한 과정을 겪었다. 그리고 4차 산업혁명에 따른 자동

함께 '제2의 수도', '제1의 항구도시'로서의 정체성에 대한 위기감을 표하며, 이 위기감은 부산 산업의 활성화, 선진화에 대한 정책으로 발표되고 있는 상황이다. 부산의 '성장-몰락'의 시간적 인과성은 재건, '해양수도'에 대한 욕망으로, 현재의 부산을 낙후된 것, 사라져야 할 것으로 만듦으로써 미래의 전망을 제시한다. 이 과정 속에서 부산은 재건의 대상이자 주체로 만들어지는데, 이 시점에서 재건의 대상과 재건의 주체에 대한 질문을 다시 던짐으로써, 새로운 지역의 담론을 위한 자리를 마련한 필요성이 요청된다.

항구도시 부산의 성장서사를 되짚어보고자 한 것은, 항구도시의 성장이 배후지들을 둠으로써 가능했다는 사실 때문이다. 그것은 중앙-지역의 관계 내에서 지역을 인식하는 구조에서 드러난다. 항구도시를 '쇠락도시(rust-belt city)'로 인식하는 구조, 즉 '성장-몰락'(성장의 서사가 도달하게 되는)으로써 지역의 경제와 지역에서의 삶을 설명하고 있다는 점이다. 산업의 쇠락과정이 도시의 쇠퇴로 이어지는 구조를 '지역 경제의 위기'라는 객관적 지표로 모두 환원해 설명한다. 하지만 경제 위기를 객관적 지표(수치)로만 설명한다면, 수치화되지 않는 존재는 휘발되어버리고 만다.

2020년 부산시는 '시민이 행복한 동북아 해양수도 부산'이라는 슬로건을 정책의 목표로 삼고 있다. 부산시는 2020년 정책의 방향성을 보여주는 키워드로 '지역 혁신', '사람 중심', '글로벌 경쟁력' 등을 제시한다. 사람 중심의 정책으로는 돌봄시설의 대대적

화, 무인화, 디지털화의 영향으로 이런 전환의 위험은 점점 더 많은 도시들 앞으로 닥쳐오고 있다." (황세원, 「쇠락도시 위기에서 탈출한 도시들: 밀뢰 빌바오 포틀랜드 히가시오사카」, 『LAB2050 보고서』, LAB2050, 2020, 5쪽)

확충과 장애인의 이동권의 확보를 공표하고 있다. 한편 글로벌 경쟁력 정책으로는 기술 중심의 항만사업의 개발을 들고 있다. 물류 인프라를 확충하고, 동북아의 허브 중심지로서 경제 활성화를 모색하고자 한다. 구체적으로는 "부산 신항을 지능형 무인 자동화 스마트 물류 시스템 구축 등 고부가 항만으로 육성, 우암부두 해양산업 클러스터 조성, 북항 통합 개발사업 추진" 등이 있다.[6] 이때 글로벌 경쟁력을 사람 없이 기술의 개발로만 상상한다는 점에서 '사람 중심'에서 말하는 '사람'은 할당된 몫으로만 상상되고 있다. 경쟁력 없는 사람은 부산 대개조 핵심사업에 존재하지 않는다. 그런 점에서 '사람 중심'의 약자 또한 언제든 경쟁력 없는 사람이 될 수 있는 구조인 것이다.

지역 경제의 대개조 사업이 항만사업의 재활성화를 통해 이루고자 하는 정책적 전략은 항구의 재개발을 통한 해양산업과 물류도시의 구축이다. 물류도시에서 도시 공간은 효율적인 운동과 교란되지 않는 흐름에 대한 사물의 관리와 운동을 보완한다는 목적을 위해 고안된다.[7] 그리고 그 정책적 전략은 항구도시 부산을 미래적인 것, 기술(사람의 자리를 지운)중심적인 것으로부터 경제적 불황을 타개할 전망을 제시하고자 한다. 이 전망은 지역 혁신, 첨단 기술 산업을 독립적이고 자율적인 맥락으로 이해하면서 지역적

---

6   "'동북아 해양수도' 대도약 반드시 실현할 것" https://www.busan.go.kr/news/
     snsbusan01/view?dataNo=63640(부산광역시 홈페이지)

7   데보라 코웬, 권범철 역, 『로지스틱스』, 갈무리, 2017. 로지스틱스라는 군사술이
     전지구적 경제 질서의 결정적인 역할을 해왔음을 검토하고 있으며, 로지스틱스
     공간의 폭력적 논리를 코드화하는 신정치적이며, 인종화된 전제에 대한 대안을
     제시하고자 한다.

삶과는 분리되는 것으로 보인다. 한편 지역적 삶은 중앙의 관점에서는 지역 이기주의로 설명되기도 한다. 제조업의 쇠락과 항구도시 부산의 쇠락은 당연한 인과관계이기에, 부산시가 정책적 목표로 삼는 해양수도·관문공항 등에 대한 전망은 이 인과관계를 받아들이지 않는 일이기 때문이다. 위기를 극복하고자 하는 과정에서 나타나는 부산시의 대개조 프로젝트의 방식과 지역이기주의라는 프레임은 '극복'의 과정 안에서 '성장'의 배후지들을 지우고 있다는 점에서는 동일하다. 위기의 극복은 성장의 시간으로의 복귀를 꿈꾸는 것이 아니라, '성장–몰락'의 서사 그 자체를 극복함으로써, 배후지를 사유함으로써 가능하다고 할 수 있다.

지역이 직면한 '쇠락'과 '몰락'의 위기 담론을 비판적으로 고찰하면서, 부산 지역의 여성노동자들의 노동을 해양노동이라는 관점에서 재정위하고자 한다. 해양노동의 관점에서 바라본다는 것은 지금까지 육지를 중심으로 논의되어왔던 것들에 대한 비판적 고찰이다. 여기서 논하는 '육지노동'이란 '육지/바다(해양)'의 이분법을 통해 작동해왔던 중심/주변의 위계적 방식을 말한다. 육지가 고정된 것, 불변적인 것으로 상상되면서 경계로서의 육지/바다의 이분법이 시작되었다고 볼 수 있다. 바다는 육지에 버금하는 사회적 공간(social space)으로 인정받지 못했다. 바다는 온전한 "사회의 공간(aspace of society)"으로 간주되는 대신, "사회에 의해 활용되는 매체(medium used by society)" 혹은 육지라는 사회적 공간으로 이동하기 위한 "잠정적 경로(temporary pathway)"로 여겨졌기 때문이다.[8]

---

8   김문조, 「사회적 공간으로서의 바다」, 『사회와 이론』 30호, 한국이론사회학회, 2017. 5.

육지를 중심으로 한 공간의 이해는 오래된 역사로, '근본 없는 천한 것'이라 불린 역사이기도 하다. 그래서 지역은 오히려 이 '바다'를 '해양'의 관점에서 바라보며, 지역의 몫으로 할당받고 이를 전환의 계기로 삼아왔다. 그런 점에서 '항구도시'는 이 지역적 몫의 할당이라고 할 수 있을 것이다. 본 연구가 항구도시 부산을 여성의 해양노동이라는 관점을 통해 논의하는 것은 그런 의미이다. 항구도시 부산의 역사적 전개 과정 안에서 바다를 '해양'의 맥락으로 인입해온 과정 안에는 해양과 다른 바다의 삶의 방식을 '천한 노동', '억척스러움'으로 자연화해 온 과정을 포함하고 있기 때문이다.

　이런 맥락하에서 부산의 수산가공업 종사 여성노동자들에 대한 연구는 현재의 부산이 처한 문제에 개입한다는 점에서 중요하다고 할 수 있다. 기존의 지역의 위기 담론이 결국 부산의 발전과 전성기를 상상하고 재건하고자 하는 욕망으로부터 비롯되었음을 이해할 때, 지역의 위기는 이 재건의 욕망으로부터가 아니라, 배후지로서의 부산, 부산 내부의 배후지를 되짚어보는 일로부터 시작되어야 하기 때문이다. 부산의 수산가공업과 수산가공업에 종사하는 여성노동자들은 지역의 '성장-몰락'의 담론 바깥에 존재하며, 이 바깥은 새로운 지역 담론의 가능성을 모색하는 자리이다.

　연구의 논의는 여성노동자의 자기인식의 불가능함을 '젠더지리학'의 방법론을 통해 논의하고자 한다. 먼저 젠더지리학은 시간이 아닌 공간적 사유를 의미한다. 시간적 사유는 '기-승-전-결'이라는 성장과 몰락(낙후)의 과정을 통해 이루어진다. 이 사유는 성장을 플러스로 몰락을 마이너스의 상태로 규정지으면서, 성장을 원본으로 삼는다. 이와 달리 '공간적 사유는' 나란히 함께 있음을 의미하며, 절대적 범주로서의 공간이 아니라 생성 속에 있는 것을 의미한다.[9] 젠더지리학은 공간적 사유를 공유하면서, 공간과 주체의 관계로서의 '젠더화'의 의미에 주목한다. 이때 "페미니즘의 주체는 성적 관계뿐만 아니라 인종과 계급적 경험을 통해 또다시 젠더화되는 주체"로, "이 주체는 동일하지 않으며 다중적이고, 분리되었다기보다는 모순되는 존재이다." 동일한 공간은 전형적 여성이라는 개념에 기반하여 동일한 범위를 가지는 것으로 간주하지만, 그 어떤 여성도 동일한 공간에 살지 않는다.[10]

젠더지리학적 방법을 통해 여성노동자의 자기인식 불가능함을 살피는 일은 그런 점에서 몇 가지 분별점을 갖는다. 여성노동자들의 자기인식은 부산이라는 공간과의 관계를 통해 드러날 수 있다. 부산이 도시의 성장서사를 구축하는 과정은 공간의 위계적 분배를 통해 작동해왔다는 것을 밝히는 것을 시작으로 삼는다. 그 안에서 '지역-낙후-낙후된(나이 든) 사업-기술의 발전 없음'의 관계는 노동이 젠더화되는 지점과 맞닿는다. 따라서 노동의 공간적 분할과 불균등한 발전의 과정을 시간성·인과성의 방식으로 설명하는 것이 아니라, 공간적 사유를 통해 노동의 젠더화를 다층적으로 이해하고자 한다. 이는 남성노동자에서 여성노동자라는 자리바꿈이 아니라, 여성노동자라는 주체 역시 단일한 방식으로 상상할 수 없음에 대한 논의이기도 하다. 이는 달리 말하자면 '배후지'

---

9   마이크 크랭·나이절 스리프트 편저, 최병두 역, 『공간적 사유』, 에코리브르, 2013. 참조

10 질리언 로즈, 정현주 역, 『페미니즘과 지리학』, 한길사, 2011.(7장 공간의 정치 참조)

를 젠더지리학적으로 검토하는 일이다. 배후지는 도시나 항구의 배후에서 경제적·사회적 여러 기능을 뒷받침해주는 주변지역을 일컫는 말이다. 다시 말해 이는 도시의 성장이 공간의 위계적 분할을 통해, 주변화된 공간을 통해 이루어져 왔다는 것을 뜻한다. 지금까지 배후지를 '뒤치다꺼리'(뒷바라지)로서의 공간으로 인식해온 점을 비판하며, 이를 노동의 공간이자 위계화되지 않는 공간임을 드러내고자 한다.

3. 수산가공선진화단지의 구축과 로컬산업의 젠더화

부산시는 해양수도 구현을 위해 2009년 「부산광역시 해양수도 구현을 위한 해양산업 육성 조례」를 제정하여 해양산업을 체계적으로 육성하고 발전시킬 수 있는 법적 근거를 마련하였다. 부산은 이 조례를 위한 근거로 2010년부터 해양산업조사를 실시하고 있다. 해양산업조사는 "해양산업을 체계적으로 육성·발전시킴으로써 해양수도 부산의 위상을 높이고 지역경제 활성화와 국가경쟁력 강화에 이바지하기 위해 부산광역시해양산업육성조례를 제정"했음을 추진 배경으로 밝히고 있다.[11]

'해양수도, 해양산업, 해양도시'로의 정책적 전환은 항구도시

---

11 부산광역시 통계빅데이터담당관실, 「2017년 기준 부산광역시 해양산업조사 결과」. 해양산업조사는 해양산업분류에 의한 종사자 1인 이상의 모든 해양관련 사업체를 대상으로 실시되고 있다.

부산의 새로운 역사적 국면이라고 볼 수 있다. 해양산업은 "해양을 이용, 개발 또는 보전, 보호하는 모든 산업부문과 생산적 활동"이라는 개념적 정의와 해양산업의 세분화(해운 항만물류, 수산, 해양과학기술, 조선, 해양관광, 기타 해양산업)를 통해서는 해양산업이 놓인 맥락이 드러나지 않는다.[12] 2017년 해양산업조사를 다시 살펴보면, 2017년 향후 경영에 대한 전망을, 나빠질 것이라는 전망이 60.2%, 변화가 없을 것이라는 응답이 29.3%로 부정적인 전망이 다수이고, 특히 향후 경영 전망이 가장 부정적인 산업 분야는 "수산", 긍정적인 분야로는 "해양과학기술" 부분이었다(23쪽). 해양산업의 경쟁력 강화를 위해 필요한 것으로는 "가격 경쟁력 향상"과 "기술 경쟁력 확보"가 제시되었다. 이러한 결과는 현재의 경제 상황과 해결 방안을 인과론적 조사결과로 보이도록 한다. 다시 말해 경제발전을 위해 미래 없는 수산업보다는 해양과학기술부분을 통해 기술 경쟁력을 확보해야함을 의미하는 것이다.

'수산가공선진화단지'는 이와 같은 해양산업의 미래가치를 추

---

12 일반적으로는 해양산업은 해양에서 자원을 이용·개발하거나 보전·보호하기 위한 활동 등을 통해 이익 추구를 위해 일어나는 모든 산업부문의 생산 활동을 말하며(강윤호 외, 2013; 인천발전연구원, 2015), 법적으로는 「해양수산발전 기본법」에서 "해운·항만·수산·해양과학기술개발·해양환경·해양관광 및 해양 정보 관련 산업 그 밖에 해양 및 해양자원의 관리보전과 개발이용에 관련된 산업을 말한다"라고 정의하고 있다. 또한 부산 해양산업 육성을 위한 「부산광역시 해수도 구현을 위한 해양산업 육성 조례」에서는 "해운·항만물류, 수산, 조선·해양플랜트, 해양바이오, 해양과학기술개발, 해양환경·방재, 해양관광, 해양레저·스포츠 및 해양 정보·금융 관련 산업 그 밖에 해양 및 해양자원의 관리·보전과 개발·이용에 관련된 산업을 말한다"라고 명시하고 있다.(박선율, 「지역산업연관분석을 활용한 부산 해양산업의 지역경제기여도 분석」, 부산대학교 박사학위논문, 2019, 10쪽.)

구하면서 구축된 공간이다. 수산가공선진화단지는 서구의 감천항을 중심으로, 국제수산물도매시장과 연계해 2014년부터 운영되기 시작한 산업단지이다. 수산가공선진화단지는 설립 배경을 다음과 같이 밝히고 있다.

-국내외 산업구조 재편에 따른 21C 동북아 최대 수산물류 무역 거점도시 선점 및 해양수도 위상제고를 위해 수산가공산업 육성 시급
-HACCP 기준 적합한 현대화된 식품안전시설 확충 및 수산가공산업 우위 선점을 위한 고부가가치 산업으로 전환 절실

이를 배경으로 원료공급→제품생산→선적의 가공수출이라는 원스톱(One-Stop) 체계 구축을 목표로 하고 있다.[13] 여기에서 나타나는 특징은 수산가공업을 '고부가가치' 산업으로 전환하고, 경쟁력을 확보하기 위해 계획된 방안들이 '식품안전시설'의 확충과 '물류의 흐름'에 집중되어 있다는 점이다. 여기서 식품안전시설의 확충이 의미하는 바는 수산가공 업체들은 주로 중소기업체들로, 주요 수출물 시장인 선진국의 높은 식품위생기준을 맞추는 것에 어려움을 겪고 있다고 판단해, 규격화된 위생시설에 대한 필요성을 강조한다. 하지만 이는 수산가공의 선진화라는 논의로는 연결되지 못하고 있다. 가공의 선진화에 대한 논의 없이 현대화된 식품안전시설의 확충과 물류의 흐름(신속함, 일방향)으로만 제시하고 있다. 이것이 의미하는 바는 오히려 수산가공업이 가진 특수한 성

---

13 https://www.busan.go.kr/ocean/ahtradebase(부산광역시 홈페이지)

격을 나타내는 것으로, '가공'의 공정이 기술력의 발전만으로 대체될 수 없다는 것을 보여준다. 앞서 살핀 부산시의 해양수도, 해양산업의 정책을 수산가공업에 그대로 적용시킬 수 없는 이유이기도 하다.

부산은 해양산업으로의 전환 과정 안에서 수산가공업을 '전망 없는' 사업으로 설정하고 있다. 먼저 그것은 기술화될 수 없음에 대한 접근이 아니라, 선진화될 수 없다는 것을 확증하는 방식으로 수산가공선진화단지의 공간이 구축되었다는 점이다. 그리고 수산가공업은 해안 및 항만을 끼고 있는 시역 내 특정지역에 편중된 특징을 갖고 있는데 특히 서구와 사하구가 중심지이다.[14] 부산의 서구와 사하구는 낙후된 지역으로 인식되고 있는데, 이는 지역 내에서 발생하는 항구의 차등적 구조로 '수산항'에 대한 인식지점을 보여준다고 할 수 있다. 이러한 인식은 수산가공업이 로컬화된 산업, 지역에 밀착되어 있다는 이유로 설명된다. 수산가공업은 여타 산업보다 노동집약적이고 중소·영세성이 강하며, 원료비의 비중이 매우 높은 특성을 보인다. 또한 원료 수급 측면에서 지역 어업과 연계된 지역 산업적 성격이 강하다.[15] 그 이유는 생산되는 장소와 제조의 과정이 밀접하게 연관되어 있을 뿐만 아니라, 수산가공업이 자연으로부터의 '채취'(생존 활동)와 분리될 수 없다는 점

---

14 2015년 결과의 경우 수산가공업체수는 총 499개 업체로 서구 65개소, 사하구 200개소가 밀집해 있으며 총 종사자 수는 6,258명으로 서구에 1,389명, 사하구에 3,298명이 종사하고 있는 것으로 집계되었다.

15 정명생·임경희, 「수산물가공산업 육성을 위한 정책 대응방안」, 『한국해양수산개발원 연구보고서』, 한국해양수산개발원 수산어촌연구센터, 2002.

때문이다.[16] 이런 의미에서의 로컬화된 산업임에도 불구하고, 로컬 산업은 자연도태의 과정으로 인식되고 있다.

수산가공선진화단지는 한편으로는 산업단지의 노동으로부터 도 비가시화되고 있다. 산업단지는 지역의 재개편이자 지역을 생 산기지화 하는 일로, 지역 내에서 생산과 노동력의 재생산이 이루 어지는 '국가-지역-가족'이라는 스케일의 중첩을 통해 작동한다. 이러한 산업단지의 구조는 지역 내에서의 삶을 산업(기업)의 시스 템 안에 두는 과정이다.[17] 하지만 여전히 여성의 노동은 산업단지 의 연구 내에서 부차적으로 논의되고 있다. 중공업 중심의 산업 단지에 대한 논의가 지역의 몰락, 남성가부장의 몰락, 기업의 몰락 을 등치시키는 구조를 떼어놓을 수 없기 때문이다.

부산의 산업단지의 경우는 울산, 거제, 포항 등과 같은 중화학 공업단지를 중심으로 한 대규모 국가적 산업단지로 육성되지 않 았다. 부산은 상대적으로 규모가 작고 내수 중심의 업체가 많은 일반산업단지이다. 『부산지역 산업단지의 여성고용 실태조사』(부 산여성가족개발원, 2013)의 연구는 부산지역의 산업단지에 종사하는 여성 노동자의 실태를 파악한 연구라는 점에서 주목할 만하다. 이 실태조사는 여성고용의 확대를 위해 산업단지의 고용 형태를 파 악하고 있다. 이 조사에서는 제조업과 경공업을 구분하고 있는데, 제조업을 전기·전자로, 경공업을 식품·의복 등과 같은 산업으 로 보고 있다. 조사 결과 제조업의 경우는 남성에 대한 선호도가

---

16 김만석, 「명태 밸따기 하던 그녀들의 노동」, 『시사인』 629호, 2019.

17 신현아, 「1980년대 중공업 가족의 형성과 지역적 삶의 반경」, 『동악어문학』 제 79집, 동악어문학회, 2019.

높고, 여성 인력의 경우는 사무관리직에 대한 선호도가 높음을 밝히고 있다. 그런 이유에서 센텀시티의 산업단지가 여성고용에 가장 친화적이며, 특히 미혼의 30대에게 고용 친화적 조건을 보인다고 한다. 부산의 산업단지의 역사 안에서 수산가공업이 비가시화된 것은 노동을 하는 자 중에는 여성들이 많다는 점, 그리고 대부분의 여성이 기혼여성 노동자들(전자, 기계 산업의 경우 대부분 미혼의 젊은 여성 노동력)이라는 점 때문이다. 수산가공선진화단지는 부산 지역 내에서도 낙후된 지역, 산업적으로도 낙후된 사업, 노동력 측면에서도 나이 든 여성들의 노동력이라는 인식이 결합하면서, 현재 부산의 정책인 몰락과 혁신의 구조 안에서 비가시화되고 있다.

부산의 수산가공업 종사 여성노동자들에 대한 연구는 로컬산업과 로컬노동에 대한 인식을 가능하게 할 지점을 마련한다. 기존의 부산의 여성노동자 역사 안에서 해양노동에 종사하는 이들의 노동은 역사화 되지 못했다. 그 이유는 해양노동을 '전근대적 노동' '낙후된 산업'이라는 시간적 인과성의 관점에서 바라보았기 때문이다. 다시 말해 지역이 처한 삶의 조건을 '발전-낙후'의 시간적 인과성으로, 자연도태의 과정으로 설명해왔음이다. 부산은 항구도시를 근대도시로부터 상상해왔고, 이 상상 속에서 로컬산업과 로컬노동은 '전근대적인' '선진화 되지 못한' 영역으로 남게 된 것이다. 특히 수산가공업에 종사하는 이들의 많은 수가 여성노동자라는 점은 로컬산업과 로컬노동이 어떻게 젠더화되고 있는지를 보여준다고 할 수 있다.

4. 여성 해양노동의 역사화
: 억척스러움과 '아지매노동'

기존의 부산의 여성노동자들에 대한 연구는 '여공'을 중심으로 역사화되어왔다. 여공은 여성 노동자를 가리키는 말로, 역사적 개념어로서 근대화·산업화 과정에서의 여성 공장노동자를 뜻한다.[18] 대표적으로 부산의 여공은 주로 식민지시기의 '방직산업'(조선방직), 산업화 시기의 '신발·섬유산업' 종사자들을 대상으로 연구되어 왔다.[19] 하지만 여공이 산업의 역군이었다는 강조는 부산의 전성기(한국 경제의 요람)에 대한 상상으로 반복되고 있다. 부산의 근대화와 경제성장의 주체화라는 반복은 여공을 집단적 주체화의 형상으로 주조해내고 있다. 또한 여성노동자들의 노동은 여공 이후의 삶 속에서도 지속되어 왔음에도 역사화 되지 못하고 있다고 할 수 있다.

부산의 여성노동자의 지형도 안에서 새로운 논의의 지점을 위

---

18 루스 베러클러프의 『여공문학』은 여공문학의 계보를 밝히는 작업이다. 그 과정에서 1990년대 이후 여성 노동자들의 이야기가 중간계급에 속한 전문직 여성들의 이미지와 이야기, 그리고 그들의 일자리 찾기 투쟁으로 대체되기 시작한다고 밝히고 있다. 이는 여공을 특정한 시기로 한정시킨 역사화된 여공의 개념이라고 볼 수 있다.

19 이송희, 「일제하 부산지역 방직공장, 고무공장 여성노동자들의 쟁의」『梨花史學硏究』30, 이화사학연구소, 2003. 12; 황한식, 「부산지역 여성노동자의 노동과정 및 노동지역 노동시장 실태와 당면과제: 신발 섬유산업을 중심으로」,『勞動經濟論集』14(1), 한국노동경제학회, 1991. 12; 주미순, 「부산 신발산업 노동력의 구조 및 공간적 분포」,『地理學論究』23, 경북대학교 사회과학대학 지리학과, 2003. 2; 이철우·주미순, 「부산 신발산업 노동과정의 공간적 특성」,『한국지역지리학회지』7(2), 한국지역지리학회, 2001.8.

해 말하고자 하는 것이 수산가공업에 종사하는 여성노동자들이다. 여성의 해양노동의 관점에서 볼 때, 여성들의 노동은 항구도시 부산, 해양수도 부산이 상정하는 주체의 표상으로부터 벗어나있다. 이때 수산가공업이 여성의 해양노동이라는 역사적 지평 안에 놓여있다고 보고, 부산의 대표적인 해양노동으로서의 '아지매노동'을 수산가공업 노동과의 역사화 안에서 논의하고자 한다.

부산의 역사 안에서 '아지매'에 대한 논의는 다양한 논의의 지점을 갖는다. 먼저 '아지매'는 '아줌마'의 사회적 기호 속에서 의미가 생성된다. 기혼여성, 나이 많은 여성이라는 지표를 표시하는 말로, 이들을 주변화하며 이들의 노동 역시 주변부적인 것으로 만들어낸다. '아줌마'라는 이름으로 행해지는 노동은 가부장 남성의 노동력을 '보조'하는 노동력으로 의미화한다.[20]

이와 같은 '아줌마'가 가진 기호의 의미를 바탕으로 논의하고자 하는 것이 '아지매노동'이다. 사전적으로 '아지매'는 '아줌마'의 방언으로 정위되는데, 아지매는 아줌마의 동의어이거나 대체어가 될 수 없다. 아지매노동은 '지역-노동-젠더'의 교착지점을 보여주는 노동의 형태로, 로컬산업에 종사하는 이들의 이름이자, 젠더화된 노동의 이름이다. 여성노동자라는 일반화를 통해서는 드러나지 않는 아지매와 아지매들이 행하는 노동의 관계를 통해 아지매노동[21]은 설명이 가능하다.

---

20 장주리, 「'야쿠르트 아줌마'라는 기혼여성 노동 양식의 구성」, 이화여자대학교 석사학위논문, 2019.

21 '아지매노동'이라는 용법은 '아가씨노동'의 용법으로부터 빌려 온 용어이다. 이는 노동의 젠더화를 드러내는 방식으로, 여성노동이라는 노동(자)의 일반화의

부산의 역사 안에서 '아지매'는 특정한 형상으로 논의되어 왔는데, 대표적인 것이 부산 '억척 엄마'들의 역사이다.[22] 자갈치 아지매는 부산의 억척 여성의 대표적인 형상으로 논의되는데, 그것은 "바다를 삶의 터전으로 삼았던 부산 여성들"이 억척스러울 수밖에 없었다는 논의로부터 출발한다. '바다'를 삶의 터전으로 삼아온 여성들이 억척스럽다는 것은 육지를 중심으로 노동, 산업의 가치들이 측정되어 온 역사적 맥락과 함께 이러한 이 구조 안에서 여성들의 노동이 부가되는 방식을 보여준다. 육지 중심의 구조 안에서 바다를 통해 살아가는 삶의 구조는 열악했으며, 그 열악함 속에서 삶을 일구어 온 여성들의 노동이 의미화된 것이다. 이 바다를 삶의 터전으로 삼았던 부산 여성은 부산의 역사화 안에서 한국전쟁 이후의 자갈치 아지매가 대표적이다.

『부산여성사』(부산여성가족개발원, 2009)는 시대별로 부산 여성상을 꼽고 있는데, 눈여겨볼 수 있는 것이 해방 이후의 여성 인물인 '자갈치 아지매'이다. 자갈치 아지매는 "자갈치시장에서 억센 경상도 말로 생계를 위해 억척같이 장사를 하는 여성노동자를 가리키기에 더할 나위 없이 적절한 호칭"이라고 밝힌다. 해방 공간 안에서 부산은 귀환동포들이 모이는 곳으로, 한국전쟁기 피난민들의 도시였다. 이 공간 안에서 자갈치 아지매는 '시장'을 통해 형상화된다. 부산항이 귀환 동포와 피난민들이 유입되는 통로였다

과정으로부터 벗어나고자 한다. 황유나, 「유흥산업의 '1차' 영업전략과 여성의 "아가씨노동"」, 성공회대학교 석사학위논문, 2020.

22   유승훈, 「부산의 억척 엄마, 자갈치 아지매」, 『여성우리』 제62호, 여성가족개발원, 2019, 40-43쪽.

면, 시장은 생계의 터전이었다. 많은 여성은 시장에 좌판을 벌여 장사를 했고, 특히 전쟁 이후에는 전쟁미망인들이 가장이 되어 노동을 했다.

이들이 비교적 쉽게 자갈치시장에 나올 수 있었던 것은 자갈치시장에서의 장사가 특별히 다른 기술을 요구하지 않았기 때문이었다. 생선 다듬는 일 등은 여성들이 남성들보다 더 잘할 수 있는 일이었다. 그리고 그곳을 찾는 손님들 대부분도 여성이었다. 그러므로 여성들이 상대적으로 쉽게 접근할 수 있었던 노동이었던 듯하다.[23]

시장을 생계의 공간이었다고 말한 의미는 많은 여성이 이 공간에서 노동을 해왔음에도 불구하고 노동의 공간이 아니라 생존을 위한 '먹고 살기 위한' 공간으로 표현된다는 지점에서이다.[24] 그리고 이 공간에서의 여성의 노동이 억척스러움으로, 어머니의 노동으로 의미화되는 것은 우연한 결과라고 보기 어렵다. 근면 성실함이 노동자의 신체를 설명하는 것과는 다르다고 할 수 있다. 근면 성실하게 노동하는 몸은 노동하는 자의 몸으로 공간을 차지하면서, 노동의 덕목이 된다. 하지만 억척스러움은 노동하는 몸이 아니라, '먹고 사는 일'이 해결되면 사라질 몸으로, 혹은

---

23 하정화·이훈상·이송희·이진옥·박지현·손숙경·이혜주, 『부산여성사─근현대 속의 부산여성과 여성성』, 부산여성가족개발원, 2009, 385쪽.

24 영화 〈국제시장〉에 나타나는 시장의 공간과 여성의 노동 역시 비슷한 맥락을 갖는다. 여성들은 악다구니를 쓰며, 억척스러운 노동을 행한다. 하지만 남성노동(아버지 덕수의 노동)이 역사화되고, 회고의 '주체'로 자리매김되는 것과 달리, 일시적인 생존을 위한 활동으로 제시된다.

희생을 감내하는 어머니의 몸으로 고정화된다. 이 노동은 희생을 감내한 어머니들의 사랑이자, 가사노동의 연장선상으로 이해되었다고 할 수 있다. 그런 점에서 시장이라는 공간과 시장에 '좌판'을 벌이는 행위 또한 노동의 공간을 의미하지 않고, 임시적이며 일시적인 것으로 상상된다. 이 때문에 자갈치 아지매는 부산의 역사 안에서 노동의 공간과 노동하는 이들의 형상이었다기보다 삶의 척박함을 설명하는 일이 된 것이다. 따라서 아지매를 특정한 형상으로 논의하는 것을 넘어선 '아지매노동'이라는 층위에서의 논의가 필요하다.

자갈치 아지매와는 다른 맥락에서 부산의 여성 노동자를 설명하는 방식으로 '깡깡이 아지매'의 표상이 있다. 깡깡이 아지매는 부산의 도시재생 사업과 함께 산업 유산의 논의 속에서 배태되었다.[25] 김정하의 「근대산업화기 여성근로자의 산업민속」은 영도 대평동의 '조선소 거리'의 여성 노동자의 존재를 가시화한 작업이라고 할 수 있다. 근대 이후의 산업민속을 별도의 장르로 규명하면서, 기존의 연구들은 작업의 도구나 과정에는 주목하면서도 노동 주체인 근로자를 언급한 경우는 드물었다고 비판한다.

대평동의 역사는 식민지 시기 수산업에서 출발해 공업, 군사

---

25 "영도 대평동, 도시재생 뉴딜사업 선정…해양산업 혁신기지로"(『부산일보』, 2019. 10. 8)http://www.busan.com/view/busan/view.php?code=20191008194 64926656 '대평동 해양산업 혁신기지로 전환하다'가 도시재생 뉴딜사업으로 선정되었다. 부산시는 해양과학기술원·부산도시공사 등과 협업해 수리조선 산업을 고도화하고 고부가 신산업인 선박 개조·재제조 산업으로 전환을 꾀할 예정이다. 또 수리조선 혁신센터, 기술센터, 취업·창업 지원센터 등을 조성할 예정이다.

등과 얽혀 있다가, 1970년대에 들어 원양어업 붐은 조선업 자체의 발달을 불러온다. 하지만 1980년대 이후 선박의 대형화와 수리선박의 감소로 침체를 맞고 있다. 이 역사 안에서 깡깡이 아지매들은 수리를 앞둔 뱃전에서 녹을 떨어내는 '깡깡이질'이라는 노동을 해왔다. 깡깡이 아지매 대다수는 전쟁 통에 홀몸이 됐거나 무작정 도시로 나온 젊은 여성들이었다. 별다른 기술 없이 도회지 주민으로 편입된 그들로선 비록 임금은 적고 힘은 들어도 배에 들러붙은 녹을 제거하는 깡깡이질이야말로 거의 유일한 돈벌이 수단이었다고 설명한다. 그리고 이들의 노동을 설명함에 있어서는, "기계화된 동력선의 수리를 수작업으로 한다는 점이야말로 시대착오적인 여성근로자의 소외를 보여주며"(17쪽) 이 노동은 농경시대의 김매기나 밭매기, 삼베 짜기와 크게 다를 것 없는 수작업에 의존했다고 밝힌다.

여기서 특징적인 것이 수작업의 노동을 설명하는 방식이다. 전근대기에 자연과 기술이 인간과 친화적 관계를 유지하던 것과 달리, 국가나 기업이 주도하는 근대산업은 생산과정과 생산물로부터 근로자를 소외시킨다는 것으로 깡깡이 아지매들의 노동을 이해하고 있는 것이다. 부산의 '아지매노동'의 대표적인 형태인 '자갈치 아지매'와 '깡깡이 아지매'를 전근대적 노동의 형식으로 이해하는 공통점을 보인다. '전근대적 삶', '어머니의 삶'이라는 노동화되지 않는 영역으로 상상하는 것이다. 아지매라는 형상은 로컬산업의 측면을 강조하며, 지역의 역동성(생산성)으로 의미화 되지만, '지역 여성'을 '억척 여성(엄마)'으로 치환하면서 오히려 지역

여성의 노동의 전형성을 만들어 내고 있기도 하다.[26]

5. '가공'의 노동과 고부가가치로서의 '맛'

부산의 공간은 '1-2-3차 산업'의 맥락 속에서 구축되었다고
도 할 수 있다. 산업의 전개 안에서 공간의 역사, 그 공간의 역사는
여성노동자의 상과 관계된다. 하지만 이 관계를 '1-2-3차 산업'을
대표하는 노동자의 상으로 고정하거나, 남성 노동자의 자리를 여
성 노동자의 자리로 자리바꿈하고 있다. 그런 점에서 주목하고자
하는 것이 수산가공업의 '가공'의 방식이다. 4장에서는 수산가공
업의 '가공'의 공정이 음식을 만드는 일이라는 점에서 제조업의 산
업적 분류와 동일화될 수 없음을 밝히고, 여성의 노동, '어머니'의
노동으로 치환하지 않는 노동과 노동하는 자의 구체적인 양상 속
에서 제시하고자 한다. 앞서 여성노동자들의 노동의 공정을 설명
함에 있어서, 산업의 발전과정 즉 1-2-3차 최근 4차 산업에 이르
기까지, 이는 기술력의 발전을 의미했다. 이 안에서 수산가공업은
어떤 위치에 있는지를 살펴보는 것이 필요하다. 수산가공업을 낙
후된 산업으로 인식하는 방식을 비판적으로 검토하며 '가공'이라
는 방식에 주목하고자 한다.

수산가공업을 수산의 하위분류 안에서 논의하는 방식도 있

---

26 유승훈, 「부산의 억척 여성, 자갈치 아지매」, 『부산일보』, 2014. 5. 28.

다.[27] 하지만 수산가공업을 수산의 하위분류로만 논의할 경우, 이들 사이의 관계 맺음의 방식이 잘 드러나지 않는다. 그런 점에서 수산가공업을 두고 일어난 수산업으로부터 제조업으로의 분리과정에 대한 논의를 살펴보는 것이 참조점이 될 수 있다. 장영수는 수산가공의 개념을 수산업의 연장선위에서 관련사업으로 보고자 하는 시각과 수산업과는 별도의 독립적 산업으로 보고자 하는 시각의 대별된 지점을 지적한다. 장영수의 연구는 수산가공업이 수산업 범주에서 독립하여 제조업적 성격으로 변화한다고 보며, 그 이유로 원료성격, 가격, 생산특성, 시장조건, 유통조건 등과 같은 수산가공업이 일반제조업적 성격으로의 변화를 꼽는다. 종래의 지역 특산물적 성격의 가공생산에서 탈피하여 판매시장의 조건에 부합하는 계획생산과 판매, 지역원료와 무관한 가공 생산으로 품목의 다양화를 도모하면서 최종시장을 중심으로 기획된 계열적 유통시스템에 의해 운용되는 경영구조를 가지게 되었음을 설명한다.

이러한 판단은 수산가공업이 '산지 수산가공'을 통해, 산지로부터의 어획과 어획의 가공이 연결된 사업이라는 측면에서, 산지에서의 획득이 어려워지면서 제조업으로의 성격이 강해졌다는 것을 말한다. 다시 말해 원료 채취단계의 어업과 분리될 수 없다는 점을 통해, 이것이 분리되면 제조업의 성격이 강함을 의미하는 것이다. 수산가공업이 수산업과 뗄 수 없는 관계임은 사실이지만, 그

---

27 수산의 하위 분류로, 어업, 양식업, 어업관련 서비스업, 수산가공 식품업, 수산물 유통 및 판매업, 수산관련 용품 제조 및 공급업, 수산금융 및 보험업으로 분류하고 있기도 하다.

것이 수산가공업을 기존의 제조업과 동일한 방식으로 설명 가능함을 뜻하는 것은 아니다. 그렇기에 이 연구가 수산가공업과 일반제조업의 차이를 분석하는 방식을 다시 살펴보는 일이 필요하다. 먼저 일반제조업은 국가적 브랜드 생산을 하며 기계화가 용이한 자본집약적 성격을 지닌다고 설명한다. 수산가공업의 경우는 지역 특산물적 생산을 하며 수공업의 의존도가 높은 노동집약적 성격을 지닌다고 말한다. 특히 일반제조업의 '제품'과 수산가공업의 '원료'를 구분해 사용하고 있음에 주목해볼 수 있다. 이 차이로 인해 '가공'은 일반제조업에서의 상품 만들기와 동일한 방식으로 설명될 수 없다. 수산가공업의 가공은 손이라는 신체를 상상하게 하며, 이는 음식을 만드는 일이라는 관점에서 바라보아야 함을 말한다. 생물을 다룬다는 것, 음식을 만드는 일이라는 인식이 노동의 공정 안에 개입하기 때문이다. 다시 말해 손과 제품이 접속하는 지점, 손과 원료가 접속하는 지점을 동일한 공정으로 설명할 수 없음이다.[28]

그런 점에서 식품제조업에 대한 논의는 이런 문제를 다룰 수 있다. 제조업을 일반화하는 방식이 아니라, '식품'을 제조하는 일에 대한 이해를 높일 수 있기 때문이다. 식품제조업은 식품이 건강과 영양의 에너지원이라는 점에서 생활의 전 분야와 관련되어 있고, 도농복합 시군 등에서 산업비중이 높은 기반산업으로 지역경

---

28 그런 점에서 해녀들의 '물질'이라는 행위 역시 노동의 관점에서 이해가 가능해진다. 기계 장치 없이 '맨몸'과 '호흡'을 통해 해산물을 채취하는 과정은 신체화되는 과정이며 관계적인 양상을 만들어낸다.

제 측면에서도 중요한 산업이라는 인식을 공유하고 있다.[29] 하지만 이러한 인식의 공유에도 불구하고, 음식에 대한 논의를 다시 수량화와 계량화의 방식으로 평가하고 있다. 위생과 안전의 문제를 국가의 경쟁력 강화의 측면에서 다루거나, 음식의 맛을 고부가가치를 실현하는 영역으로 이해한다. 이는 고부가가치를 실현하기 위해 제품에 무엇을 '첨가'할지의 논의로 이어지고 있다. '맛'은 단순히 수량화와 기술적인 방식으로 제시될 수만은 없다.[30]

음식을 만드는 일, 맛을 내는 일이 여성의 노동과 접속하면 '누구나 하는 일'로 수렴된다는 점을 함께 상기할 때, 가공을 노동의 공정 안에 다른 방식으로 기입할 수 있는 방법은 고민되어야 한다. 또한 맛의 문제를 수량화하는 방식에 대한 비판도 함께 이루어져야 한다고 할 수 있다. 이 과정은 앞서 여성의 노동을 '김매기, 밭매기'로, 가사노동의 연장선상으로 이해해온 방식을 비판적으로 검토할 수 있게 한다. 전근대적인 노동, 낙후된 산업(노동)이라는 인식, 산업의 발전을 기술의 성장으로 사고하는 방식에 대한 전환을 필요로 하기 때문이다. 앞에서 논의한 '먹고 사는 일'만 해결 되면에서의 '먹고 사는 일'은 노동의 공정 안에서 다른 의미로 전환될 수 있을 것이다.

---

29 노용식, 「식품제조업의 지역경제 효과: 공간적집적, 고용창출, 부가가치」, 서울대학교 박사학위논문, 2015.

30 안병수, 「고부가가치 천연맛 어묵의 제조 및 품질특성」, 경상대학교 석사학위논문, 2015.

참고문헌

1. 논문과 단행본

1) 논문

김문조, 「사회적 공간으로서의 바다」, 『사회와 이론』 30호, 한국이론사회학회, 2017. 5.

김승, 「일제강점기 부산항 연구성과와 과제」, 『항도부산』 29호, 부산광역시시 사편찬위원회, 2013. 5.

노용식, 「식품제조업의 시역경제 효과: 공간적집적, 고용창출, 부가가치」, 서울 대학교 박사학위논문, 2015.

박명섭·이광남, 「One-Stop 수산물 수출단지의 조성에 따른 경제적 편익분 석-부산 감천항의 사례를 중심으로」, 『貿易商務研究』 20권, 한국무역상무 학회, 2003. 8.

박선율, 「지역산업연관분석을 활용한 부산 해양산업의 지역경제기여도 분석」, 부산대학교 박사학위논문, 2019.

배석만, 「한국전쟁 전후 부산항 연구의 성과와 과제」, 『항도부산』 30호, 부산 광역시시사편찬위원회, 2014. 5.

신현아, 「1980년대 중공업 가족의 형성과 지역적 삶의 반경」, 『동악어문학』 제 79집, 동악어문학회, 2019. 10.

안병수, 「고부가가치 천연맛 어묵의 제조 및 품질특성」, 경상대학교 석사학위 논문, 2015.

이송희, 「일제하 부산지역 방직공장, 고무공장 여성노동자들의 쟁의」, 『이화사 학연구』 30권, 이화여자대학교 이화사학연구소, 2003. 12.

이철우·주미순, 「부산 신발산업 노동과정의 공간적 특성」, 『한국지역지리학 회지』 제7권 제2호, 한국지역지리학회, 2001. 8.

장주리, 「'야쿠르트 아줌마'라는 기혼여성 노동 양식의 구성」, 이화여자대학교 석사학위논문, 2019.

전국조, 「부산의 터널과 다리」, 경성대학교 석사학위논문, 2014.

주미순, 「부산 신발산업 노동력의 구조 및 공간적 분포」, 『地理學論究』 23권, 경북대학교 사회과학대학 지리학과, 2003. 2.

황유나, 「유흥산업의 '1차' 영업전략과 여성의 "아가씨노동"」, 성공회대학교 석사학위논문, 2020.

황한식, 「부산지역 여성노동자의 노동과정 및 노동지역 노동시장 실태와 당면과제: 신발 섬유산업을 중심으로」, 『勞動經濟論集』 제14권 제1호, 한국노동경제학회, 1991. 12.

2) 단행본

데보라 코웬, 권범철 역, 『로지스틱스』, 갈무리, 2017.

마이크 크랭 · 나이절 스리프트 편저, 최병두 역, 『공간적 사유』, 에코리브르, 2013.

부산여성가족개발원, 『부산여성사』(전3권), 부산여성가족개발원, 2009~2011.

이재균 · 주성호 외, 『해운항만정책의 역사적 변동과 전망』, 서울대학교출판문화원, 2018.

질리언 로즈, 정현주 역, 『페미니즘과 지리학』, 한길사, 2011.

2. 기타자료

「영도 대평동, 도시재생 뉴딜사업 선정…해양산업 혁신기지로」, 『부산일보』, 2019. 10. 8. http://www.busan.com/view/busan/view.php?code=2019100819464926656

김만석, 「명태 밸따기 하던 그녀들의 노동」, 『시사인』 629호, 2019.

부산광역시 통계빅데이터담당관실, 「2017년 기준 부산광역시 해양산업조사 결과」

부산광역시 홈페이지 https://www.busan.go.kr/news/snsbusan01/view?dataNo=63640

부산광역시 홈페이지 https://www.busan.go.kr/ocean/ahtradebase

유승훈, 「부산의 억척 엄마, 자갈치 아지매」, 『여성우리』 제62호, 여성가족개발원, 2019.

정명생·임경희,「수산물가공산업 육성을 위한 정책 대응방안」,『한국해양수산개발원 연구보고서』, 한국해양수산개발원 수산어촌연구센터, 2002.

황세원,「쇠락도시 위기에서 탈출한 도시들: 밀뫼 빌바오 포틀랜드 히가시오사카」,『LAB2050 보고서』, LAB2050, 2020.

야스쿠니신사의 위령과
'여성적인 것'의 관계에 대해
: 현대 일본 내셔널리즘의 한 측면[1]

이 시 다 게 이 코

이번 발표에서는 전몰자 위령이라는 행위에 '여성적인 것'이
어느 정도 관련돼 있는지에 대해 일본의 야스쿠니신사(靖国神社)
를 대상으로 살펴보고 이를 통해 오늘날 일본 내셔널리즘의 한 측
면을 명확히 하고자 한다.

발표에 들어가기에 앞서 '여성적인 것'의 개념에 대해 설명하
려고 한다. 여기서 '여성적인 것', '남성적인 것'의 개념은 여성·남
성이 각각 갖고 있는 속성과 가치로 지금까지 사회적·문화적·
관습적으로 형성된 성질을 말한다. 다시 말해 전자(여성)는 '상냥
함·연약함·비폭력·수동적·가정적·애정·감정적·자연' 등, 후
자(남성)는 '씩씩함·강인함·폭력·능동적·공적·명예·이성적·

---

1   이 글은 젠더·어펙트연구소 주최 국제학술대회 '젠더 연구의 현황과 연결신체
   이론의 필요성'(2020.1.31.-2.1)에서 발표한 글을 재수록한 것이다.

문명' 등이 각각의 성질에 해당한다. 다만, 말할 필요도 없이 지금까지의 젠더 이론이 밝혀왔듯이 이러한 속성은 여성과 남성이 타고난 것이 아닌, 역사적으로 형성되어 왔다. 즉, '여성적인 것', '남성적인 것'은 양 성별의 변하는 성질임을 밝혀둔다.

이미 알고 있듯이 야스쿠니신사 [그림 1]은 근대 일본의 국가적 전몰자 위령시설로 설립됐다.[2] 야스쿠니신사는 1869년 그 전신인 도쿄쇼콘사(東京招魂社)가 설립된 이래 '나라를 위해 목숨을 바친' 군인·군무원을 제사로 모시는 신으로 둔 위령 시설로 오늘날까지 그 기능을 이어오고 있다. 즉 야스쿠니신사는 위령의 대상이 전쟁 피해자를 모두 아우르는, 일반적인 개념의 전몰자가 아닌 제

[그림 1] 야스쿠니신사 (출처: 야스쿠니신사 공식홈페이지)

2　[역주]이하의 각주는 일본어 원문을 한국어로 번역하여 표기하였다. 각주에 등장하는 인용문의 원문은 본문 뒤의 '참고문헌'을 통해 밝혀두었다. [원주]야스쿠니신사의 전몰자 위령을 어떻게 이해하면 좋을 것인지를 두고 일본 국내에서는 지금까지 다양한 논의가 진행돼 왔다. 이에 대해서는 아카자와 시로의 『야스쿠니신사』(박화리 역, 소명출판, 2008)를 참조할 수 있다.

2차 세계대전까지의 병사로 한정하고 있다는 점에서 일본의 다른 중요한 전몰자 위령 시설, 예를 들어 히로시마·나가사키·오키나와 평화 기념공원과 그 성격이 결정적으로 다르다. 야스쿠니신사는 메이지 정부가 발족한 이듬해 일본이 근대 통일국가로 나아가는 과정에서 벌어진 전쟁에서 목숨을 잃은 전사를 추모함과 동시에 공적을 널리 알리기 위해 세워졌다. 말하자면 야스쿠니신사는 존귀한 희생을 토대로 통일을 달성한 '상상의 공동체'라는 국가 이미지를 만들기 위해 필요한 장치 중 하나였던 것이다. 이에 따라 이곳에서 이뤄지는 위령이라는 행위는 처음부터 내셔널리즘과는 떼려야 뗄 수 없었다.

이후 제2차 세계대전에서 일본이 패할 때까지 야스쿠니신사는 국민통합을 위한 강력한 정치 이데올로기적 수단으로 존재해 왔다. 지금까지의 연구가 밝혔듯이 국가주의와 젠더의 문제 사이에는 깊은 연관이 있다. 관련 연구에 따르면 시민사회와 근대국가의 중요한 기반이 된 것은 '남자다움'의 원리이자 가부장제이다.[3] 메이지 이후 일본도 예외는 아니었으며 가부장적인 남성 지배 원리로 국가가 총괄·운영되었다. 전쟁 전 일본은 국체사상을 기반으로 두었다. 국가를 하나의 가족으로 보고 천황은 모든 가족을 통솔하는 가장으로 여겨졌다.[4] 이러한 시스템에선 여성의 존재는

---

3   우테 프레베르트, 「병사, 국민으로서의 남성다움」, 토마스 퀴네, 『남성의 역사』, 카시와쇼보, 1997, 65-84쪽; 조지 모스, 사토 타쿠미 외 역, 『내셔널리즘과 섹슈얼리티 : 시민도덕과 나치즘』, 카시와쇼보, 1996.

4   문부성, 『국체의 본의』, 1937, 9쪽.

이시다 게이코 275

당연히 억압되었다. 가장인 남편의 명령에 복종하고 자녀를 낳고 가족을 위해 헌신하며 가정의 존속에 헌신하는 것이 여성에게 주어진 최고의 미덕으로 여겨졌다. 자기결정권·참정권·상속권과 같이 근대시민이 누릴 수 있는 권리를 여성은 갖지 못했다.

[그림 2] 「빛나는 대면(輝く対面)」
(『주부의 벗(主婦之友)』(1931년 5월호 표지).
와카쿠와 미도리(若桑みどり)
(『전쟁이 만든 여성상(戰爭がつくる女性像)』에
서 인용)

이러한 남성 원리를 기반으로 한 전쟁 전 내셔널리즘 체제에선 전몰자의 위령 및 추모 행위에 과도한 슬픔이나 눈물은 배제될 수밖에 없었다. [그림 2]는 어린 아이를 안고 야스쿠니를 참배하는 젊은 나이의, 남편이 죽은 아내의 모습을 그린 그림이다. 이 여성은 전쟁에서 목숨을 잃고 지금은 「영령(英靈, 죽은 사람의 영혼을 높여 이르는 말: 역주)」, 「군신」이 된 남편과 야스쿠니신사에서 마주하고 있다. 그 표정은 엄숙하며 눈물은 보이지 않는다. 그녀는 남편을 잃은 개인적인 슬픔을 초월해 지금, 그리고 미래 군신의 어머니로서 그녀의 어린 자녀까지도 국가에 바칠 각오를 보여야만 했다.

이 같은 슬픔의 배제는 키노시타 케이스케(木下惠介) 감독이 전쟁 말기(1944년) 제작한 〈육군〉에 관한 일화에서도 잘 드러난다.

〈육군〉은 당시 전의를 고양하고 후방의 의식을 고무한다는 국가의 정책에 따라 만들어졌으나 키노시타 감독의 연출은 곳곳에서 그러한 의도를 뒤집고 있다. 그 점이 가장 두드러지는 부분은 출정하는 병약한 아들을 계속 쫓아가는 어머니의 모습을 촬영한 마지막 롱 시퀀스이다. 그 장면은 정보국으로부터 '여성스럽다'는 평가를 받았으며 이로 인해 키노시타 감독은 이후 영화 제작에 어려움을 겪었다.[5]

죽은 이에 대해 추모하고 슬퍼하는 역할은 지금까지 문화적·사회적 관습에 비춰볼 때 여성에게 부여돼 왔다. 여기서 우리들이 우선 떠올리게 되는 것은 그리스도의 죽음을 슬퍼하는 성모 마리아의 모습이다. 그녀의 모습은 '죽음을 애도'하는 행위의 보편적 표상으로 우리들의 이미지 저장고 내 중요 위치를 차지하고 있다.[6] 또한, 동아시아에는 '곡하는 여자' 풍습이 널리 존재해왔다. 그녀들은 유족을 대신해 '슬픔'과 '비통함'을 표현하기 위해 곡을 하며 죽음의 아픔을 과장되게 표현한다. 슬픔을 표현하는 것은 오로지 여성이어야만 했다. 남성이 슬픔을 과도하게 드러내는 것은 '여성스러움'으로 간주돼 이성적이어야 하는 남성, 가장의 체면과

---

5   후지타 히로시는 「키노시타 감독의 영화 상 국책과 일탈, 「남성들의 남성성」」에서 키노시타 감독의 영화가 국책 상 기대됐던 젠더/섹슈얼리티의 범위를 일탈하고 있다고 평가하고 있다. 이와모토 켄지, 『일본영화와 내셔널리즘, 1931-1945』, 신와샤, 2004, 295-318쪽.

6   와카쿠와 미도리는 전쟁 중 일본 여성에게 부여된 이미지의 원형이 「성모자상」에 있음을 지적하고 있다. 와카쿠와 미도리, 『전쟁이 만든 여성상』, 치쿠마쇼보, 1995, 254쪽.

존엄에 금이 간다고 생각했기 때문이다.

전쟁 중 일본의 이 같은 사례는 전시 내셔널리즘이 갖는 가부장제 시스템 아래에선 '여성적인 것'을 드러내는 데 상당한 제약이 있었다는 사실을 보여준다. 즉 가까운 피붙이의 죽음으로 인한 슬픔과 아픔이라는 자연스러운 감정을 표현하는 것이 금지돼 있었다는 뜻이다.[7] 일본 근대 내셔널리즘이 허용할 수 있었던 선은 어디까지나 '영령'의 아내와 '군신'의 어머니인 강건한 여성상이었으며 사랑하는 이의 죽음을 슬퍼하는 식으로 여성성을 직접 드러내는 것은 피하도록 했다. 애초에 야스쿠니신사에 합사된다는 것은 개인의 영혼이 영령이 되어 국가에 귀속됨을 의미하기 때문에 유족이 개인에게 슬픔의 감정을 비치는 것은 신에 대한 모독으로 여겨졌다.[8] 그리고 '나라를 위해', 즉 천황을 받드는 가부장제적 국가라는 대가족의 존속을 위해 목숨을 바치는 것은 오히려 기쁘고 명예로운 일이며, 가족이 전사했다고 하여 슬퍼하는 것은 가족=국가의 번영이란 목적을 잊은 자기감정에 치우친 행위로 간주되었다. 전쟁 중엔 특히 '여성적인 것'은 전쟁을 혐오하는 감정을 자극할 뿐 아니라 인간 본연의 감정을 떠올리고 싶도록 만들기 때문에

---

7 위에서 언급한 저자 와카쿠와는 전쟁 중 출판된 부인잡지의 표상을 분석했다. 그곳에 그려진 여성상에서 공통된 특징에 대해 "심신이 건전하고 온화하면서 동시에 씩씩하고, 풍만하면서도 자애롭고 긍정적인 여성상으로, 표정은 개성 없이 전형적인 특징(스테레오타입)을 가지고 있어, 항상 빛나는 눈빛과 잔잔한 미소를 지니고 있다." 위의 책, 126-231쪽, 234쪽을 참조할 것.

8 오에 시노부, 『야스쿠니신사』, 이와나미신쇼, 1984, 139쪽(양현혜·이규태 역, 『야스쿠니신사』, 소화, 2020).

남성적 원리를 바탕으로 한 국가 질서를 무너뜨릴 수 있는 위험한 것이었다. 따라서 근대 일본의 내셔널리즘 장치인 야스쿠니신사라는 장소에서 위령과 추모는 '여성적인 것'을 철저히 배제할 수밖에 없었다.

그렇다면 오늘날 일본의 전몰병사 추모와 위령에 있어 이러한 '여성적인 것'과의 관계는 어떻게 달라졌을까. 당연한 이야기지만 오늘날 일본의 추모와 위령은 전몰 병사에 대한 자연스러운 슬픔의 감정을 애써 억압하지 않는다. 오늘날 일본에서 만들어진 전쟁영화는 종종 전사자의 고통과 남겨진 가족들의 슬픔을 집중적으로 다뤄 관객들을 눈물짓게 만드는 데 중점을 두고 있다. 전쟁의 표상에서 전쟁 중 죽음을 둘러싼 '슬픔'이라는 감정은 부정되기는커녕 슬픔을 유발하도록(그것이 종종 값싼 감상주의로 변질되는 한이 있더라도) 권하고 있는 것처럼 보인다. 물론 전후 일본이 '평화주의'를 헌법에 명시함으로써 나라의 근간 중 하나로 두고 평화를 중시하는 국민감정을 형성하기 위해 노력하고 있다는 사실과 밀접한 연관이 있을 것이다. 이러한 슬픔의 표출에서 볼 때 오늘날 일본에서의 전사자에 대한 위령과 추모는 배제되어온 '여성적인 것'이 중요한 위치를 차지하게 된 것처럼 보인다.

그렇다면 이러한 변화는 야스쿠니신사의 전몰자 추모 방식에도 변화를 주었을까. 전후 국가신도는 폐지되었고 군국주의를 추구했던 신사는 살아남기 위해 변화할 수밖에 없었기 때문에 평화

佐藤ナミさん

母堂ナミさんが
佐藤武一命に
捧げた
花嫁人形・桜子さん

歩兵第二十二連隊
陸軍軍曹　佐藤武一命
昭和二十年四月十日
沖縄本島幸地にて戦死

[그림 3] 신부 인형 「사쿠라코(桜子)」(오른쪽). 인형을 바친 어머니(왼쪽
위, 사토 나미)와 전쟁 중 사망한 아들(왼쪽 아래, 보병 제22군대 육군중사
사토 타케시. 1945년 4월 9일 오키나와본섬 코치에서 전사)
(『야스쿠니신사 유슈칸 도록(靖国神社遊就館図録)』에서 인용)

주의를 내세우는 방향으로 나아가게 되었다.[9]

　　따라서 오늘날 상황이 달라졌다고 봐도 이상하지 않다. 이는
신사가 유족으로부터 '신부 인형'[그림 3]을 받아들이게 된 사실로
부터도 짐작할 수 있다. 이 인형은 젊은 나이에 세상을 떠난 특공
대의 유족이 신사에 기증한 것이다. 이들은 결혼도 하지 못하고

죽은 아들, 혹은 형제를 가엾게 여겨 죽은 이가 저 세상에서 반려를 얻을 수 있도록 기원하며 아름다운 신부 인형을 야스쿠니신사에 바친 것이다. 원래 야스쿠니신사는 개인적인 기원을 위한 물건은 받지 않았다. 왜냐하면 야스쿠니신사에 있는 개인은 이미 개인적·가족적인 관계로부터 벗어나 국가의 신령이 되었다는 게 신사의 전통적인 견해였기 때문이다. 그러나 1980년 무렵부터 야스쿠니신사는 신부 인형을 받아들였을 뿐 아니라 이들을 전시하기에 이르렀다.[10] 현재 신부 인형은 야스쿠니신사에 장식돼 있는 한편 몇 개는 부속박물관인 유슈칸(遊就館)에 전시돼 있다.

야스쿠니신사의 신부 인형 봉납에 대해 연구한 엘렌 샤츠슈나이더(Ellen Schattschneider)는 인형을 받아들였다는 사실이 예전의 야스쿠니신사가 구현했던 내셔널리즘의 사상이나 미학과 애매한 긴장관계를 발생시키고 있다고 설명했다.[11] 왜냐하면 인형을 보는 사람들은 죽은 이에게 신부를 바친다는 발상에 대해 불쾌함, 이해하지 못하겠다는 감정과 함께 그렇게 까지 해도 위로가 될까 말까 한 유족의 아픈 마음까지 느끼게 되기 때문이다. 유족의 개인적인 비애의 감정을 드러낸다는 것은 야스쿠니신사가 전통으로 지켜온

---

10 신부 인형의 봉납은 전후 50주년이 되던 해인 1995년 급격히 증가해 1999년엔 봉납된 인형을 전시하기도 했다. 2005년에는 약 150개의 인형이 야스쿠니신사에 보관돼 있었다. 야스쿠니신사에 봉납된 신부 인형에 대해선 다음을 참조할 것. Ellen Schattschneider, "The Work of Sacrifice in the Age of Mechanical Reproduction: Bride Dolls at Ritual Appropriation at Yasukuni Shrine," Alan Tansman(ed.), *The Culture of Japanese Fascism*, Duke University, 2009, pp.296-317.

11 ibid., p.298.

국가를 위한 희생을 추모하고 영령으로 떠받들었던 행태에 반하는 것이기에 확실히 신사의 존재나 사상에 균열을 일으킬 법하다.

신부 인형을 받아들인 것에 대해 샤츠슈나이더는 또 야스쿠니가 '추모를 여성화한 형식'을 드러내고 있다고 말한다.[12] 그러나 이를 좀 더 깊게 들여다볼 필요가 있다. 확실히 최근 야스쿠니신사는 '영령'이라는 단어를 피하고, 성별이나 출신국가에 대한 구분 없이 제를 올린다고 강조하며, 신사가 행하는 위령은 평화에 대한 기원임을 주장하고 있다. 그러나 한편에선 신사의 목적이 '나라를 위해 목숨을 바친 분들의 영혼을 달래고 그 공적을 후대에 알리는 것'에 있음을 확실히 밝히고 있다.[13] 즉 신사는 전몰자 위령시설임을 강조하면서 동시에 공적을 알리기 위한 시설임을 부정하지 않고 오늘날 일본에서도 내셔널리즘의 구심력을 형성하는 자기장으로 기능하고 있는 것이다.[14]

이는 야스쿠니신사의 신부 인형으로 상징되는 '여성적인 것'이 사실은 신사의 사상에 이용되고 있으며 지금까지 신사가 이어

---

12 ibid., p.314.

13 야스쿠니신사에는 실제로 종군간호사와 여학생, 일본인으로 참전한 대만인과 조선인 등도 합사돼 있다. 야스쿠니신사 공식홈페이지를 참조할 것. https://www.yasukuni.or.jp/history/detail.html (2020년 1월 5일 현재)

14 야스쿠니신사의 전몰자추모에 대해 해석한 아카자와 시로는 신사나 그를 둘러싼 사회 및 정치적 환경의 여러 변화에 대해서 이야기하면서도 현재 야스쿠니신사는 전반적으로 봤을 때 전쟁 전과의 연속성이 강한 신사라고 평가했다. 그의 저서 『야스쿠니신사』를 참조할 것.

온 내셔널리즘 신화와 연결돼 그에 흡수된 결과가 아니냐는 의문을 떠올리게 한다. 애초에 아내를 얻는 것도, 자손을 남기는 것도, 죽은 특공대원에게 바친 신부 인형도 가부장 제도에서 기인한 것이다. 왜냐하면 여기엔 대를 잇고자 하는 강한 염원과 이를 이루지 못한 것에 대한 원통함이 투영돼 있기 때문이다. 샤츠슈나이더는 신부 인형이 독신인 채 여생을 보낸 누이들로부터 기부된 사례를 소개했다. 미혼인 상태로 나이가 든 그녀들은 신부 인형을 죽은 남자 형제에게 바치는 행위를 대를 이을 손자를 얻지 못한 부모의 한풀이로도 여겼다는 것이다.[15] 이는 가부장적인 가족 구조에 얽매여 있는 그녀들의 심정을 나타내고 있다. 고인을 부인과 만나게 하면 현세의 미련을 털어낼 수 있다는 식의 발상을 통해 그녀들이 가진 슬픔까지 해소할 수 있었던 것이다. 이러한 점에 비춰볼 때 신부인형을 맡기는 유족의 개인적인 상처나 슬픔이 가부장제 전통에 기반을 둔 내셔널리즘을 약화하기는커녕 오히려 강화하는 것이 아닌가 싶을 지경이다.

내셔널리즘을 위협하는 '여성적인 것'은 내셔널리즘의 회로에 갇혀 그 신화를 강화하는데 이용되고 있는 것이 아닌가 하는 의혹은 갈수록 우경화되고 있는 최근 일본의 정치상황 내에서 좀 더 강해지고 있다. 오늘날 많은 일본인들의 잠재의식에 존재하고 있는 내셔널리즘은 우경화 상황을 현저하게 드러내기 시작한 2000년대 영화의 표상에서도 확실히 반영되고 있다.

---

15   Ellen Schattschneider, 312쪽.

제2차 세계대전 당시 전함이었던 '야마토'의 승조원들이 겪은 비극을 그린 영화 〈남자들의 야마토(男たちの大和)〉가 2005년 개봉되자 큰 인기를 얻었고 그 결과 막대한 흥행수입을 거두었다.[16] 이 영화가 당시 많은 일본인들의 공감을 얻었음을 알 수 있다. 영화에서 중점적으로 나타내고 있는 점은 최근 일본의 전쟁영화 대부분과 마찬가지로 병사들의 영웅적인 죽음이 아니라 희생자로서의 죽음이었다. 전쟁 말 '1억 총특공·1억 총옥쇄의 선구자'로 오키나와에 출진하도록 명령받은 야마토의 선원들은 미군의 가차 없는 폭격에 다수가 목숨을 잃었다. 영화는 그들의 비극적인 죽음의 광경을 적나라하게 보여준다. 영화 후반 갑판에서 벌어지는 절망적인 전투장면은 이 영화에서 가장 인상적인 장면 중 하나이다. 이 영화가 의도하는 바는 명확하다. 전쟁은 잔혹하고 비참하다는 점을 강조하고 죽음의 상처·슬픔의 감정과 함께 반전·평화에 대한 염원을 갖게 하는 데 있다.

그러나 한편 이 영화가 결코 반전영화는 아니라는 점에도 주목해야 한다. 주의 깊게 본 사람은 영화 안의 황실 문양과 벚꽃 등 일본을 상징하는 이미지가 여기저기 들어있는 것을 알 수 있다. 그리고 엔딩을 보며 우리들은 이 영화에 숨겨진 주제가 무엇이었

---

16 〈남자들의 야마토〉가 올린 흥행수입은 약 50.9억 엔(우리 돈으로 약 540억 원, 2020년 1월 22일 현재 기준: 역자 주)으로 2006년 흥행수입 랭킹 6위에 올랐다. 일반사단법인 일본영화제작자연맹 홈페이지를 참조할 것. http://www.eiren.org/toukei/img/eiren_kosyu/data_2006.pdf (2020년 1월 6일 현재)

는지를 깨닫게 된다. 엔딩에는 야마토의 생존자를 양아버지로 둔 여성과, 야마토의 또 다른 생존자인 노인(이 노인은 여성의 양아버지와 선후배 관계이다), 그리고 그의 일을 돕고 있는 소년이 등장한다. 사실 이 영화는 노인이 있는 곳에 여성이 찾아와 야마토의 승조원이었던 양아버지의 뼛가루를 유언에 따라 전함이 침몰한 곳에 뿌리고 싶어 찾아 왔다고 털어놓으며 시작한다. 이어서 그 장소까지 길 안내를 맡게 된 노인이 여정 도중 야마토의 최후를 이야기하는 식으로 스토리가 이어진다. 노인은 전우들, 그리고 사랑하는 이들의 죽음으로 인한 슬픔과 트라우마를 지닌 채 살아왔지만, 여성이 양아버지의 뼛가루를 바다에 뿌리는 장면을 보며 자신의 인생이 가진 의미를 깨닫고 마침내 과거의 트라우마에서 벗어나게 된다. 한편 소년은 알려지지 않았던 야마토의 역사를 알게 되면서 일본인이라는 자각과 긍지를 얻고 한 사람의 남성으로 성장하게 된다.

즉 야마토 승조원들의 비극과 한 여성의 개인적인 위령 행위는 마지막으로 기능을 잃어가던 가부장제와 그에 기반을 둔 일본의 재건이라는 스토리로 전개되고 있다. 피가 섞이지 않은 딸과 아버지, 아이가 없는 여성과 노인은 숨이 끊어진 일본의 가부장 제도와 세대 간 단절을 상징한다(영화 내에서 여성은 양아버지의 과거를 거의 몰랐다고 말한다). 그러나 야마토의 비극이라는 이야기를 공유하면서 부모와 자식의 세대, 더 나아가 손자의 세대가 잃어버린 연대를 되찾게 된 것이다. 마지막 장면에서 소년이 아닌 소녀가 등장할 수 있었을까? 이런 의문도 중요하다고 본다. 그리고 나는 결코 그럴 수 없었으리라 생각한다. 〈남자들의 야마토〉라는 제목이 말해주듯 이 영화는 일관되게 '남자의' 이야기이다('남자들 간의 의리'는 이 영화에서 가장 중요한 주제 중 하나이다).[17]

전사자에 대한 추모와 슬픔을 충분히 표현해 반전의 감정을 불러일으키면서도 결국에는 '여성적인 것'은 가부장제의 논리와 '나라를 위한 죽음'이라는 내셔널리즘 신화로 흡수되고 말았다. 영화에선 전우를 위해, 나라를 위해 싸운다는 비장한 결의가 남자들의 아름다운 각오로 여기저기서 강조되고 있다. 또 특공으로 인한 죽음의 불합리함을 언급하는 곳이 보이기는 하지만 결국에는 전쟁에서 패한 일본의 각성, 이를 위한 희생이었다는 평계를 누구라도 납득하도록 만들고 만다. 이런 방식은 현대 일본에서 만들어진, 특히 특공을 주제로 한 이야기에선 자주 사용되며, 오늘날 일본의 우경화와 내셔널리즘 비대화에 적지 않은 영향을 주고 있는 것으로 보인다. 이는 야스쿠니에 바쳐진 신부인형이 결국엔 야스쿠니가 말하는 내셔널리즘 신화를 강화하는 데 쓰이고 마는 구조와 유사하다. 전사에 따른 슬픔과 아픔('여성적인 것')은 매우 자연스럽게 내셔널리즘('남성적인 것')의 강화로 이어지고 마는 것이다.

이와 같이 '여성적인 것'이 쉽게 뒤집혀 버리는 것은 '나라를

---

17 기무라 료코는 「전후 구축된 「남자」의 이미지—전쟁영화로 보는 남성성 회복의 여정」(『「남자다움」의 현대사』 아마노 마사코 외 편, 니혼게이자이효론샤, 2006, 60-91쪽)에서 1940년대부터 1980년대까지 제작된 전쟁영화를 분석, 전후 전쟁영화에서 보이는 '남자다움'의 다양성과 흔들림이 1960년대 후반 이후 모습을 감추었다고 말한다. 〈남자들의 야마토〉는 2000년대 이런 흐름의 귀결로 자리매김할 것으로 보인다.

위한 희생이 되었다'는 이야기가, 죽음에 따른 아픔을 완화하는
데 더할 나위 없는 효과를 발휘하기 때문이다. 특공대원들의 유족
은 그들의 죽음이 불합리하며 석연치 않다는 사실에 고통받으며
그 아픔이 치유되기를 간절하게 원한다. 여기서 내셔널리즘 신화
는 고통을 줄이고 해소하는 특효약이 된다. 왜냐하면 '나라를 위
한 죽음이었다'는 스토리가 희생자의 죽음을 헛되지 않은, 명예로
운 죽음으로 만들어주기 때문에 더 받아들이기가 쉽다. 이는 사랑
하는 이의 죽음이 가져다주는 고통을 치유하고 그들의 불합리한
죽음이 납득되도록 만드는 궤도이다. 그리고 아이러니하게도 이
러한 스토리는 국가의 폭력과 무책임한 행위로 인해 많은 사람들
이 죽음에 내몰렸다는 실상으로부터도 주의를 분산시켜 결국 잊
게 만들고 있다.

우리들은 위령이라는 행위를 어떻게 하면 내셔널리즘 신화로
부터 떼어낼 수 있을까. 그 신화는 매우 강력하고 매혹적이기 때
문에 이를 끊어내는 것은 상당히 어렵다. 조지 L. 모스(George L.
Mossee)는 전몰자 추모와 영령 숭배(英靈崇拜)의 시스템이 프랑스
혁명전쟁에서 비롯된 것이라고 주장하고 있지만,[18] 다카하시 데쓰
야(高橋哲哉)는 이를 부정하고 그 전통은 고대 로마 그리스까지 거
슬러 올라간다고 주장했다.[19] 야스쿠니 신화는 근대 천황제가 성
립한 시기에 만들어진 것이나 영령 숭배 그 자체의 역사는 인간

---

18 조지 L. 모스, 『영령 : 조작된 세계대전의 기억』(미야타 미치코 역, 카시와쇼보,
2002.)을 참조할 것.

19 다카하시 데쓰야, 『야스쿠니 문제』 치쿠마신쇼, 2005, 200-206쪽.

문화의 역사와 비슷할 정도로 길고 뿌리도 깊다는 것이다.

그러나 평화를 원하는 우리들은 내셔널리즘에 흡수되어가는 현재의 위령 신화로부터의 벗어나기 위해 별도의 이야기와 전통을 만들어내야만 한다. 유감스럽게도 지금 우리들에겐 어떤 것이 될지 명확하게 알 수는 없다. 하지만 지금까지의 고찰을 통해 나는 그 이야기 근간에 '여성적인 것'이 자리 잡게 될 것이라고 생각한다. 왜냐하면 이 글에서 밝혔듯이 '여성적인 것'과 내셔널리즘은 본질적으로 상반되기 때문이다.[20]

그 이야기는 독일의 추모시설인 노이에 바헤를 시작으로 베트남 전쟁기념비, 오키나와 위령비 등에서 이미 제안되고 있는 듯하다.[21] 우리들은 '여성적인 것'을 바탕으로 한 위령의 형태를 탐구하

---

20 베티 리어든은 성차별주의와 전쟁 시스템이 뿌리 깊게 이어져 있음을 지적하고 「페미니즘은 조직화된 폭력, 성차별주의에서 비롯된 폭력, 성차별주의적인 가치에 의해 강화되며 남성 쇼비니즘 행동에 의해 보편화된 폭력을 극복하는 힘」이라고 저술하였다. (『성차별주의와 전쟁시스템』, 야마시타 후미 역, 1988, 케이소쇼보, 111쪽). 또, 우에노 치즈코는 「페미니즘은 내셔널리즘과 양립하지 않는다.」고 주장했다. 우에노 치즈코 『내셔널리즘과 젠더』(신판), 이와나미겐다이분코, 2012년, 291쪽. 여성적 가치에 의한 평화 실현은 이 같은 정서·이야기 면에서 추구되어야 할 것이다.

21 노이에 바헤는 원래 19세기 초 위병소로 지어졌지만 제1차 세계대전 이후 전몰자 위령소로 개조됐다. 그러나 제2차 세계대전 후엔 「파시즘과 군국주의 희생자를 위한 위령소」(1960년), 통일 뒤엔 「전쟁과 폭력적인 지배로 인한 희생자를 위한 국립중앙추모시설」로 탈바꿈했다(1993년). 이곳의 추모대상은 전몰병사뿐 아니라 일반 시민 중 희생자, 그리고 나치 독일에 의해 살해된 유대인과 신티=로마의 사람들 등 독일의 전쟁과 관련된 모든 피해자이다. 이 추모시설 중앙에는 전쟁으로 목숨을 잃은 아들을 끌어안은 케테 콜비츠(독일의 화가·조

다보면 내셔널리즘에 기대지 않고도 전쟁으로 인한 죽음의 상처를 치유하고 극복할 수 있는 새로운 이야기를 만들 수 있다고 확신한다.

(번역: 번역협동조합)

참고문헌

1. 논문과 단행본

아카자와 시로, 박화리 역, 『야스쿠니신사』, 소명출판, 2008.

Ellen Schattschnerider, "The Work of Sacrifice in the Age of Mechanical Reproduction: Bride Dolls at Ritual Appropriation at Yasukuni Shrine," Alan Tansman(ed.), *The Culture of Japanese Fascism*, Duke University, 2009.

ウーテ・フレーフェルト, 「兵士、国家公民としての男らしさ」, トーマス・キューネ編, 『男の歴史』, 柏書房, 1997.

ジョージ・L・モッセ, 佐藤卓巳ほか訳, 『ナショナリズムとセクシュアリティ : 市民道徳とナチズム』, 柏書房, 1996.

ジョージ・L・モッセ, 宮武実知子訳, 『英霊 : 創られた世界大戦の記憶』, 柏書

각가 : 역주)의 조각이 놓여있다. 아들을 안고 있는 사람은 제1차 세계대전에서 사랑하는 아들을 잃은 콜비츠 자신으로, 조각에는 비통한 어미의 슬픔이 그대로 드러난다. 이곳에서는 「여성적인 것」이 기존의 「남성적인 것」을 무너뜨리고 내셔널리즘과 영웅숭배가 확실하게 배제되어 있다. 베트남전쟁 위령비에서도 애국적인 부분은 보이지 않고 오직 전몰병사의 이름이 검은 벽에 새겨져 있을 뿐이다. 찾아오는 사람들은 그 각인을 손으로 만져보며 죽은 이에 대한 생각에 잠길 수 있다. 또 오키나와 평화기념공원에는 「평화의 초석」이라는 이름의 위령비가 있다. 바다를 바라보며 방사형으로 펼쳐져 있는 이 위령비에는 베트남전쟁 위령비와 마찬가지로 전몰자의 이름이 새겨져 있다. 그곳에는 국적, 적인지 아군인지, 군인 군속인지 민간인인지 등의 구분은 없다. 전몰자 전원의 이름이 들어있을 뿐이다.

房, 2002.

ベティ・リアドン, 山下史訳,『性差別主義と戦争システム』, 勁草書房, 1988.

高橋哲哉,『靖国問題』, ちくま新書, 2005.

大江志乃夫,『靖国神社』, 岩波新書, 1984(양현혜·이규태 역,『야스쿠니신사』, 소화, 2020).

木村涼子,「戦後つくられる「男」のイメージ—戦争映画にみる男性性回復の道程—」, 天野正子ほか編,『「男らしさ」の現代史』, 日本経済評論社, 2006.

文部省,『国体の本義』, 1937.

上野千鶴子,『ナショナリズムとジェンダー』(新版), 岩波現代文庫, 2012.

岩本憲児編,『日本映画とナショナリズム1931-1945』, 森話社, 2004.

若桑みどり,『戦争がつくる女性像』, 筑摩書房, 1995.

2. 기타자료

야스쿠니신사 공식홈페이지 https://www.yasukuni.or.jp/history/detail.html

3부

미디어와 연결성

모성에 대한 전유와 돌봄의 의제화
: 정치하는엄마들을 중심으로[1]

최 이 숙

1. 들어가며

비리 유치원 명단 공개를 이끌어 내며 사립 유치원 문제를 공론화해온 시민단체 '정치하는엄마들'이 서울시 성평등상 대상 수상자로 선정됐다. 서울시는 "올해 서울시 성평등상 대상 수상자로 '정치하는엄마들'을 선정했다"며 "이들은 엄마들이 시민적 역량을 지닌 정치주체로서 활동할 수 있다는 것을 보여줬다. 또한 성 평등 사회를 만들고, 여성의 사회참여를 늘리는 데 기여했다"고 19일 밝혔다. (중략) 이 단체는 비리 유치원 명단 공개뿐만 아니라 △성별, 인종, 장애, 외모를 차별하는 혐오 콘텐츠를 지적하는 '핑크노모어' 프로젝트 △스쿨미투 당사자 법률지원 및 스쿨미투 학교명단 공개운동

---

1 이 글은 최이숙, 「모성에 대한 전유와 돌봄의 의제화 : '정치하는엄마들'을 중심으로」, 『석당논총』, 제77집, 동아대학교 석당학술원, 2020. 7을 수정·보완하여 재수록한 것이다.

최 이 숙 293

△칼퇴근법 통과 촉구 등의 활동을 해왔다.[2]

2020년 1월 17일 1년여를 끌어온 유치원 3법이 통과되었다. 언론들은 비리를 폭로한 평범한 엄마 아빠가 유치원 3법 통과의 주역이라고 평하면서 2018년 3월 감사 적발 유치원의 정보공개 청구부터 유치원 3법의 입법을 이끌어낸 '정치하는엄마들'의 활동을 조명했다. 2019년 오마이뉴스는 [2019 올해의 인물]로 "세상을 바꾸는 엄마들-어린이생명안전법안 엄마들"을 선정하면서 먼저 떠난 내 아이를 위해 그리고 "사회의 남은 아이들"을 위해 각자의 터전에서 싸워오던 이들을 매개한 사회단체로 '정치하는엄마들'을 소개했다.[3] 이 글은 다음과 같은 궁금증에서 시작한다. 만성적인 시간부족과 고립감 속에서 살아가는 '엄마'들이 한 칼럼을 계기로 모인지 50일 만에 단체를 창립하고 지난 3년간 주로 '돌봄'과 관련된 다양한 이슈를 사회적 의제로 부상시킬 수 있었던 계기는 무엇인가? 그리고 그 활동이 한국사회에서 의미는 무엇일까? 주지하다시피 한국사회에서 '기혼' 유자녀 여성들은 각자도생하면서 오랫동안 '고립된 존재'로 살아왔다. 그럼에도 불구하고 이들의 정치활동의 역사는 짧지 않다. 대표적으로 전태일 열사의 어머니 이소선 씨의 활동, 민주화운동 시기 민가협, 유가협, 그리고 최근에 결성된 '다시는'[4]에 이르기까지, 엄마들은 자녀의 죽음과

2   「서울시 성평등 대상에 '정치하는엄마들' 선정」, 『한겨레』, 2019. 6. 19.
3   「남은 아이들은 죽지 않게 하기 위하여 [2019 올해의 인물] 세상을 바꾸는 엄마들 - 어린이생명안전법안 엄마들」, 『오마이뉴스』, 2019. 12. 16.
4   '다시는'은 '산업재해 피해가족 네트워크, 다시는'의 준말이다. 태안화력발전소

피해를 대리하고 대변하는 역할을 해왔다. 온라인 공간이 등장한 뒤, 구체적인 이슈에 대한 엄마들의 집단적인 행동은 더욱 빈번해졌다. 2008년 미국산 수입소 반대운동 당시 유모차부대 및 현수막운동, '미세먼지 대책 촉구 위원회'의 활동처럼 자녀의 안전을 위협하는 사안에 이들은 적극 개입하면서 '엄마'라는 위치에서 목소리를 높여왔다. 최근 페미니즘의 부상과 함께, 기혼 유자녀 여성들은 자신의 삶을 여성주의적 시각에서 재해석하거나, 여성의 삶을 제약하는 사회구조에 대해 비판의 목소리를 높이기 시작했다.[5] '정치하는엄마들'은 이러한 움직임을 가장 대표적으로 보여준다.

이 글은 '정치하는엄마들'이 발간한 저서(『정치하는엄마가 이긴다』), 회원들의 언론 인터뷰 및 기고글, 창립 당시부터 2019년 12월까지 발표된 단체 성명서 및 보도 자료, 단체 관련 언론보도[6]에 대한 문헌연구를 바탕으로 집단 모성을 표방하며 등장한 이들의 활동이 한국사회에서 갖는 의미를 논의할 것이다. 이상의 논의를 통해 페미니즘 리부트 시대에 일차적인 돌봄 책임자로 지목되며 고

에서 일하다 숨진 김용균씨의 어머니 김미숙씨와 삼성백혈병 피해가족들, 고교 현장실습생 유가족들, 드라마제작현장의 노동착취 현실을 고발하며 스스로 목숨을 끊은 이한빛 PD의 가족들이 모여 2019년 결성되었다. '다시는'은 안전한 일터의 조성, 유가족에 대한 2차 피해 방지, 산재 피해자 관련 대책등을 함께 모색하고 있다. 「죽음으로 시작된 이 가족의 이름은 '다시는'입니다」, 『경향신문』, 2019. 5. 11.

5   이는 30대 엄마들의 글쓰기로 나타나는 경우가 많았는데, 대표적으로 정치하는엄마들 1기 공동대표를 역임했던 이고은의 『요즘 엄마들』, 기혼 여성들이 여성주의를 공부하고 글쓰기를 통해 자신들의 이야기를 담아낸 '부너미'의 활동 등이 대표적이다.

6   언론보도의 경우, 올해 5월 30일 이전까지 나온 신문기사 및 방송보도를 대상으로 하였다.

립된 존재로 살아온 엄마들이 서로 연결되어 실천할 수 있었던 배경은 무엇인지, 이 과정에서 '모성'은 어떻게 새로이 사유되고, '돌봄'의 문제는 어떻게 이슈화 되었는지 논의할 것이다. 그리고 이를 바탕으로 이들의 활동이 갖는 사회적 의미는 무엇인지 살펴보고자 한다.[7]

2. 기존문헌 검토 및 이론적 논의

2.1. 모성에 대한 다양한 사유들

오랫동안 모성은 여성이라면 당연히 생득적으로 획득하는 것으로 인식되었다. 임신과 출산이 생물학적 여성들에 의해서 수행되기에, 아이에 대한 애착은 여성의 본성으로 논의되었다.

여성주의 연구들은 모성에 대한 생물학적 접근에 대해서 문제제기 하였다. 이에 따르면 모성은 특정 사회적 조건 속에서 탄생

---

7   이 과정에서 빼놓을 수 없는 부분이 온라인 공간에서의 소통일 것이다. 백운희 공동대표가 밝혔듯이 '정치하는엄마들'은 "대부분 SNS를 기반으로 활동"이 진행된다. (원희복, 「[원희복의 인물탐구]-'정치하는 엄마들' 공동대표 백운희 "전국 엄마여! 단결하면 바뀐다」,『경향신문』, 2020. 2. 1.) 그렇기 때문에 '정치하는엄마들'의 의제 설정 및 회원들의 정치적 주체화 과정 활동의 양상과 그에 대한 평가는 온라인 공간에 대한 세밀한 탐구를 통해 가능하다. 온라인 공간 내에서의 소통과정에 대한 연구는 현재 진행 중이며 이는 별도의 저작에서 다뤄질 것이다. 이 글에서는 창립 당시부터 현재까지의 문제의식, 의제와 활동에 대한 고찰을 통해 본격적인 엄마정치를 표방한 이 단체에서 모성에 대한 사유가 어떻게 형성/실현되었는지, '정치하는엄마들'의 창립과 활동이 한국사회에서 갖는 의미는 무엇인지에 대해 탐구하는 것에 초점을 맞추고 있다.

한 것으로, 생물학적 본질주의에 근거한 희생적 모성신화가 오랫동안 여성의 삶을 억압하는 구조적/담론적 조건이었음을 비판하였다. 연구자들은 모성신화가 여성의 경제적/정치적 활동을 제약함으로써 그 권리를 제한했을 뿐만 아니라, 여성의 삶에서 '개인'은 삭제된 채 '어머니'로서의 삶만 부각되는 결과로 이어졌음을 지적하였다.[8]

서구에서 2세대 여성운동이 본격화되었던 1960년대부터 여성 억압의 상징이었던 모성에 대한 새로운 접근이 이뤄졌다. 연구자들은 생리적/육체적인 것으로서의 모성(maternity), 사회의 구성물이자 제도로서의 모성(motherhood)과 여성이 실제 수행하는 경험으로서의 모성(mothering)을 구분하면서, 후자에 대해 새로이 해석하기 시작하였다. 여성들이 아이 돌봄을 수행하는 과정에서 겪는 경험이 억압적인 것만은 아니며, 여성들이 돌봄의 책임을 담당한다는 것이 남아/여아, 그리고 어머니의 정체성 형성에 어떠한 의미를 갖는지를 탐구했다. 또 돌봄의 가치가 경쟁적인 남성 중심적인 세계관과는 다른 사회적 가치를 부여할 수 있는 기반이라는 점에 주목했다.[9] 캐롤 길리건(Carol Gilligan)은 자녀의 양육을 엄마가 수행하게 되면서, 딸과 아들은 서로 다른 도덕 관념을 갖게 된다고 보았다. 그녀에 따르면, 엄마와 심리적 연결감을 유지하는 딸은 관계 지향적이며 타인의 정서에 보다 반응하는(responsive) 성향을

---

8   이정옥, 「페미니즘과 모성: 거부와 찬양의 변증법」, 심영희 · 정진성 · 윤정로 공편, 『모성의 담론과 현실-어머니의 성, 삶, 정체성』, 나남출판, 1999, 43-67쪽.

9   이정옥, 앞의 글; 이선형, 「구술생애사를 통해 본 한국여성들의 모성인식에 대한 세대비교연구」, 『페미니즘 연구』 11(1), 한국여성연구소, 2011, 59-99쪽.

발전시키는 반면, 심리적 단절감을 겪는 아들은 독립적인 성향을 발전시키는 경향이 있다고 지적하였다.[10] 사라 러딕(Sara Ruddick)은 모성을 돌봄노동의 한 부분으로 정의하면서, 자녀 양육의 경험과 실천을 통해 모성적 사유가 형성될 수 있다고 주장하였다. 모성적 사유란 아이가 필요로 하는 바(requirement)에 반응하는 과정에서 발전된 보존애, 양육, 사회적응이라고 규정하였다. 생물학적 측면이 강한 출산의 노고 역시 태아를 보존하기 위한 행위의 일부라는 것이다.[11] 길리건과 유사하게 러딕 역시 이러한 모성적 사유가 새로운 사회를 이끌어가는 패러다임으로 확장될 수 있다고 보았다. 아이를 양육하는 과정에서 가다듬어진 이들의 실천이—주의력, 리얼리즘, 변화를 수용하는 태도—갖는 정치적 가능성은 군국주의와 대별되는 평화의 정치학으로 확장될 수 있음을 주장하였다.[12]

모성의 정치적 가능성에 대한 논의는 모성담론이 사회 변동의 과정에서 어떻게 동원되고 활용되는지, 그리고 이것이 민주주의 가치와 어떻게 연결되는지에 대한 논의로 이어졌다. 제니퍼 시머(Jeniffer Schirmer)는 라틴아메리카의 어머니 운동을 사례로 모성경험에 기초한 여성적 가치—보살핌, 공감, 책임감—가 민주적 가치와 맞닿아 있음을 드러냈다. 억압적 정치 상황에서 자녀를 잃은 양육자로서의 위치성은 끊임없는 자기 성찰을 통해 여성의 의식고양

---

10 캐롤 길리건, 허란주 역, 『다른 목소리로-심리이론과 여성의 발달』, 동녘, 1997.

11 사라 러딕, 이혜정 역, 『모성적 사유-전쟁과 평화의 정치학』, 철학과현실사, 2002, 102-107쪽.

12 사라 러딕, 앞의 책.

및 공적 영역에서의 목소리를 드높이는 데 기여하고 있음을 보여주었다.[13] 정치적 모성과 시민권의 문제를 검토한 프니나 워브너(Pnina Werbner)는 모성 경험(mothering)에 근거한 여성들의 활동이 이성주의적 시민권 모델을 돌봄과 공감의 관점에서 재구성해왔으며, 남성의 권위주의와 배제에 맞선 여성들의 도전을 가능케했다고 보았다.[14] 1990년대 아르헨티나의 사회운동과 사회정책 담론을 분석한 그라치엘라 디 마르코(Graciela Di Marco)는 모성의 정치화를 사회적 모성이라고 지칭하면서, 이는 아이들과 관련된 필요를 정치적 요구로 의제화 하고 정치적 행동을 촉발시키는 데 기여했음을 논의하였다.[15] 미셸 E. 카레온(Michelle E. Carreon)과 밸런타인 M. 모그하담(Valentine M. Moghadam)은 모성적 프레임을 하나의 문화적 징표로 규정하면서, 사회 변동 과정에서 모성적 프레임이 국가로부터 또는 아래로부터 동원되는 양상을 유형화하였다.

이들은 모성주의가(maternalism) 항상 운동초기부터 여성주의를 표방하는 것은 아니며, 여성주의를 표방한 모성주의라고 하더라도, 보수적인 생활양식 및 문화와 단절하는 것은 아니라고 주장

---

13 J. Schirmer, "The Seeking of Truth and the Gendering of Consciousness: The COMADRES of El Salvador and the Conavigua Widows of Guatemala", in Sarah A. Radcliffe and Sallie Westwood (eds) 'Viva': Women and Popular Protest in Latin America, London: Routledge, 1993, pp.30-64.

14 P. Werbner, "Political Motherhood and the Feminisation of Citizenship: Women's Activisms and the Transformation of the Public Sphere", in Pnina Werbner and Nira Yuval Davis, eds., Women, Citizenship, and Difference, London: Zed, 1999, pp.221-245.

15 G. Di Marco, "Social justice and gender rights", International Social Science Journal 59, John Wiley & Sons, 2009, pp.43-55.

했다.[16] 유사한 관점에서 아랍의 봄 당시 이집트 여성들의 활동을 분석한 아느와 무하진(Anwar Mhajne)과 크리스탈 웨스톤(Crystal Whetstone)은 여성활동가들이 가부장제와 협상하고 때로는 전통적인 모성을 동원하면서 이집트 민주화과정에 중요한 역할을 했다고 평가하였다. 아이를 보호하는 모성으로서의 위치를 넘어 정치적 모성은 시위대를 독려하고, 국가폭력에 노출된 시위대를 보호하고 군대 및 국가권력과 결탁한 기관들을 부끄럽게 만듦으로써 민주화운동에 대한 대중적 지지를 끌어내는 데 기여하였다.[17]

이상의 연구들은 이제까지 억압적인 것으로 치부되던 모성에 대한 다양한 사유를 가능케 해주었으며 모성의 정치적 가능성에 주목케 해주었다. 또한 그 의미는 맥락에 따라 상이하게 구성되고 있음을 보여주었다.

2.2. 돌봄의 윤리와 그 정치적 가능성

길리건과 러딕 이후 어머니 노릇(mothering)이 갖는 대안적 가능성에 대한 논의는 최근 돌봄의 윤리(care of ethics)를 정치적 차원에서 조망하려는 여러 시도로 이어지고 있다. 이들은 돌봄의 윤리를 통해 근대 철학에서 가정하는 독립적인 자아 개념을 뛰어 넘어

---

16 M. E. Carreon & Valentine M. Moghadam, ""Resistance is fertile": Revisiting maternalist frames across cases of women's mobilization", *Women's Studies International Forum 51*, Elsevier, 2015, pp.19-30.

17 A. Mhajne & C. Whetstone, "The use of political motherhood in Egypt's Arab Spring uprising and aftermath", *International Feminist Journal of Politics 20:1*, Routledge, 2018, pp.54-68.

관계적 자아 개념을 형성/발전시켰다.[18] 모든 인간은 의존을 경험하며, 취약한 의존인의 돌봄에 대한 요구는 매우 절박하고 도덕적인데, 이에 대해 책임 있게 행동하는 것이 바로 돌봄의 윤리이다. 공감, 동감, 민감성, 책임감 있는 반응에 근거한 돌봄의 윤리에서 중시되는 것은 관계와 맥락이다.

최근의 연구들은 이 도덕윤리가 실현될 수 있는 사회적 조건에 대한 관심으로 확대되면서 신자유주의 시장 경제라는 맥락 속에서 '돌봄'의 문제를 탐구하고 있다. 돌봄의 윤리를 정치적 실천의 맥락에서 논의한 조안 C. 트론토(Joan C. Tronto)는 인간 존재에 있어 핵심적인 가치인 돌봄이 가부장제 사회, 신자유주의 사회의 조건 속에서 공평하게 분배되어 있지는 않음을 지적한다. 전통적으로 '사적인' 것으로 치부된 돌봄은 성별화된 가정이나 시장 기제를 통해 그 책임이 분배되면서 특정 계급, 특정 성, 특정 인종에게 전가되었음을 비판하였다.[19] 트론토를 비롯하여 최근의 돌봄 연구자들은 돌봄이 새로운 사회, 경제적, 정치적 제도를 만들어낼 수 있는 지점임을 제시하였다. 이들은 서구의 이성중심적 철학과 경제시스템에 의한 돌봄 불평등을 해소하기 위해 국가와 사회가 담당해야 할 역할을 논의하였다.[20] 에바 페더 키테이(Eva Feder

---

18 조주영, 「새로운 도덕 패러다임으로서의 보살핌 윤리-헤크만의 길리건 해석을 중심으로」, 한국여성철학회, 『한국여성철학』 제9권, 2008, 103-125쪽.

19 조안 C. 트론토, 김희강 · 나상원 역, 『돌봄민주주의』, 아포리아, 2014.

20 김희강, 「돌봄민주주의: 자유민주주의와 사회민주주의를 넘어」, 한국여성학회, 『한국여성학』, 36(1). 2020, 59-93쪽; 에바 키테이, 김희강 · 나상원 역, 『돌봄: 사랑의 노동-여성, 평등, 그리고 의존에 관한 에세이』, 박영사, 2016; 조안 C. 트론토, 앞의 책.

Kittay)는 사랑의 노동으로 치부되는 돌봄노동이 제대로 수행되기 위해서는 돌봄자와 돌봄제공자와의 관계에서 파생되는 문제를 해결하기 위해 돌봄자를 보살필 수 있는 사회구조가 마련되어야 한다고 보고 있다. 인도의 둘리아(doulia) 시스템을 사례로 돌봄이 낳는 이중적인 시스템에 대해 논의하였다. 키테이는, 한 사회의 돌봄이 제대로 이뤄지기 위해서는 돌봄의존자뿐만 아니라 그의 취약성과 의존성으로 인해 발생하는 돌봄제공자의 취약성을 보완할 수 있도록 조달자-정부의 역할이 중요하다고 보았다. 공적인 돌봄의 윤리를 실현될 때 다양한 가족 형태와 다양한 돌봄(예를 들어 고령 부모를 돌보는 아이, 한부모 가족, 연인의 아이를 돌보는 레즈비언 여성)을 지지할 할 수 있는 여건이 마련된다는 것이다. 키테이는 장애를 지닌 아이를 양육했던 자신의 경험을 토대로, 러딕이 제안한 모성적 사유가 특정 상황과 조건 속에서 구현될 수 없음을 지적한다. 그리고 돌봄제공자에 대한 평등이 구현될 때만이 모두를 위한 평등이 완성될 수 있다고 주장한다.[21] 트론토는 남성과 특정 계급에게 부여된 돌봄 무임승차권을 회수하고, 민주적 다수를 통한 '함께 돌봄'의 정치를 지향해야 한다고 주장하였다. 누구나 돌봄의 수혜자가 될 수 있다는 인식, 민주적 돌봄의 제도화가 사람들의 삶의 질과 민주주의 향상에 핵심적인 부분임을 역설하였다. 이상에서 알 수 있듯이 돌봄에 근거한 정부 및 사회 시스템은 무엇인가에 대한 논의를 통해 연구자들은 돌봄노동상의 불균형을 해소하고, 돌봄 민주주의의 정착/확산을 위해 사회적 노력이 필요함을 지적한다.

---

21 에바 키테이, 앞의 책.

2.3. 만남 50일만의 단체 창립의 동인
: '맘고리즘'[22] 현실에 대한 반란

관련 보도를 통해 알려졌듯이, '정치하는엄마들'은 한 편의 칼럼과 함께 시작되었다. 현직 국회의원으로서 처음 출산했던 장하나 전 의원은 2017년 3월부터 한겨레신문에 "장하나의 엄마 정치"라는 칼럼을 연재하기 시작했다. "육아가 이렇게 힘든 일인지" 모르는 상태에서 아이를 출산하고, 출산과 관련된 어려움들은 인터넷 검색과 상품구매 통해 해결하는 자신의 일상을 되돌아보면서 돌봄노동에 대한 사회적 은폐와 무관심이 출산 이후 엄마들이 겪는 어려움의 근본원인이라고 지적했다. 이 현실을 바꿔가기 위해 엄마들에게 '정치'를 이야기하자고 제안한다.

저는 앞으로 이 글을 통해 우리 엄마들과 정치를 이야기하고 싶습니다. 정치라는 말이 부담스러우실 수도 있지만 정치는 대단하거나 어려운 것이 아닙니다. 우리가 모여 이야기하고, 서로 공감하고, 함께 분노하고, 우리의 목소리를 세상에 내놓으면 그것이 정치이고 정치세력화입니다. 그것이 정치 이전의 정치이고, 그것이 세상을 바꾸는 힘이며, 그것이 가장 멋진 민주주의입니다.

---

22 '맘고리즘'은 육아와 돌봄을 여성(mom)에게 전가함으로써 돌아가는 한국사회의 작동방식(algorizm)을 일컫는 말로 2017년 경향신문의 특집기사 "맘고리즘을 넘어서"에서 처음 등장하였다(이영경, 「맘고리즘을 넘어서1-엄마에게 육아 전담시키는 한국 사회…전업맘도 워킹맘도 '배터리 방전' 직전」, 『경향신문』, 2017. 1. 2). 이후 여성 '독박육아' 즉 여성이 주 양육자로 육아를 (거의 전적으로) 전담하는 현실을 지칭하는 말로 쓰여 왔다.

정치에 여성(엄마)들이 나서야만 독박육아를 끝장내고 평등하고 행복한 가족공동체를 법으로 보장받을 수 있습니다. 그래야만 우울한 여성의 시대에 종지부를 찍을 수 있습니다. 그래야만 여러분의 아이들과 제 딸 두리에게 인간적이고 합리적인 사회를 전해줄 수 있습니다. 저와 마음이 통하신다면, 이제 우리 만납시다.[23]

'P.S'의 형식으로 글의 말미에 페이스북 주소를 남기면서 (https://www. facebook.com/political.mamas) "함께 고민하고 행동하며 '엄마정치'를 만들어가자"고 썼다. 이후 2주 후에 게재된 두 번째 칼럼에서 그녀는 "기대치 못한 뜨거운 반응에 놀랐습니다. (중략) 제 가슴을 뛰게 만든 건 '엄마 정치를 해보자, 만나자, 달려가겠다'는 엄마들이 진짜 나타났다는 사실입니다"라는 말과 함께 2주 뒤인 4월 22일 대방동 여성플라자에서 만나자는 제안을 남긴다.

"예상대로 30명의 엄마가 각자의 삶과 경험을 나누는 동안, 말하는 이도 듣는 이들도 눈물을 참지 못했습니다. 그렇게 자기소개만으로 예정했던 2시간을 훌쩍 넘겼습니다. 조금은 당황스러웠지만, 저는 2시간 만에 그 엄마들에 대한 어떤 믿음이 생겼습니다. (중략) 행사를 마치고 근처 카페로 자리를 옮긴 엄마들은 한 시간 만에 '정치하는엄마들 준비위원회'의 발족을 결의했는데, 저만 빼고 아무도 놀라는 기색이 없다는 사실에 더 놀랐습니다.[24]

---

23 장하나, 「엄마들이 정치에 나서야만 '독박육아' 끝장낸다!」, 『한겨레』, 2017. 3. 25.
24 장하나, 「저는 엄마들을 배신한 엄마 국회의원이었습니다」, 『한겨레』, 2017. 5. 6.

첫 만남 이후 참석했던 사람들, 그리고 준비위원회를 담당했던 엄마들은 온라인 플랫폼인 텔레그램(Telegram)을 통해서 소통을 이어갔고, 5월 16일 준비모임을 거쳐 6월 11일 창립에 이르렀다. 이들이 이렇게 빠르게 단체를 형성할 수 있었던 이유는 무엇인가? 온라인 공간을 통해 1차적으로 연결된 상황을 거론할 수 있을 것이다. 온라인 공간에서의 제안이 오프라인에서의 실천으로 이뤄지는 것은 한국사회에서 익숙한 풍경이기는 하지만, 이러한 실천이 가시화되기 위해서는 구성원들이 공유할 수 있는 무언가가 있어야한다. '정치하는엄마들' 1기 공동대표였던 이고은은

자신이 엄마가 되어서 마주한 사회의 구조적인 모순에 대한 고민은 많았지만 그 모순을 어떻게 해결할 수 있는지에 대해서 구체적으로 잘 모르던 사람들이 하나 언니의 '우리 만납시다' 한마디에 꽂혀서 (모인 게 아닐까), 저는 그 문장을 봤을 때 정말 딱, 저한테 '너'라고 지적하는 것 같은 그런 느낌을 받았어요 (중략) 그래서 생각은 많은데 어떻게 해야 할지 방법을 잘 모르던 엄마들을 불러들인, 마음을 움직이는 한 문장이었다는 생각이 들고요.[25]

전직 국회의원의 글에 감정이입을 하고 '만나자'는 제안에 동조할 수 있었던 것은 무엇일까? 이는 소위 82년생 김지영으로 대

---

25 장하나 · 이고은 · 조성실, '그리고 못다한 이야기', 정치하는엄마들, 『정치하는 엄마가 이긴다』, 생각의힘, 2018, 249쪽. 이는 이고은뿐만 아니라, 여러 언론 인터뷰에서 회원들이 처음 참여하게 된 이유에 대해 공통적으로 말하는 바이기도 하다.

표되는 세대의 삶의 여정과 관련이 있다. 지금의 30~40세대는 남성과 동등한 교육을 받고, 경쟁하여 회사에 들어갔고, 이전 세대와 같은 '현모양처'를 자신의 삶의 지향으로 놓았던 세대는 아니다. 그렇기에 이들 여성에게 출산은 "여성의 삶을 뒤바꿔 놓은 충격적인 사건"[26]으로 규정된다.

나는 출산을 기점으로 세상에 노력만으로는 안 되는 일이 있다는 것을 절감하기 시작했다. 유아란 절대적으로 엄마인 나의 몫이 컸고, 아이로 인해 급작스럽게 늘어난 가사노동량은 나를 매일같이 파김치로 만들었다. 나는 아침마다 직장으로 피신하는 꼴이 되었으며 아이는 하루 종일 익숙한 집 대신 낯선 어린이집에서 엄마가 아닌 담임 선생님과 함께 자라고 있었다. 이런 기이한 일상은 나의 의지와는 무관하게 굴러가고 있었는데 나의 힘이나 노력으로 통제가 가능한 수준이 못 되었다.[27]

출산이 충격적인 사건으로 인식된 이유 중 하나는 한국사회에서 '엄마가 되는 것'의 의미와 관련이 있다. 굉장히 오랫동안 여성의 임신, 출산, 그리고 엄마노릇(mothering)은 신성시되었다. 특히 한국사회에서 생물학적 엄마(maternity)와 엄마노릇(mothering)이 미분리 상태에 놓였기에, 친모의 희생은 여성의 의무로 엄마는

26 이고은, 「서문」, 『요즘 엄마들』, 알마, 2016.
27 이고은, 같은 책.

무욕망의 존재로 규정되었다.[28] 이러한 가정 속에 생물학적 엄마가 아닌 사람의 양육은 정상적이지 않은 것으로 인식되었고, '엄마'가 자신의 욕망을 드러내는 것—양육 < 사회활동, 여성으로서의 섹슈얼리티에 대한 언급—에 대한 비난은 일정 동안 당연한 것이었다. 이러한 모성이데올로기가 초기 양육자에게 미친 영향에 대한 연구들이 제시하듯이, 여성들은 모성수행에 과정에서 힘듦, 무기력, 열등함, 자녀에 대한 미안함과 같은 부정적 감정을 느끼며 정체성의 혼란을 겪고 있었다.[29] 그럼에도 불구하고. '희생적 모성' 담론 속에서 임신, 출산, 육아의 과정에서 겪는 여성들의 어려움은 '발화될 수 없는 것', 발화가 되더라도 어쩔 수 없이 '견뎌야하는 것'으로 수렴되었다.

묵묵히 감내해야 하는 것이었던 임신, 출산, 양육의 과정에 대한 말하기가 쏟아지기 시작한 것은 온라인 공간의 등장과 함께였다. 특히 본격적인 온라인 세대라고 할 수 있는 지금의 30~40세대에게 '엄마노릇'은 이전 세대와 달리 자신의 미래를 그리는 데 중요 부분을 차지하는 것은 아니었다. 아이를 출산하고 양육하는 과정에서 겪는 육체적 정신적 어려움, 자신이 꿈꾸던 삶과 현실 간의 괴리는 감정, 공감이 곁들여진 여성들의 이야기를 통해 온라인 공간에서 안전하게 표출될 수 있었다. 또한 모성신화에 가려진 임신,

28 최은영,「한국여성의 모성기획과 균열에 대한 질적 연구」, 서울대학교 박사학위논문, 2014, 19쪽.

29 김인지·이숙현,「어머니의 자녀 훈육 경험: 이상과 현실의 부조화와 대처」,『가족과문화』24(2), 2012, 1-38쪽; 신송이,「집단이야기치료를 통한 양육초기여성의 정체성 변화 경험에 관한 연구-모성이데올로기를 중심으로」, 연세대학교 박사학위논문, 2017.

출산, 육아의 현실 그 속에 존재하는 모순과 이들이 겪는 실존적 불안감은 맘카페와 온라인 커뮤니티에서 비로소 가시화되었다.[30]

엄마들이 경험하는 정체성의 혼란과 불안, 때때로 표출되는 분노의 정서는 여전히 견고한 성별분업과 돌봄노동에 대한 저평가, 돌봄의 문제가 사회적으로 해결되지 않은 현실에서 기인한 것이었다. 특히 저출산의 상황은 '출산=애국'으로 규정하고, 돌봄 문제에 대한 사회적 관심을 증진시켰지만,[31] 아이를 낳고 나서 모든 양육자가 직면하는 문제, 즉 아이를 누가 키울 것인가는 여전히 풀기 어려운 숙제였다. 어린이집(이후 유치원)에 입소하기 위해서는 출산과 함께 대기를 걸어야했고, 입소가 여의치 않을 경우 경제적/사회적 자원을 활용하여 돌봄자를 구할 수 있느냐에 따라 직장에서의 생사여탈권이 달라졌다.[32] 운 좋게 아이 돌봄의 문

30　홍남희, 「초기 모성수행기 여성들의 스마트폰 이용」, 『미디어, 젠더 & 문화』 21, 한국여성커뮤니케이션학회, 2012, 135-164쪽.

31　이에 대한 상세한 논의는 노법래·양경은, 「한국 사회 저출산 논의 구조와 그 변환에 관한 텍스트 마이닝 분석 - 2000년 이후 언론 기사문에 대한 토픽 모델링과 토픽 구조의 시계열적 변동을 중심으로 -」, 『한국사회복지학』 71(4), 한국사회복지학회, 2019, 153-175쪽; 김연권, 「'저출산'에 대한 신문 담론 분석」, 『시민인문학』 36, 2019, 43-100쪽.

32　통계청이 발표한 '2019년 상반기 지역별 고용조사 중 경력단절여성 현황'에 의하면, 여성이 직장을 그만둔 사유로는 육아(38.2%), 임신 및 출산(22.6%)로 절반 이상의 비율을 차지했고, 전체 경력단절 여성 중 63.3%가 6세 이하의 자녀가 있는 여성들이었다. (이민아, 「경력단절여성 170만명…이유 1위는 "육아"」, 『조선일보』, 2019. 11. 26.) 2010년 이후 30대 고학력 여성들의 경력 단절 원인을 분석한 이승현과 박영일의 연구는 자녀 돌봄의 부담으로 인해 반자발적으로 여성들은 직장을 떠나고 있으며, 이는 양질의 돌봄 서비스가 제공되지 못하는 현실에서 기인한다고 진단하고 있다. 이승현·박영일, 「고학력 30대 한국여성들의 퇴직과 경력단절에 대한 연구」, 『유라시아연구』 14(3), 2017, 45-68쪽.

제를 해결하더라도 '엄마=양육의 주 책무자'라는 사회적 인식 속에 남성에 비해 압도적으로 많은 재생산 노동을 담당 하며 '시간빈곤자'의 삶을 견뎌야만 했다.[33] 최근의 '맘충', '노키즈 존' 논란이 함축하듯이 아이 키우는 엄마와 애국의 상징인 '아이'를 바라보는 시선은 냉혹하기만 하다. 연이은 어린이집에서의 아동 학대및 사망사건, '민식이법'으로 대표되는 아동생명안전법 제정에 앞장섰던 부모들의 절규가 보여주듯 아이를 낳았지만, 이들의 안전과 생명은 여전히 불안하다. 조남주의 소설 『82년생 김지영』 열풍은 여성에게 끊임없이 강요되지만 '돌봄노동'이 저평가되는 현실, 그 속에서 여성이 느끼는 고립감과 불안감에 대한 공감이었다. 페미니즘의 언어를 통해 "차별로 가득한 현실을 직시하고 (중략) 느끼는 불합리와 분노에 대해 설명할 수 있다"는 페미니즘 독서모임 '부너미'의 제안자 이성경의 고백은 부정의한 현실을 말하고 바꾸려는 엄마정치에 대한 갈망이 여성들 사이에서 일정 부분 자리했음을 시사한다.[34] '정치하는엄마들' 모임의 제안자인 장하나는 4월 22일 전국 각지에서 아이를 동반한 30여 명의 여성들이 모일 수 있었던 것에 대해 다음과 같이 이야기한다.

---

33 〈2018년 전국출산력 및 가족보건 · 복지실태조사〉에 따르면 유배우 여성 (15~49세)과 남편과의 1일 평균 가사노동시간(육아 제외)은 평일 아내 189.4 분 남편 37.2분이었고, 토요일의 경우, 여성이 216.2분, 남편 70.2분, 일요일의 경우 아내 214.7분, 남편 74.1분이었다. 육아시간의 경우, 평일 아내 286.7 분, 남편 71.9분, 토요일 아내 376.7분, 남편 200.9분, 일요일 아내 377.5분, 남편 219.1분이었다. 이소영 · 김은정 · 박종서 · 변수정 · 오미애 · 이상림 · 이지혜, 『2018년 전국출산력 및 가족보건 · 복지실태조사』, 세종: 한국보건사회연구원, 2018.

34 이성경, 「들어가며」, 부너미, 『페미니스트도 결혼하나요?』, 민들레, 2019.

"『82년생 김지영』이 베스트셀러라고 하고, 언론에서도 몇 년 전부터 외국에서는 어떻게 육아를 분담하고 뭐 이런 것들을 말해왔잖아요. (중략) '그래서 실제로 어떻게 바꿔야하지?', '내가 뭘 할 수 있지?' 하고 생각하는 사람들의 구심점 역할을 할 만한 곳이 없었죠. 지금까지 관련 문제들은 여기저기서 막 지적을 해왔는데, 그걸 어떻게 해결할 수 있는지에 대해서는 이야기가 없었다가, 제가 일단 만나서 얘기하고, 싸우고, 분노하고 행동하고 그러자고 하니까 딱 이 정도 인원이 모인 것 같아요"[35]

엄마들의 정치참여에 대한 수용이 쉽게 이뤄질 수 있었던 또다른 이유는 2000년대 들어 한국사회에서 온라인을 매개로 정체성의 정치가 시도되고 오프라인으로도 확산되었던 여성들의 정치참여 역사에서 찾을 수 있을 것이다. 2000년대 촛불시위를 경험하면서 한국인들에게 온라인상의 제안이 물리적 공간에서의 정치 행동으로 이어지고, 서로 알지 못했던 존재들이 거리에서 함께 하는 모습은 더 이상 낯선 것이 아니다.[36] 장하나 전 의원의 제안에 '엄마'로서 사회/구조적 부조리를 감내했던 여성들이 반응하고 오프라인에서 무엇을 시도하는 것은 익숙한 풍경이었다.

맘고리즘의 현실을 해결하고자 했지만, 이를 "엄마들이 직접

---

35 장하나 · 이고은 · 조성실, 앞의 책, 247쪽.

36 이에 대해서는 김예란, 「감성공론장」, 『언론과 사회』 18(3), 2010, 146-191쪽; 김수아, 「디지털 테크놀로지의 발전과 새로운 여성 정치 주체의 가능성」, 『페미니즘 연구』 12(1), 2012, 193-217쪽을 참고할 것.

나서지 않으면"[37] 해소할 수 없었던 조건은 엄마들의 단체 창립을 끌어낸 핵심 동인으로 평가할 수 있을 것이다. 1기 공동대표였던 조성실은 첫 만남에 대한 소회를 "혼자가 아니었다. 당연한 게 아니었다. 나도 할 수 있다"로 표현하였다.[38] 결국 '정치하는엄마들'의 탄생은 돌봄을 둘러싼 사회적 모순에 대한 당사자들의 인식에 기초해 이를 개선하기 위한 욕구의 표현이었다고 볼 수 있을 것 같다.

3. 모성에 대한 전유: 사회적 모성을 표방하다.

2017년 창립 이후 '정치하는엄마들'의 1년을 정리한 『정치하는 엄마가 이긴다』의 부제는 "모성신화를 거부한 엄마들, 반격을 시작하다"이다. 이제까지 아이 돌봄을 홀로 엄마에게 독박을 씌운 희생적 모성에 대한 신화, 그에 기초한 사회 구조와 단절하겠다는 선언으로 읽힌다. 정관에 드러나듯이 '정치하는엄마들'은 '모두가 엄마다'라는 구호 속에서 평등 육아가 가능한 사회를 지향하기 위한 방안으로 '집단 모성', '사회적 모성'을 새로운 지향점으로 제시하였다.

무릇 사람을 낳고 기르고 살리는 돌봄과 살림은 우리 사회의 현재

---

37 정치하는엄마들, 「'정치하는엄마들' 성명서: '국회야 일 안하고 뭐하니?'」, 앞의 책, 258-259쪽.

38 앞의 글, 258쪽.

뿐 아니라 미래가 달린 일로서 엄마·여성·개인에게 그 책임을 전가해서는 안 되며, 가족 공동체·지역 공동체·국가 공동체가 서로 함께 책임져야 할 영역이다. **이제 모성은 생식적 어머니와 분리하여 돌봄과 살림을 수행하는 모든 주체의 역할을 가리키는 개념이 되어야 하고, 우리 사회는 집단 모성·사회적 모성을 추구해야 한다.** 나아가 혈연을 넘어서 돌봄과 살림의 관계를 기준으로 **다양한 형태의 가족을 포용해야 하며, 가족구성원 간의 성평등한 관계를 법제도적으로 보장해야 한다.** 우리는 사회적 모성을 바탕으로 모든 아이들과 그 아이들을 돌보는 모든 사람들의 권리를 옹호하고, 그들이 처한 정치적·경제적·사회문화적 모순을 해결해 나감으로써 더 나은 공동체를 만들 수 있다고 믿는다. 이에 우리는 직접적인 정치참여를 통해 이러한 목표들을 실현하고자 모인 구성원들의 뜻을 모아 '정치하는엄마들'을 창립한다.[39]

집단 모성에 대한 논의[40]는 '아빠를 집으로 돌려달라'는 식의 성평등 육아를 고민하는 과정에서부터 시작되었다. 그러나 이 주장이 정상가족의 신화에서 자유롭지 못하며, 여전히 육아의 책임을 개인에게 지운다는 지적이 제기되면서, 다양한 형태의 가족을 포괄하고, 아이 돌봄이 개인이나 한 가족이 아닌 사회 전체의 문제라는 점을 부각시킬 수 있는 방향을 모색하는 과정에서 창출된 것이 '집단 모성', '사회적 모성'이었다. 이상에서 알 수 있듯이 '정

---

39 정치하는엄마들 정관 https://www.politicalmamas.kr/post/146.

40 『정치하는 엄마가 이긴다』 2부 '집단모성이 사회를 바꾼다'에 집단 모성이 제안된 배경이 상세히 서술되어 있다.(정치하는엄마들, 앞의 책, 42-54쪽)

치하는엄마들'은 기존의 생물학적 모성에 대한 관념에서 벗어나 모든 성인과 국가 및 사회 시스템까지도 집단 모성의 주체로 지목했다. 이 집단모성이 구현될 때, "아이 키우기 좋은 사회 구조로 변하고, 아이를 맡길 수 있는 신뢰가 회복될 것이고, 노동시간이 줄어들어 가족과 함께 하는 시간이 늘어날 것이고," 보다 인간적이고 평화로운 공생과 관용의 정서가 형성될 수 있다고 보았다.[41]

이러한 담론은 사실 그렇게 낯선 것은 아니다. 최은영이 지적하듯이 2010년대 한국사회의 모성 인식에서 생물학적 모성(maternity)과 양육적 모성(mothering)의 분리가 서서히 나타났다. 맞벌이가 증가함에 따라 생물학적 엄마가 아닌 다른 양육자 또는 양육기관에 자녀 돌봄을 의존하게 되면서 '생물학적 모성=양육적 모성'의 공식은 깨질수 밖에 없었고, 양육적 모성의 중요성은 더욱 커져갔다.[42] 집단 모성, 사회적 모성에 대한 '정치하는엄마들'의 제안은 생물학적 모성에 기초한 희생적 모성신화에서 벗어나고 있던 사회 현실을 일정 부분 반영하고 있다.[43] 또한 이 정관은 인간의 삶이 유지될 수 있는 기본 조건이자, 인간의 '도덕적 의무'로 돌봄을 규정한 최근의 논의를 연상시킨다. 사회 공동체와 국가가 함께 돌봄을 수행해야한다는 것은 새로운 시민적 권리로 돌봄을 규

---

41   김소향 · 이고은 · 최지현, 「집단모성이 세상을 바꾼다」, 정치하는엄마들, 앞의 책, 47쪽

42   최은영, 앞의 논문.

43   실질적으로 '정치하는엄마들'의 회원은 여성만 있는 것은 아니다. 창립 초부터 부부가 함께 참여하고 활동하는 경우도 있었고, 생물학적으로 남성인 회원, 비혼 회원, 성소수자 회원들도 함께 활동하고 있다.

정하고, 돌봄의 책임이 사회 속에서 분배될 때, 생물학적 엄마들이 주 양육자라는 이유로 겪은 차별이 사라질 것이라는 돌봄민주주의를 본격적으로 제안하는 것[44]으로 해석할 수 있을 것이다.

집단 모성을 제안하는 과정에서 한 가지 흥미로운 것은 돌봄의 민주주의가 더 나은 사회를 이끄는 길이라고 언급한 점이다. '모두가 엄마다'임을 엄마들의 새로운 선언으로 채택하는 과정에서 이들은 "우리사회의 약자와 소수자들에 대해서 집단 모성이 연대해야하는 대상"이라고 제안하고 있다.[45] 즉 "생명에 대해 전인적인 관점을 가질 수 밖에 없는 사람들"인 엄마들이 "사회적 약자들이 느끼는 차별, 불평등, 불안감을 해소하는 공동체", 즉 아이들을 양육하기 보다 좋은 사회[46]로 만들어가겠다는 의지가 정관에 담겨 있다고 할 것이다. 실제로 지난 3년 간 '정치하는엄마들'은 여성의 경력단절과 돌봄 공백을 초래하는 장시간의 노동, 유치원 및 어린이집 등 돌봄 기관의 문제뿐만 아니라 우리사회 속 차별과 배제에 맞서는 한편, 환경, 평화 등 다양한 의제에 대해 발언해왔다. 유치원 3법과 관련된 성명서를 제외한 40개 성명서 중 14개는 성평등과 인권(페미니즘 교육 교사에 대한 공격 비판, 스쿨미투, 안희정 전 지사 판결에 대한 입장, 다문화 가정에 대한 혐오댓글 비판 등)에 대한 내용

---

44   조안 C. 트론토, 앞의 책.

45   김소향·이고은·최지현, 앞의 글, 53쪽.

46   김재희·이중삼, 「찍을 후보 없다면 '나'에게 투표하라-[광장에서 국회로 '총선 마이크'⑳] 김정덕·백운희 정치하는엄마들 공동대표(下)」, 『베이비뉴스』, 2020. 4. 14, https://www.ibabynews.com/news/articleView.html?idxno=84607

이었고, 6개는 환경(탈핵, 소망풍선 행사 등), 평화와 배치되는 어린 이들의 무기 모방 장난감 등에 대한 것이었다. '정치하는엄마들'의 정관과 다양한 이슈에 걸친 활동은 이 단체가 엄마들이 느끼는 차별적 경험과 위치성에 대한 인식을 바탕으로 모성에 대한 정치적 전유를 통해 민주주의를 확장시키는 실천을 해왔음을 보여준다. 이들의 등장은 가족을 넘어 사회에 대한 책임을 확대하고, 사회적 모순과 불평등을 개선하기 위해 활약하는[47] 여성주의 그룹이 한국에서 출현했음을 의미한다.

4. 당사자 정치와 돌봄 이슈의 의제화

'정치하는엄마들' 회원들이 언론과의 인터뷰에서 초창기부터 많이 하는 말은 '아무도 안 해주니까' 엄마들이 직접 나섰다는 것이었다. 2017년 첫 기자회견문에서 이들은 "20대 국회의원 300명의 평균 재산은 41억 원, 평균 연령은 55.5세 그리고 83%가 남성"인 상황에서 현재의 정치권은 "'엄마'라는 두 글자의 무게를 느끼기 어려운 사람들"이라고 규정했다. 그리고 "엄마들이 일상에서 겪는 모든 문제가 정치적인 문제"[48]라는 조성실 1기 공동대표의 발언처럼, 이들은 양육과정에서 겪게 되는 구조적 문제와 현안에 대해 지속적으로 발언하였다. 이는 창립 직후 문재인 정부 국민 인

---

47   J. Schirmer, 앞의 논문, P. Werber, 앞의 논문.

48   최규화, 「엄마에게 정치란?」, 『베이비뉴스』, 2018. 1. 29.

수위 '광화문 1번가'에 대한 정책제안 작업에서부터 드러났는데, 당시 '정치하는엄마들'이 제안한 이슈는 공공보육시설 및 돌봄 기관의 확대/운영, 육아휴직, 아이돌보미 서비스, 양육수당, 달빛어린이병원 확대 등 돌봄의 제도적 측면을 둘러싼 이슈들, 양육자만이 체감할 수 있는 공간 문제(ex-아이동반 화장실)등이었다. "양육당사자는 정치에 최적화된"[49] 존재라는 것을 보여주듯, 그동안 기성의 정치권에서 발견할 수 없었던 의제들이 논의되었다.[50] 2019년 12월까지 발표된 86개의 성명서와 『정치하는 엄마가 이긴다』 등을 바탕으로 살펴볼 때 '당사자 정치'를 지향했던 '정치하는엄마들'이 의제화했던 이슈는 두 가지로 분류할 수 있을 것이다.

4.1. 돌봄 행위의 저평가와 불균형을 둘러싼 문제제기

'정치하는엄마들'의 결성은 가부장제와 자본주의가 유발하는 여성의 경력단절과, 남성을 돌봄에서 무임승차케 만드는 현실에 대한 문제제기였다. 때문에 창립 초기 회원들의 논의는 성별화된 돌봄 책임을 개선하는 데 맞춰졌다. "보노보노(보육-노동-보

---

49   백운희, 「사회는 "애나 잘 키워라"지만 엄마들은 "정치한다"」, 『일다』, 2019. 4. 19.

50   이는 2017년 창립 이후 '정치하는엄마들'의 네이버 카페(https://cafe.naver.com/politicalmamas) 및 SNS(텔레그램, 페이스북)를 통해 단체에서 활동해야할 이슈가 제안되는 과정에서 잘 드러난다. 2020년 5월 현재 '정치하는엄마들' 내에는 4개의 팀(법률팀, 급식팀, 미디어감시팀, 스쿨미투팀)과 3개의 자조모임, 그리고 3개의 지역모임이 공식기구로 운영되고 있다. 그 외 회원들의 관심사에 따라 다양한 소모임들이 운영되고 있다.

육-노동"[51]이라는 표현이 시사하듯, 초창기부터 '정치하는엄마들'은 돌봄의 문제가 결국 노동의 문제와 긴밀하게 연관되어 있음을 강조해왔다.『정치하는 엄마가 이긴다』에서 백운희와 김신애는 '정치하는엄마들' 회원 간의 온라인 소통채널인 "텔방에서의 대화는 늘 '기-승-전-노동시간'이라는 결론에 도달하곤 한다"고 서술했다.[52] 이는 조성실이 지적하듯, 아이가 자라는 데에는 부모의 시간이 필요한데, 한국사회의 긴 노동시간은 아이와 함께 할 시간을 허락하지 않고 대신 돈을 지불하고 서비스를 구매할 수 있도록 지원하는 방식으로 구조화된 현실에 대한 자각이었다.[53] 이들은 긴 노동시간이 독박육아와 여성에 대한 노동시장 내의 저평가, 엄마의 경력단절과 긴밀하게 맞닿아 있음을 간파했다. 또한, 회사형 인간을 이상적으로 여기는 문화로 법적으로 보장된 제도—예를 들면 육아휴직—마저 지켜지지 않는 상황에서 주 양육자로 강제된 엄마들은 노동의 권리와 돌봄의 권리 사이에서 끊임없이 선택을 강요받는 현실에 대한 비판적 인식이기도 했다.[54] '맘고리즘'으로 지칭되는 고리를 끊어내기 위한 실천으로 2017년 6월 '정치하

---

51 백운희, 앞의 글.

52 김신애 · 백운희,「거리에 나서다」, 정치하는엄마들, 앞의 책, 2018, 86-103쪽.

53 조성실,「엄마, 싸움을 시작하다」,『베이비뉴스』, 2018. 3. 30.

54 '정치하는엄마들' 홈페이지에 링크된 회원들의 칼럼과 논평(https://www.politicalmamas.kr/ Column_Essay)를 통해 역시 시간부족에 시달리며 소진되어 가는 엄마들의 일상은 쉽게 발견된다. 또 '정치하는엄마들'에 대해 다룬 2개의 프로그램 'JTBC 소셜스토리'의 '정치하는엄마들1'(https://www.youtube.com/watch?v=cjmHe-Om5DU)과 '정치하는엄마들2(https://www.youtube. com/watch?v=NUnrfU-cMjs)와 'SBS 스페셜-앵그리맘의 반격-(https://programs.sbs.co.kr/ culture/sbsspecial/vod/53591/22000274413)에서 잘 드러난다.

는엄마들'은 창립 이후 첫 활동으로 '칼퇴근법 및 보육추경 6월 국회통과 촉구' 기자회견을 개최하였다. 문재인정부 국민 정책 제안 프로젝트였던 '광화문 1번가'에도 보육분야 정책[55] 외에, 출산휴가 및 육아휴직 사용율의 목표치 제시, 칼퇴근법의 연내 통과, 대체인력 활용제도의 민간 확대, 스마트 근로감독의 실시, 여성노동자의 노동권 모성권 보호 전문기관의 설치 등을 제안하였다. 돌봄과 노동의 문제를 본격적으로 제기하는 집단이 부재했던 상황에서, 창립 직후부터 '정치하는엄마들'은 저출산 관련 토론회에 참여하여 양육자의 입장에서 정책을 평가하고, 돌봄 관련 현실적 정책의 부재-경력단절-저출생의 고리에 대해 역설하는 스피커로 서서히 자리 잡았다.[56]

장시간의 노동시간 및 독박육아의 상황은 돌봄이 임금 노동에 비해서 그 가치를 제대로 인정받지 못하는 현실과 연관되어 있다. 돌봄이 저평가 되는 사회에 대한 이들의 문제제기는 사회에서 돌봄노동을 담당하는 다양한 사람들과의 연대의식으로도 표출되었다. 대표적으로 2017년 민주노총 학교 비정규직 급식 노동자의 파업 당시 이언주 의원의 "아무것도 모르는 급식소에서 밥하는 아줌마들" 발언에 대한 성명서이다. '정치하는엄마들'은 이 의원의 발언이 인간이 상당 기간 동안 "타인의 돌봄을 통해서만 생존할 수" 있음에도 불구하고 돌봄노동을 천대하고 돌봄노동자를 폄하

---

55 보육분야 정책에는 정책 설계 및 집행과정에서 부모참여의 의무화, 보육 예산 증액, 보육기관에 대한 관리 감독 강화 등이 포함되었다.

56 이에 대해서는 '정치하는엄마들'의 홈페이지(https://www.politicalmamas.kr/ Press_Release)를 참고할 것.

하고 혐오하는 표현이라고 강력하게 비판하였다.[57] 2018년에는 보육교사의 휴게시간 및 점심시간 확보를 위한 기자회견을 개최하였다. 보육교사의 노동현실에 대해 함께 이야기하고, "돌봄노동의 가치를 인정하지 않고 정당한 처우를 보장하지 않으면 그 피해는 고스란히 우리에게 돌아 온다"는 주장을 통해, 양육자의 위치에서 아이 돌봄의 복잡한 상호연관성을 지적하였다.[58]

'정치하는엄마들'은 불평등한 돌봄 책임에 대해 문제를 제기하면서 '사적(private)'인 것으로 치부된 돌봄이 사실상 공적인 세계, 노동의 세계와 긴밀하게 연결되어 있음을 주장하였다. 돌봄과 노동이 양립하는 사회의 구축, 돌봄노동이 그 가치를 인정받는 사회로의 이행이 한국사회 돌봄 책임자들이 겪는 정치적/경제적/문화적 불평등을 완화해갈 수 있음을 발언해 왔다.[59]

4.2. "우리 아이들의 문제이고, 아무도 안 해주니까" : 이슈의 발굴과 양육자 간 연대, 그 속에서 부각된 공적 책임

'정치하는엄마들'이 대중적으로 각인되기 시작한 것은 바로 '비리유치원' 문제였다. 단체 창립 초기부터 유치원, 어린이집 문

---

57 정치하는엄마들, 「이언주는 '밥하는 아줌마'의 진정한 의미를 모르는가」, 앞의 책, 324-325쪽.

58 권혁준, 「보육교사 휴게시간 지침은 탁상행정…8시간 연속근무 허용해야」, 『서울경제신문』, 2018. 6. 28.

59 조안 C. 트론토, 앞의 책; 김희강, 앞의 논문.

제는 단체의 핵심 이슈 중 하나였고 언론의 주목을 가장 많이 받은 주제였다. 젠더화된 임금 노동시장과 돌봄문제가 단체 내외부적으로 부각되었던 초창기 1년 동안에도 '정치하는엄마들' 관련 보도의 연관 키워드를 분석한 자료가 보여주듯이[그림1], 단체활동의 키워드는 아이들 그리고 사립유치원이었다.

유치원 문제에 대한 '정치하는엄마들'의 입장은 2017년 '제2차 유아교육발전 5개년 계획' 관련 토론회 무산사태에 대한 성명

[그림 1] 2017년 창립 이후 1년 간 '정치하는엄마들' 관련 보도 연관어 분석

[그림 2] 2017년 창립 이후 현재까지 '정치하는엄마들' 관련 보도 연관어 분석

서(7월)에서부터 공표되기 시작하였다. 유아교육의 공공성 강화를 위한 이들의 움직임은 2018년 5월 국무조정실과 인천교육청을 상대로 비리유치원 공개를 촉구하는 행정소송을 시작하면서 본격화되었고, 유치원 문제는 MBC의 언론보도, 2018년 정기국정감사를 통해 대중의 이슈로 부상하였다. 정보공개청구 소송 당사자인 김신애 활동가는 '김어준의 뉴스공장'에서 "내 아이가 아니라 우리 아이들의 문제이고, 아무도 이 문제에 관심을 가져주지 않으니까" 이 문제에 대해서 조사하게 되었다고 그 과정을 밝혔다.[60] 이들의 활동은 유치원 비리를 막기 위한 '유치원 3법'(유아교육법, 학교급식법, 사립학교법 개정안) 제정으로 이어지면서 이 비리 유치원 문제에 대한 제도적/정책적 개입을 이끌어냈다. '유치원' 문제가 가장 많은 언론의 주목을 받은 것은 1차적으로 86개의 성명서 및 보도자료 중 절반 이상(46개)이 이와 관련된 내용인 것에서 알 수 있듯이 이 이슈가 2018~19년 '정치하는엄마들'의 가장 핵심적인 활동이었기 때문이다. 또 다른 한편으로는 JTBC 소셜라이브에 등장한 윗세대 양육자가 "우리 때는 이렇게 할 생각도 못했는데, 엄마들이 이렇게 나서줘서 고맙다"고 발언이 시사하듯[61], 이 문제에 대한 언론의 관심과 국민적 지지는 양육의 당사자이자 아동의 보호자인 엄마가 당연히 해야 할 운동으로 한국사회가 수용하고 있었음을 의미한다.

---

60 [김어준의 뉴스공장] 2018. 10. 22 방송분, https://www.youtube.com/watch?v=xQcqsvYoBrc.

61 [소셜스토리]비리 사립유치원, '성난 엄마들의 목소리', 2018. 10. 25, https://www.youtube.com/watch?v=CWfXEsKem5E.

모성적 사유 중 아동에 대한 보존애(preserve love)적 실천이 부각되면서 '정치하는엄마들'은 사회적 제도의 미비로 위협에 처한 아이를 대변해 힘겨운 싸움을 하는 양육자들이 손 내밀 수 있는 단체로 부상하였다. 'McDonald Out' 운동과 '어린이생명안전법' 제정을 위한 활동이 대표적인 사례이다. 'McDonald Out'은 2018년 여름 장하나 공동대표가 2016년 덜 익은 햄버거를 먹고 햄버거병(용혈성 요독증후군)에 걸린 시은이를(가명) 대신해 힘겨운 싸움을 하고 있던 엄마 최은주 씨를 만나면서 시작되었다. 장 대표는 '정치하는엄마들' 온라인 회의 방에 "언니들, 이거 사건 내용을 보시면 우리 모두가 피해자가 될 수 있는 그런 문제입니다. 꼭 읽어봐주세요."라는 멘션과 함께 관련 자료를 공유하였다.[62] 이에 회원들이 함께 분노하고 행동의 필요성에 공감하면서 2019년 11월 피해자 가족과 맥도날드가 민사상 합의에 이를 때까지 1년여 동안 'McDonald Out' 운동을 전개하였다. 2019년 연말을 달궜던 어린이 생명안전법안 제정 과정도 청와대 청원 이후 해결 방안을 모색하던 태호 아빠 김장회 씨가 '정치하는엄마들'을 찾아간 계기로 유가족들이 모이고, 회원들이 이들과 함께하면서 본격화되었다.[63] 'McDonald Out' 운동이나 어린이 생명안전법이 본격적으로 이슈화된 과정에서 '정치하는엄마들'은 피해자 가족과 함께 하는 핵심적인 운동 주체였다. 피해자 가족과 함께 소송을 진행하고, 문제

---

62 서이슬, 「맥도날드 아웃, 기업과 국가에 책임을 묻다-정치하는엄마들, 한국맥도날드 국가배송청구소송 기자회견」, 『오마이뉴스』, 2019. 4. 4.

63 [노영희의출발새아침] 태호아빠 "민식이법 볼모 필리버스터 믿을 수 없어", https://www.ytn.co.kr/_ln/0101_201912021050163821, 2019. 12. 2.

를 해결하기 위해 국회 앞 필리버스킹, 국회의원에 문자메시지 보내기 등을 통해 관련 법 제정에 앞장서고 여론을 만들었다. '정치하는엄마들'의 이러한 활동은 그동안 우리 시대의 양육자들이 제도적 장치의 미비로 고통을 겪을 때, 호소하고 함께 목소리를 낼 집단이 부재했음을 시사한다. 그리고 '돌봄의 정치'를 제안한 '정치하는엄마들'이 이 공백을 서서히 매워가고 있음을 보여준다. '돌봄의 책임자'라는 위치는 해당 이슈를 '나 아닌 우리의 문제'라는 규정하고 피해자 부모들의 손을 맞잡을 수 있었던 가장 기초적인 뿌리였다.

지난 3년간의 '정치하는엄마들'의 활동을 논의하는 데 있어서 빼놓을 수 없는 것은 바로 '국회'라는 공간이다. 비리 유치원 문제에도, 교통사고 피해 아동의 문제를 해결하는 과정에서, 맥도날드 사건에 대한 재수사를 요청하고, 22년 만에 급식비를 인상하는 과정에서 이들은 국정감사와 같은 국회 일정을 활용하고, 문자메시지와 전화로 국회의원에 대한 설득을 시도하였다. 또한 해당 문제에 관심을 보인 국회의원들은(예를 들면 박용진, 표창원, 이정미 의원 등) 이들과 함께 움직였다. 이전까지의 엄마들의 정치운동에서 나타나지 않았던 이러한 활동은 1차적으로는 전직 국회의원이 단체의 핵심활동가라는 점에서 기인하는 것으로 해석할 수 있다. 하지만 보다 근본적으로는 아래로부터 조직된 모성의 정치, 엄마들의 목소리에 국가 내의 공적 기관 역시 함께 지지하고 공명할 수 있음을 방증한다.[64] 또한 공적 정치의 장에서 간과했던 돌봄의 이슈

64　M. E. Carreon & Valentine M. Moghadam, 앞의 논문.

가 특정인의 문제가 아니라 우리 사회의 중요한 공적 이슈이고 제
도적 개입이 필요한 생활의 문제이자 삶의 문제임을 환기되는 과
정으로 평가할 수 있을 것이다.

5. 나가며: 정치적 모성의 등장과 돌봄의 의제화

제가 개인적으로 갖고 있었던 가장 큰 고민은 누군가 저에게 모
성을 강요하는 건 반대하고 또 잘못된 거라고 생각하지만, 아이가
자라면서 함께하는 시간을 통해서 자라나는 그런 모성을 느낀다
는 거였어요. 그런데 저는 또 페미니스트로서 갖고 있는 정체성이
분명히 있거든요. 제 개인적으로 이렇게 제가 가지고 있는 두 정체
성의 교집합을 얘기할 수 있는 집단이 부재했어요 (중략) [여성의]
자기 결정권과 생명의 숭고함, 이 두가지 가치가 부딪혀서 여성주
의에 한 목소리로 동질감을 느끼기 어려운 지점이 있었다는 얘기
였는데, 저도 사실 정확하게 같은 입장이었거든요. 이런 것처럼 우
리 각자가 느끼는 어떤 외로움이 있는데, 정치하는엄마들에서 그
런 게 저 혼자만 갖고 있는 게 아니라는 걸 알게 되면서 해소됐기
때문에 서로 존중하고 배척하지 않는 이 문화를 쉽게 깰 수 없는
것 같아요.[65]

한국의 여성운동의 역사에서 모성이 갖고 있는 긍정적 정치

---

65 정치하는엄마들, 「정치하는엄마들 공동대표 3인 대담」, 앞의 책, 258쪽.

적 가능성에 대해 크게 주목 받은 적은 없었던 것 같다. 90년대까지 여성운동에서의 모성인식을 분석한 문소정에 의하면, 모성은 여성의 어머니로서의 역할을 그대로 수용하거나(식민지 시기 모성교육론), 보호해야 할 대상이거나(모성보호론) 또는 사회적으로 구성된 것이기에 여성이 선택/거부할 수 있는 것(사회적 구성론)으로 규정되었다.[66] 20대 분리주의적 페미니스트들 사이에서 기혼 여성은 가부장제의 재생산자로, 이들의 아들은 '한남충'으로 지칭되는 가운데, 어머니 노릇에서 출발하는 돌봄의 윤리, 그것이 갖는 정치적 가능성이 끼어들기는 쉽지 않았다. '정치하는엄마들'의 활동은 '엄마', 기혼 유자녀 여성이 놓여 있는 다층적 결을 착목하고 그 속에서 성차별적 사회를 바꿔내기 위한 의제들을 제기하며 변화를 만들어낸 움직임으로 평가할 수 있다. '엄마'로서의 위치는 이들이 자신을 둘러싼 사회적 불평등을 인식하고, 자신과 아이들을 위한 환경을 바꾸기 위해 실천을 할 수 있도록 만든 핵심적 동인이었다. '정치하는엄마들'의 결성과 그간의 활동은 모성적 사유가 갖는 전복적인 가능성을 본격적으로 실천한 정치적 모성의 등장을 보여주는 것이기도 하다.

돌봄에 대한 여성주의 논의가 지적했듯이 돌봄은 인간의 삶에 있어 가장 필수적인 부분이다. 인간은 삶의 전 과정에서 보살핌을 받아야하며, 또한 특정 상황에서 돌봄을 책임지고 제공해야 한다. 인간의 보편적 문제임에도 불구하고, 그동안 돌봄은 사적 영역

---

66 문소정, 「한국여성운동과 모성담론의 정치학」, 심영희·정진성·윤정로 공편, 앞의 책, 나남출판, 1999.

(private sphere)의 문제로 치부되면서 그 책임은 불평등하게 배분되었고, 그에 따른 차별 역시 지속되었다. '정치하는엄마들'이 표방한 당사자 정치는 한국사회에서 돌봄을 둘러싼 정치의 영역이 매우 광범위함을 보여준다. 이들은 돌봄 책임자로 규정된 여성이 가부장제와 자본주의가 교차하는 사회에서 겪을 수 밖에 없는 배제를 지적하고, 이를 개선하기 위해 사회 전 구성원들의 연대에 기초한 '함께 돌봄'의 중요성[67]을 제기하였다. 사회적 약자들과의 연대를 지향하는 이들의 정관과 차별에 맞선 다양한 활동은 보살핌의 윤리가 "민주주의를 가부장제로부터 구원해내는" 데 있어 필수불가결함[68]을 보여준다. 동시에 돌봄수혜자인 아이들의 생존은 여전히 안전하지 못한 상황에 놓여 있음에 대해 끊임없이 이야기하였다. 이들의 목소리는 '돌봄'이 '나'의 문제가 아니라 '우리'의 문제임을 환기시켰다는 점에서 의미를 지닌다.

'정치하는엄마들'의 활동이 참여 여성 개개인의 돌봄에 대한 인식과 실천을 어떻게 변화시켰는지, 때로는 정치에 무관심했던 이들이 어떻게 정치적 주체로 형성되어 갔는지에 대해서는 조금 더 논의가 필요하다. 그러나 그동안의 공식적인 발언과 활동을 통해 알 수 있는 것은 당사자성에 기초한 이들의 정치는 '모성'을 둘러싼 다층적 의미를 드러내고, 그동안 누구도 제기하지 않은 다양한 돌봄 이슈를 사회적 의제로 형성하는 데 중요한 역할을 한 것은 부인할 수 없는 사실일 것이다.

---

67   조안 C. 트론토, 앞의 책; 김희강(2020), 앞의 논문.

68   캐롤 길리건, 김문주 역, 『담대한 목소리』, 생각정원, 2018, 289쪽.

참고문헌

1. 논문과 단행본

1) 논문

김수아, 「디지털 테크놀로지의 발전과 새로운 여성 정치 주체의 가능성」, 『페미니즘 연구』 12(1), 한국여성연구소, 2012.

김연권, 「'저출산'에 대한 신문 담론 분석」, 『시민인문학』 36, 경기대학교 인문학연구소, 2019.

김예란, 「감성공론장」, 『언론과 사회』 18(3), 사단법인 언론과 사회, 2010.

김인지·이숙현, 「어머니의 자녀 훈육 경험 : 이상과 현실의 부조화와 대처」, 『가족과문화』 24(2), 한국가족학회, 2012.

김희강, 「돌봄민주주의: 자유민주주의와 사회민주주의를 넘어」, 『한국여성학』 36(1), 한국여성학회, 2020.

노법래·양경은, 「한국 사회 저출산 논의 구조와 그 변환에 관한 텍스트 마이닝 분석-2000년 이후 언론 기사문에 대한 토픽 모델링과 토픽 구조의 시계열적 변동을 중심으로」, 『한국사회복지학』 71(4), 한국사회복지학회, 2019.

신송이, 「집단이야기치료를 통한 양육초기여성의 정체성 변화 경험에 관한 연구-모성이데올로기를 중심으로」, 연세대학교 박사학위논문, 2017.

이선형, 「구술생애사를 통해 본 한국여성들의 모성인식에 대한 세대비교연구」, 『페미니즘 연구』 11(1), 한국여성연구소, 2011.

이승현, 박영일, 「고학력 30대 한국여성들의 퇴직과 경력단절에 대한 연구」, 아시아유럽미래학회, 『유라시아연구』 14(3), 2017.

조주영, 「새로운 도덕 패러다임으로서의 보살핌 윤리-헤크만의 길리건 해석을 중심으로」, 『한국여성철학』 9, 한국여성철학회, 2008.

최은영, 「한국여성의 모성기획과 균열에 대한 질적 연구」, 서울대학교 박사학위논문, 2014.

홍남희, 「초기 모성수행기 여성들의 스마트폰 이용」, 『미디어, 젠더 & 문화』 (21), 한국여성커뮤니케이션학회, 2012.

A. Mhajne & C. Whetstone, "The use of political motherhood in Egypt's Arab Spring uprising and aftermath", *International Feminist Journal of Politics 20:1*, Routledge, 2018.

G. Di Marco. "Social justice and gender rights", *International Social Science Journal 59*, John Wiley & Sons, 2009.

J. Schirmer, "The Seeking of Truth and the Gendering of Consciousness: the COMADRES of El Salvador and the Conavigua Widows of Guatemala", in Sarah A. Radcliffe and Sallie Westwood (eds) 'Viva': *Women and Popular Protest in Latin America*, London:Routledge, 1993.

M. E. Carreon & Valentine M. Moghadam, ""Resistance is fertile": Revisiting maternalist frames across cases of women's mobilization", *Women's Studies International Forum 51*, Elsevier, 2015.

P. Werbner, "Political Motherhood and the Feminisation of Citizenship: Women's Activisms and the Transformation of the Public Sphere", in Pnina Werbner and Nira Yuval Davis, eds., *Women, Citizenship, and Difference*, London: Zed, 1999.

2) 단행본

부너미, 『페미니스트도 결혼하나요』, 민들레, 2019.

사라 러딕, 이혜정 역, 『모성적 사유-전쟁과 평화의 정치학』, 철학적 현실사, 2002.

심영희 · 정진성 · 윤정로 공편, 『모성의 담론과 현실-어머니의 성, 삶, 정체성』, 나남출판, 1999.

에바 페더 키테이, 김희강 · 나상원 역, 『돌봄: 사랑의 노동-여성, 평등, 그리고 의존에 관한 에세이』, 박영사, 2018.

이고은, 『요즘 엄마들』, 알마, 2016.

이소영 · 김은정 · 박종서 · 변수정 · 오미애 · 이상림 · 이지혜, 『2018년 전국출산력 및 가족보건 · 복지실태조사』, 세종: 한국보건사회연구원, 2018.

정치하는엄마들, 『정치하는 엄마가 이긴다』, 생각의힘, 2018.

조안. C. 트론토, 김희강 · 나상원 역, 『돌봄민주주의』, 아포리아, 2014.

캐롤 길리건, 김문주 역, 『담대한 목소리』, 생각정원, 2018.

캐롤 길리건, 허란주 역, 『다른 목소리로-심리이론과 여성의 발달』, 동녘, 1997.

2. 기타자료

「죽음으로 시작된 이 가족의 이름은 '다시는'입니다」, 『경향신문』, 2019. 5. 11.

김지현, 「남은 아이들은 죽지 않게 하기 위하여, [2019 올해의 인물] 세상을 바꾸는 엄마들-어린이생명안전법안 엄마들」, 『오마이뉴스』, 2019. 12. 6. http://www. ohmynews.com/NWS_Web/View/at_pg.aspx?CNTN_CD=A0002595959&CMPT_CD=TAG_PC

백운희, 「사회는 "애나 잘 키워라"지만 엄마들은 "정치한다"」, 『일다』, 2019. 4. 9. http://ildaro.com/8440

원희복, 「[원희복의 인물탐구] '정치하는 엄마들' 공동대표 백운희 "전국 엄마여! 단결하면 바뀐다」, 2020. 2. 1. http://news.khan.co.kr/kh_news/khan_art_view.html? art_id=202002011700011#csidxf235df5bc68903b93b9cb57da5d7d32)

이민아, 「경력단절여성 170만명…이유 1위는 "육아"」, 『조선일보』, 2019. 11. 26. https://biz.chosun.com/site/data/html_dir/2019/11/26/2019112601216.html

이영경, 「맘고리즘을 넘어서 1-엄마에게 육아 전담시키는 한국 사회…전업맘도 워킹맘도 '배터리 방전' 직전」, 『경향신문』, 2017, 1. 2. https://m.khan.co.kr/view. html?art_id=201701022302005#c2b

이정규, 「서울시 성평등 대상에 '정치하는엄마들' 선정」, 『한겨레 신문』, 2019. 6. 19. http://www.hani.co.kr/arti/society/women/898521.html#csidx238e2321448b316b1210ffa8496a559

장하나, 「엄마들이 정치에 나서야만 '독박육아' 끝장낸다!」, 『한겨레신문』. 2017. 3. 25. http://www.hani.co.kr/arti/politics/politics_general/787972.html#csidxd747c665eda303f8c7fb1b70cf104ce

장하나, 「저는 엄마들을 배신한 엄마 국회의원이었습니다」, 『한겨레신문』. 2017. 5. 6. http://www.hani.co.kr/arti/politics/politics_general/793618.html#c sidx094f1a3dd975356a698595128be1d79

조성실, 「엄마, 싸움을 시작하다」, 『베이비뉴스』, 2018. 3. 30. https://www. ibabynews.com/news/articleView.html?idxno=63597

최규화, 「엄마에게 정치란?」, 『베이비뉴스』, 2018. 1. 29. https://www. ibabynews.com/news/articleView.html?idxno=61790

'신파성' 재론을 위한 시론
: '신파'에 대한 사회적-관계적 접근[1]

권두현

1. 돌봄의 위기와 '신파'라는 '지나간 미래'

2019년 말, 비슷한 시기에 발표된 두 권의 에세이로부터 논의를 시작해보려 한다. 김기자의 『폭군 아버지, 히스테리 엄마-강남 중산층 우울가정 딸 생존기』(위드원커뮤니케이션, 2019)는 딸의 이야기다. 이 이야기는 다음과 같이 소개된다. "성장제일주의 개발독재가 만들어낸 강남특구의 한 가정에서 폭력과 학대를 경험하며 자란 지은이가 병든 사회와 가정, 그리고 개인들의 모습을 적나라하게 폭로한다. 물질만능주의에 찌든 아버지가 보여주는 아파트에 대한 집착, 여성혐오에 젖어든 엄마가 강요하는 외모에 대한 강박… 부모의 삐뚤어진 욕망을 만족시키기 위해 철저히 도구

1   이 글은 「신파성 재론을 위한 시론-'신파'에 대한 사회적-관계적 접근」, 『사이/
     間/SAI』 제28호, 국제한국문학문화학회, 2020. 5를 수정·보완하여 재수록한
     것이다.

화된 딸은 결국 난치병에 걸린다." 한편, 조기현의 『아빠의 아빠가 됐다-가난의 경로를 탐색하는 청년 보호자 9년의 기록』(이매진, 2019)는 아들의 이야기다. 저자가 치매에 걸린 아버지를 홀로 돌본 9년을 기록한 르포르타주다. 두 권의 에세이는 공통적으로 '지금, 여기'의 '돌봄의 위기'를 증명한다. 딸의 이야기가 돌봄수혜자의 입장에서 경험한 돌봄 소외의 극단적 상황을 폭로한다면, 아들의 이야기는 돌봄제공자의 입장에서 경험한 돌봄노동으로 인한 소진을 고백한다. 이 가운데, '아빠의 아빠'인 아들의 고백은 다음과 같다.

> '시민 관계 증명서'는 아버지가 알코올 의존증과 인지 장애증 환자이기 이전에 한 사회의 성원이라는 점을 알려주고, 내 돌봄이 비가시적인 소모가 아니라 사회적 의미를 갖는 행위라고 인정한다. 아버지와 내 관계가 부모와 자식일 뿐 아니라 유동적이고 다양하게 연결되는 사회적 관계라는 사실을 증명한다.[2]

저자가 언급하고 있는 '사회적 관계'는 '초연결'의 테크노필리아가 팽배한 현재, 한층 더 다양해지고, 복잡해졌다. '초연결'이라는 언표에서 고스란히 드러나고 있듯, 연결의 강도 · 밀도 · 속도가 더해지며, 인간-인간 사이는 물론, 인간-사물 간의 전례 없는 네트워크가 형성되었다. 그러나 '연결'의 강도 · 밀도 · 속도와 '접촉'의 그것은 결코 같지 않다. 이는 COVID-19 감염증 유행이 알려

---

2   조기현, 『아빠의 아빠가 됐다』, 이매진, 2019, 170쪽.

준 교훈이다. 온라인 개학 및 개강은 초연결 사회의 물질적 조건을 토대로 성립 가능했지만, 온라인에서는 완결된 콘텐츠가 공유될 뿐, 대면과 접촉의 공통감각이 부재한다. 한편, 지역 사회의 요양시설은 환자들 간의, 환자와 간호자들 간의 접촉의 강도 및 밀도가 두드러진 공간이었지만, 사회와 연결되지 못한 채 바로 그 강밀도로 인해 역병에 점령당했다. 2020년 현재, 교육기관과 요양시설은 이렇게 다른 풍경으로 사회적 돌봄의 위기를 징후적으로 드러내고 있다.

이와 같은 위기는 지역·계급·젠더 등 다양한 영역에 걸쳐 드러나지만, 여기에는 공통적으로 (불)평등의 문제가 도사리고 있다. 캐슬린 린치(Kathleen Lynch)는 사회에서 평등과 불평등을 발생시키는 매개이자 영역으로서 경제체계, 정치체계, 사회-문화체계, 그리고 정동체계(affective system)를 꼽으며, 이들의 사회적 관계의 체계가 서로에게 깊이 의존하며, 어떤 사회를 조직하는 데도 중심이 된다고 주장한다.[3] 이와 같은 문제의식은 캐슬린 린치만의 것이 아니다. 돌봄의 위기(crisis of care)가 미래 구성원은 물론 경제구조, 정치구조, 사회문화 일체를 재생산하지 못하는 사회 재생산 위기 (crisis of social reproduction)로 번져간다는 백영경의 지적은 분명 캐슬린 린치의 주장과 공명하는 것이다.[4] 돌봄의 위기가 곧 사회 재생

---

3   캐슬린 린치 외, 강순원 역, 『정동적 평등-누가 돌봄을 수행하는가』, 한울, 2016, 20쪽.

4   백영경, 「복지와 커먼즈 : 사회 재생산 위기에 대한 공동체적 대응의 모색」, 최현·정영신·윤여일 편저, 『공동자원론, 오늘의 한국사회를 묻다』, 진인진, 2017.

산 위기라는 사실은 낸시 프레이저(Nancy Fraser)를 통해서도 이미 지적된 바이며, 그 지적은 한층 더 구체적이고, 또한 거시적이다. 낸시 프레이저는 현재 시점에서 광범위한 돌봄의 위기가 일어나는 원인은 이제껏 사회 재생산을 체계적으로 위협해 온 금융화 자본주의(financialized capitalism) 때문이라고 파악한다. 사회 재생산에 위기를 가져오는 것은 모든 자본주의 형태에 공통된 특징이긴 하지만 금융화 자본주의에서는 특히 사회 보호가 약화되고 시장화가 강화되는 양상을 띠면서 사회 재생산 위기가 격화된다는 것이다. 다시 말해, 이제까지 대개는 무급으로 재생산 노동을 수행하던 여성들이 유급 노동으로의 편입이 촉진되면서 자기보다 가난한 누군가에게 가족과 공동체의 일을 떠맡기지 않고는 살아갈 수 없게 되는 글로벌 돌봄 사슬(global chain of care)이 형성되고, 노동자들은 시간 부족에 시달리게 되는 한편 사회 전체로 보면 돌봄을 담당할 사람들이 점점 더 부족해지게 되어 가족과 공동체가 위기에 빠지는 현상이 생겨나고 있다.[5]

돌봄의 위기, 공동체의 위기, 사회 재생산의 위기, 그리고 여기에 얽힌 정동적 불평등의 문제에 대해 한국 대중문화는 오랜 기간에 걸쳐 나름의 대응을 보여 왔으나, 이는 아직까지 본격적으로 논의된 바 없다. 그 대응의 역사 앞에 붙여진 이름은 다름 아닌 '신파(新派)'다. 무려 6편의 속편 영화가 나올 정도로 대대적인 흥행에 성공한 1960년대 말 한국 영화 최고 인기작 〈미워도 다시 한

5　낸시 프레이저, 문현아 역, 「자본과 돌봄의 모순」, 『창작과비평』 제175호, 창작과비평, 2017. 3. 원제는 "Contradictions of Capital and Care", *New Left Review* 100, July-August 2016.

번〉은 신파를 대표하는 작품으로서 이미 여러 차례 논의되었는데, 이 작품은 미혼모 서사를 전경화하고 있다. 그렇다면 〈미워도 다시 한 번〉의 '신파성'은 미혼모 서사와의 관계에 대한 고려로부터 해명될 필요가 있을 터, 일단 이 작품의 신파성에 대해서는 억압에 순응하는 여성을 보여줌으로써 전통적 여성상을 공고히 한다는 비판과 동시에, 신파를 통해 여성의 억압을 역설적으로 노출시킨다는 지지가 함께 뒤따랐음이 선행연구들을 통해 확인되었다. 비판과 지지의 양쪽 입장에서 공통적으로 언급되고 있는 '여성의 억압'이 미혼모라는 설정에 집중되고 있음은 물론이거니와, 미혼모가 돌봄의 위기에 봉착해있다는 사실은 두말할 나위가 없을 것이다. 이와 같은 돌봄의 위기라는 문제적 상황은 비단 〈미워도 다시 한 번〉의 경우에만 해당되는 조건이 아니라, 이른바 '가정비극'이라 일컬어져 온 신파의 주류적 경향 속에서 꾸준히 주어지고 있었다는 점에서,[6] 개별 작품에 대한 검토를 넘어 신파에 대한 기존 논의들에 대한 전반적인 재검토와 함께 보다 본격적으로 논의될 필요가 있다.

근현대 한국 대중문화사의 흐름 속에서 명멸해온 신파에 대한 논의들은 짧지 않은 연구사를 구성하며 나름의 세분화된 지형도를 드러낸 바 있다. 그 지형도를 포괄하는 작업에 대한 난감함 역

---

6 "『쌍옥루』 이래 텔레비전 드라마 〈애정의 조건〉에 이르기까지 수없이 등장한 '정조 잃은' 여주인공들은, 여자에게 혼전순결이 매우 중요하므로 미혼모라는 자신의 조건이 부잣집 아들과의 결혼에 치명적이라는 보수적 정조 관념에 억눌려 적극적인 문제 해결보다는 감추고 회피하는 쪽을 선택해버린다." 이영미, 『한국대중예술사, 신파성으로 읽다』, 푸른역사, 2016, 55쪽.

시 짧지 않은 연구사 속에서 반복적으로 제기됐던 바인데, 이 글은 신파에 대한 논의의 지형도를 '양식', '담론', '미감'에 대한 논의들로 거칠게나마 분별하여 정리해보고자 한다. 신파가 '양식'으로서, 또한 '담론'으로서, 더 나아가 '미감'으로서, 서로 다른 관점에서 다양하게 논의되며 연구사의 지형도를 복잡화하고 있다는 사실은 이것이 근본적으로 정의하기(define) 쉽지 않은 개념임을 시사한다.[7] 정의가 곧 의미의 경계를 설정하는 작업이라면, 신파의 정의가 어렵다는 사실은 신파의 경계가 두터울 수밖에 없음을 의미한다. 자크 데리다(Jacques Derrida)는 자신의 철학을 관통하는 근본적 주제이자 관건이 "경계를 지우는 것이 아니라, 경계의 형상을 증식"시키는 것, "말하자면 선을 증가시키고 증식시킴으로써 그 선을 복잡하게 하고 두껍게 하고 비선형화"하는 것이라고 언급한 바 있다.[8] 개념의 경계를 두껍게 하고자 하는 데리다의 시도

---

7   이와 관련하여 복수의 신파와 그 역사성에 대한 이승희의 논의는 신파가 유동하는 기의를 전제로 한 막연한 기표였음을 인정하는 데서부터 출발한다. "분명한 것은 1910년을 전후로 하여 '신파극'이라 불리는 연극이 한국연극사에 등장했고, 1920년대에 신극운동이 태동되기 이전까지 한 시대를 풍미했다는 점이다. 그리하여 어떤 연극사적 기술에서든 그 10여 년이 이른바 신파시대였음을 의심하지 않는다. 그러나 이러한 최소한의 합의를 제외하고는 그 어느 것도 명쾌하게 정리된 바가 없다. 그럴 수밖에 없는 것은 신파가 기표로서 존재해왔다는 점만 확실할 뿐, 그 기의는 통시적이든 공시적이든 그야말로 탄력적이어서 막연한 개념으로 유통되어 왔기 때문이다. 더욱이 신파는 연극이라는 장르의 경계를 넘어서도 존재하는 어떤 성격을 지시하기도 하며, 일상생활에서도 가끔은 인용되는, 그리하여 이제는 닳고 닳아 잔해만 남는 과거의 유물처럼 느껴지기도 한다." 이승희, 「기표로서의 신파, 그 역사성의 지형」, 『한국극예술연구』 제23집, 한국극예술학회, 2006. 4, 10쪽.

8   자크 데리다, 최성희·문성원 역, 「동물, 그러니까 나인 동물(계속)」, 『문화과학』 제76호, 문화과학사, 2013. 12, 345쪽.

는 일종의 '분류학'에 해당하는 것으로 볼 수 있다. 데리다적 분류학은 단일하고 분할될 수 없는 경계의 다른 쪽에 거대하고 근본적으로 동질적인 개념이 있다는 전제에 근본적인 의문을 품으며, 개념들의 경계를 복수화하고, 이 사이에서 벌어지는 충돌 및 긴장을 기꺼이 인정함으로써 개념을 비로소 운동시킨다. 신파에 대한 기존의 논의들 역시 이와 같은 분류학적 틀 안에서 두껍게 재서술될 수 있을 것이며, 이로써 신파라는 개념의 운동이 재개되고, 새로운 서술의 방식이 확보될 수 있음은 물론이다.

신파에 대한 기존의 논의에서 신파적 미감은 '신파성'으로 언표되고, 이는 다시 '눈물'로 표상된다. 이 눈물은 주인공과 등장인물 사이에서, 등장인물과 수용자 사이에서, 그리고 수용자들 사이에서 연쇄적으로 발생한다. 이처럼 신파적 미감은 신체적이고 초개체적이며, 따라서 '정동(情動, affect)'의 관점에서 재론될 여지를 가지고 있다. 이때, 정동에 대한 논의는 신파에 대한 논의와 마찬가지로 그 안에 세분화된 지형을 그려 보이고 있어 주목을 요한다. 이 지형도와 관련하여 권명아는 '정동 연구들(affect studies)'이라는 복수성으로 나타나는 연구의 경향에 주목하며, 정동 연구가 하나의 이론적 기원으로 환원될 수 없다는 사실을 분명히 지적한 바 있다.[9] 이 지적과 함께 권명아가 예시로 드는 『정동 이론』을 보면, 페미니즘, 젠더 연구, 서발턴 연구와 탈식민주의 연구 등 다양한 이론적 원천들이 두루 소개되고 있음이 확인된다.[10] 다양한 이

---

9   권명아, 『여자떼 공포, 젠더 어펙트: 부대낌과 상호작용의 정치』, 갈무리, 2019, 135쪽.

10   멜리사 그레그·그레고리 시그워스 편저, 최성희·김지영·박혜정 역, 『정동 이

론들을 다시 한 번 단일한 이론으로 수렴시켜 그 유용성과 가치를 희석시킬 필요야 전혀 없겠지만, 그럼에도 불구하고 복수의 이론들이 상이한 층위에서 '관계성'에 대한 의식을 공통적으로 내포하고 있다는 사실 만큼은 분명히 언급될 필요가 있을 것이다. 따라서 이 글은 신파를 '관계적 존재론'의 관점에서 이론화하고, 이와 같은 이론적 토대 위에 신파로 범주화된 일련의 작품들을 배치해 보고자 한다. 신경과학이나 정신분석의 영향 속에서 초미시적 차원의 신체적 반응으로서 정동을 이해하고자 했던 초기 정동 이론과는 달리, 관계적 존재론은 사회적인, 따라서 관계적인 상황을 통해 초개체적 차원에서 '연결신체'의 정동을 발견하고자 하는 시도의 근거가 된다. 이와 같은 근거를 통해 '신파성'이라는 '미감'은 비로소 정동의 지평에서 새롭게 인식될 수 있으며, 궁극적으로 미감에 얽힌 정치적이고 윤리적인 차원으로 진입하게 될 것이다.

돌봄의 위기가 현재진행형이라는 데서 알 수 있듯이, 돌봄의 위기를 다룬 신파는 결코 화석화된 역사로서 방치될 성질의 것이 아니다. 신파를 새로운 언어, 개념, 이론을 통해 설명하는 작업은 다가올 미래를 새롭게 바라볼 수 있는 역사적 혜안을 획득하기 위한 시도라 할 수 있다. 요컨대, 신파는 '지나간 미래'다.

론』, 갈무리, 2015.

2. '신파'에 대한 관점들: 양식, 담론, 미감

신파 연구의 여러 가닥과 흐름은 이영미에 의해 포괄적이면 서도 명료하게 정리된 바 있어 신파에 대한 논의를 재개함에 있어 우선적이고 필수적인 검토를 요한다.[11] 이영미를 비롯해 이미 많은 논자들이 연구사를 검토하며 반복적으로 확인하였듯이, 신파에 대한 연구는 신파를 한국연극사의 '개화' 시기에 나타난 독특한 '양식'으로서 취급하는 경향으로부터 출발하였다. 이두현, 서연호, 유민영 등의 연구가 여기에 해당한다.[12] 한국연극사 서술의 '1세 대'에 해당하는 이들의 작업은 한국연극사 혹은 희곡사의 '주류' 에 신극을 위치시키고, 신극의 대타항으로서 신파를 미달태 혹은 결여태로 설명하는 방식에 따라 이루어진다. 오늘날까지 잔존하 고 있는 신파에 대한 부정적 감각 및 폄하적 인식은 사실상 이들 연구에 직접적으로 기인하고 있다 해도 크게 틀리지 않다. 현전하 는 신파극 대본이 절대적으로 부족하다는 점을 감안했을 때, 텍 스트의 구조를 꼼꼼히 파악해야 하는, 양식으로서의 신파극 연구 는 필연적으로 한계에 봉착할 수밖에 없다. 그러나 현전하는 대본 이 적다는 사실이 신파의 당대적 위상을 설명해주는 근거가 될 수 는 없다. 신극과는 달리, 신파극은 지면 발표에 큰 비중을 두지 않

---

11 이영미, 『한국대중예술사, 신파성으로 읽다』, 푸른역사, 2016, 23-36쪽 참고.

12 이두현, 『한국신극사연구』, 서울대학교출판부, 1966; 서연호, 「한국신파극연 구」, 고려대학교 석사학위논문, 1969; 유민영, 「초기 신파극에 대한 연구」, 『한 양대학교 논문집』 제6집, 1983; 유민영, 『한국현대희곡사』, 홍성사, 1982; 서연 호, 『한국근대희곡사연구』, 고려대학교 민족문화연구소, 1982.

고 (유실되기 십상인) 공연 대본으로서의 가치를 우선시하였을 뿐, 1910년대 초중반을 풍미한 대표적 공연예술 현장의 실질적 주류로서 존재했다. 이는 공연 대본의 부재라는 연구의 제약을 우회하기 위한 2차 자료들의 검토를 통해 다각도로 입증되었다.[13] 결과적으로, 1세대 연구자들의 작업은 신파극 연구사에 신파극의 위상에 대한 객관적 점검의 과제를 부여했다고 할 수 있다. 이 과제와 함께 신파극의 위상은 연구사를 통해 끊임없이 재조정되었다.

한편, 신파극의 위상 변화는 신파의 영향력에 대한 역사적 상상력을 촉발했고, 이에 따라 신파에 대한 연구는 1910년대를 넘어, 폭넓은 시기를 다루는 방향으로 나아갔다. 연구대상시기의 확대는 신파를 역사적 '담론'으로서 파악하는 연구 경향으로 이어졌다. 역사적 흔적으로서의 신파 담론이 비단 연극장을 통해서만 제한적으로 설명될 수 없을 것임은 물론일진대, 담론으로서의 신파에 대한 논의는 연극을 비롯한 연극 이외의 영역, 특히 영화와 결

---

13 대표적으로 양승국의 다음과 같은 연구들을 꼽을 수 있다. 양승국,「한국 최초의 신파극 공연에 대한 재론」,『한국극예술연구』제4집, 한국극예술학회, 1994;「1910년대 한국 신파극의 레퍼터리 연구」,『한국극예술연구』제8집, 한국극예술학회, 1998. 6. 이들 연구에서 양승국은 당대 신문 기사들을 통해 신파극의 줄거리를 추출하고 레퍼터리의 윤곽을 그려 보임으로써 신파극의 실상에 다가가고자 한다. 또한 김재석의 연구는 양승국의「한국 근대문학 형성에 미친 일본 신파극의 영향에 대한 연구」(『한국극예술연구』제14집, 한국극예술학회, 2001. 10.)와 함께 한국의 신파극을 비교연극학적 관점에서 일본의 신파극과 비교함으로써 신파극 양식의 근대성 및 국제성을 확인시켜 보인 바 있다. 김재석,「한일 신파극의 형성과 특성에 대한 비교연극학적 연구」,『어문학』제67호, 한국어문학회, 1999. 6;「근대극 전환기 한일 신파극의 근대성에 대한 비교연극학적 연구」,『한국극예술연구』제17집, 한국극예술학회, 2003. 4;「한국 신파극의 형성과 川上音二郎의 관계 연구」,『어문학』제88호, 한국어문학회, 2005. 6. 참고.

부되어 본격적으로 이루어졌다. 이러한 논의의 대표적 사례로 이순진의 연구를 꼽을 수 있을 것이다.[14] 한국연극사가 신극을 중심에 두고 서술되었던 사정과 마찬가지로, 한국영화사는 리얼리즘과 작가의 영화사로서 구성되어 왔는데, 이는 이영일의 『한국영화전사』 초판본이 출간된 1969년 이후의 주된 경향이었다고 이순진은 지적한다. 연극사와 영화사가 보여주는 이와 같은 동일한 문법은 '고급문화'를 담론적으로 구성하기 위해 필연적으로 '대중문화'라는 대립항을 요구했던 근대 예술사의 보편적 문법이라 할 만하다. 이순진은 이와 같은 보편적 문법에 의해 억압되고 배제된 영화사의 폭넓은 지형을 시야에 담는 새로운 영화사의 기획을 제안하면서, 이 기획이 신파에 대한 연구와 함께 출발할 수 있다고 주장한다. 이순진의 기획은 한국 영화를 사회적이고 역사적으로 맥락화하기 위한 방법으로서 담론과 함께 파악하고자 하는 시도이며, 이 과정에서 신파는 리얼리즘 못지않은 유력한 담론으로서 비로소 영화사에 온당하게 기입될 자격을 확보하게 된다.

이순진의 논의는 리얼리즘 영화 담론 옆에 신파 담론과 더불어 멜로드라마 담론을 나란히 둔 채 전개된다. 이순진은 멜로드라마 담론이 '신파 영화'의 폄하적 위상을 재고하기 위해 영화사에 도입된 것으로 보며, 신파와 멜로드라마를 구분한다. 연극사 서술에서도 이와 유사한 전략이 발견되는데, '신파극'에 대한 폄하적 위상을 재고하기 위해 서구로부터 멜로드라마라는 인식론적 틀을

---

14 이순진, 「한국영화사 연구의 현단계-신파, 멜로드라마, 리얼리즘 담론을 중심으로」, 『대중서사연구』 제12호, 대중서사학회, 2004. 12.

도입했던 것이다. 이는 이승희에 의해 이루어졌다.[15] 이승희는 멜로드라마가 사실주의와 짝을 이루는 한국 근대극의 중요한 양축으로서 범주화될 필요가 있다는 판단을 전제로 자신의 논의를 진전시키고자 하지만, 서구적 멜로드라마와 한국의 신파를 등치시키는 데는 조심스러운 입장을 견지한다. 멜로드라마가 엄밀한 개념 정의와 함께 그 발생의 조건 및 발전의 맥락 속에서 논의되고 있는 바와 마찬가지로,[16] 신파에 대한 논의 역시 나름의 개념 정의로부터 출발해야 함은 당연한 사실인데, 근본적으로 이 작업이 난망하기 때문이다. 이승희는 신파에 대한 잠정적 정의조차 없이 구

---

15 이승희, 「멜로드라마의 근대적 상상력-1910년대 신파극을 중심으로」, 『한국극예술연구』 제15집, 2002. 4; 「멜로드라마의 이율배반적 운명-〈사랑에 속고 돈에 울고〉와 〈어머니의 힘〉을 중심으로」, 『민족문학사연구』 제20호, 민족문학사학회, 2002. 6; 「여성 수난 서사와 가부장제 이데올로기-1910년대 멜로드라마를 중심으로」, 『상허학보』 제10집, 상허학회, 2003. 2.

16 신파극에 대한 이승희의 접근은 멜로드라마에 대한 피터 브룩스(Peter Brooks)의 접근법으로부터 시사점을 제공받았다. "이 글은 유럽의 멜로드라마를 탈신성화된 세계에서 정신을 지각하고 상상하기 위한 근대적인 기획으로 파악한 바 있는 피터 브룩스의 논의로부터 많은 시사점을 제공받았다. 그에 의하면 멜로드라마의 기원은 정확히 프랑스 대혁명이라는 상황과 그 직후 안에 위치될 수 있는데, 이 인식론적 국면은 전통적으로 신성시되어온 것과 그 대표적인 제도(교회와 전제군주)의 마지막 청산, 기독교 신화의 와해, 조직적이고 계급적으로 응집력 있는 사회의 소멸, 그리고 전통적인 문학적 형식의 무효화가 상징적·실제적으로 일어났던 시기를 말한다. 그리하여 피터 브룩스가 보기에, 멜로드라마는 도덕적 질서에 관한 전통적인 패턴들이 더 이상 필수적인 사회적 접착제를 제공하지 못하는 신세계에 의해 비롯된 불안으로부터 시작되고, 그 불안을 표현한다. 그것은 외견상 악의 승리로 불안의 기운을 드러내고, 선의 궁극적인 승리로 그것을 제거한다. 요컨대 유럽의 멜로드라마는 도덕적 영역의 존재를 찾기 위해, 분명히 표현하기 위해, 설명하기 위해, 증명하기 위해 애쓰는 과잉의 수사학이라고 할 수 있다." 이승희, 「멜로드라마의 근대적 상상력-1910년대 신파극을 중심으로」, 96쪽.

체적 사례들을 수집할 수 없기에 신파의 정의에 대한 귀납적 접근이 사실상 불가능하며, 반대로, 잠정적 정의를 전제한 연역적 접근 또한 역사적 변천 과정에서 드러나는 모든 대상을 균질화할 가능성이 높다는 점에서 결코 용이하지 않다는 점을 언급한다.[17] 달리 표현하자면, 담론 상에서 신파라는 개념의 사용이 대단히 방만하게 이루어지고 있었던 사실을 있는 그대로 감안하자면, 이를 포괄적으로 설명하기란 난감할 수밖에 없는 것이다.

신파의 개념이 방만하다는 사실은 신파로 표명되는 단일한 기표에 복수의, 다수의 기의가 동반됨을 의미한다. 신파의 개념 정의가 초래하는 딜레마로부터 탈피하기 위해 이승희는 '기표'로서의 신파가 수반하는 기의의 역사적 변천을 검토하며, 궁극적으로 미적 특질, 즉 '미감'으로서의 신파에 대한 논의의 가능성을 타진한다. 이승희의 논의에 따르면, 1910년대의 신파라는 기표는 어디까지나 '새로움'이라는 기의와 결합되어 있었다. 그러나 1920년대에 들어서면서 한국연극사에 '새로운' 연극적 흐름으로 추가된 신극은 신파극과 이항대립적 구도를 형성하며, 신파극을 '통속물'로서 타자화했다. 이 과정에서 신파는 미적 특질로서 표상되며 '새로움' 및 '통속물'이라는 기의와 결별하게 된다.[18] 이로써 신파는 미감으로서의 '신파성'을 확보하게 되고, 신파 연구 역시 신파성에 대한 논의의 단계로 나아가게 되었다. 다시 한 번 이승희의 논의를 참고해본다면, 신파성은 연극에서뿐만 아니라 여타의 장르

---

17 이승희, 「기표로서의 신파, 그 역사성의 지형」, 『한국극예술연구』 제23집, 한국극예술학회, 2006. 4, 11쪽.

18 이승희, 「기표로서의 신파, 그 역사성의 지형」, 21-30쪽.

에서도 광범위하게 나타나며, 시대의 변화와 함께 생성·부상·잔
존·소멸하는 미적 특질을 일컫는 용어로서, 식민지시기의 멜로드
라마를 한국적으로 만드는 것이 바로 '신파성'이다.[19]

신파성을 다루게 됨으로써 신파 연구는 비로소 작품 내부로
귀환하게 되었으며, 이와 함께 작품 전체가 아닌 부분들에서 나타
나는 신파의 미적 특질(신파성)에 대해서도 논할 수 있게 되었다.
신파성은 신파를 '장르'로서 이해하는 관점과의 구별을 통해 비로
소 성립될 수 있는 개념이기 때문이다. 결과적으로, 신파성 개념
은 신파라는 특정 장르 대신, 신파적 미감으로 접근 가능한 장르
들을 극단적으로 확장시키는 효과를 낳았다. 대표적 사례로서 이
영미의 『한국대중예술사, 신파성으로 읽다』(푸른역사, 2016)는 연극
과 영화는 물론, 대중가요와 텔레비전 드라마 등의 다양한 장르를
연구대상으로 포괄한다. 한국대중예술사에 나타난 신파의 문제에
대해 꾸준히 착목해 온 이영미는 그 연구의 초기에는 신파를 '양
식'으로서 취급하는 입장을 드러낸 바 있다.[20] 하지만 이영미의 연
구는 이승희의 견해에 따라 신파를 '미감'으로 취급하는 입장으로
변화해간다.

이영미는 신파성을 '미감'으로서 (새롭게) 파악하고자 했다고
강조하고 있으나, 보다 많은 대목에서 신파성은 자본주의적 근대
의 대중들이 지니는 '세계전유 방식'으로서 설명된다. 이 '방식'은
"1920~40년대까지는 매우 강력했고, 1950~60년대에는 부침(浮沈)

---

19 이승희, 「기표로서의 신파, 그 역사성의 지형」, 34-35쪽.

20 이영미, 「신파 양식의, 세상에 대한 태도」, 『대중서사연구』 제9호, 대중서사학
    회, 2003. 6.

양상을 보이다가, 1970년대 이후에 급격히 쇠락하고 1990년대 이후에는 거의 사라진다"는 것이다. 이처럼 이영미의 논의에서 신파성은 시간의 흐름에 따라 위축되고, 마침내 소멸한 미감으로서 설명된다. 이영미의 논의에서 '미감'과 '세계전유 방식'의 개념적 관계에 대해 별도의 지면이 마련되어 있지는 않지만, 이영미의 논지에 따라 이 둘을 나름대로 연관시켜보자면 '미감'은 '세계감(世界感)'과 의미론적 영역을 공유한다고 할 수 있을 것이다. '세계감'으로서 신파성의 원형을 1910년대의 작품들을 통해 발견하고자 했으니,[21] 이는 세계사적 변동에 따라 필연적으로 점차 약화될 수밖에 없다. "신파성과 그 세계전유 방식은 우승열패와 무한경쟁의 자본주의적 근대사회에 들어서기는 했으나 이를 온전히 마음으로 받아들이기 힘들었던 한국의 20세기 초중반 사람들이 지녔던 미감과 세계전유 방식이다. 그런 점에서 신파성은 분명 근대적 현상이었음에도 불구하고 자본주의적 근대성을 체화하여 온전히 받아들이게 된 세상에서는 쇠락할 수밖에 없었다. 이것이 이 연구의 요지다."[22] 이영미가 내린 이와 같은 잠정적 결론은 자본주의적 세계

---

21 "신파적 미감은 1910년대 중반에 일본 작품의 번안소설·연극이 엄청난 인기를 얻으면서 이 땅에 자리 잡았다. (중략) 요컨대 신파성은 1910년대를 대표하는 미감이며, 신파적 세계전유 방식이 1910년대의 도시의 고학력자와 중상류층들에게 큰 호소력을 발휘했다." 이영미, 앞의 책, 146쪽.

22 이영미, 앞의 책, 634쪽. 한편, 이승희는 '신파'와 '막장'이라는 '현상'의 관계에 주목하며, '막장'을 '탈신파의 쾌락'이라는 관점에서 "신파적 세계에 대한 명백한 부인"이라고 설명한다. (이승희, 「'신파'와 '막장'의 시간성」, 『민족문학사연구』 제67호, 민족문학사학회·민족문학사연구소, 2018. 7, 116-127쪽 참고.) 이승희의 '탈신파' 개념 역시 신파의 쇠락에 대한 진단을 전제로 도출된 것으로 이해할 수 있다.

의 변화와 함께 자본주의적 세계와 마주한 주체의 대응이라는 두 가지 변수를 동시에 고려하면서 겹눈의 역사적 관점에 따라 도달한 것이다. 여기서, 신파적 세계감을 담지한 주체의 태도가 세계에 대한 '순응'일 수밖에 없었다면, 신파성의 쇠락이라는 역사적 현상 앞에서 발견되는 주체는 '적응'을 완료한 것으로 이해된다. 요컨대, 순응에서 적응으로 달라진 주체의 태도를 통해 (주체와 세계의 관계를 통해) 비로소 신파의 쇠락이라는 역사적 내러티브가 완성되는 것이다.

이와 같은 역사적 내러티브에는 목적론적 역사관이 전제된 것으로 보인다. 목적론적 역사관은 사회진화론적 언표를 동반한다. 여기서, "우승열패와 무한경쟁"의 근대적 '세계'와 "자본주의적 근대성을 체화하여 온전히 받아들이게 된" 근대적 '주체'라는 신파성의 두 가지 변수에 다시 한 번 주목해볼 필요가 있다. 주체가 세계를 받아들이는 방식에 있어 논자는 '체화'라는 표현을 사용하고 있다. '체화(embodiment)'라는 표현은 어디까지나 몸으로 부대끼는 주체를 떠올리게 한다는 점에서 의미심장하다 아니 할 수 없다. 몸으로 부대끼며 신체의 관점에서 정신을 갱신하는 주체는 다름 아닌 정동적 주체다. 부대낌을 통해 정동을 논의하려는 시도는 권명아에 의해 이루어진 바 있다. "정동은 신체가 다른 신체들과 조우하고 있거나, 다른 신체들에 속해 있다는 것의 표지이다. 혹은 정동은 신체가 부대끼는 세계에 속해 있다는 것의 표지이며, 또는 세계가 이러한 부대낌이라는 신체에 속해 있다는 지표이기도 하다."[23] '부대낌'이라는 것은 순응과 적응 사이 혹은 너머에서 순응이나 적응이라는 정태(靜態)로 귀결되기를 거부하는 동태(動態)다. 무엇보다도 부대낌의 동태는 '관계'를 전제한다.[24] 신파를 통해 확인되는 등장인물의 눈물, 독자와 관객의 눈물, 이 눈물은 결코 개인적이지 않다. 세계와 마주한 신파적 주인공의 눈물은 "세계가 부대낌이라는 신체 속해 있다는 지표"이다. 공감과 연민에 바탕을 둔 독자와 관객의 눈물은 "신체가 다른 신체들과 조우하고 있거나, 다른 신체들에 속해 있다는 것의 표지이다". 따라서 미감으로서의 신파성은 관계를 전제로 사회화될 필요가 있다.

눈물의 이데올로기론은 바로 이와 같은 필요에 의해 제출된 것으로 볼 수 있다. 이와 관련하여 주목되는 작업은 이호걸의 것이다.[25] 이호걸은 신파적 눈물이 정치적임에 주목하는데, 이와 같은 주목은 눈물이 "감정(affect)의 한 양상"이며, "감정은 이성(reason)과 함께 정신(mind)을 구성하는 인간 존재의 한 영역"이라는 전제에 따라 이루어진 것이다.[26] 이호걸이 각별히 주목하는 눈물은 '가족의 눈물'로서, 이 눈물은 자유주의 이데올로기, 더 나아가 한국적 파시즘과 결합한다.[27] 이 논의는 복수의 신파적 작품들에 대한

---

23 권명아, 『무한히 정치적인 외로움』, 갈무리, 2012, 17쪽.

24 브라이언 마수미는 정동을 "관계의 장에서 느껴지는 질"이라고 정의해보인 바 있다. 브라이언 마수미, 조성훈 역, 『정동정치』, 갈무리, 2018, 187쪽.

25 이호걸, 『눈물과 정치-〈아리랑〉에서 〈하얀거탑〉까지, 대중문화로 탐구하는 감정의 한국학』, 따비, 2018. 참고.

26 이호걸, 위의 책, 27쪽.

27 "이 눈물의 발원지는 자유주의적 배치다. 시장으로 대표되는 진화론적 경쟁의 장에 던져진 가족들의 눈물인 것이다. 동시에 그것은 그 탄생의 순간에서부터

분석을 근거로 삼아 타당성을 확보하지만, 그럼에도 불구하고 눈물의 기원을 이데올로기로부터 발견하고자 함으로써 그 안에서 작동하는 정동 역학을 섬세하게 묘파하는 데까지는 이르지 못한다. 눈물을 정신의 구성 요소로 취급하려는 시도는 눈물의 유물론적 기원인 신체로부터 멀어지는 의도치 않은 효과를 낳은 셈이다.

신파성을 매개로 눈물을 정치적인 차원에서 사유하고자 하는 이호걸의 논의는 눈물 흘리는 몸(flesh)을 정교하게 짜인 힘의 영역들의 결합물로 보는, 관점의 확장을 통해 설득력을 강화할 수 있을 것이다.[28] 따라서 신파에 대한 논의는 이데올로기를 거쳐 정동에 관한 논의로 나아갈 수 있다. 이데올로기는 정동과 결코 무관하지 않다. 이동연은 정동과 이데올로기의 관계에 대해 "정동은 이데올로기의 내부이며, 이데올로기는 정동의 외부"라며, "정동과 이데올로기는 교차와 배리, 견인과 반발의 양가적 관계를 취한다"고 설명한다.[29] 이데올로기가 개인이 사회와 맺는 상상적 관계라는 루이 알튀세르(Louis Pierre Althusser)의 정의를 참고한다고 했을 때, 사

민족국가에 의해 포획된 눈물이기도 했다. 우리는 눈물의 민족 아니던가. 그래서 이 눈물은 한국적 파시즘의 동력이 되기도 했다. 근대 사회주의자들의 문제의식은 자유주의에 기초한 자본주의 세계의 모순으로부터 출발했다. 자유주의적인 신파적 눈물이 사회주의적 각성과 실천의 촉발점이 되었던 이유다." 이호걸, 위의 책, 112-113쪽.

28 이호걸이 정의하는 눈물이란 존재의 본원적 열정, 즉 코나투스(conatus)의 실현으로서 역동성을 가진다. 그런 점에서 스피노자로부터 발원하는 정동론적 논의의 가능성을 충분히 내포하고 있다. 실제로 눈물이 사회적인 것임을 전제하고, 사회를 이해함에 있어 들뢰즈와 가타리로부터 '배치'의 개념을 빌려옴으로써 눈물을 촉발하는 사회적 힘들의 역학 관계를 살피고자 한다.

29 이동연, 「정동과 이데올로기」, 『문화과학』 제86호, 문화과학사, 2016. 6, 38쪽.

회는 관계들의 관계들로서 주어져 있으며, 그 복잡성은 역사의 흐름, 근대의 심화에 따라 더해진다는 사실을 감안해야 한다. 이에 따라 개인이 사회와 맺는 상상적 관계는 달라질 수밖에 없으며, 그 관계는 그 복잡성에 대한 정확하고 뚜렷한 의식에 앞서 전의식적 차원의 감정을 촉발시킨다. 요컨대, 신파적 눈물은 의식적이 아니라 신체적이다. 이 신체는 사회적-관계적이며, 따라서 정동적이다. 관계적 정동(relational affect)은 단지 개인적인 심적 상태(individual mental states)가 아니라, 사회적-관계적 과정(social-relational processes)로 이해될 필요가 있다.[30] 신파에 대한 이와 같은 이해 방식은 '쇠락'이라는 목적론적 역사의 소실점으로부터 벗어나, 다시 한 번 신파적 풍경의 역동성과 이러한 역동성을 보장한 사회적 관계와 배치, 즉 동역학을 주목케 한다. 문제는 힘(들)이다. "내적이면서도 동시에 비인격적"[31]으로 존재하는 힘들(forces), 더 나아가 "힘 또는 힘들의 마주침"[32]을 주목하는 정동의 개념적·이론적 틀을 빌려옴으로써 신파에 대한 재론은 비로소 가능할 것이다. 요컨대, 신파는 '정동체계'로서 접근 가능하다.

---

30 Birgitt Röttger-Rössler and Jan Slaby, *Affect in Relation : Families, Places, Technologies*, Taylor & Francis Ltd, 2018. p. x iii, pp.2-11. 참고.

31 권명아, 『무한히 정치적인 외로움』, 16쪽.

32 그레고리 시그워스·멜리사 그레그, 「한국어판 발간에 부쳐」, 멜리사 그레그· 그레고리 시그워스, 앞의 책, 15쪽.

3. 신파적 정동체계의 '힘-관계들'

3.1. '법적 정의'와 '시적 정의': 가족법과 번안소설

정동체계는 서로 다른 힘들의 마주침을 통해 정동적 주체의 생성을 보유한 체계라 할 수 있다. 정동체계로서의 신파는 이러한 힘들의 마주침, 즉 '힘-관계들'에 있어 복합적인 양상을 드러낸다. 신파가 애초에 특정 작품을 통해 그 기표 및 기의를 확보했다는 사실을 기억해본다면, 작품에 내재한 '주체', '제도', '윤리'의 차원과 그 관계들에 주목함과 동시에, 힘들의 조건이자 힘들 그 자체이기도 한 이와 같은 정동의 형성소들을 작품 외적 환경 및 조건과 결부시키며, 힘-관계들의 동역학을 확인해볼 수 있을 것이다.

이영미는 신파적 작품들을 크게 세 가지 유형으로 구분하고, 그 서사적 골격을 상세히 제시한 바 있는데, 신파의 원형에 해당하는 작품으로『장한몽(長恨夢)』,『쌍옥루(雙玉淚)』,『불여귀(不如歸)』를 꼽는다. 이영미가 설명하는『장한몽』형은, 돈과 권력이 지배하는 세상에 스스로 굴복한 결함·죄를 지닌 인물과 돈과 권력이 없어 자신의 (유사)가족으로부터 배신당하고 그 가족을 부자·권력자에게 빼앗겼다는 굴욕을 느끼는 인물이 기본을 이룬다. 한편,『쌍옥루』형은, 강한 세계의 폭압성으로 인해 정조 상실 등 큰 도덕적 결함을 안게 된 인물을 중심으로 설명된다. 해당 인물은 도덕적 결함을 지닌 채 폭압적인 세상의 질서에서 살아남으려 하나 결국 파멸하는 이차적 패배를 겪는 경우가 많다. 여기에 이영미는 선하지만 결함을 지닌 주인공의 몰락을 무력하게 방치하면서 굴욕을 느끼는 (유사)가족이 부차적인 인물로 설정되는 경우가 있다고 설명한다. 마지막으로 『불여귀』형은, 폭압적 세상(혹은 타인)에서 병, 가난, 신체적 장애, 낮은 지위 등의 이유로 애초부터 약자의 지위에 있어 인간존엄성을 지키기 힘든 인물을 중심으로 설명된다. 여기에 부도덕하지 않은 약자인 주인공의 몰락을 무력하게 방치하며 굴욕을 느끼는 가족·지인이 부차적인 인물로 설정되는 경우가 있다는 설명이 뒤따른다.[33] 이처럼 이영미의 설명에서 신파성의 유형은 곧 인물형과 등치되며, 이러한 인물형은 많은 변종과 혼융 양상을 보이며, 한국대중예술사를 통해 반복적으로 등장한다.

　세 가지 서사적 유형을 전제한 신파성에 대한 이영미의 논의는 이들 유형을 관통하는 비교적 일관된 서사적 특질로서, 1) 신파를 발생시키는 힘의 구도가 인물을 통해 다분히 "젠더적"으로 드러나며, 2) 신파의 주인공들이 받아들인(받아들일 수밖에 없는) 파국적 결과가 "자신의 선택과 무관"하다는 사실을 분명히 하고 있다. 3) 또한 이들이 "(유사)가족"으로부터 "배신"당하거나 그들의 "방치"로 인해 파멸에 이르는 과정을 반복적으로 설명하고 있어 주목을 요한다. 문제는 힘(들)이고, 그 힘(들)은 가족으로부터 온다. 가족이야말로 정동체계로서의 신파에 얽힌 제도 혹은 관습의 맹아라고 할 수 있다. 주체는 관습을 통해 세계를 경험한다. 관습은 사회의 다양한 조건들과 교감하며 역동적으로 형성된 원리이다. 따라서 관습은 자연스러운 것이 아니라, 정치적·경제적·사

33　이영미, 앞의 책, 140-145쪽 참고.

회적·문화적 의미를 지니는 사회적 제도에 해당한다. 신파의 원형에 해당하는 일련의 작품들은 신파가 다름 아닌 '돌봄'으로 위장한 가부장적 관행이나 식민지적 관습으로부터 유래하고 있음을 드러내고 있는 것이다.

식민지 정부는 식민지시기 동안 조선의 관습을 지속적으로 조사·해석·확정하고자 했다. 이는 『관습조사보고서(慣習調査報告書)』,[34] 『민사관습회답휘집(民事慣習回答彙集)』[35] 등의 간행으로 이어졌다. 이와 더불어 식민지 조선의 관습은 가족법으로 성문화되어 오늘에 이르고 있다. 이 법은 조선총독부 제령 7호로 공포된 「조선민사령(朝鮮民事令)」에 그 기원을 둔다. 「조선민사령」은 식민지 조선의 민법에 해당하는 법령으로서, 1912년 3월 18일에 공포되고, 그해 4월 1일부터 시행되어 일제의 식민지 통치 기간 내내 유효하였다. 이 가운데 「조선민사령」 제11조는 "제1조의 법률 중, 능력, 친족 급(及) 상속에 관한 규정은 이것을 적용하지 않는다. 조선인에 대한 전항(前項)의 사항에 관하여는 관습에 의한다"며, 가족에 관한 규정을 별도로 명시해두고 있어 주목을 요한다. 이 조

---

34 식민지 조선의 관습과 민속, 일상생활을 들여다 본 『조선관습조사』는 을사늑약 이듬해인 1906년부터 시작됐다. 일제는 그해 부동산법조사회를 설치해 토지와 부동산을 살폈고, 법전조사국은 1908년부터 1910년까지 민법과 상법 분야를 중심으로 관습을 조사했다. 이어 조선총독부 취조국, 참사관실, 중추원이 1938년까지 풍속과 제도를 조사해 방대한 보고서를 남겼다.

35 이 자료는 조선총독부 재판소에서 작성한 자료로 자료명은 "민사관습회답휘집"으로 표기되어 있으며, 조선총독부 중추원서기관장인 우시지마(牛島省三)이 작성하였고, 1933년에 생산되었다. 조선총독부 중추원 조선의 민사관습에 관한 것을 종류별로 묶어 놓은 자료이다. 752매로 구성되어 있으며, 일본어로 작성되었다.

항은 식민지 가족법이 어디까지나 '관습법'으로서 성립하였음을 알린다. 조선총독부는 식민지 가족법에 관습법을 채택한 후, 시간 차이를 두면서 단계별로, 또한 항목별로 일본의 민법을 적용하는 방식을 취했다. 예컨대, 통감부 시절, 관습으로 발명된 '친권(親權)'은 1921년 「조선민사령」 제11조가 개정됨으로써, 관습법에서 일본 민법의 직접 적용으로 전환되었다.[36] 「조선민사령」은 1921년, 1922년, 1939년에 차례로 개정되었다.

「조선민사령」의 개정 과정에서 드러나고 있는 바와 같이, 식민지 조선의 가족법은 원칙적으로 크게 두 가지 법원(法源)을 가진다. 조선의 관습이라는 불문법과 일본 민법의 선택적 의용이 그것이다. 실제로 두 법원은 분리되지 않았고, 오히려 '조선의 관습'이라는 이름 아래 서로 얽히게 된다.[37] '조선의 관습'에는 "과거와 현재의 조선, 그리고 조선과 일본이라는 이질적인 시공간이 교차"되어 있었다.[38] 다시 말해, 메이지(明治) 일본과 전근대 및 근대 조선이라는 여러 시공간이 관습의 형태로 중첩되고, 착종되어 있던 것이다. 이와 같은 관습의 법제화는 일본인 사법 관료의 지식체계

---

36 당시 '친권' 법제가 가진 특성으로 1) 젠더 차별적이었다는 점, 2) 아버지 부재 시에 주어지는 어머니의 친권에는 '친권의 경제학'이 작동되었다는 점 3) 여성의 '섹슈얼리티(sexuality)'를 통제하였다는 점을 꼽으며, 이와 같은 식민지시기 친권법의 특징들이 근대 일본이 기반하고 있는 '가(家)'제도를 유지·계승시키기 위한 목적에서 왔음을 논한 바 있다. 홍양희, 「누구/무엇을 위한 '친권(親權)'인가 : 식민지시기 '친권'의 법제화와 가족 정치학」, 『한국여성학』 제33권 1호, 한국여성학회, 2017. 3. 참고.

37 양현아, 『한국 가족법 읽기-전통, 식민지성, 젠더의 교차로에서』, 창비, 2012, 120-121쪽.

38 양현아, 앞의 책, 128쪽.

와 인식론 안에서 만들어진 일본적(제국주의적) 시각으로 바라본 식민지 조선의 관습이 발명되고 정착되는 계기가 되었다. 관습의 법제화는 관습 조사를 전제로 이루어질 수 있었는데, 일제의 관습 조사가 선험적으로 주어져 있는 관습의 조사 및 정리가 아니라, 관습의 발명 및 창출, 생산 및 고안이 이루어진 것이라는 사실은 양현아와 홍양희를 비롯해 이미 많은 논자들에 의해 반복적으로 지적되었다. 그 관습에 깃든 조선의 관습과 일본의 민법 사이의 착종을 감안하여, 양현아는 식민지 조선의 가족법에 의해 보장된 가부장제를 메이지 유신 중에 정립된 일본적 가족제도, 즉 '가(家)'의 틀 속에 조선의 가족제도를 배치하고 사유한 것으로 파악하며, '제3의 가부장제'라고 표현한 바 있다.[39] 일본에서 메이지 30년대는 가부장적 가족제도의 확립을 꾀한 메이지 민법이 개정되고, 상속, 결혼 및 이혼, 여성의 지위 등을 둘러싼 문제가 법제화되면서 사회적으로 이슈화된 시기였다. 따라서 식민지 정부의 관습 조사와 「조선민사령」의 공포, 시행, 그리고 개정으로 이어지는 일련의 법제화 과정은 식민지 조선의 가족이라는 사회적-관계적 근간이 조선과 일본을 포괄하는 동아시아적 법역(法域)과 마주한 채, 사회적-관계적 과정을 거치고 있다는 사실에 대한 증거가 된다고 할 수 있다.

---

39 "일본의 근대가족은 메이지 헌법에 의해 일본의 근대 국민국가 건설에 적합한 형태로 고안된 것이었다. 메이지 민법으로 만들어진 이에(家)는 실제 현실에서 공동생활을 하는지 그 여부와 관계없이, 문서상에 기록된 형식적이고 관념적인 법률상의 가족이었다. 식민지 경험을 거치면서 한국에 뿌리를 내린 가족제도는 일본 가제도와도 일치하지 않으며 조선시대 가부장제도와도 상이한 '제3의 가부장제도'로 이해할 수 있다." 양현아, 앞의 책 172쪽.

그런데 '제3의 가부장제'는 식민지 조선인들에게 결코 낯선 것이지만은 않았던 것으로 보인다. 이러한 가부장제의 풍경은 신파적 작품들을 통해 반복적으로 재현되고, 적극적으로 소비되고 있었기 때문이다. 이와 관련하여 "『호토토기스(不如歸)』가 발표된 메이지 31년인 1896년 6월에 민법친족편·상속편이 공포되었던 것과 같이, 한국에서도 조선민사령이 공포된 해에『호토토기스(不如歸)』가 수용된 것을 우연으로만 돌릴 수는 없을 것"이라는 권정희의 지적은 각별한 주목을 요한다.[40] 신파의 원형에 해당하는『불여귀』,『쌍옥루』,『장한몽』은 모두 메이지 가정소설을 옮겨온 것이다. 먼저,『불여귀』는 도쿠토미 로카(德富蘆花)의『호토토기스(不如歸)』를 번역한 작품에 해당한다.『호토토기스』는 1912년 한국에서『두견성』과『불여귀』라는 각각 다른 제목하에 간행되었다. 선우일의 번안을 거친『두견성』과 달리, 조중환의『불여귀』는 번역의 형태였다. 조중환의 언어횡단적 실천은 번역에서 번안으로 옮겨간다.[41]『쌍옥루』는 기쿠치 유호(菊池幽芳)의『오노가츠미(己が罪)』를 번안한 작품으로, 1912년 7월 17일에『매일신보』에 첫 선을 보인 이후, 이듬해 2월 4일까지 연재를 이어간 당대의 인기 소설이었다. 여기에 이은『장한몽』은 메이지 소설 가운데 가장 많은 독자

---

[40] 권정희, 「일본문학의 번안-메이지 '가정소설'은 왜 번역이 아니라 번안으로 수용되었나」, 『아시아문화연구』 제12집, 가천대학교 아시아문화연구소, 2007. 5, 212쪽.

[41] 권정희는『호토토기스』의『불여귀』로의 번역에 대한 당대의 반응이 '원작의 풍취'와 '이 세상의 인심세태'의 불일치였다는 사실을 지적하며, 번역에서 번안으로의 선택이 '원작의 풍취'를'이 세상의 인심세태'와 결합함으로써 새로운 논리와 맥락을 발생시킨 것이라고 평가하고 있다. 권정희, 앞의 글, 223쪽.

를 얻은 작품으로 알려져 있는, 오자키 고요(尾崎紅葉)의 『곤지키야사(金色夜叉)』를 조중환이 번안한 작품이다.[42] 역시 『매일신보』에, 1913년 5월 13일부터 1913년 10월 1일까지 넉 달 반 동안 총 119회에 걸쳐 연재되었는데, 연재가 미처 완료되지도 않은 시점에서 전반부의 내용이 단행본으로 간행되는 한편, '신파극'의 형태로 무대에도 올려졌다.[43]

조중환은 윤백남과 함께 '문수성(文秀星)'을 창립하고 극단을 운영하였을 뿐만 아니라, 종종 공연평을 제기하기도 하면서, 신파극과 다각도로 밀접한 관계를 맺고 있었다. 이에 따라 소설을 바탕으로 한 〈불여귀〉가 1912년 3월 21일, 문수성에서 처음 공연되었다. 한편, 임성구를 통해 창단된 '혁신단(革新團)'은 1913년 4월 29일, 〈쌍옥루〉를, 1913년 7월 27일, 〈장한몽〉을 공연하였다. 1910년대 혁신단은 조선의 연극계를 대표하는 극단이었고, 혁신단의

---

42 흥미로운 사실은 『곤지키야사』 역시 1878년에 런던에서 발표된 샬럿 메리 브레임(Charlotte Mary Brame)의 소설 『여자보다 약한(Weaker than a Woman)』의 번안물이라는 점이다. 『여자보다 약한』에서 『곤지키야사』를 거쳐 『장한몽』으로 이어지는 번안의 계보는 동아시아를 넘어서는 전지구적 공통감각, 즉 정동의 초개체적 차원을 시사하는 뚜렷한 증거의 다름 아니며, 신파를 사유함에 있어 정동체계를 시야에 담아야 할 필요를 알려주는 것이기도 하다.

43 이는 메이지 가정소설의 경우에도 마찬가지였다. "메이지의 '가정소설'은 대부분 신문연재소설로서 발표되어 '가정소설'극을 도입하여 신파연극이라는 장르를 확립한다. '가정소설'과 신파극이 서로 연동하여 유행한 일종의 미디어 복합의 형태가 기존의 한정된 서생중심의 남성독자를 넘어 여성을 포함한 폭넓은 독자층의 확산을 가져왔다는 점에서 '가정소설'은 소설을 받아들이는 틀을 바꾸어버린 희유의 사건이다." 가네코 아키오(金子明雄), 「ホームドラマの遥かなる故郷—「家庭小説」という事件」 金子景子ほか(編) 『文學がもっと面白くなる—近代日本文学を読み解く330の扉』(日本 : ダイヤモンド社 , 1998), 107쪽; 권정희, 앞의 글, 208쪽 재인용.

공연작 〈쌍옥루〉와 〈장한몽〉은 극단을 대표하는 레퍼토리로 자리 잡았다. 혁신단뿐만 아니라, 다른 여러 극단이 앞다투어 신파극을 무대에 올려 흥행에 성공했다.[44]

번안소설의 신파극으로의 각색 및 공연은 공연사적으로 유의미할 뿐만 아니라,[45] 관계적 정동의 차원에서도 중요한 의미를 가진다. 공연은 배우와 관객에게 현존성 혹은 현장성, 즉 '라이브니스(liveness)'로부터 주어진 '함께함'의 공통감각을 제공한다. 이때, '함께함'은 같은 시간, 같은 공간에서 같은 경험을 한다는 사실 자체보다 얼마나 강하게 서로 연결되는지에 따라 감각되는 것이라 할 수 있다. '눈물'로 압축되는 신파 특유의 정동은 이와 같은 강한 연결을 보장하는 것이었다. 이 연결은 사적(私的) 독서를 통해 가족을 상상하는 방식이 아니라, 공연(公演)을 통해 재현된 가족이 정동적 공동체의 현실로서 받아들여지는 사회적-관계적 과정의 다름 아니었던 셈이다.

따라서 메이지 일본의 가족 제도와 여기에 담긴 모순을 반영

---

44 신파극 공연에 대한 정보는 양승국,「1910년대 한국 신파극의 레퍼터리 연구」 참고.

45 신파극의 공연사적 의미에 대해 이영석은 작품 외적인 추상적 공간(space)이 무대 장치를 통해 작품 내의 구체적 장소(place)로 탈바꿈된다는 사실을 전제로, '구연극'에서는 볼 수 없었던 무대 장치를 통한 장소의 재현이 신파극에 '신연극다움'과 '재미'를 부여하는 주요 요소였음에 대해 논한 바 있다. (이영석,「신파극 무대 장치의 장소 재현 방식」,『한국극예술연구』제35집, 한국극예술학회, 2012. 3.) 또한 김남석은 〈쌍옥루〉 공연 사진을 통해 확인되는 바다와 물 등을 구현하려고 한 혁신적인 시도에 주목하였다. (김남석,「1910년대 〈쌍옥루〉 공연에 나타난 바다와 물의 무대 디자인과 그 의의에 관한 연구」,『고전과 해석』제27집, 고전문학한문학연구학회, 2019. 4.)

한 가정소설의 번안물로서의 신파는 극을 통해 그 풍경에 대한 기시감을 제공했다고 볼 수 있다. 따라서 식민지 조선에서 '제3의 가부장제'는 관습법의 창안을 통해서는 물론, 메이지 가정소설의 번안 및 신파극 공연이라는 복합적 계기를 통해 비로소 형성되었다고 할 수 있다. 소설에 뿌리를 둔 신파물이 신파극의 형태는 물론, 유행 창가와 번안 가요, 연쇄극 혹은 영화 등 다양한 장르와 양식을 넘나들며 주요한 대중문화사적 국면을 창출했다는 사실을 감안한다면, 그 정동적 수행성의 효과는 가히 짐작하고도 남을 것이다. 이처럼 식민지 가부장적 가족은 '법적 정의'와 '시적 정의'를 양축으로 삼아 신파적 정동체계의 유력한 제도적 힘으로서 작용한다.

가부장적 가족제도가 발휘하는 힘은 그 제도의 행위자를 향하며, 종종 그 행위력을 감소시킨다. 이와 같은 억압으로 인해 개인이 가진 심리 상태를 가리키는 말로 쓰인 것이 바로 '신파성'이다. 이와 관련하여, 이영미는 텍스트에 대한 구조주의적 분석을 통해 신파성을 도출해내는데, 그 분석의 결과는 다음과 같은 도식으로 정리되어 소개된다.

(1) 주체의 욕구 · 욕망이 세계에 의해 좌절된다.
(2) 그 욕구 · 욕망은 인간이라면 누구나 지니고 있는 서민적 욕구 · 욕망이다.
(3) 그 욕구 · 욕망은 연인 · 가족 · 친구 등 소공동체 · 유사가족 안에서 친밀한 관계를 유지하고 싶어 하는 욕구 · 욕망으로, 천륜 · 인륜의 윤리성을 가진 윤리/욕망의 성격을 지닌다.

(4) 주체는 세계의 지배적인 힘에 맞설 의지가 결여되어 있거나, 맞설 능력이 거의 없다고 할 만큼 약하다.

(5) 따라서 주체는 애초부터 저항조차 하지 못하고 스스로 굴복·순응하거나, 저항의 여지도 없이 굴욕적으로 패배한다.

(6) 패배에 따른 고통은 자신의 무력함과 굴복의 탓이므로 죄의식을 가지고 자학한다. 한편, 그것이 자신이 기꺼이 선택한 것이 아니라 어쩔 수 없이 그리 된 것이라는 점에서 피해의식을 지니고 자기연민의 태도를 갖는다. 그럼으로써 죄의식과 피해의식, 자학과 자기연민이 뒤섞인 감정 상태를 지닌다.

(7) 주로 겉으로 드러내는 과잉된 눈물과 탄식, 용서의 구걸이나 독백 등의 방식의 형상화에서 효과적으로 드러난다.[46]

이영미가 정의하는 신파성은 멜로드라마적 특질과의 구별은 물론,[47] '과잉된 슬픔'과 '서민적'이라는 전제를 추가함으로써 비극성으로도 온전히 환원되지 않는 특수한 미감으로서의 개념적 독특성을 확보한다.[48] 이영미는 위의 7가지 특성 가운데 (1)부

---

46 이영미, 앞의 책, 43-44쪽.

47 "기존의 멜로드라마 분석 이론에 기대는 연구는 멜로드라마와 신파를 동질적인 것으로 볼 수 있는지에 대한 설명을 생략하고 있다. 한국의 신파를 서구의 멜로드라마 틀로 재단하는 또 다른 문제를 야기할 가능성을 내포하고 있는 것이다. 한국(혹은 동아시아)의 신파의 질감은 서구 멜로드라마가 풍기는 질감과 다소 다르다는 점을 염두에 두고 좀 더 선명하게 연구할 필요가 있다. 기존 멜로드라마 이론에만 기댄다면 양자의 차이를 설명해내기 힘들다. (…중략…) 신파가 지닌 미감, 즉 신파성이 보여주는 특징, 당대 대중들의 세계전유 방식을 멜로드라마 이론에 크게 의존하지 않고 설명하고자 한다." 이영미, 앞의 책, 27쪽.

48 이러한 설명 방식은 이미 이영미가 앞서 발표한 「신파 양식의, 세상에 대한 태

터 (4)까지를 '비극성' 일반의 특성으로 규정하며, (5)부터 (7)까지
가 '신파성'만이 지닌 독특함이라고 설명한다.[49] 신파성을 규정하
기 위한 이영미의 작업은 비극에 대해 논구했던 아리스토텔레스

도」(『대중서사연구』 제9호, 대중서사학회, 2003. 6.)를 통해 이미 제시된 바 있
는데, "멜로드라마의 일반적 특성을 지니고 있음에도 불구하고, 자신의 소박한
욕구·욕망을 꺾는 세계에 대해 스스로 굴복하면서 자학하고 자기연민하고, 이
로부터 발생하는 복잡한 정서를 특유의 눈물과 탄식으로 표현하는 것에서" 드
러나는 신파성에 대한 기존의 설명은 위에서 인용한 도식과 근본적으로 크게
다르지 않은 것으로 보인다. 그렇다면 과연 이영미의 논의가 과연 '양식'에서
'미감'으로 그 논점을 이동해간 것이 맞는지에 대한 의문이 남는다. 이에 대해
서는 이승희 역시 문제제기한 바 있다. "이영미는 최근 그의 역작 『한국대중예
술사, 신파성으로 읽다』(푸른역사, 2016)에서 미적 특질로 본 나의 견해에 접근
해간 측면이 있다고 하면서 기존견해를 수정하고 신파의 미적 특질을 '신파성'
으로 용어화한다고 밝혔다. 그러나 이영미의 신파성은 '자본주의적 근대의 대
중들이 지니는 세계전유방식'이라는 일관된 틀을 가지고 있다는 점에서 이전의
논의와 큰 차이는 보이지 않는다. 그에 의하면 "신파적 세계전유방식은 자본주
의적 근대를 살아가고 있음에도 '성숙한 근대적 자아', '근대적 주체성'은 물론
이거니와 자본주의적 질서도 내면화하지 못한 사람들의 것"이며, 그 생성과 퇴
조의 과정을 대중예술의 여러 분야를 두루 걸쳐 매우 설득력 있게 전달하고 있
다. 그럼에도 이 일관성이 1세기 동안 그렇게 엄밀하게 사용되어본 적이 없는
신파에 신축성이 없는 가죽옷을 입힌 것과 마찬가지가 아닌지 의문이 든다. 이
일관성은 '자본주의적 근대의 진행'에서 각기 변곡점을 그리는 역사적 국면들
을 평평하게 만들고, 사적 관계의 근대성 획득 문제를 중심에 놓음으로써 대중
의 세계전유방식을 스스로 제한한다." 이승희, 「'신파'와 '막장'의 시간성」, 『민
족문학사연구』 제67호, 민족문학사학회·민족문학사연구소, 2018. 7, 101쪽 각
주 4번.

49 "요컨대 신파성의 핵심적이고도 변별적 특성은 (5), (6), (7)의 항목으로 요약된
다. 다시 정리하면 신파성 특유의 미감은, 서민적 비극과 멜로드라마의 일반적
특성을 지니고 있음에도 불구하고 마음속으로는 자신의 욕망/윤리를 포기하지
못하고, 그렇다고 세계의 지배적 질서에 대해 저항하지도 못한 채 스스로 굴복
함으로써 자학하고 자기연민하며 죄의식과 피해의식을 동시에 지니게 되고, 이
로부터 발생하는 복잡한 감정을 과잉된 슬픔으로 드러내는 데에서 생겨난다."
이영미, 앞의 책, 71-72쪽.

(Aristoteles)의 '시학'과 닮아있다. 귀납적 논증 방식뿐만 아니라, 비극성과 신파성을 견주며 신파성이 비극성의 상당 부분을 공유하고 있다는 인식 또한 아리스토텔레스와의 관계를 떠올리게 한다. 아리스토텔레스가 '카타르시스'를 플롯의 감정적 효용이라고 논했던 것과 마찬가지로, 이영미는 '신파성'을 신파적 서사 규칙에 따른 효과로서 파악하고 있는 셈이다. 또한 이영미의 논의에서 '신파성' 만큼이나 자주 등장하는 또 다른 용어로서 '신파적 결함'은 아리스토텔레스가 언급한 '비극적 결함(hamartia)'을 연상시키는 측면이 있다. 하지만 두 용어 사이의 거리는 생각보다 그리 가깝지 않다. 이영미가 정의하는 신파적 결함은 '신파적 주인공'의 태도로서 "세계의 강한 힘에 압도되어 저항하겠다는 생각도 못 한 채 스스로 굴복하고 순응"함을 의미한다. 신파적 결함의 개념은 굴복과 순응의 태도를 초점으로 삼아 그 의미를 확보하는데, 굴복과 순응의 태도는 '비극적 주인공'의 저항의 태도와 대별된다.

"비극은 심각하고, 완전하며, 일정한 크기가 있는 하나의 행동의 모방으로서, 여러 부분에 따라 여러 형식으로 아름답게 꾸민 언어로 되어 있고, 이야기가 아닌 극적 연기의 방식을 취하며, 연민과 두려움을 불러일으켜서 그런 감정들의 '카타르시스'를 행하는 것이다."[50] 수많은 각주를 통해 문학 이론의 거대한 체계를 형성시킨 이 결정적 문장의 첫 대목은 '심각함'이다. 경우에 따라 '진지함'으로도 번역되는 이 대목은 '악한(惡漢)'과 대비되는 '보통 이

---

50 아리스토텔레스, 「제6장 비극의 정의」, 이상섭, 『아리스토텔레스의 『시학』 연구』, 문학과지성사, 2002.

상의 인물'의 행동을 '심각함' 혹은 '진지함'이라고 이해하는 전제에 따라 작성된 것이다. 요컨대, 비극에 대한 아리스토텔레스의 저상세한 정의는 '선(善)', 즉 도덕적 관점을 제일 앞에 내세운다. 따라서 아리스토텔레스의『시학』은 '정의 윤리'를 기반으로 비극을 정의하고, 그 효용까지를 설명하려는 시도로 볼 수 있다.『시학』의 이와 같은 시도는 아리스토텔레스의 또 다른 중요 저작인『정치학』을 맥락으로 삼았을 때 보다 온전히 이해될 수 있는데,『정치학』에는 아리스토텔레스가 '정의'뿐만 아니라, '돌봄'에 대해서도 언급한 흔적이 확인된다. 아리스토텔레스는『정치학』의 서두에서 가정에서 이루어지는 돌봄에 대해 언급하고 있으나, 도덕과 정치의 주된 실체는 이러한 활동을 넘어선 외부에 있다고 주장하며, 돌봄을 논의 대상에서 간단히 배제하고, 정의에 논점을 맞춘다. 아리스토텔레스가 돌봄의 문제를 논외로 했다고 해서 가족 자체를 무시한 것은 아니다. 아리스토텔레스는 다양한 개인을 국가 구성원으로 결집시킬 매개로서 가족의 독자성을 인정해야 복합체로서의 국가가 유지될 수 있다고 보았다.[51] 아리스토텔레스는 가족을 통해 시민 자격이 상속된다는 점에서도 공동체의 유지를 위한 정의 윤리의 토대로서 가족의 기능을 강조했다. '정의 윤리'와 '돌봄 윤리'의 오래된 대별은 바로 이 시점에서부터 비롯되었다고 해도 무방할 것이다.

아리스토텔레스가 "시는 역사보다 더 철학적이고 더 중요한 가치를 지닌다. 왜냐하면 시는 보편적인 것을 이야기하는 경향이

51　아리스토텔레스, 천병희 역,『정치학』, 숲, 2009, 1-2장 참고.

더 많고 역사는 개별적인 것을 이야기하기 때문"이라고 했을 때, 철학적이고 보편적인 것을 '정의'라고 보아도 크게 틀리지 않을 것이다. 『정치학』을 통해 이론적 기반을 갖춘 정의 윤리는 '시학' 과 결합하여 이렇게 '시적 정의(Poetic Justice)'의 개념으로 발전해 나 간다. '시적 정의'는 마사 누스바움(Martha Nussbaum)에 의해 법과 문 학을 가로지르는 개념으로서의 그 심중한 영향력이 입증되었다.[52] 흥미로운 사실은, 마사 누스바움의 사유가 한국의 학문장에 본격 적으로 소개되기 이전부터 신파에 대한 논의가 이미 누스바움의 논의와 유사한 궤적을 그리는 가운데 그의 논의를 선취하고 있었 다는 점이다. 예컨대, 이승희는 식민지시기 신파극에 '도덕적 양극 화의 원리'가 작동하고 있음을 논증한 바 있는데, 이 원리의 작용 에 따라 이루어지는 '권선징악', '개과천선'은 '시적 정의'의 또 다 른 명명법의 다름 아니다.[53]

---

52 마사 누스바움, 박용준 역, 『시적 정의-문학적 상상력과 공적인 삶』, 궁리, 2013.

53 "신파극이 처음 관객들의 주목을 끌었던 것이 바로 '새로움'에 있었음을 언급한 바 있다. 그런데 표층으로부터 촉발된 이 새로움과는 다른 각도에서이지만, 마 찬가지로 관객들을 유인한 것으로 보이는 것은 다름 아닌 '낡은' 문법이다. 낡 았기 때문에 관객들에게 친숙하게 여겨졌을 문법, 그것은 바로 도덕적 양극화 의 원리이다. (중략) 따라서 관객은 신파극으로부터 결코 골치 아픈 질문을 제 공받지 않으리라는 것을 약속 받고, 양극화한 세계의 안내대로 따라가면서 예 견이 충분히 가능했던 처방전에 자신을 내어 맡길 준비가 되어 있었다. 이 처 방전이 바로 권선징악, 개과천선이다. 100여 편의 레파토리 중 줄거리를 확인 할 수 있는 40여 편 가운데, 대부분이 이러한 범주를 크게 벗어나지 않는다. 이 로부터 선과 악이라는 이분법적 구도에서 이끌어내는 도덕적 재미가 얼마나 관 객들에게 호소력이 있었는가를 짐작할 수 있다." 이승희, 「멜로드라마의 근대적 상상력-1910년대 신파극을 중심으로」, 103-104쪽. 이승희의 논의는 이 원리가 일본의 지배 이데올로기와 자연스럽게 공모 지점을 형성하며, '식민지적 근대인

최근의 흥행 영화 〈신과 함께-죄와 벌〉(2017, 김용화 감독)이 몇 몇 논자들에 의해 '(한국적) 신파'를 드러내는 작품으로서 소환되고 있는 사례 역시 신파에 내재한 정의 윤리를 증명하는 것으로 볼 수 있다.[54] 죽어서도 죄를 따지고, 벌을 받아야 하는 신화적/영화적 세계는 명백한 정의 윤리의 세계이다. 정의 윤리와 함께 영화 〈신과 함께-죄와 벌〉에서 반복적으로 미적 특질로서의 신파성이 포착되었음에도 불구하고, 이 작품이 돌봄 윤리와 무관하지 않다는 사실은 아직까지 적극적으로 논구되지 않았다. 〈신과 함께-죄와 벌〉의 비교적 간명한 서사에는 망자 수홍(차태현 분)에 대한 저승삼차사의 돌봄, 보호관심사병에 대한 선임 자홍(김동욱 분)의 돌봄, 그리고 수홍과 자홍에 대한 어머니의 돌봄 등이 두루 얽혀 있다. 이러한 중층적 차원의 돌봄이 돌봄 윤리의 정의에 부합하는 것인지에 대해서는 좀 더 엄밀한 논의가 필요하겠지만, 적어도 이 영화가 신파의 현재와 그 위상을 확인시켜 줌과 동시에, 신파가 돌봄의 문제와 결코 무관하지 않다는 점을 시사했다는 사

만들기'라는 기획 속에 쉽게 노출·이용될 수밖에 없었을 것임을 추론하는 데까지 나아간다.

54 대표적으로 송경원의 논의를 꼽을 수 있다. 송경원, 「〈강철비〉〈신과 함께-죄와 벌〉〈1987〉이 기댄 한국적 신파라는 환상」, 『씨네21』, 2018. 1. 30. 이승희는 송경원의 논의를 비판적으로 검토하며 "'한국인'의 '집단적 무의식'을 '신파'로 이해하려는 시도도 놀랍거니와, 그 '신파'에 굳이 국적을 표시하는 것은 더욱 기이하다"고 반응한다. 이승희, 「'신파'와 '막장'의 시간성」, 111쪽 참고. 이 글 역시 신파를 별다른 의심 없이 한국인의 초역사적 내셔널 아이덴티티로서 전제하는 송경원의 논의에 대한 이승희의 비판에 전적으로 공감하지만, 적어도 〈신과 함께-죄와 벌〉이 '신파'로 설명될 수 있는 다양한 요소들을 내장하고 있다는 점만큼은 인정한 채 논의를 이어가고자 한다.

실 만큼은 좀 더 강조될 필요가 있다. 이는 정의 윤리와 돌봄 윤리의 대별, 정의 윤리에서 돌봄 윤리로의 전환이라는 이분법적 패러다임을 넘어, 정의 윤리와 돌봄 윤리가 상호내장적임을 의미하기 때문이다. 이는 〈신과 함께-죄와 벌〉의 후속작 〈신과 함께-인과연〉(2017, 김용화 감독)을 통해 제시된 성주신의 돌봄 및 노인과 손주의 상호 돌봄이라는 서사적 핵심 설정을 통해 더욱 설득력 있는 방식으로 입증된 바이기도 하다.

그렇다면 아리스토텔레스에게로 돌아가, 그가 단정적으로 제시한 정의 윤리와 돌봄 윤리의 대별을 문제 삼는 데서부터 신파에 대한 논의는 새롭게 출발할 수도 있을 것이다. 보다 가까이는 마사 누스바움의 정의론 및 감정론의 사상적 배경을 이루는 자유주의에 대한 재고 또한 가능하다. 신파에 대한 논의가 누스바움의 이론을 일정 부분 선취하고 있었고, 이에 따라 최근의 논의가 그의 이론을 근거로 삼아 재개되고 있다는 점을 감안해 보았을 때, 이 편이 논의의 효율을 높이는 길이 될 수 있을 것이다.

3.2. '정의 윤리'와 '돌봄 윤리': 시장 관계와 돌봄 관계

마사 누스바움은 존 롤즈(John Rawls)의 정치적 자유주의의 전통으로부터 영감을 얻고 있음이 분명하지만, 젠더 관계를 설명하는 자유주의적 방식에 대해 의문을 품으며, 특히 가족 내에서의 관계에 대한 자유주의적 관점에 대한 재고를 강조하는 여성주의의 독특한 형태를 발전시키는 방향으로 나아가는데, 이와 같은 논의는 '잠재적 역량(capabilities)' 개념을 중심으로 이루어진다. 누스바움은 『역량의 창조』를 통해 생명, 신체건강, 신체보전, 감각·상상·사고, 감정, 실천이성, 관계, 인간 의외의 종, 놀이, 환경통제 등을 10대 핵심 역량으로 간주한다.[55] 여기서 볼 수 있듯이, 누스바움은 인간의 잠재적 역량에 감정을 포함시킨다. 누스바움은 그의 대표작 『감정의 격동』을 통해 인정과 욕망, 연민, 사랑 등의 감정과 이성의 관계에 대해 다루며, 감정과 인지의 관계에 대한 설명으로 그 논의를 집중시킨다.[56] 누스바움의 결론은 감정이 인지를 필수적으로 내포할 뿐만 아니라, 궁극적으로 가치판단에 대한 인지를 구성한다는 것이다. 앞서 언급한 『시적 정의』는 감정이 지각의 지적 형식으로서 평가 및 판단과 긴밀히 결부되어 있다는 점을 논한다는 점에서 앞선 논의와 연속선상에 놓이는 것으로 볼 수 있다. 누스바움의 논의는 결국 "정의를 위해 왜 사랑이 중요한가"에 대한 논의로까지 나아간다.[57]

　　마사 누스바움의 논의는 여성에게 있어 불평등한 자유와 기회에 초점을 맞추는 가운데, 전통적 자유주의 이론들과 일정한 거리를 두고자 하지만, 그럼에도 불구하고 '정치적 감정'을 개인의 문제로 환원한다는 점에서 자유주의 이론과 근본적으로 다르지 않다. 누스바움의 역량 접근법은 자율적 개인을 상정한다. 이때, 자율성은 어디까지나 사회관계에서 행사되는 것이지, 추상적으로

55　마사 누스바움, 한상연 역, 『역량의 창조-인간다운 삶에는 무엇이 필요한가?』, 돌베개, 2015.

56　마사 누스바움, 조형준 역, 『감정의 격동』(전3권), 새물결, 2015.

57　마사 누스바움, 박용준 역, 『정치적 감정-정의를 위해 사랑이 왜 중요한가』, 글항아리, 2019.

비의존적이고 자율적이며 평등한 개인에 의해 행사되는 것이 아니다. 이와 같은 '관계적 자율성'은 '개별적 자율성'과 구별될 필요가 있다.[58] 누스바움은 잠재적 역량을 개별적 자율성과 등치시키는 만큼, 그의 논의에서 관계적 자율성 및 항시적 의존성에 대한 고려는 적극적으로 이루어지지 않는다. 마사 누스바움과는 달리, 권명아는 '정치적 감정'으로서 '외로움'에 대해 검토하는 가운데, 감정이 개인의 내면을 기원으로 삼는 것이 아니라, 어디까지나 사회적 관계에서 주어지는 것임을 간파함으로써, 타인 및 세계와의 연결을 상상하고 궁극적으로는 감정을 사회적-관계적으로 논의할 수 있는 토대를 마련한다.[59] 그 인식론적 토대에 붙여진 이름이 바로

---

58 '관계적 자율성'은 돌봄 윤리의 목표에 해당하며, 이는 '응답적 자율성'이라는 다른 이름을 지닌다. "돌봄 윤리의 목표는 돌봄이 필요한 사람에 대해 응답적인 자율성(responsible autonomy)을 증진하는 것이다. 그렇게 될 때, 돌봄 관계에서 자율성의 개념은, 개별적 자율성(individual autonomy)이라는 자유주의적 계약주의 개념보다, 공적 활동을 포함해 더 넓은 활동 영역을 고찰하는데 있어 훨씬 더 만족스러울 수 있다. 돌봄 윤리는 자율성을 위해 필요한 물질적, 심리적 그리고 사회적 선결조건을 무시하기보다 주목할 것을 요구한다. 충분한 자원이 없는 사람은 자율적인 선택을 적절히 행사할 수 없다. 자율성은 사회관계에서 행사되는 것이지, 추상적으로 비의존적이고 자율적이며 평등한 개인에 의해 행사되는 것이 아니다." 버지니아 헬드, 김희강·나상원 역, 『돌봄 : 돌봄 윤리-개인적, 정치적, 지구적』, 박영사, 2017, 166쪽.

59 권명아는 '외로움'을 단지 개인이 극복해야 할 정념의 문제가 아니라 정치의 조건으로 마주하고자 하며, 다음과 같이 말한다. "외로움은 온전히 나에게 속한 내 마음의 상태만이 아니라, 타인과, 세계와의 연결, 공시적 이야기를 공유하는 공동체에의 소속 여부를 보여주는 하나의 지표이다. 즉 마음의 상태라고 간주되는 외로움은 사람들이 누군가와 이어져 있음(결속)/없음(결속의 부재)이나, 어딘가에 소속됨과 같은 사회적 관계 속에서 발생하는 것이다. 이를 이론의 어휘로는 정동(affect)이라 하겠다. 정동이라는 이론적 어휘는 개인과 공동체의 상태(state)라는 현실의 문맥 위에서 다시 발명되어야 한다. 그래서 정동은 "내적이면서도 동시에 비인격적인" 것이다." 권명아, 『무한히 정치적인 외로움』, 16쪽.

'정동'이다. 이와 같은 정동으로의 인식론적 전회, 즉 '정동적 전환'은 분리의 상상력을 연결의 상상력으로 전환함을 의미한다.

따라서 누스바움의 언어들을 정동의 관점에서 비판적으로 검토하는 작업을 통해 분리의 상상력에 기댄 신파에 대한 기존의 정의들을 수정 및 보완해볼 수 있을 것이다. 신파에 대한 기존의 정의에서 반복적으로 강조되는 '굴복' 및 '순응' 등은 인간의 잠재적 역량이 억압에 의해 철저히 제한된 상태로 볼 수 있다. 그렇다면 억압된 잠재적 역량으로서의 개인의 내면에 자리한 '신파적 결함' 그 자체가 아니라, 억압을 결함으로 치환하는 사회, 이로써 사회의 문제를 개인의 문제로 대체해버리는 본질적 억압 그 자체에 주목할 필요가 있다.[60] '억압된' 역량이 아니라 '억압하는' 힘, 즉 압력에 주목했을 때, 신파는 그 역량을 스스로(개별적이고 자율적으로)

---

60 이와 같은 논점의 이동은 '장애학(Disability Studies)'의 시좌(視座)를 인정했을 때 비로소 가능해진다. '장애학'은 '개별적 장애 모델(individual model of disability)'이 아니라 '사회적 장애 모델(social model of disability)'을 전제한 채 이루어지는 '사회적' 학문이며, 동시에 '학제적', '실천지향적', '해방적'이다. 장애학의 전제로서 장애는 'disability', 장애인은 'disabled people'이라고 표기된다. 이와 같은 표기에 담긴 의미에 대해 김도현은 다음과 같이 설명한다. "사회적 모델론자들이 'disabled people'이라는 용어를 고수하는 것은 이 용어가 무언가를 드러낸다고 보기 때문이다. '할 수 없게 된(disabled)'이라는 수동태의 표현은 이미 '할 수 없게 만드는(disabling)' 작용을 가한 무언가를 상정하고 있다. 그러니까 장애인들은 그들 자체가 무언가를 할 수 없는 존재가 아니라 '할 수 없게 만들어진' 존재라는 것이고, 이처럼 그들이 무언가를 할 수 없게 만드는 것이 바로 '사회'라는 것이다. 요컨대 'disabled people'을 완전히 풀어서 표기하면 'people disabled by society'가 된다. 이처럼 사회적 모델론자들이 'disabled people'이라는 표현을 사용할 때 그것은 'disabling society'를 염두에 둔 것이고, 따라서 연구의 초점은 '장애인'이 아니라 장애인이 무언가를 할 수 없도록 만드는 '사회'에 맞춰진다. 문제의 원인이 장애인의 몸(손상)이 아닌 사회에 있다고 보기 때문이다." 김도현, 『장애학의 도전』, 오월의봄, 2019, 33쪽.

창조하고 보존하는 개별적 주체의 결합에 의해 촉발되는 것이 아니라, 역량의 창조 및 보존은 물론, 발달 및 증진이 사회적 관계 속에서 가능하며, 그 관계 맺음의 가능성을 침해하는 사회적 억압으로 인해 촉발되는 것으로 새롭게 포착된다.

잠재적 역량의 발휘가 개인의 의지만으로 가능한 것이 아니라, 관계 속에서 그 가능성을 확보한다는 사실은 '돌봄'의 이론적·실천적 필요성을 환기한다. 돌봄 이론은 마사 누스바움처럼 무엇이 진정으로 인간을 구성하는지에 대한 입장을 취하기보다, 인간이 사회에서 생존, 성장, 기본적인 기능달성을 가능하게 하는 데 필요한 돌봄 실천을 지지한다.[61] 이 전제는 개인의 자유와 같은 권리를 배타적 관념으로서 취급하는 것이 아니라, 그 권리의 사회적-관계적 차원에 주목하도록 이끈다. 단적으로 말해, 돌봄이란 자유의 권리와 결부된 타인의 잠재적 역량의 발달·유지·증진을 돕는 것이다. 다니엘 잉스터(Daniel Engster)는 이미 누스바움의 역량 이론과 돌봄 이론 간의 관계에 대해 비교하며, 누스바움이 명명한 "기초 역량", 또는 "더 발달된 역량을 발달시키기 위한 필수적인 기본이 되는 사람들의 내재적 조건과 관심의 근거"를 돌봄 이론이 다소 협소하게 강조함으로써, 누스바움의 광대한 역량 목록에 비해 더 설득력 있게 보편적인 정의의 척도를 제공한다고 주장한 바 있다.[62] 돌봄의무론자로서 다니엘 잉스터는 역량 이론과의 차이에 주목함으로써 돌봄 이론의 이론적 유용성을 강조하고자 하지

---

61 다니엘 잉스터, 앞의 책, 41쪽.

62 다니엘 잉스터, 앞의 책, 266-267쪽 참고.

만, 잉스터의 논의는 역량이론과 돌봄 이론이 공통적으로 잠재적
역량의 발달 · 유지 · 증진에 '내재적 조건'은 물론, '관심의 근거'가
필요하다는 사실을 전제로 삼고 있음을 확인시켜 준다. 이 전제에
따르면, 신파는 보편적이고 항시적인 의존성과 함께 성립하는 것
으로 파악된다.

의존성과 자율성은 대립적인 요소가 아니다. 의존성과 자율
성을 대립시키는 사고방식은 자유주의의 신화에 내재된 이분법이
다. 자유주의는 개인주의를 전제로 삼는다.[63] '개인(individual)'은 그
단어에서부터 뚜렷하게 가시화되고 있듯이 '분리(divide)'를 전제
로, 더 이상 분리될 수 없는 사회적 단위로서 존재한다. 자유주의
적 개인은 사회라는 공동체적 관념을 구성하기 위해 움직이는 것
이 아니라, 기본적으로 자신의 이기심을 바탕으로 움직이는 것으
로 간주된다. 이는 '사회계약론'의 전제다. 사회계약론자들뿐만 아
니라, 마르크스(Karl Marx) 역시 이와 근본적으로 다르지 않은 전제
를 가지고 있었다. 마르크스의 논의, 그리고 이에 대한 앨런 E. 뷰
캐넌(Allen E. Buchanan)의 논의는 시민사회에서 개인들은 공동(혹은
일반적) 이익에 대한 어떤 개념보다는 오히려 그들 자신의 특수하
고도 제한적인 이익을 바탕으로 행동한다는 사실을 부각시킨다.[64]

---

63 "역사적으로 자유주의는 절대주의에 대한 부르주아 계급의 정치적 투쟁 과정에
    서 성립했다. 이는 소유권과 경제활동의 제한, 인신의 무분별한 구속과 신분제,
    사상의 억압과 종교의 강요 등에 대한 저항을 중심으로 해왔다. 이론적으로는
    모든 인간이 자유로운 '자연 상태'의 상정, 개인의 자유권을 중심으로 하는 '자
    연법'의 추론, 이를 근거로 개인적 자유를 보호하는 국가를 수립하는 '사회계
    약'의 체결을 주된 내용으로 한다." 이호걸, 앞의 책, 269쪽.

64 앨런 E. 뷰캐넌은 마르크스의 『유대인 문제에 대해』를 출처로 삼아 시민적 · 정

이를 '시장 관계'라 부를 수 있다. 시장 관계란, 한 개인이 다른 사람을 그 자신의 이익을 위한 단순한 수단으로, 즉 다른 사람의 불이익에 대한 수단으로 효용화하는 관계를 의미한다. 다시 말해, 개인들 사이의 상호 착취적인 교환관계가 바로 시장 관계다. 마르크스는 착취가 노동과정 내에서 발생하는 관계에 한정되는 것이 아니고, 또한 심지어 계급 간 관계에만 국한되는 것도 아니며, 시장의 인간관계 일반이 착취적임을 분명히 지적한 바 있다.[65] 요컨대, 시장 관계는 시장이라는 제도와 사적 소유에 기반하고 있는 주체들 간의 경쟁적, 이기적 상호작용을 전제로 형성되는 것이다.

이와 같은 시장 관계와 상반되는 상호 작용의 관계로서 '돌봄

치적 권리의 정의(正義)에 대한 마르크스의 비판들을 검토한다. 마르크스는 시민사회를 생산수단의 사적 소유, 하나의 상품으로서의 노동력을 포함하여 상품을 위한 시장, 그리고 증대하는 산업화를 특징으로 하는 사회조직 형태로서 이해한다. 마르크스의 시민사회는 어디까지나 자본주의 사회이다. 여기서 개인이 누리는 시민사회의 성원권은 '사적 소유권'을 통해 보장된다. 사적 소유권은 다른 사람에 대한 고려 없이, 사회로부터 독립적으로 자신의 소유물을 향유하고 임의적으로 처분할 수 있는 한 개인의 권리, 즉 이기심의 권리다. 앨런 E. 뷰캐넌은 마르크스의 주장들을 검토하면서 마르크스가 사적 소유권에 따른 사유재산의 존재를 개인으로 하여금 각각의 다른 사람들을 단순한 수단으로, 그리고 최악의 경우에 파괴적인 위협으로 간주함을 짚어낸다. 이와 같은 위협에 따라 사유재산권은 다른 사람들에 의한 불법적 침해에 대항하여 자신을 보호하는 데 필요한 것이 된다. 요컨대, 사유재산권은 개인을 공동체로부터 분리시킨다. 이에 대한 보다 자세한 논의는 앨런 E. 뷰캐넌, 이종은 · 조현수 역, 『마르크스와 정의-자유주의에 대한 급진적 비판』, 갈무리, 2019, 148-156쪽.

65 착취에 대한 마르크스의 정의는 다음과 같다. 첫째, 어떤 사람을 착취한다는 것은 어떤 사람을 하나의 도구이거나 천연자원인 것처럼 효용화하는 것이다. 둘째, 이 효용화는 그렇게 효용화된 그 개인에게는 해로운 것이다. 그리고 셋째, 그러한 효용화의 목적은 어떤 사람 자신의 이익에 있다. 앨런 E. 뷰캐넌, 앞의 책, 100-101쪽.

관계'가 존재한다. 돌봄이란, 아이, 병자, 노인 등 다른 사람을 보살피는 노동 및 활동, 태도를 포괄하는 개념이다. 돌봄은 친밀성이나 상호작용 등을 동반한 관계중심적 노동의 속성을 가지고 있다. 돌봄노동은 인간이 관계적 존재라는 사실을 노동 수행과정 속에 본질적으로 포함한다. 돌봄노동은 돌봄제공자와 돌봄수혜자 사이의 상호의존 및 상호인정을 전제로 삼는다. 따라서 돌봄은 상호정동성(interaffectivity)을 드러낸다. 상호정동성에 기반한 돌봄 관계를 통해 합리적 경제인을 인간의 전형으로 취급하는 자유주의자들의 핵심 가정은 비로소 의문에 부쳐진다.

자유주의적 패러다임을 기반에 둔 신파는 '저항'하지 못한 채, '굴복'하고 '순응'하며, '고립'되어 있는 주체들의 존재를 통해 정의되는데, 이들은 대부분 여성이다.[66] 여성은 종종 돌봄 의무에 묶여있으며, 이는 신파 특유의 '그럴듯한' 설정이기만 한 것이 아니라, 사실상 '있는 그대로'의 현실과 크게 다를 바 없다. 이 현실이 젠더적·정동적 불평등의 문제를 안고 있다는 사실은 굳이 두말할 나위가 없을 것이다. 신파적 작품은 인간관계 속에서 착취의 매개로 기능하는 것으로 화폐와 같은 물질이 아니라 감정이라는 비물질을 특정화한다. 시장 관계의 정동적 메커니즘은 감정을 착취한다. 폭력, 차별, 모욕, 강요된 침묵과 지배. 이는 엄연한 정동의 문제다. 신파적 작품은 시장 관계가 인간 생활을 침범할 때 발생

---

66 이호걸에 의해 제시된 바 있는 '남성신파'라는 명명은 신파가 젠더화의 산물로서 기본적으로 여성의 감정을 미적 특질로 내포하고 있다는 사실을 환기한다. 이호걸, 「신파양식 연구 : 남성신파 영화를 중심으로」, 중앙대학교 박사학위논문, 2007. 참고.

하는 불평등, 착취, 그리고 가치의 파괴를 다룬다. 개인이 가진 필요와 이익, 그리고 이것들에 대한 개인의 감각과 인식은 사회구조에서 차지하는 그의 위상에 의해 조건지어진다. 그 위상을 결정짓는 조건 가운데는 '젠더'가 포함된다. 따라서 시장 관계의 자유로운 경쟁은 평등한 경쟁과 결코 같지 않다. 시장 관계는 젠더적 위계를 바탕에 둔 불평등한 경쟁을 야기한다. 그럼에도 불구하고 자유주의적 패러다임은 이와 같은 엄연한 사실을 종종 간과하게 만든다.

신파적 정동체계의 관습으로서 작동하고 있는 가족제도의 입문 의례에 해당하는 결혼제도는 본질적으로 남성만이 주체가 되어 여성을 교환하는 시스템이라 할 수 있다. 일련의 신파적 작품들이 바로 그 증거에 해당한다. 『장한몽』에서 이수일과 김중배 사이에서 교환되는 심순애야말로 그러한 증거 가운데서도 가장 대표적인 사례라 할 수 있다.[67] 남성은 결혼의 주체이며, 이에 앞서

---

67 『장한몽』의 줄거리는 다음과 같다. "어려서 부모를 잃은 이수일은 심택의 집에서 데릴사위로 자랐다. 그런데 부호의 아들 김중배가 수일의 정혼녀 심순애에게 반해 혼인을 청하자 심택은 파혼하고 딸을 중배에게 시집보내려 한다. 순애 또한 중배의 부에 혹하여 이에 응하자 수일은 깊은 분노와 좌절에 빠진다. 이후 수일은 지독한 고리대금업자로 변신한다. 순애는 뒤늦게 자신의 잘못을 깨닫고 결혼 후에도 정절을 그리지만 여의치 않다. 수일 또한 위악적인 생활을 하며 번민에 계속 시달린다. 결국 순애는 광증까지 얻게 되는데 그제야 수일이 그의 마음을 받아들임으로써 행복한 결말을 맺는다." 이호걸, 앞의 책, 93쪽. 이호걸은 『장한몽』이 조선에서 자유주의가 이념, 제도, 습속에서 확산되기 시작한 시점에 등장했다고 명확히 지적한 바 있다. "『장한몽』은 이처럼 조선에서 자유주의가 이념, 제도, 습속에서 확산되기 시작한 시점에 등장했다. 이는 구질서로부터 개인으로 분리된 남녀 한 쌍이, 자유주의적 세계에서 생존하고자 투쟁하여 결국 성공하는 이야기다. 여기에는 자유주의적 개인의 두 가지 주요한 과제가 동시에 걸려 있다. 하나는 친밀성의 사적 영역으로서 가족을 구성하는 것이고, 다

(자유)연애의 주체이지, 결코 돌봄의 주체가 아니다. 이수일도, 김중배도, 다른 신파물들의 남성들도 모두 마찬가지다. 이는 가족 관계의 중심에 '부부'가 배치됨으로써[68] 가족이라는 돌봄 관계와 결혼이라는 시장 관계가 부딪히고 뒤얽히게 되는 양상으로 볼 수 있다. 요컨대, 부부 관계는 시장 관계와 돌봄 관계가 충돌하고 경합하는 힘-관계의 역점이다.

예컨대, 『불여귀』는 부부 관계를 중심에 둔 가족이 시장 관계와 돌봄 관계의 접경지대임을 뚜렷하게 드러낸다. 가족은 또한 정의 윤리와 돌봄 윤리가 교차하는 곳이기도 하다. 『불여귀』는 제국의 전쟁서사를 다룸으로써, '정의로운' 국가와 국가가 할당한 '직분'에 충실한 남성을 윤리의 주체로 표상한다. 한편, '직분'의 대타항으로 자리매김되고 있는 것으로 여겨진 '사랑'은 돌봄노동에 해당한다.[69] 돌봄노동은 가족으로부터 주어진 직분에 충실한 것이라 할 수 있다. 그런데 『불여귀』의 가족은 돌봄의 결핍, 더 나아가 부재로 특징지어진다. 해군 장교로서 전쟁을 수행 중인 다케오의 부

른 하나는 시장에서 자본을 축적하는 것이다. 그 과정에서 흘러내린 눈물이므로, 이는 자유주의적 세계가 주는 고통의 눈물인 동시에 그 속에서 생존하려는 의지의 산물이기도 하다." 이호걸, 앞의 책, 270-271쪽.

68　박진영은 『쌍옥루』와 『장한몽』이 신소설의 발판이었던 가부장제적 가족관계의 이데올로기를 과감하게 폐기하고 부부를 중심에 두는 새로운 모델을 지향한다고 평가한다. 박진영, 「1910년대 번안소설과 '실패한 연애'의 시대 : 일재 조중환의 『쌍옥루』와 『장한몽』」, 『상허학보』 제15집, 상허학회, 2005. 8. 참고.

69　권정희, 「도쿠토미 로카(德冨蘆花)의 『호토토기스(不如歸)』론-'직분'과 '사랑'의 역학」, 『동양학』 제45집, 단국대학교 동양학연구소, 2009. 2. 참고. 『호토토기스』에서 드러난 직분과 사랑의 역학은 『불여귀』에서도 전혀 달라지지 않는다.

인 나오코가 폐결핵에 걸리자, 다케오의 어머니(나오코의 시어머니)는 냉대를 일삼다 끝내 쫓아내고, 그 자리는 오도요라는 또 다른 여성의 차지가 된다. 이처럼『불여귀』는 여성 간의 비교와 경쟁이 일어나는 정교한 젠더정치의 장으로서의 가족을 재현한다. 아내 혹은 며느리는 돌봄의 대상이 아니라, 대체 가능한 교환의 대상으로 취급될 뿐이다. 교환이 아니라 폐기에 처해지는 나오코에게 남겨진 선택지는 자기 돌봄뿐이지만, 그럼에도 불구하고 나오코는 남편에 대한 돌봄 의무를 완수하지 못한 자신을 탓한다.

돌봄 의무로부터 야기된 주체의 자학은『쌍옥루』에서 한층 더 뚜렷하게 드러난다. 이경자는 서병삼의 꼬임에 빠져 출생한 아들 옥남에 대한 돌봄 의무를 다하지 못한다. 이경자와 정욱조 사이에서 출생한 정남은 가족의 범주로 묶여 극진한 돌봄을 받지만, 옥남은 가족에 속하지 못한 혈족으로서 친부모의 돌봄으로부터 철저히 소외됨은 물론, 그 존재 자체가 비밀에 부쳐졌기 때문이다. 두 아들의 엇갈린 운명은 끝내 한날한시에 죽음을 같이 하게 되는 운명으로 수렴되고야 마는데, 이는 역설적인 방식으로 이루어진 법적 정의에 대한 문제제기라는 의미를 지닌다는 점에서 좀 더 눈여겨 볼 필요가 있다. 조선의 관습과 일본의 민법이 착종된 식민지 조선의 가족제도는 부계 혈통, 보다 정확히는 부계 성본만을 승인함으로써 여성의 피와 계통에 대한 철저한 무시와 망각을 정당화한다. 그러나『쌍옥루』와 같은 작품은 옥남과 정남의 생김새, 그리고 생김새만큼이나 닮은 이들의 비극적 운명을 통해 여성의 혈통을 강조함으로써 가족제도에 대한 문화적 저항의 의미를 담지하게 되는 것이다. '자연적, 생리적 혈연의 연락이 있는 자'로서의 혈족은 가족과 불일치하고, 또한 대비됨으로써 가족의 제도적 성격과 이 제도의 모순을 드러낸다. 이와 같은 저항은 신파적 작품들이 예의 그렇듯, 차별과 무시로 인한 고통과 비애를 구구절절하게 드러내는 방식을 통해 어디까지나 우회적인 방식으로 이루어진다. 하지만 비애와 결부된 가족과 혈족의 불일치와 여기에서 비롯된 모순이 독자와 관객에게 포착되는 순간, 이는 저항의 정동 체계를 갖추게 된다. 이것이 바로 『쌍옥루』의 시적 정의다.

이경자와 그 혈족의 비극은 서병삼의 정욕과 정욱조의 아집에 의해 초래된 것으로 보이지만, 보다 직접적으로는 이경자에게 재가를 강권한 친부 이기장에 의한 것으로 볼 수 있다. 좀 더 정확히 말해, 이 모든 남성들은 '신파적 억압'의 지분을 나누어 갖는다. 이경자를 통해 극명하게 드러나듯, 신파적 작품에서 여성은 가족 내 돌봄 관계에 붙들려 있다. 돌봄노동자(제공자)로서의 여성은 남편에게는 부인이자 자식에게는 어머니, 부모에게는 딸이자, 시부모에게는 며느리이다. 동시에 형제의 자매이기도 하다. 이 범주들이 가족 관계 내부에서 만들어지는 것들이라면, 가족과 그 외부의 경계에서 생성되는 범주들로서, 결혼을 경계로 분류되는 기혼녀, 미혼녀, 이혼녀, 과부에 더해 (결혼 관계가 불분명한) 실제적 처, 둘째 부인, 첩 등이 있다. 또한 적모이자 계모, 서모이자 양모 등의 범주도 있다. 이를 통해 모성, 더 나아가 여성의 등급화가 이루어진다.[70]

---

70 가부장제 가족을 둘러싼 여성 및 모성의 다양한 범주 및 등급화에 관한 논의는 양현아, 앞의 책, 41-42쪽 참고.

이와 같은 관계의 범주들 가운데서 여성의 위치는 중층결정 (overdetermination)된다. 여성의 위치가 어디까지나 (남성과의) 관계 속에서 중층결정된다는 사실은 신파물이 재현하는 가족이 단일한 상으로 수렴될 수 없음을 의미한다. 부부를 중심으로 한 가족과 그 가족을 둘러싼 가족은 끊임없이 상호 간섭하면서 힘-관계들을 형성하고 또한 변화시켜 나간다. 이때, 부부를 이룬 남성 측의 가족과 여성 측의 가족은 사뭇 다른 힘을 발휘한다. 『쌍옥루』와 『장한몽』에서 남성은 자신을 돌봐줄 가족의 부재를 그 조건으로 삼아 등장한다.[71] (『불여귀』는 엄연히 남성의 가족이 존재하지만, 남성은 가족을, 가족은 남성을 돌보지 않는다.) 한편, 여자는 자신의 가족과 대단히 긴밀하다. 이경자의 부친 이기장(쌍옥루), 심순애의 부친 심택 (장한몽)은 자신의 딸로서, 누군가의 아내로서 여성의 위치를 결정 짓고자 하는 강압적 힘들의 표상이다. '신가정'의 중핵으로서의 부부는 이처럼 가부장제와 결착되어 있다.

물론 여성은 낭만적 사랑을 욕망하며, 이러한 지향은 동시대 남성에게도 뚜렷하게 확인된다. 예컨대, 『쌍옥루』의 정욱조는 관습적 윤리의 수호자인 것처럼 자신을 드러내고 있으나, 그는 낭만적 사랑에 기반한 근대적 가족에 대해 누구보다도 강한 열망을 가진 인물이다. 낭만적 사랑은 사랑하는 남녀가 친밀성을 바탕으로 자유와 자아실현을 결합시켜 동반자적 결혼으로 완성한다는 개념

---

71 박진영은 『쌍옥루』의 정욱조와 『장한몽』의 이수일이 '세속화된 영웅으로서의 고아'임에 주목하여, 이들이 새로운 가계의 시조가 되어야만 하고, 이 때문에 그들이 지향하는 그리고 종국적으로 복구되는 가족의 함의가 처음부터 다를 수 있음을 지적한 바 있다. 박진영, 앞의 글, 276-281쪽.

을 내포한다. 낭만적 사랑의 개념은 이처럼 자유주의적이며, 여기에는 자유로운 계약이 존재할 뿐, 그 당사자 사이의 젠더적 위계가 특별히 고려되지 않는다. 따라서 그 사랑은 사회적 우위에 놓인 남성 주체의 신념에 맞추어 사랑의 대상이 선택되고, 소비되는 방식으로 이루어진다. 이는 자유주의적 시장 관계의 작동에 근거한 것으로, 정욱조는 자신의 신념, 즉 낭만적 사랑의 이데올로기에 부합하는 여성을 부인으로 선택하고, 소비한다는 점에서 낭만적 사랑에 전제된 시장 관계의 모순을 보여주는 존재다. 정욱조뿐만 아니라, 시장 관계에 기반한 연애의 '클리셰'를 창출한 인물로서 『장한몽』의 김중배를 꼽지 않을 수 없을 것이다. 김중배를 상징하는 '금강석 반지'는 그것이 순애의 외모 및 품성과 교환될 수 있다는 사실을 강렬하게 환기한다. 낭만적 사랑, 다시 말해 자유주의적 사랑(자유연애)의 시장 관계 또한 여성에게 가해지는 힘-관계의 일면임은 물론이다.

그러나 이경자와 심순애는 자신을 위치 짓고자 하는 그 힘들로부터 벗어나, 힘-관계의 역점으로서 자신을 재정위하고자 한다. 물론, 그 과정은 지난하기 그지없으며, 끝내 '광증'을 유발한다. 광증은 부정적 정동의 과잉으로 인해, 가상의 극단에 놓인 주체의 처지를 직접적으로 드러내는 신파적 작품 특유의 설정이다. 신파적 작품의 여성들이 겪고 있는 광증은 초개체적 성격을 지니는 정동의 결과이며, 정동은 힘-관계들의 배치 속에서 주어지는 것이기에, 그것은 개인적 정신질환이 아니라 사회적-관계적 정신질환이라 할 만하다. 신파적 작품에 나타난 여성의 광증은 시장 관계와 돌봄 관계의 정동적 조율에 실패한 결과다.

이와 같은 실패는 남성을 통해서도 마찬가지로 드러난다. 『장한몽』의 이수일은 혐오하고 분노하는 주체다. 혐오와 분노는 몸에 반항하는 정동의 감정들로서, 이들 감정은 수일을 돌봄 관계로부터 탈각시키고, 시장 관계로 내몬다. 수일이 보여주는 수탈적 자본가로의 변신은 완전한 변신이 아니며, 사회적 연기에 해당한다. 사회적 연기는 가상적 자아로서의 '페르소나(persona)'와 현실세계의 자아로서의 '퍼슨(person)'의 분리를 전제한다. 가상 세계 고유의 맥락과 관습은 현실 세계에서 통용되는 것들과 상이할 수 있다. 따라서 페르소나는 퍼슨과 동일성을 추구할 수도, 전혀 다른 지향도 가능하기에, 둘 사이에서는 내재적 관계의 정동이 발생한다. 이와 같은 관계는 수일에게 자기착취를 요구한다. 수일은 착취하는 주체이자 대상으로서 분열증적 주체성을 갖게 된다. 그런 점에서 자기착취는 광증과 마찬가지의 정동적 현상이라 할 수 있다. 그러고 보면 『쌍옥루』의 정욱조 역시, 경자의 '순결'이 '훼손'된 것이었음을 알게 된 후부터, 이에 앞서 전처의 문란함을 알게 된 후부터 줄곧 자기착취를 일삼았던 인물이다. 그가 낭만적 사랑을 승인함으로써, 여기에 전제된 시장 관계를 무의식적으로 체화한 존재임은 앞서 설명한 바와 같다. 요컨대, 여성의 광증과 남성의 자기착취는 시장 관계와 돌봄 관계 사이에서의 내적 갈등, 즉 자기 분열을 의미한다. 다시 말해, 여성의 광증과 남성의 자기착취는 시장 관계와 돌봄 관계의 모순을 드러내는 정동적 지표다.

광증의 여인들은 타인의 돌봄을 통해 비로소 되살아난다. 그리고 마침내 돌봄수혜자에서 돌봄제공자로 변신한다. 돌봄으로 인해 역량의 온전한 발휘가 가능해진 여성 앞에 남성은 각성을 전제로 귀환한다. 그리고 재결합한다. 이와 같은 일련의 과정을 거쳐 신파적 작품은 시적 정의에 도달한다. 이때 남성의 각성, 이에 앞서 이루어진 여성의 각성은 도피적 자학의 철회, 돌봄에 전제된 의존(dependency)의 가치에 대한 승인이다. 이처럼 신파는 주체성의 분열을 통해 새로운 주체성의 생성으로 이행한다. 그 주체성은 돌봄 관계를 기반으로 삼는다. 그런 점에서 『쌍옥루』의 이경자가 가족 내 돌봄 관계로부터 완전히 축출된 뒤에, 간호사로서의 삶을 선택하는 행보는 각별한 주목을 요한다. 그를 구원한 것은 돌봄이며, 그는 다시 그 돌봄을 사회화한다. 경자는 돌봄수혜자에서 돌봄소외자로, 다시 한 번 돌봄제공자로 변신하는 서사적 과정을 거치는데, 이는 사실상 변신이 아니라 돌봄 관계의 상호정동성으로 인한 필연적 귀결일 수밖에 없다. 정욱조의 귀환 역시 마찬가지다. 이는 낭만적 사랑의 시장 관계가 아니라 돌봄 관계 속에서 비로소 자신이 상호정동적으로 존재할 수 있음을 각성한 결과다.

이와 같은 신파적 작품의 시적 정의는 가족의 복구 혹은 재탄생이라는 의미 그 이상을 가지고 있다. '복구'보다는 '재탄생'되었다고 해야 옳을 부부 중심의 가족은 남성에 대한 여성의 승리, 봉건적 유습에 대한 근대적 관습의 우위 정도의 의미에 그치는 것이 아니라, 보다 더 심중한 의미를 함축한다. 그것은 또한 낭만적 사랑의 완성이 아니다. 신파적 귀결로서 자리하고 있는 부부의 재결합, 가족의 재탄생은 낭만적 사랑에 전제된 친밀성의 결과라기보다는, 낭만적 사랑에 은폐된 젠더적·정동적 불평등에 대한 기각을 통해 비로소 친밀성이 회복될 수 있음을 알리는 상징적 장면이라 볼 수 있다. 이는 돌봄 윤리의 승인을 상징하는 것이기도 하다.

이처럼 신파적 작품의 시적 정의는 돌봄 윤리를 내포한다. 시적 정의에 내포된 돌봄 윤리, 돌봄 윤리에 근거한 시적 정의가 신파를 정동체계의 관점에서 접근했을 때, 비로소 발견 가능한 것임은 물론이다.

4. 시적 정의에 내재한 돌봄 윤리의 쓸모

합리적이고 자율적인, 따라서 자기이해적이고 비의존적인 개인의 신화가 근대의 허구임을 신파만큼 잘 보여주고 있는 사례도 없다. 일견, 정의 윤리에 철저히 입각해 있는 것으로 드러나 보이는 신파는 시적 정의에 내재한 돌봄 윤리를 통해 정동적 주체의 생성을 보유한 정동체계로서 자리하고 있다. 이와 같은 체계는 주체 상호 간의 관계를 통해 궁극적으로 주체와 사회의 관계를 고려하게 한다. 주체에게 부가된 '신파적 결함' 뒤에는 이를 연역해 낸 '사회적 억압'이 상존하고 있는 것이다. 그 억압이란, 정동적 불평등의 다름 아니다. 신파적 주체에게서 유독 강조되는 고립의 상태는 자연스러운 것이 아니라, 사회적-관계적 과정이 야기한 모순인 것이다. 그렇다면 그 과정과 함께 상태의 전이를 주목할 필요가 있다. 앞서 살펴본 바와 같이 신파적 작품들은 그러한 전이를 분명히 내포하고 있다. 작품을 통해 반복적이고 지속적으로 드러나는 이와 같은 상태의 전이를 충분히 고려한다면, 신파를 주체의 굴복과 순응이 아니라, 이러한 패러다임에 대한 저항의 가능성이 각인된 역사적 장소로서 바꾸어 읽어낼 필요가 있다. 그 저항은 관계적 존재론의 발견으로부터 비롯된다. 신파적 작품들은 시적 정의를 통해 돌봄 윤리를 드러낸다. 신파적 정동체계의 양축으로서 자리하는 정의 윤리와 돌봄 윤리는 신파적 작품을 통해, 특히 그 귀결을 통해 두 힘들이 상호내장적 관계임을 드러낸다.

'신파성'은 법적 정의와 시적 정의, 정의 윤리와 돌봄 윤리, 시장 관계와 돌봄 관계 등 수많은 힘들의 구성물로 볼 수 있다. 그 힘들에 주목할 때, 신파성에 대한 논의는 격동하는 감정으로서의 파토스(pathos)에서 에토스(ethos)로 그 초점을 옮길 수 있게 된다. 에토스는 체계적 양상을 띤다. 에토스는 개인의 본능과 정서의 조직이 문화적으로 표준화된 체계의 표현이다. 따라서 에토스는 '사회 미학'과 밀접한 관계를 형성한다.[72] 또한 에토스는 '윤리 미학'과도 밀접하며,[73] 윤리 미학은 또한 '윤리 정치'이기도 하다. 몸과 힘과 윤리의 문제는 신파를 미감의 문제로서 다루고자 하는 시도

---

[72] '사회 미학'은 벤 하이모어의 표현이다. 벤 하이모어는 몸에 대한 사회적 존재론으로서 '사회 미학'에 대한 논의를 자신의 자크 랑시에르의 미학 개념과 견주며 다음과 같이 설명한다. "자크 랑시에르에게서 용어를 빌자면, 에토스는 "감성적인 것의 배분"(le partage du sensible), 즉 "감각적 경험에 무엇을 스스로 드러낼지 정하는 선험적 형식들의 체계"이다. 그것은 "공간과 시간, 보이는 것과 보이지 않는 것, 말과 소음의 경계 정하기(delimination)로, 동시에 경험의 한 형태로서 정치의 장소와 지분을 정한다". 이때 에토스는 지각과 감각적 문화, 정동적인 강도 등으로 편성된 것이 된다." 벤 하이모어, 「뒷맛이 씁쓸한-정동과 음식, 그리고 사회 미학」, 멜리사 그레그·그레고리 시그워스, 앞의 책, 222쪽.

[73] "더욱이, 가타리가 사회적 실천 속에서 정동을 받아들이는 것은 삶의 실천을 평가한다는 점에서 윤리적이다. 요약하자면, 가타리는 "윤리-미학적 패러다임"으로 정동을 받아들인다." 론 버텔슨·앤드루 머피, 「일상의 무한성과 힘의 윤리-정동과 리토르넬로에 대한 가타리의 분석」, 멜리사 그레그·그레고리 시그워스, 앞의 책, 241쪽.

를 포함하는 동시에 넘어서면서 정동적 지평에서의 논의를 시도
하게끔 한다.[74]

이제껏 복수의 정동 연구들이 정동과 감정의 차이점에 대해
누누이 강조해왔음은 주지의 사실이다. 감정과 달리, 정동은 전
(前)감각적, 전의식적, 초개체적 현상이다. 궁극적으로, 정동은 무
엇보다 관계적인 현상이다. 그 관계는 행위주체의 행위력을 증가
시키기도, 다른 한편으로 감소시키기도 한다. 신파적 정동체계는
이러한 관계들을 중층적으로, 또한 다차원적으로 갖추고 있으며,
이와 같은 입체적 힘-관계들의 동역학에 따라 신파적 작품들은
행위력의 감소에서 행위력의 증가를 지향한다. 이 지향의 도착지
에 마련된 시적 정의는 돌봄 윤리의 차원을 열어 보인다. 돌봄 윤
리는 사회적-관계적 윤리의 다름 아니다. 신파를 이해한다는 것은
결국 그 정동에 포섭된 개인을 경유하여 사회에 대한 이해로 나아
가는 것이며, 신파적 사회를 이해한다는 것은 이 사회가 가부장적
가치에 경사되어 있음을 분석하는 것일 뿐만 아니라, 그 가치에
얽힌 복합적이고 입체적인 관계와 윤리들을 함께 고려해야 한다
는 사실을 직시하는 것이다.

신파의 또 다른 사례로서, 식민지시기 흥행장의 대표작 〈사랑
에 속고 돈에 울고〉는 '사랑'이라는 돌봄 관계와 '돈'으로 표상되

---

74 "만일 정동이 하나의 대단히 중요한 에토스를 가지고 있다면, 이는 그런 집단적
구성/창작이나 간단히 이용 가능한 독특화하는 '돌봄'의 자리를 정하고 확대하
는 것일 터이다. 그런 것들은 수용과 동원 정동받음과 정동함, 행동유사성과 행
동 사이를 오가는 활력 속에서 발생하기도 하고 사라지기도 하는 것이다." 그레
고리 시그워스 · 멜리사 그레그, 「한국어판 발간에 부쳐」, 멜리사 그레그 · 그레
고리 시그워스, 앞의 책, 13쪽.

는 시장 관계의 모순이 야기한 주체의 정동적 요동을 극명하게 보여준다. 돌봄 의무를 짊어진 여성 홍도는 돌봄 관계의 유지를 위해 노동과 착취를 강제하는 시장 관계를 받아들일 수밖에 없는 형편이다. 한편, 신파적 영화의 대표작으로서 〈미워도 다시 한 번〉은 역시 돌봄 의무를 떠안은 미혼모 혜영이 '미워도 다시 한 번' 돌봄 관계의 정동적 불평등을 조정해보려는 고투의 과정을 보여준다. 이처럼 신파적 작품의 원형으로부터 제기된 돌봄 관계에 대한 문제의식은 신파의 역사 내에서 반복적·지속적으로 확인된다. 하지만 그 관계의 비중과 이를 취급하는 방식은 작품마다 제각각이며, 각각의 사례들은 돌봄의 위기를 초래한 사회의 성격을 고려하는 가운데, '사회 미학' 혹은 '윤리 미학'의 차원에서 좀 더 섬세하게 다뤄질 필요가 있다. 또한 신파적 정동체계에 있어 돌봄 관계와 그 윤리만이 통역사적 조건으로서 주어져 있는 것은 아니다. 정동 연구가 단일한 기원을 갖지 않는 것처럼, 정동체계로서의 신파 역시 단일한 흐름으로 펼쳐지지 않는다. 정동적 관계는 이를 결정짓는 변수로서의 힘'들'에 따라 변화하며, 또한 다양해지기 마련이다. 이에 따라 신파의 역사는 필연적으로 역사'들'의 형태를 취할 수밖에 없다. 이와 같은 다기한 흐름에 대한 섬세한 분석은 정동 체계로서의 신파에 대한 이 시론을 통해 향후 입증해나가야 할 과제다.

다시 한 번 2019년 말의 에세이를 떠올리며 논의를 마무리하고자 한다. 가족 내에서 생존과 생활을 끊임없이 강구해야 하는 '우울가정'의 딸과, '아빠의 아빠'는 신파적 주인공들의 처지와 크게 다르지 않다. 하지만 이들의 글에서 드러나는 감각은 '신파성'

으로 명명된 세계감과는 사뭇 다르다. 이 차이는 무엇을 의미하는 것일까. 이들 에세이는 개인의 내면이 아니라, 그 내면을 통해 개인-가족-사회라는 관계의 배치를 살피는 데 중점을 둔다. 서로 다른 에세이를 통해 공통적으로 묘파되는 돌봄의 위기가 의존성과 관계의 문제임은 명백하다. 이 문제는 관계적 자율성의 정치화를 요청한다. 이때, '지나간 미래'의 흔적으로서의 신파적 작품들은 정치적 윤리로서의 관계적 자율성의 성립 가능성과 그 조건을 내포하고 있다. 관계적 자율성의 조건은 어디까지나 '관계', 즉 '힘-관계들'이기 때문에 그 정치화의 과정은 균질화되지 않는 서사들로 이어질 수밖에 없다. 이는 이미 신파의 역사가 입증해 보인 바다.

신파는 이 사회가 대등한 사람들의 결사체가 아니라는 사실을 그 어떤 유형의 대중예술보다 강밀한 정동을 통해, 그 정동에 입각한 수많은 작품들을 통해 입증해 보인다. 하지만 그 불평등한 관계에 미치고 있는 힘들, 관계에 대한 힘-관계들은 나름의 균형을 회복하며, 이를 통해 시적 정의가 달성된다. 여기에 바로 돌봄 윤리가 내재한다. 신파적 결말에 함축된 돌봄 윤리는 돌봄의 위기를 배태했던 가부장적 가족의 젠더적·정동적 불평등을 기각한다. 힘들의 균형을 통해 불평등이 기각된 것은 힘-관계들의 소멸과 엄연히 구분되어야 한다. 힘-관계들은 여전히 '동태'로서 유지되고 있으며, 이는 다시 한 번 신파적 작품을, 혹은 신파와는 다른 질감의 작품을, 더 나아가 정동을 생산하는 체계로서 유지될 것이다. 따라서 정동체계로서의 신파는 그 힘들과 힘-관계들이 소멸되지 않는 이상, '잠재'라는 형태로 유지되고 있다고 말하는 편이 좀

더 타당할지도 모른다. 이 글에서 '신파'에 정동의 언어를 부여면서 그 체계의 윤곽을 그려 보인 것은 '신파'에 대한 확고한 정의와 접근법을 제시하기 위해서가 아니라, 잠재의 생태학을 마련함으로써 탐구를 계속하기 위한 것이다.

참고문헌

1. 기본자료

도쿠토미 로카(德富蘆花), 조중환 역, 『不如歸』, 警醒社書店, 1912.

조중환, 「쌍옥루」, 『매일신보』, 1912. 7. 17~1913. 2. 4.

_____, 「장한몽」, 『매일신보』, 1913. 5. 13~10. 1.

조중환, 박진영 편, 『불여귀』, 보고사, 2006.

_____, 『쌍옥루』, 현실문화, 2007.

_____, 『장한몽』, 현실문화, 2007.

2. 논문과 단행본

1) 논문

권정희, 「도쿠토미 로카(德富蘆花)의 『호토토기스(不如歸)』론-'직분'과 '사랑'의 역학」, 『동양학』 제45집, 단국대학교 동양학연구소, 2009. 2.

_____, 「일본문학의 번안-메이지 '가정소설'은 왜 번역이 아니라 번안으로 수용되었나」, 『아시아문화연구』 제12집, 가천대학교 아시아문화연구소, 2007. 5.

김남석, 「1910년대 〈쌍옥루〉 공연에 나타난 바다와 물의 무대 디자인과 그 의의에 관한 연구」, 『고전과해석』 제27집, 고전문학한문학연구학회, 2019. 4.

김재석, 「근대극 전환기 한일 신파극의 근대성에 대한 비교연극학적 연구」, 『한국극예술연구』 제17집, 한국극예술학회, 2003. 4.

＿＿＿, 「한국 신파극의 형성과 川上音二郞의 관계 연구」, 『어문학』 제88호, 한국어문학회, 2005. 6.

＿＿＿, 「한일 신파극의 형성과 특성에 대한 비교연극학적 연구」, 『어문학』 제 67호, 한국어문학회, 1999. 6.

낸시 프레이저, 문현아 역, 「자본과 돌봄의 모순」, 『창작과비평』 제175호, 창작 과비평, 2017. 3.

박진영, 「1910년대 번안소설과 '실패한 연애'의 시대-일재 조중환의 『쌍옥루』 와 『장한몽』」, 『상허학보』 제15집, 상허학회, 2005. 8.

서연호, 「한국신파극연구」, 고려대학교 석사학위논문, 1969.

송경원, 「〈강철비〉〈신과 함께-죄와 벌〉〈1987〉이 기댄 한국적 신파라는 환 상」, 『씨네21』, 2018.1.30.

양승국, 「1910년대 한국 신파극의 레퍼터리 연구」, 『한국극예술연구』 제8집, 한국극예술학회, 1998. 6.

＿＿＿, 「한국 근대문학 형성에 미친 일본 신파극의 영향에 대한 연구」, 『한국 극예술연구』 제14집, 한국극예술학회, 2001. 10.

＿＿＿, 「한국 최초의 신파극 공연에 대한 재론」, 『한국극예술연구』 제4집, 한 국극예술학회, 1994.

유민영, 「초기 신파극에 대한 연구」, 『한양대학교 논문집』 제6집, 1983.

이동연, 「정동과 이데올로기」, 『문화과학』 제86호, 문화과학사, 2016. 6.

이순진, 「한국영화사 연구의 현단계-신파, 멜로드라마, 리얼리즘 담론을 중심 으로」, 『대중서사연구』 제12호, 대중서사학회, 2004. 12.

이승희, 「기표로서의 신파, 그 역사성의 지형」, 『한국극예술연구』 제23집, 한국 극예술학회, 2006. 4.

＿＿＿, 「멜로드라마의 근대적 상상력-1910년대 신파극을 중심으로」, 『한국 극예술연구』 제15집, 2002. 4.

＿＿＿, 「멜로드라마의 이율배반적 운명-〈사랑에 속고 돈에 울고〉와 〈어머니 의 힘〉을 중심으로」, 『민족문학사연구』 제20호, 민족문학사학회, 2002. 6.

＿＿＿, 「'신파'와 '막장'의 시간성」, 『민족문학사연구』 제67호, 민족문학사학 회 · 민족문학사연구소, 2018. 7.

_____, 「여성 수난 서사와 가부장제 이데올로기-1910년대 멜로드라마를 중심으로」, 『상허학보』 제10집, 상허학회, 2003. 2.

이영미, 「신파 양식의, 세상에 대한 태도」, 『대중서사연구』 제9호, 대중서사학회, 2003. 6.

이영석, 「신파극 무대 장치의 장소 재현 방식」, 『한국극예술연구』 제35집, 한국극예술학회, 2012. 3.

이호걸, 「신파양식 연구 : 남성신파 영화를 중심으로」, 중앙대학교 박사학위논문, 2007.

자크 데리다, 최성희·문성원 역, 「동물, 그러니까 나인 동물(계속)」, 『문화과학』 제76호, 문화과학사, 2013. 12.

홍양희, 「누구/무엇을 위한 '친권(親權)'인가 : 식민지시기 '친권'의 법제화와 가족 정치학」, 『한국여성학』 제33권 1호, 한국여성학회, 2017. 3.

2) 단행본

권명아, 『무한히 정치적인 외로움』, 갈무리, 2012.

_____, 『여자떼 공포, 젠더 어펙트-부대낌과 상호작용의 정치』, 갈무리, 2019.

권정희, 『『호토토기스』의 변용-일본과 한국에서의 텍스트의 번역』, 소명출판, 2011.

김기자, 『폭군 아버지, 히스테리 엄마-강남 중산층 우울가정 딸 생존기』, 위드원커뮤니케이션, 2019.

김도현, 『장애학의 도전』, 오월의봄, 2019.

낸시 프레이저, 김원식 역, 『지구화 시대의 정의-정치적 공간에 대한 새로운 상상』, 그린비, 2010.

마사 누스바움, 박용준 역, 『시적 정의』, 궁리, 2013.

_____, 『정치적 감정-정의를 위해 사랑이 왜 중요한가』, 글항아리, 2019.

마사 누스바움, 조형준 역, 『감정의 격동』(전3권), 새물결, 2015.

마사 누스바움, 한상연 역, 『역량의 창조』, 돌베개, 2015.

멜리사 그레그·그레고리 시그워스 편저, 최성희·김지영·박혜정 역, 『정동

이론』, 갈무리, 2015.

브라이언 마수미, 조성훈 역, 『정동정치』, 갈무리, 2018.

서연호, 『한국근대희곡사연구』, 고려대학교 민족문화연구소, 1982.

아리스토텔레스, 천병희 역, 『시학』, 문예출판사, 2002.

_____, 『정치학』, 숲, 2009.

앨런 E. 뷰캐넌, 이종은·조현수 역, 『마르크스와 정의-자유주의에 대한 급진적 비판』, 갈무리, 2019.

양승국, 『한국 신연극 연구』, 연극과인간, 2001.

양현아, 『한국 가족법 읽기-전통, 식민지성, 젠더의 교차로에서』, 창비, 2012.

유민영, 『한국현대희곡사』, 홍성사, 1982.

이두현, 『한국신극사연구』, 서울대학교출판부, 1966.

이상섭, 『아리스토텔레스의 『시학』 연구』, 문학과지성사, 2002.

이영미, 『한국대중예술사, 신파성으로 읽다』, 푸른역사, 2016.

이호걸, 『눈물과 정치-〈아리랑〉에서 〈하얀 거탑〉까지, 대중문화로 탐구하는 감정의 한국학』, 따비, 2018.

조기현, 『아빠의 아빠가 됐다』, 이매진, 2019.

최현·정영신·윤여일 편저, 『공동자원론, 오늘의 한국사회를 묻다』, 진인진, 2017.

캐슬린 린치 외, 강순원 역, 『정동적 평등-누가 돌봄을 수행하는가』, 한울, 2016.

Birgitt Röttger-Rössler · Jan Slaby, *Affect in Relation : Families, Places, Technologies*, Taylor & Francis Ltd, 2018.

고전서사 연구에서 연결성에 대한 논의의 현단계
: 고전소설의 디지털 인문학적 연구 사례 검토를 중심으로[1]

김 나 영

1. 현재와 미래의 고전문학 연구 방법의 정동적 실천 방향을 생각하며

본고는 목적성을 띠고 작성되는 글이다. 지난 2019년 한국연구재단 인문사회연구소지원사업에 선정된 "연결신체 이론과 젠더·어펙트 연구" 사업의 제1단계 1차 연도 연구 주제인 "젠더 연구 현황과 연결신체 이론의 필요성"의 한 부문으로서, '연결'과 '의존'의 관점에서 현재와 미래의 고전문학 특히 고전소설 연구와 그 방법에 대한 사유와 전망을 모색해보고자 하는 데 목적이 있다.

---

1 이 글은 「고전서사 연구에서 연결성에 대한 논의의 현단계-고전소설의 디지털 인문학적 연구 사례 검토를 중심으로」, 『인문과학연구』 제42집, 성신여자대학교 인문과학연구소, 2020. 8을 수정·보완하여 재수록한 것이다.

1.1. 정동, 연결성, 연결신체

"연결신체 이론과 젠더·어펙트 연구"는 정동 연구와 젠더 연구의 방법을 결합하여 '연결신체 이론'을 구축하는 데 궁극적 목적이 있다. 하지만 젠더 연구는 그렇다 하더라도 정동 연구는 고전문학 연구 분야에서 익숙한 용어가 아니다. 일반적으로 라틴어 affectus, 영어와 불어의 affect에 상응하는 말로 이해되는 '정동'은 연구 목적에 따라 '변용', '정서', '감화', '정감', '감응' 등 여러 용어로 번역되어 왔다. 당 연구 사업에서는 대체로 'affect-어펙트-정동'을 동일한 맥락에서 사용하기로 하였는데, 특히 본 글에서의 정동은 '어떤 흐름이나 현상과 맞닥뜨리면서 나타나는 문제 인식이나 행동 방향'이라는 의미를 지닌다. 이러한 관점에서 '고전문학 연구 방법'의 '정동적 실천 방향'에 대한 논의는, 기존의 고전문학 연구 방법과 새로운 연구 방법 사이에서 고전문학 연구는 그리고 연구자는 어떻게 대응하고 대처해야 하는지에 대한 사유이자 고민이라고 할 수 있다.

정동은 고정되거나 고착된 현상이라기보다 또다른 흐름과 행위를 유발하는 에너지로 작동한다고 설명될 수 있다.[2] 다만 어떤

---

2   이러한 설명도 사실 정동의 일부분을 드러낼 뿐이다. 실제 '정동'은 고정된 개념으로 정리하기 어려워 보인다. 그 이유는, 그것은 그것대로 고정되지 않은 무엇이기 때문이다. 정동을 이해하기 위해 정동을 어떠한 기호로 표상했을 때, 그 본질은 기호 안에 얽매이거나 잃어버리게 되는 속성을 지닌다. 정동은 내재되어 있지만 표면화되지 않은 기운 그 무엇인데, 그것은 어떠한 자극의 순간에 모습을 드러내며 에너지를 발산한다. 다만 어떤 자극과 별개로 노출되는 것이 아니라 정동을 자극하는 무엇을 자극하며 상호 움직임 속에서 또다른 국면으로 이

흐름이나 현상의 이전과 이후를 양분하거나 이분법적 당위성을 강조한다기보다 이전과 이후를 연결하고 현재를 조망하면서 또 다른 흐름과 현상을 유도한다고 보는 것이 적절할 것이다. 정동은 그래서 '연결성'을 전제로 성립된다고 볼 수 있다. 정동적 힘은 상호 연결된 주체의 힘에 주목하면서 직면한 문제에 반응하고 발현되기 때문이다. 독자적 생존이 불가능한 현대사회에서 '연결'과 '의존'은 불가피한 선택이 아니라[3] 인간 존재의 근원적 속성의 일환임을[4] 환기하며 모든 사회 현상을 비롯한 문화, 정치, 학문 분야에서 정동적 태도를 지향하고자 하는 것이다.

연결과 의존의 관계망에 자리한 각각의 객체가 모여 또다른

어나가는 것이 정동이다. 때문에 정동은 보이지 않은 것을 보게 하며 드러나지 않은 것을 상상하게 한다. 그 상상력은 관계를 재조명하게 하고 또다른 세계를 그려가게 한다. 그러한 이유로 정동은 변화하는 세계에 가장 민감하게 반응하는 대상임과 동시에 그 세계 변화의 중심에 선 주체이기도 하다.('정동'에 대한 초기 개념 이해는 멜리사 그레그 · 그레고리 시그워스 편저(최성희 · 김지영 · 박혜정 역), 『정동 이론』, 갈무리, 2016을 참고할 수 있다.)

3   촘촘하게 분화된 현대사회에서 온전한 주체로서 존재하고 기능하기 위해서는 결합과 조합, 융합은 필수적이다. 결합과 조합, 융합은 서로 다른 주체 사이의 '연결'이며 '의존'이라고 할 수 있다. 이러한 관점에서 보면 '의존'은 '결핍'이나 '미성숙'에 상응하는 부정적 행동 양식이라는 편견에서 벗어날 수 있게 된다. 인간은 본래 '연결된 존재', '의존적 존재'인데, 사회는 '독립적 인간'과 '자주적 인간'을 강조하며 인간의 의식과 행동을 억압해 왔다고도 볼 수 있다. 의존은 부정적이고 수동적인 개념이 아니라 근원적 정체성으로서 대상에 대한 능동적 접근으로 이해될 필요가 있다.

4   인간 존재 또한 마찬가지다. 인간의 근원적 인식 세계를 보여주는 신화를 살펴보면 인간의 출현과 존재성은 다른 존재와의 끊임없는 '관계 맺음[연결, 의존]'에서 비롯되고 형성되며 구체화되고 있음을 알 수 있다. 신화의 세계에서는 인간 외의 다른 존재란 주로 인간 외의 신적 존재나 자연물을 의미하곤 하지만 본 글에서는 비인간의 범주에 기계나 로봇까지도 포함한다.

힘으로 작동할 때, 이 힘들의 주체를 '연결신체'로 일컬을 수 있다. 연결신체란 "정신과 대립하는 개념으로 '실체적 본질'을 지닌 신체가 아닌, 변용 능력을 의미하며, 다른 신체들과 결합하는 힘들의 관계에서 행위할 수 있는 능력의 정도, 신체(즉 변용 능력)에 귀속되는 힘들의 집합체"를 가리키게 된다.[5] 결국 현대사회의 행위주체는 서로 연결되고 관계 맺으며 존재하는 것이다.

'현재와 미래의 고전문학 연구의 정동적 실천 방향'에 대한 고민 역시 학문 연구에 있어 일정한 혹은 기존의 방식을 고수할 수 없는 상황에 이르렀을 때, 연구의 본질을 훼손하지 않으면서도 도태되지 않고 전진할 수 있는 원동력과 추진력을 발견하려는 노력의 일환이다. 종이 문서에 활자화된 텍스트를 대상으로, 연구자의 직관과 통찰을 기본 도구 삼아 이룩되어 온 고전소설 연구가 과학 기술과 인터넷의 발달로 또다른 국면을 맞이하였다는 데에 문제의식을 공유하고, 고전소설 텍스트와 연구자[인간] 그리고 기계[컴퓨터]가 어떠한 관계 맺음[연결]으로 어떻게 변화되어 가야 하는지를 짚어보아야 하는 중요한 시기가 되었음을 인지할 때이다.

1.2. 디지털 인문학으로서 고전소설 연구

사실 고전문학 연구 방법의 새로운 방향 모색은 1990년대 후반 2000년대 들어서면서부터 지금까지 이어져 왔다고 해도 과언

---

5 김은주, 「여성주의와 긍정의 윤리학: 들뢰즈의 행동학을 기반으로」, 이화여자대학교 박사학위논문, 2013, 25-40쪽 참조.

이 아니다. 20세기 후반 컴퓨터의 상용화, 인터넷 기반의 지식정보 혁명은 '인문학의 위기'라는 담론을 불러일으켰고 이러한 위기의식은 고전문학계에도 영향을 미쳐 고전문학 자체는 물론 고전문학 연구자의 생존 전략을 고민하도록 이끌었던 기억이 있다. 그러나 여전히 그 해답을 명확히 찾지 못하는 가운데, 기술의 변화 속도를 감당하지 못하던 인문학은 학문의 효용성까지 의심받는 시기에까지 이르고 말았다.[6] 그리고 2010년대 고전문학 연구자에게는 또다른 방법으로 지식을 구조화하는 '디지털 인문학'을 보다 적극적으로 파악해야 하는 임무가 주어졌다.

앞서 언급했듯 본 글은 목적성을 띤다고 했고, 2020년 현재 고전문학 연구가 어떠한 방향으로 이루어져야 하는가에 대한 고민을 담는다고 하였다. 하지만 디지털과 인문학, 그리고 고전문학 연구 사이에서 이룩된 선행 연구를 검토하는 과정에서 필자는 난

---

6   이용욱, 「인문공학론(3)」, 『한국언어문학』 102, 한국언어문학회, 2017, 257-260쪽. 이용욱은 인문학 위기의 사회적 배경과 본질을 규명하고, '대중인문학'이나 '디지털인문학'이 오히려 인문학에서 인간을 지워버리는 오류를 범하였음을 입증하면서 그 대안으로 '인문공학'이라는 용어를 제안하기도 하였다.(「정보지식화사회와 인문공학」, 『한국언어문학』 91, 한국언어문학회, 2014.) 2000년대 초 디지털 시대가 도래하면서 국문학계의 대응이 없었던 것은 아니지만 문학 자료의 전산화, 데이터베이스 아카이빙, 빅데이터의 분석까지는 나아가지 못했다. 하이퍼텍스트 창작, 게임서사 분석과 관련한 스토리텔링이나 디지털 콘텐츠 개발 등에 보다 관심이 집중되었다고 볼 수 있다.(이재연, 「한국 문학에서 본 디지털 인문학 연구」, 이재연·송인재·문수현 외 3인, 『세계 디지털 인문학의 현황과 전망』, 커뮤니케이션북스, 2019, 1-54쪽 참조. 한국문학의 디지털 인문학적 접근 방법에 관한 연구사는 이 책을 참고할 수 있다. 다만 현대문학 분야에 조금 더 집중되어 있다는 점이 아쉽다.) 이제는 문학 텍스트의 응용과 활용뿐만 아니라 본질적인 국문학 연구와 디지털 방식이 접목될 수 있는가에 초점을 맞추어야 할 때다.

감함에 부딪히고 말았다. 단번에 디지털 인문학을 제대로 이해할 수 없음을 깨달았기 때문이다. 디지털 인문학이라는 개념은 물론 디지털 방식의 연구 방법론에 등장하는 '시맨틱 웹(Semantic web)'이나 온톨로지(Ontology)와 같이 웹문서를 구현하게 하는 기본 용어, 목적에 적합한 데이터를 시각화하기 위한 '매트릭스(Matrix)' 기호들과 계산 방식들 모두가 생소하기만 했다. 사정이 그렇다 보니 현재 고전 문헌의 텍스트 분석에 활용되고 있는 분석 툴(Tool)의 체재와 원리를 파악하여 미래의 고전소설 텍스트 분석을 위한 대안을 제시한다는 것은 어불성설일 수밖에 없는 일이었다. 필자가 직면한 이러한 난감함들이 고전문학(특히 고전소설) 텍스트를 분석하는 기존의 연구 방식과 디지털의 융합의 지난함과 거리를 반증하는 것이리라 생각한다.

이에 본고는 다음 두 가지를 중심으로 현재와 미래의 고전소설 연구의 가능성을 검토해보고자 한다. 첫째, 이미 시도된 바 있는 디지털 방식이 적용된 고전소설 텍스트 분석 결과를 전통적 연구 방법의 결과와 비교 검토해봄으로써, 그 가능성과 한계를 가늠해보고자 한다. 둘째, 이제 인간-사람의 사고체계를 중심으로 이루어지는 문학 연구와 기계[컴퓨터]를 도구로 하는 디지털 방식의 문학 연구가 별개로 존재할 수 없는 시대의 흐름을 수용하면서도, 인문학으로서 정체성을 잃지 않을 수 있는 정동적 사유와 실천의 과정을 모색해보고자 한다. 현상과 흐름에 극단적으로 몰입하거나 그것을 배척하게 되면 주체가 되어야 하는 '나'는 현상과 흐름에 묻혀 사라지거나 현상과 흐름에서 멀어져 오히려 소외되고 낙오될 수 있다. 적어도 시대적 흐름과 현상을 받아들이되 그 흐름과 현상을 이끌어갈 수 있는 길을 찾아내는 것이 곧 인문학 연구자의 정동적 실천 방향일 것이다. 본고는 여기에 초점이 있다.

사람들이 지식을 습득하고 저장하고 활용하는 방식, 즉 지식 구조화 방식은 매우 중요하다. 지식은 인간 사유 활동의 결과이지만 그것이 구체적 실체로 드러나는 구조화의 단계를 거치지 않고서는 소통하거나 공유될 수 없기 때문이다. 그런데 그 구조화 방식이 현대에는 (과학)기술과 연동되고 있다는 데에서[7] 인문학자는 난관에 부딪힌다. 인문학자의 대부분은 기술 운용, 예를 들어 컴퓨터, 인공지능, 디지털 정보 처리 등에 능숙하지 않기 때문이다. 4차 산업혁명에 따른 빅데이터, 인공지능, 사물인터넷의 개념이 문학 연구 방식의 변화를 촉구하는 이때, 고전소설 문학 연구와 연구자는 어떤 자세로 이에 대응해야 할까.

컴퓨터를 기본 도구로 하는 디지털 방식의 인문학 연구 방법론이라 할 수 있는 '디지털 인문학'. 한국에서 '인문학 분야의 전산 전문가'로서 이 분야 연구를 선도해온 김현은,[8] 디지털 인문학이 '인문학적 자료의 전산화'와는 구별됨을 분명히 하였다. '종이'에 '문자'로 전승되는 인문학적 기초 자료를 디지털 매체에 저장하여 접근성을 향상시키고 검색을 용이하게 하는 것, 연구 결과로 생산된 새로운 글을 디지털 문서로 간행하여 그 보급을 용이하게 하는 과정이 '인문학적 자료의 전산화'라면 전산화된 인문학적 자료

---

7   이용욱, 앞의 글, 259쪽 참조.

8   김현·안승준·류인태, 「데이터 기반 인문학 연구 방법의 모색: 문중 고문서 아카이브와 디지털 인문학의 만남」, 『횡단인문학』 창간호, 숙명여대 인문과학연구소, 2018. 2, 19쪽.

를 '해석', '분석'하고 컴퓨터의 도움을 받아 새로운 사실을 발견하거나 지식을 증진시키는 효과를 도출해내는 것이 곧 '디지털 인문학'이라고 전제하면서 다음과 같이 언급하였다.

"3차 산업혁명 시대에 컴퓨터는 '프로세스'의 효율화를 위한 도구로 쓰였다. 노력과 시간의 낭비를 줄이고 고객의 편의성을 증대시키기 위해 더 많은 일에 컴퓨터를 도입해 온 것이다. 그런데, 바로 그곳에 우리가 예전에 전혀 기대하지 않았던 부산물이 남는 것을 알게 되었다. 전산 시스템에 남은 프로세스의 흔적, 바로 '데이터(Data)'이다.

3차 산업혁명 시대의 컴퓨터가 프로세스 효율화의 도구였다고 한다면, 4차 산업혁명 시대의 컴퓨터는 데이터의 해석과 활용의 도구이다. 데이터의 해석을 집적하여 자동적으로 유효한 수준의 의사결정이 이루어질 수 있게 한 것을 '인공지능'이라 하고, 그 지능을 가지고 인간을 보조할 수 있게 한 기계 장치를 '로봇'이라 한다.

인간들의 삶이 컴퓨터에 의존함으로써 얻게 된 방대한 데이터, 빅데이터(Big Data)라고 하는 것은 바로 '인간들의 다양한 삶의 자취'이다. 빅데이터의 구성 요소는 '개체'와 그 개체들 사이의 '관계'이다. 예전에는 인간들이 삶 속에서 만들어내는 수많은 관계(사람과 사람 사이의 관계, 사람과 사물 사이의 관계, 또 인간 주변에서 만들어지는 사물과 사물 사이의 관계 등)을 일일이 포착하기 어려웠지만 그 삶의 많은 부분이 컴퓨터에 의존함으로써 그 실상을 들여다볼 수 있는 데이터가 만들어지게 되었고, 그것이 의미 있는 '빅데이터'로 간주되게 된 것이다."

"디지털 환경에서 데이터의 소통이 증대되고, 이로 인해 과거에는 다른 영역인 줄 알았던 분야의 일들이 하나로 묶여서 놀라운 시너지 효과를 낸다고 한다. 이른바 '4차 산업혁명 시대의 사회'. 그곳에서 인문학이 새롭게 관심을 갖고 추구해야 할 일과 그 방법이 무엇인지에 대해 생각할 필요가 있다. 데이터의 오남용을 경계하고 반성하는 사고는 '데이터 시대'에 꼭 필요한 것이지만, 우리의 보다 긴급한 과제는 가치 있는 인문학적 지식이 디지털로 소통하는 이 사회에서 의미 있게 쓰일 수 있는 길을 찾는 일이다."

"단순히 인문학 자료를 디지털화하거나 연구 결과물을 디지털의 형태로 간행하기보다는, 정보 기술의 환경에서 보다 창조적인 인문학 활동을 전개하는 것을 '디지털 인문학'이라고 한다."

"최근 수년 사이 '디지털 인문학 연구'로 보고된 여러 형태의 인문 분야 연구에서 가장 기초적인 공통점을 찾는다면 그것은 종래에 인간의 언어로만 기술되었던 인문 지식의 요소들을 기계가독적 (machine readable) 데이터로 전환하여, 컴퓨터가 그 정보의 해석을 도울 수 있게 하는 것이라고 할 수 있다."[9]

인용문은 3차 산업혁명 시대로부터 4차 산업혁명 시대가 진행되고 있는 현재에 이르기까지, 컴퓨터를 기본 도구로 지식을 형성하고 습득하고 구조화하며 공유하는 방법을 핵심적으로 설명하고 있다. 특히 이 인용문이 의미 있는 이유는, 디지털 기술의 효용성

---

9   김현, 「4차 산업혁명 시대의 인문학」, 『전통문화』 42, 전통문화연구회, 2017. 5; 김현·안승준·류인태, 앞의 글, 17-20쪽.

을 충분히 인지하면서도 인문학의 본질과 정체성을 견지하고 있다는 점이다. '정보 기술 환경에서 보다 창조적인 인문학 활동'과 '인문 지식의 요소들을 기계가독적 데이터로 전환하여 컴퓨터가 그 정보의 해석을 도울 수 있게 하는 것'이라는 언급에서도 알 수 있듯, 컴퓨터나 인공지능 · 로봇의 등장으로 기계가 인간을 대체하게 되면서 결국 인간은 소외되고 말 것이라는 위기의식이 아니라 기계기술과 인간이 상호 협력하며 존재하되 인간 중심의 학문으로서 인문학의 정체성은 사라지지 않는다는 확신이 전제되어 있기 때문이다. 그리고 이러한 사유와 인식이 본 글의 핵심이 된다.

최근 디지털 인문학의 흐름에 발맞추어 한국 고전 문헌 자료의 데이터를 디지털 공학의 수식을 적용하여 의미 있는 결과를 도출해내는 연구가 꾸준히 발표되고 있는데,[10] 이들 연구가 고전소

---

10 김동건 · 정화영, 「융복합 접근을 통한 고전문학 클라우드 디지털 아카이브」, 『한국항행학회 논문지』 16-1, 한국항행학회, 2012. 2, 116-121쪽; 박옥남, 「고전문학 대중화를 위한 온톨로지 설계에 관한 연구」, 『한국비블리아학회지』 26-3, 한국비블리아학회, 2015. 9, 267-290쪽; 박순, 「누정기(樓亭記)의 디지털 정보화 설계」, 『열상고전연구』 50, 열상고전연구회, 2016, 141-172쪽; 류인태, 「디지털 환경에서의 인문 지식 연구에 관한 小考 - 修信使 자료 DB 편찬 프로젝트를 중심으로」, 『열상고전연구』 50, 열상고전연구회, 2016, 101-139쪽, 「디지털 인문학과 한문학 연구-고문헌 자료 대상 국내 디지털 인문학 연구 사례를 중심으로」, 『한문학논집』 49, 근역한문학회, 2018, 43-76쪽; 이재옥, 「과거 합격자 시맨틱 데이터베이스를 활용한 디지털 인문학 연구」, 『동양고전연구』 70, 동양고전연구학회, 2018, 303-345쪽; 이정훈, 「고전 번역 텍스트의 데이터 분석기술 적용과 한계-삼국유사 오카피 적용 구술녹취록 분석을 중심으로」, 『문화와 융합』 40-6(56), 2018, 문화융합학회, 155-184쪽; 김현 · 안승준 · 류인태, 앞의 글, 17-61쪽; 강우규 · 김바로, 「디지털 맵핑(Mapping)을 통한 〈구운몽〉 연구 및 교육적 활용」, 『열상고전연구』 69, 열상고전연구학회, 2019. 10, 217-247쪽.

설 연구의 새로운 가능성을 보여주고 있기에 살펴볼 필요가 있다. 이에 본 글에서는 고전소설 〈소현성록〉을 대상으로 한 연구를 한데 모아 살펴봄으로써 '고전소설 연구'와 '디지털 기술'의 관계를 보다 선명하게 드러내고 앞으로 고전소설 연구의 향방을 가늠해 보고자 한다.

〈소현성록〉은 17세기 이후 창작되었을 것으로 추정되는 작자 미상의 한글고전소설이다. 〈소현성록〉과 〈소씨삼대록〉의 연작 형태로 이루어진 대장편소설로서, 소현성 중심의 본전 서사와 그 자녀들 중심의 별전 서사로 구분된다. 대장편소설에 속하는 단일 작품 중에서도 가장 많은 연구 성과가 축적될 만큼 꾸준한 관심을 받고 있으며, 특히 다양한 등장인물을 형상화하면서 대화체를 적극적으로 사용하고 감정이나 심리 상태, 외모 등에 대한 묘사를 섬세하게 서술하고 있어[11] 다양한 관점에서 접근이 용이한 작품이라고 할 수 있다.[12]

---

[11] 조혜란, 「〈소현성록〉 연작 서술과 서사적 지향에 대한 연구」, 『한국고전연구』 13, 한국고전연구학회, 2006, 91-129쪽.

[12] 최근 5년 동안 〈소현성록〉 등장인물 관련 연구들을 살펴보면 다음과 같다. 정선희, 「요구되는, 욕망하는 여성상-〈소현성록〉의 석부인」, 『한국고전연구』 47, 한국고전연구학회, 2019; 고은임, 「한글장편소설의 동성애적 감성 형상화 장면-〈소현성록〉, 〈하진양문록〉, 〈명행정의록〉을 중심으로」, 『민족문학사연구』 66, 민족문학사학회·민족문학사연구소, 2018; 강상순, 「고소설에서 재자의 형상과 그 변화 양상-17세기 소설사를 중심으로」, 『한국고전여성문학연구』 35, 한국고전여성문학회, 2017; 조혜란, 고전소설에 나타난 군자형 인물에 대한 고찰, 『한국고전연구』 33, 한국고전연구학회, 2016; 강우규, 「삼대록계 국문장편소설에 나타난 공주혼의 유형적·시대적 특성과 의미」, 『한국고전여성문학연구』 32, 한국고전여성문학회, 2016; 최윤희, 「〈소현성록〉에 나타난 외모묘사의 양상과 특징」, 『고전과 해석』 21, 고전문학한문학연구학회, 2016; 임치균, 「〈소

2. 컴퓨터, 빅데이터를 활용한 고전소설 〈소현성록〉 연구 사례 검토

컴퓨터, 디지털, 인공지능 등등의 공학적 기술과 수식을 활용한 고전소설 분석 사례가 발표되면서 이에 대한 관심이 높다. 눈에 띄는 연구로 먼저 최운호, 김동건의 성과가[13] 있다. 이들 연구는 주로 판소리 작품을 분석 대상으로 삼았다. 판소리 특정 대목에 사용된 어휘들을 기본 데이터로 추출하여 공학적 수식을 통해 판본별 유사도 정도를 정량적 수치로 환원하여 제시한 후, 판소리 작품의 계통을 정리하고 있다. 형태소 분절 값을 기본 데이터

현성록〉의 여성 인물 연구-색과 덕의 관련성을 중심으로」, 『국학연구총론』 18, 택민국학연구원, 2016; 강우규, 「〈소현성록〉에 나타난 여성 가장의 리더십과 그 의미」, 『한국고전연구』 35, 한국고전연구학회, 2016; 이지하 「〈소현성록〉의 이중성에 내재된 욕망의 실체」, 『반교어문연구』 40, 반교어문학회, 2015; 정선희, 「17세기 소설 〈소현성록〉 연작의 여성인물 포폄 양상과 고부상」, 『문학치료연구』 36, 한국문학치료학회, 2015; 홍정원, 「〈소현성록〉과 〈현몽쌍룡기〉에 나타난 여성 인물 형상화의 계승」, 『문학교육학』 46, 한국문학교육학회, 2015; 최기숙, 「고소설의 감성 문법과 감정 기호-〈소현성록〉의 감정 수사를 중심으로」, 『고소설연구』 39, 한국고소설학회, 2015.

13 최운호 · 김동건, 「군집분석 기법을 이용한 텍스트 계통분석-수궁가 '고고천변' 대목을 대상으로」, 『인문논총』 62, 서울대 인문학연구원, 2009, 203-229쪽, 「십장가 대목의 어휘 사용 유사도와 계층적 군집 분석 방법을 이용한 판본 계통 분류 연구」, 『한국정보기술학회논문지』 10-5, 한국정보기술학회, 2012, 133-138쪽, 「춘향가 서두 단락의 어휘 사용 유사도를 이용한 판본 계통 분류 연구」, 『한국정보기술학회논문지』 10-4, 한국정보기술학회, 2012, 111-117쪽, 「컴퓨터를 이용한 고전문학 디지털콘텐츠의 유사도에 따른 이본 계통 분류 연구」, 『한국정보기술학회지』 12-7, 한국정보기술학회, 2014, 101-110쪽, 「컴퓨터 문헌 분석 기법을 활용한 〈토끼전〉 이본 연구」, 『우리문학연구』 58, 우리문학회, 2018, 123-154쪽.

로 삼아 공학적 수식을 통해 결과를 도출해낸 이본 연구의 또다른 방법이라고 할 수 있다. 이들은 "고전문학 자료가 수많은 이본으로 존재하는 현황을 감안할 때, 이러한 연구 방법은 직관에 의한 연구자들의 분류 방법을 보완할 수 있는 보다 객관적인 모형을 제시"할 수 있으며, "기존의 이본 연구와 큰 틀에서는 유사성을 보이고 있으면서도 기존의 이본 연구에서는 밝혀내지 못했던 이본 간의 미세한 차이를 상대적 거리 관계로 시각화함으로써 이본 간의 관계 양상이 보다 정밀하게 밝혀질 수 있음을 확인할 수 있"다는[14] 의의를 강조한다.

그리고 본 글에서 살펴보고자 하는 강우규·김바로의 연구가 있다.[15] 인문학적 연구가 디지털 세계와 연결됨으로써 어떠한 확장적 의미를 획득할 수 있는지를 보여주고 있다는 측면에서 보다 면밀히 검토해볼 필요가 있다. 2장에서는 고전소설 〈소현성록〉 연작을 분석 대상으로 삼은 4편의 논의를[16] 주 검토 대상으로 삼

---

14 최운호·김동건, 위의 글(2012), 137-138쪽, 위의 글(2018), 125쪽.

15 강우규·김바로, 「소현성록 연작의 문체론적 고찰-컴퓨터를 활용한 계층분석을 바탕으로」, 『인문과학연구』 59, 강원대학교 인문과학연구소, 2018a, 29-46쪽, 「계량적 문체 분석을 통한 〈소현성록〉 연작의 변이양상 고찰-이대 15권본과 규장각 21권본을 중심으로」, 『국제어문』 80, 2019. 3, 115-135쪽, 「인공지능을 활용한 〈소현성록〉 연작의 감정 연구」, 『문화와 융합』 40-4, 한국문화융합학회, 2018b, 149-174쪽, 「〈소현성록〉 연작에 나타난 감정의 출현 빈도와 의미-컴퓨터를 활용한 통계학적 분석을 바탕으로」, 『온지논총』 56, 온지학회, 2018c, 101-128쪽, 「디지털 맵핑(Mapping)을 통한 〈구운몽〉 연구 및 교육적 활용」, 『열상고전연구』 69, 열상고전연구학회, 2019. 10, 217-247쪽.

16 빅데이터와 인공지능을 활용한 연구가 고전문학 분야에서 틈틈이 이루어지고 있으나 본 논의에서는 특히 고전소설 작품을 대상으로 하여 문학적 분석을 시도한 연구를 검토 대상으로 삼았다.

았다.

① 소현성록 연작의 문체론적 고찰-컴퓨터를 활용한 계층분석을 바탕으로(2018a)
② 계량적 문체 분석을 통한 〈소현성록〉 연작의 변이양상 고찰-이대 15권본과 규장각 21권본을 중심으로(2019)
③ 인공지능을 활용한 〈소현성록〉 연작의 감정 연구(2018b)
④ 〈소현성록〉 연작에 나타난 감정의 출현 빈도와 의미-컴퓨터를 활용한 통계학적 분석을 바탕으로(2018c)

언급된 논의는 모두 고전소설 〈소현성록〉을 대상으로 디지털 구조화 방식을 시도한 연구이다. 〈소현성록〉은 소씨 가문 3대에 걸친 등장인물들의 서사로 이루어진 '삼대록계 대장편소설'이다. 그만큼 수많은 인물이 등장하고 주요 인물을 중심으로 한 각각의 서사 분절이 용이한 형태라는 점에서 분석 대상으로 삼을 만한 기본 조건을 갖추었다고 판단된다. 분량이 많기 때문에 초기 기본값으로 설정할 수 있는 충분한 데이터가 확보될 수 있고 가문소설인 만큼 인물 간 관계망이 복잡하여 의미 있는 시각화 자료의 추출 또한 가능했을 것이다. 특히 본전과 별전이 명확하게 구별되고 주요 인물의 단위담을 기준으로도 구분이 가능하기에 서사의 부분적 특성과 전체적 흐름을 살피기에도 용이했다고 본다. 뿐만 아니라 〈소현성록〉 연작 전체가 현대 국어 문장으로 번역되어 있는 텍스트가 존재하고 있다는[17] 점은 그 무엇보다 중요한 요건이 되었을 것이다.

언급된 4편의 논의 중 ①은 계량화된 문체 정보를 바탕으로 〈소현성록〉 연작의 권별 상관성 및 군집성을 파악하는 세 가지 방식의 계층분석을 시도하고, 본전 및 별전의 저자 판별을 위한 근거를 제시한 연구이다. ②는 〈소현성록〉 연작 이본 중 이대15권본과 규장각21권본에서 추출한 어절 매트릭스의 값을 토대로 이본 간 상관관계를 분석하고 변이 양상을 고찰한 연구이다. ①과 ②는 〈소현성록〉의 서지적 이본 연구에 해당한다 볼 수 있다. 반면 ③과 ④는 논제에서도 알 수 있듯 인물의 감정 어휘를 기본값으로 그 통계치를 추출하여 작품의 감정 특성을 설명하고 인물마다 감정의 빈도를 추출하여 그 의미를 파악한 논의로 〈소현성록〉의 서사 내적 연구에 가깝다.

특히 4개의 논의는 도출된 결과를 그래프와 지도로 시각화하여 제시함으로써 그동안 문자로만 기술되던 연구 방식과 가장 큰 차이를 보인다. 본 글에서는 각각의 논문에 제시된 표와 그림 자료를 중심으로 분석 실례를 살펴봄으로써 고전소설 연구 방법의 또다른 가능성을 가늠해보고자 한다.

---

17 조혜란 · 정선희 · 허순우 · 최수현 역주, 『소현성록』 1-4, 소명출판, 2012. 이대 15권본을 대상으로 현대 국어 문장으로 번역하였고 주해를 달았다. 현재 KRpia 에서 원문을 서비스하고 있다.

2.1. 인물 단위담별 혹은 권별 문체의 유사도 측정과 연작 저자의 상이성 논의에 대한 근거 제시

〈소현성록〉의 연작 문제는 이본 연구가 축적되면서 꾸준히 거론된다. 〈소현성록〉은 현재까지 20여 종의 이본이 언급되었으며[18] 이 중 완질로 존재하는 이본은 5종(이대본 15권 15책/서울대본 26권 26책/(서울대)규장각본 21권 21책/박순호본 16권 16책/국립중앙도서관본 4권 4책)으로 알려져 있다. 일반적으로 '소현성록'이라는 제명으로 명명되고 있지만 실제로는 〈소현성록〉(본전)과 〈소씨삼대록〉(별전)의 연작 형태로 존재하는데, 국립중앙도서관본만 본전의 서사만으로 이루어져 있는 상태이다.

〈소현성록〉 초기 연구에서는 여러 종의 이본이 존재하지만 전체 서사가 대체로 대동소이하다는 데에 별 이견이 없었다. 하지만 작품에 대한 세심한 분석이 이루어지면서, 본전과 별전 서사의 구성과 문체의 특질, 인물 설정의 비균질성이 부각되어 본전과 별전의 저자 문제, 연작 방법이 중요한 논쟁으로 떠올랐다. 이에 〈소현성록〉, 〈소씨삼대록〉은 현재까지 연작의 저자가 동일인이면서[19] 본전과 별전을 별개로 창작했거나 분리해서 전승되었다는 견해, 서로 다른 저자의 작품이 연작의 형태로 전승되었다

---

18   서정민, 「〈소현성록〉 이본간의 변별적 특징과 그 산출 시기」, 『인문학연구』 101, 충남대 인문과학연구소, 2015.

19   최길용, 「연작형고소설연구」, 전북대학교 박사학위논문, 1989; 박영희, 「〈소현성록〉 연작 연구」, 이화여자대학교 박사학위논문, 1993; 임치균, 『조선조 대장편소설 연구』, 태학사, 1996.

는 견해,[20] 동일 저자인지 아닌지 알 수 없지만 하나의 작품이 본전과 별전이 분리되었을 견해 등으로 나뉘어 합일을 이루지 못한 상태이다. 이 모두 고전소설 연구자의 면밀한 비교 분석과 직관적 통찰이 이루어낸 연구 성과라고 할 수 있다.

이러한 상황에서 컴퓨터의 계층분석 방법을 적용하여 〈소현성록〉 연작의 문체를 변별해내고 저자의 동일성 여부를 판단하는 데 정량적 근거를 제시한 논문이 ①「소현성록 연작의 문체론적 고찰-컴퓨터를 활용한 계층분석을 바탕으로」이다. 〈소현성록〉 현대어 번역문을 놓고 총 549,099글자를 어절로 분절하였다. 권별 ID 값과 챕터 텍스트가 입력되는 text 값으로 데이터를 설정하고 이 데이터를 바탕으로 어절 매트릭스(matrix)를 구축한 후 이를 기반으로 상관 분석을 진행하였으며, 그 결과를 토대로 계층분석 후 상관관계의 시각화를 수행하였다고[21] 밝히고 있다. 이에 대한 결과로 제시된 시각화 자료를 살펴보면 다음과 같다.

[그림 1]을[22] 살펴보면 가로축과 세로축에 〈소현성록〉 권수가 명기되어 있다. 그리고 가로축과 세로축의 동일한 권수가 만나는 지점은 '1'이 표시되어 문체적 특징이 온전히 일치하고 있음을 보여준다. 동일한 방법으로 보면 가로축 1권과 세로축 2권 사이에

---

20 정병설,「장편 대하소설과 가족사 서술의 연관 및 그 의미」,『고전문학연구』 12, 1997; 정길수,『한국 고전장편소설의 형성 과정』, 돌베개, 2005; 조혜란, 앞의 글(2006); 정선희,「〈소현성록〉 연작의 남성 인물 고찰」,『한국고전연구』 12, 한국고전연구학회, 2005.

21 강우규 · 김바로, 앞의 글(2018a).

22 위의 글, 37쪽.

	1	2	3	4	5	6	7	8	9	10	11	12	13	14	15
1	1	0.77	0.65	0.73	0.69	0.65	0.61	0.69	0.72	0.67	0.66	0.68	0.68	0.5	0.59
2	0.77	1	0.81	0.74	0.63	0.61	0.57	0.64	0.67	0.63	0.64	0.65	0.69	0.47	0.56
3	0.65	0.81	1	0.69	0.59	0.59	0.54	0.61	0.63	0.59	0.62	0.59	0.61	0.43	0.52
4	0.73	0.74	0.69	1	0.75	0.71	0.64	0.73	0.73	0.7	0.7	0.74	0.72	0.49	0.62
5	0.69	0.63	0.59	0.75	1	0.77	0.7	0.77	0.78	0.72	0.73	0.79	0.71	0.48	0.64
6	0.65	0.61	0.59	0.71	0.77	1	0.83	0.85	0.75	0.7	0.73	0.76	0.7	0.55	0.63
7	0.61	0.57	0.54	0.64	0.7	0.83	1	0.84	0.75	0.67	0.68	0.69	0.65	0.47	0.57
8	0.69	0.64	0.61	0.73	0.77	0.85	0.84	1	0.81	0.73	0.75	0.78	0.74	0.54	0.64
9	0.72	0.67	0.63	0.73	0.78	0.75	0.75	0.81	1	0.77	0.75	0.77	0.73	0.5	0.62
10	0.57	0.63	0.59	0.7	0.72	0.7	0.67	0.73	0.77	1	0.81	0.82	0.72	0.49	0.64
11	0.66	0.64	0.62	0.7	0.73	0.73	0.68	0.75	0.75	0.81	1	0.81	0.73	0.49	0.63
12	0.58	0.65	0.59	0.74	0.79	0.76	0.69	0.78	0.77	0.82	0.81	1	0.76	0.5	0.67
13	0.68	0.69	0.61	0.72	0.71	0.7	0.65	0.74	0.73	0.72	0.73	0.76	1	0.51	0.63
14	0.5	0.47	0.43	0.49	0.48	0.55	0.47	0.54	0.5	0.49	0.49	0.5	0.51	1	0.6
15	0.59	0.56	0.52	0.62	0.64	0.63	0.57	0.64	0.62	0.64	0.63	0.67	0.63	0.6	1

[그림 1] 소현성록 권별 상관 분석 시각화

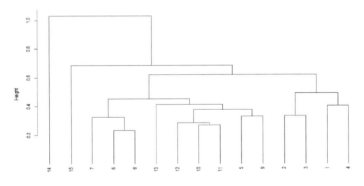

[그림 2] 소현성록 권별 군집 분석 시각화(평균)

는 0.77의 문체적 상관성을 띠고 있음을 알 수 있다. 그리고 〈소현성록〉 15권 중 유독 14권만 다른 권들과의 상관성이 0.5 언저리를 벗어나지 못하고 있음을 알 수 있다. 14권의 문체적 상관성이 상대적으로 낮게 나타나는 것이다.

[그림 2]는[23] 더욱 직관적이다. 첫 번째 단계에서는 14, 15권이 동떨어져 있고 1~13권까지 하나의 그룹으로 묶여 있다. 그 다음 단계로 내려오면 14, 15권 외에 5~13권까지 하나의 그룹, 1~4권까지 또 하나의 그룹을 형성하고 있음을 볼 수 있다. 동일한 그룹으로 묶일수록 문체의 상관성이 높아지는 것이다. 그리고 그 다음 단계로 내려오면 6~8권과 10~13권 사이에서 가장 높은 긴밀성을 드러내고 있음을 알 수 있다. 전체적으로 보면 14, 15권의 상관성이 낮고, 심지어 14권은 가장 멀리 떨어져 있음을 볼 수 있다. 14권의 문체적 상이성이 선명하게 드러나는 것이다.

이러한 결과가 도출된 원인은, ①의 논자가 제시한 [그림 3]을 보면[24] 쉽게 찾을 수 있다.

1~4권은 〈본전〉으로서 소승상과 소현성의 단위담으로 이루어져 있으며, 소운성의 단위담은 6~8권을 중심으로 하면서 5권과 9권에도 일부 소운성의 단위담이 포함되어 있기 때문에 문체적 긴밀성을 띨 수 있었던 것이다. 12, 13권이 5~9권과 소원한 이유도 단위담의 인물이 달라졌기 때문이다. 그리고 가장 멀리 떨어져 있는 14, 15권은 소수주의 단위담과 후일담, 몽유록이 묶여 있는 까

---

23 강우규 · 김바로, 앞의 글(2018a), 38쪽.

24 위의 글, 39쪽.

계층그룹	단위담 구분	비고
1~4권 그룹	① 소승상 본전 별서 : 1권 1 ~ 3쪽	본전
	② 소현성 단위담 : 1권 4쪽 ~ 4권 126쪽	
5권	③ 소운경(長子) 단위담 : 5권 1 ~ 54쪽	별전
	기타1. 소운희(차자)의 혼인	
	④ 소운성(三子) 단위담 : 5권 55쪽 ~ 5권 128쪽	
6~8권 그룹	④ 소운성(三子) 단위담 : 6권1쪽 ~ 8권105쪽	
9권	④ 소운성(三子) 단위담 : 9권1쪽 ~ 9권79쪽	
	기타2. 소운숙(六子)의 혼인	
	⑤ 소운명(八子) 단위담 : 9권85쪽 ~ 9권109쪽	
10~12권 그룹	⑤ 소운명(八子) 단위담 : 10권1쪽 ~ 12권78쪽	
	기타3. 소현성의 제자들, 소수정, 소수옥, 소수아의 혼인	
	⑥ 소수빙(四女) 단위담 : 12권94쪽 ~ 12권134쪽	
13권 그룹	⑥ 소수빙(四女) 단위담 : 13권1쪽 ~ 13권140쪽	
14, 15권 그룹	⑦ 소수주(五女) 단위담 : 14권 1쪽 ~ 14권 66쪽	
	⑧ 소씨 가문의 후일담 : 14권 66쪽 ~ 15권 103쪽	
	⑨ <유문성 자운산 몽유록> : 15권 103쪽 ~ 108쪽	

[그림 3] 계층분석과 단위담 구분의 관계

닭임을 알 수 있다. 1~4권 부분의 본전과 5~13권 부분의 구별되고 유독 14권이 문체적인 상이성이 드러남으로써 저자의 동일성 여부나 연작 방식에 대한 문제 제기가 이루어질 수 있는 것이다.

①의 논자 또한 이러한 맥락에서 다음과 같이 설명한다. 첫째, 단위담에 따라 문체가 달라진다는 것은 <소현성록> 연작이 단위담별로 집단 창작되었을 가능성을 시사할[25] 뿐만 아니라 둘째, 이대15권본의 형성 시기에 대한 논의와[26] 본전 <소현성록>의 인기에

---

25 변진한, 「고전소설의 탈유기성에 대한 연구-<소현성록>을 중심으로」, 명지대학교 석사학위논문, 2003.

26 일반적으로 <소현성록> 이대15권본은 先本이자 善本으로 평가되고 있는데, 서

힘입어 다른 작가에 의해 별전 〈소씨삼대록〉이 창작되어 연작으로 형성되었다는 견해에 새로운 근거가 될 수 있다고[27] 하였다.

과학적 툴을 이용한 문학 작품 분석이 서지 연구나 이본 연구 방면에서는 이본 사이의 영향 관계 및 선후 관계를 해명하고 계통을 설정해 나가는 데에 유용할 수 있음을 입증했다고 볼 수 있다. 특히나 단위담별 문체의 상이성이 계량화된 숫자로 제시되고 직관적 이미지로 구현됨으로써 〈소현성록〉 연작의 저자 문제를 보다 선명하게 인지할 수 있도록 하는 장점을 발휘한다.

2.2. 광범위한 범위와 항목에서 이본 계열의 비교 고찰 가능성의 근거 제시

①의 연구 성과와 더불어 〈소현성록〉 이본의 두 계열 이대15권본과 규장각21권본의 어절을 추출하여 상관 분석·계층 분석을 시도한 결과로써 두 이본간 상관 관계를 파악한 논의가 ②「계량적 문체 분석을 통한 〈소현성록〉 연작의 변이양상 고찰-이대 15권본과 규장각 21권본을 중심으로」이다. 데이터를 추출하고 분석하는 방법은 ①과 유사한데 어절 매트릭스 구축 기준을 권수가 아닌 단위담을 중심으로 설정한 점이 다르다. 이는 〈소현성록〉의 문체가 단위담에 따라 변별된다는 ①의 결과와는 또다른 차이를 보

정민(2015)은 그 시기에 있어서 현재의 17세기 중후반보다는 조금 더 후대에 창작되었을 것이며 규장각21권본(18세기 중후반)과 그 시기적 거리가 멀지 않을 것이라는 견해를 제시한 바 있다.

27 강우규·김바로, 앞의 글(2018a), 41-43쪽.

인다고 생각되는데, 논자가 설정한 어절 매트릭스 구축 단위담은 '본전별서, 소현성, 소운경, 소운희, 소운성, 소운숙, 소운명, 기타, 소수빙, 소수주, 후일담, 몽유록'이다. 이렇게 12개 단위담에서 43,767개의 어절을 추출한 후, 두 이본간 단위담의 상관관계를 수치화한 것이 다음의 [그림 4]이다.[28]

	[illegible]	[illegible]	[illegible]	[illegible]	[illegible]	[illegible]	[illegible]	[illegible]	[illegible]	[illegible]	[illegible]	[illegible]	[illegible]	[illegible]	[illegible]	[illegible]	[illegible]	[illegible]	[illegible]	[illegible]	[illegible]	[illegible]	[illegible]
[illegible]	1	0.12	0.11	0.01	0.12	0.06	0.12	0.12	0.11	0.10	0.15	0.09	0.09	0.10	0.03	0.09	0.05	0.09	0.09	0.07	0.05	0.11	0.06
[illegible]	0.12	1	0.63	0.19	0.79	0.51	0.78	0.45	0.78	0.42	0.69	0.25	0.63	0.38	0.14	0.46	0.26	0.47	0.27	0.41	0.22	0.41	0.16
[illegible]	0.11	0.63	1	0.19	0.67	0.44	0.67	0.46	0.67	0.33	0.62	0.26	0.36	0.57	0.11	0.38	0.20	0.37	0.24	0.33	0.17	0.36	0.17
[illegible]	0.01	0.19	0.19	1	0.20	0.16	0.21	0.15	0.18	0.08	0.18	0.06	0.10	0.09	0.16	0.10	0.09	0.10	0.10	0.09	0.03	0.10	0.06
[illegible]	0.12	0.79	0.67	0.20	1	0.57	0.84	0.52	0.79	0.45	0.72	0.27	0.44	0.37	0.12	0.59	0.29	0.48	0.26	0.37	0.23	0.40	0.15
[illegible]	0.06	0.51	0.44	0.16	0.57	1	0.57	0.40	0.52	0.22	0.45	0.12	0.26	0.19	0.07	0.26	0.52	0.28	0.15	0.21	0.10	0.19	0.07
[illegible]	0.12	0.78	0.67	0.21	0.84	0.57	1	0.54	0.80	0.42	0.73	0.26	0.44	0.38	0.11	0.46	0.28	0.59	0.27	0.37	0.21	0.39	0.15
[illegible]	0.12	0.45	0.46	0.15	0.52	0.40	0.54	1	0.52	0.25	0.50	0.18	0.25	0.25	0.07	0.27	0.20	0.29	0.46	0.24	0.12	0.26	0.11
[illegible]	0.11	0.78	0.67	0.18	0.79	0.52	0.80	0.52	1	0.42	0.70	0.25	0.46	0.43	0.12	0.46	0.28	0.47	0.30	0.52	0.23	0.40	0.14
[illegible]	0.10	0.42	0.33	0.08	0.45	0.22	0.42	0.25	0.42	1	0.52	0.18	0.32	0.24	0.18	0.34	0.15	0.31	0.17	0.23	0.63	0.39	0.11
[illegible]	0.15	0.69	0.62	0.18	0.72	0.45	0.73	0.50	0.70	0.52	1	0.28	0.43	0.38	0.15	0.44	0.24	0.44	0.29	0.35	0.29	0.59	0.17
[illegible]	0.09	0.25	0.26	0.06	0.27	0.12	0.26	0.18	0.25	0.18	0.28	1	0.15	0.17	0.07	0.18	0.08	0.16	0.11	0.13	0.09	0.18	0.53
[illegible]	0.09	0.63	0.36	0.10	0.44	0.26	0.44	0.25	0.46	0.32	0.43	0.15	1	0.62	0.19	0.77	0.48	0.78	0.43	0.63	0.39	0.68	0.25
[illegible]	0.10	0.38	0.57	0.09	0.37	0.19	0.38	0.25	0.43	0.24	0.38	0.17	0.62	1	0.18	0.64	0.37	0.64	0.43	0.54	0.31	0.57	0.22
[illegible]	0.03	0.14	0.11	0.16	0.12	0.07	0.11	0.07	0.12	0.18	0.15	0.07	0.19	0.18	1	0.22	0.14	0.19	0.20	0.14	0.17	0.24	0.07
[illegible]	0.09	0.46	0.38	0.10	0.59	0.26	0.46	0.27	0.46	0.34	0.44	0.18	0.77	0.64	0.22	1	0.53	0.82	0.48	0.62	0.44	0.69	0.25
[illegible]	0.05	0.26	0.20	0.09	0.29	0.52	0.28	0.20	0.28	0.15	0.24	0.08	0.48	0.37	0.14	0.53	1	0.52	0.35	0.38	0.22	0.40	0.14
[illegible]	0.09	0.47	0.37	0.10	0.48	0.28	0.59	0.29	0.47	0.31	0.44	0.16	0.78	0.64	0.19	0.82	0.52	1	0.49	0.63	0.41	0.69	0.24
[illegible]	0.09	0.27	0.24	0.10	0.26	0.15	0.27	0.46	0.30	0.17	0.28	0.11	0.43	0.43	0.20	0.48	0.35	0.49	1	0.40	0.22	0.46	0.16
[illegible]	0.07	0.41	0.33	0.09	0.37	0.21	0.37	0.24	0.52	0.23	0.35	0.13	0.63	0.54	0.14	0.62	0.38	0.63	0.40	1	0.30	0.54	0.19
[illegible]	0.05	0.22	0.17	0.03	0.23	0.10	0.21	0.12	0.23	0.63	0.29	0.09	0.39	0.31	0.17	0.44	0.22	0.41	0.22	0.30	1	0.48	0.12
[illegible]	0.11	0.41	0.36	0.10	0.40	0.19	0.39	0.26	0.40	0.39	0.59	0.18	0.68	0.57	0.24	0.69	0.40	0.69	0.46	0.54	0.46	1	0.24
[illegible]	0.06	0.16	0.17	0.06	0.15	0.07	0.15	0.11	0.14	0.11	0.17	0.53	0.25	0.22	0.07	0.25	0.14	0.24	0.16	0.19	0.12	0.24	1

[그림 4] 이대본+규장각 단위담별 상관관계

[그림 4]는 중간에 굵게 표시한 선(본 글의 필자)을 중심으로 이대15권본과 규장각21권본의 단위담별 문체 상관 관계를 구별하여 살필 수 있다. 먼저 이대15권본의 수치를 보면 온전히 일치하는 경우를 '1'이라고 했을 때, '이대:소운성'과 '이대:소운명'은 0.84, '이대:소현성'과 '이대:소운성, 이대:소운명'이 각각 0.79, 0.78로 비교적 높은 상관관계를 보이고 있다. 반면 '이대:본전별서'는 '이대:

28 강우규 · 김바로, 앞의 글(2019), 122쪽.

후일담'과의 상관성이 0.15가 최대 수치일 만큼 이대15권본이든 규장각21권본이든 어떤 단위담과도 문체적 거리가 멀다는 것을 알 수 있다. 규장각21권본의 경우에는 '규장각:소운성'과 '규장각: 소운명'이 0.82, '규장각:소현성'과 '규장국:소운명'이 0.78로 높은 상관성을 보이고 있고, '규장각:소수주'와 '규장각:몽유록'은 어떤 단위담과도 낮은 상관성을 나타내고 있다.

이러한 계량적 수치는 두 이본의 담위담 전체의 문체가 어느 정도의 친밀성을 지니고 있는지 파악할 수 있으며, 이대15권본의 본전별서는 이대본에만 수록되어 있기 때문에 각 단위담과의 문체적 상관성이 낮게 나올 수밖에 없음도 확인할 수 있다. 특히 서로 다른 이본임에도 불구하고 '이대:몽유록'과 '규장각:몽유록'은 비교적 높은 수치가 나온 것으로 보아 이본의 상이성이 문체의 상이성을 반드시 동반하지 않는다는 점도 알 수 있다.[29]

②의 논자는, 이러한 계량적 수치는 이본 간 변별성을 파악하기 위함이고 보다 구체적인 분석을 위해 상관성이 높은 단위담별로 묶어 이를 시각화하여 [그림 5], [그림 6]으로 제시하였다.

[그림 5]와[30] [그림 6]은[31] 12개의 단위담 사이의 문체 속성이 긴밀할수록 가깝게 위치하는 그림이다. 그래프만 놓고 보았을 때, 단위담 소운성과 소운명의 문체의 긴밀성은 이대15권본이나 규장각21권본에서 차이가 없다. 하지만 그 다음으로 가깝게 위치한 단

---

29 위의 글, 122-123쪽.

30 위의 글, 124쪽.

31 위의 글, 125쪽.

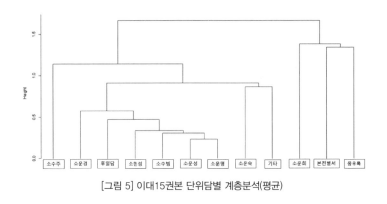

[그림 5] 이대15권본 단위담별 계층분석(평균)

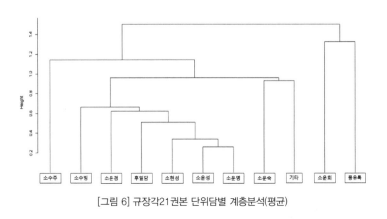

[그림 6] 규장각21권본 단위담별 계층분석(평균)

위담은 이대15권본에서는 소수빙이 규장각21권본에서는 소현성
이다. 그 다음부터는 이대15권본에서는 소현성 이후에 후일담-소
운경의 순서로 계층을 형성하고 있으며, 규장각21권본에서는 후
일담-소운경-소수빙의 순서로 소수빙 단위담이 훨씬 밀려나 있
는 것을 볼 수 있다. 이를 두고 ②의 논자는 규장각21권본에는 소
수빙의 서사가 일부만이 필사되어 있기 때문일 가능성도 있지만

서사 분량은 계량적 문체 지표에 영향을 주지 않기 때문에 오히려 규장각21권본 필사자가 여러 이본을 대본으로 삼아 필사하는 과정에서 유교적 이념을 고양하려는 필사자의 의도를 강하게 반영하였기 때문이라고[32] 설명하였다. 특히 단위담 소운경의 경우 필사자들에 의해 변주가 된 지점으로 자주 거론되는데, 본전과 달리 연작 과정에서 소현성의 첫째 부인인 화씨와 장자 운경을 긍정적으로 형상화하려는 의도가[33] 엿보인다는 견해와 맞닿아 있음도 부연하였다.

이로써 ②의 연구는 〈소현성록〉 연작의 경우 복수의 저자를 상정할 수밖에 없다는 기존의 논의를 재확인하는 근거를 마련하였다고 볼 수 있다. 이대15권본이든 규장각21권본이든 단위담 소현성과 단위담 소운성·소운명이 일정 정도 상이한 문체로 결과가 나타나는 이유는 본전 소현성 이야기와 별전 소운성·소운명 이야기의 저자가 다르기 때문이며, 소현성을 비롯한 소운성·소운명의 이야기로 가문의식이라는 하나의 주제로 엮으면서 소운희, 소운숙, 기타 인물들, 본전별서, 몽유록 등도 또다른 작가에 의해 창작된 이야기들을 재구했거나 여러 이본을 저본으로 삼아 삽입되었을 가능성이 있다는 논의에 힘을 실어줄 수 있게 된 것이다. 소수주 단위담이 다른 단위담과 긴밀하게 연결되지 못하는[34] 이유

---

32 이주영, 「〈소현성록〉 인물 형상의 변화와 의미-규장각 소장 21권본을 중심으로」, 『국어교육』 98, 한국어교육학회, 1998.

33 노정은, 「〈소현성록〉의 인물 형상화 변이 양상: 이대본과 서울대 21권본을 중심으로」, 고려대학교 석사학위논문, 2004.

34 소수주 단위담은 오히려 독립적으로 존재하던 〈황후별전〉으로 보는 것이 자연

또한 복수 저자의 가능성, 연작 재구의 가능성을 높여주는 반증으로 해석하고 있다.[35]

이러한 계량적 문체 분석과 해석은 그동안의 〈소현성록〉 이본 연구를 보완하는 근거인 동시에, 이미 축적된 〈소현성록〉 연구 성과가 정량적 수치를 설명하고 해석하는 바탕이 되고 있음을 알게 한다. 뿐만 아니라 [그림 7]처럼 이전에 '대체적'으로 설명되던 논의에 '미세한' 혹은 '확연한' 차이를 제시하기도 한다.

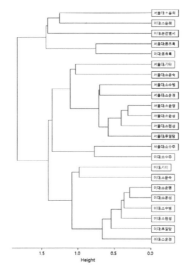

[그림 7] 이본 간 단위담별 계승분석 시각화

[그림 7]은[36] 이대15권본과 규장각21권본 단위담의 문체 상관성을 시각화한 것인데, 그림을 살펴보면 이대15권본과 규장각21권본의 문체적 상관성은 별개로 자리하고 있음을 알 수 있다. 기존 연구에서 이대15권본과 규장각21권본은 내용상의 편차는 거의 없는 것으로 파악되었으나 문체적으로는 변별성을 보이며 서로 다른 그룹을 형성하고 있음을 밝

스럽다고 하는 논의가 있을 만큼 서사적 맥락과도 동떨어져 있기 때문이라는 논의와(서정민, 앞의 글, 503쪽) 관련 있음을 언급하였다.

35 강우규·김바로, 앞의 글(2019), 125-127쪽.

36 위의 글, 129쪽.

혀낸 것이다. 오히려 각각의 이본에서 서로 다른 그룹을 형성하던 소운회, 본전별서, 몽유록 단위담이 두 이본 사이에서는 유사성을 보이고 있으며, 심지어 별전 단위담에서 서사적 이질감을 드러내었던 소수주의 이야기까지 가깝게 자리하고 있다는 사실은 별개의 서사로 존재하던 소수주의 이야기가 〈소현성록〉 연작에 삽입되었다는 가능성을 높이는 근거가 될 수 있는 것이다. 결국 두 이본 사이의 선후 관계 또한 재고의 여지가 있음을 말해주는 결과라 할 것이며, 이는 기존의 분석 방식으로는 획득하기 어려운 결과였기에 눈여겨볼 필요가 있다.

2.3. 특정한 어휘를 적용하여 특정 상황의 표출 빈도 분석 가능성 제시

〈소현성록〉 연작을 전통적인 서사구조 분석을 바탕으로 분절하되, 감정 어휘를 통계적으로 분석하여 그 의미를 추출하는 데 목적을 둔 연구가 ③「〈소현성록〉 연작에 나타난 감정의 출현 빈도와 의미-컴퓨터를 활용한 통계학적 분석을 바탕으로」이다. ①과 ②의 논의가 문체를 중심으로 한 이본 연구에 해당한다면 ③과 ④의 논의는 어휘의 의미를 활용한 서사 분석 연구에 해당한다고 볼 수 있다.

여기에는 〈소현성록〉의 서술 중 감정의 묘사가 세심하다거나[37] 통제되지 않는 감정, 조절되지 않는 정념의 폭발이[38] 갈등 장면을 야기시킨다는 선행 연구, 〈소현성록〉은 인물의 감정이 구체적이고 강도가 높다는 특징과 함께 희비라는 상반된 감정을 비교적 균일하게 배열하여 정서적 균형미를 창출하고 있다는 논의가[39] 전제되었을 것으로 판단한다. 그동안의 선행 연구가 통계적 수치 결과의 문학적 해석을 용이하게 할 수 있었던 것이다.

방법적으로는 전체적인 서사구조 분석을 기반으로 하여 텍스트를 분절하였는데, 1차적으로는 소현성, 소운성, 소운명을 중심으로 소승상 본전별서, 소운경, 소수빙, 소수주, 후일담, 몽유록 단위담과 혼인 등 간략한 명시만 제시된 인물들의 서사로 텍스트를 분절하고[40] 2차적으로는 세 인물 소현성·소운성·소운명의 단위담을 혼사장애구조(출생-성장-혼인-후일담)에 따라 서사를 분절하였다.[41] 그리고 단계마다 감정 문장을 추출한 후 그 빈도를 분석하

---

37 조혜란, 앞의 글(2004).

38 최기숙, 앞의 글(2015).

39 정혜경, 앞의 글(2013).

40 삼대록계 국문장편소설은 여러 세대에 복수의 주인공 단위담이 결합하여 하나의 작품을 구성하는 양식적 특징을 지니는데(장시광, 「운명과 초월의 서사」, 『고소설연구』 31, 한국고소설학회, 2011) 〈소현성록〉은 특히 제1세대 소현성과 제2세대 소운성과 소운명의 단위담이 반복적으로 전개되면서 사이사이 요괴퇴치담과 이외 가문구성원들의 간략한 개별서사 등이 삽입되는 방식으로 구성되고(강우규, 「삼대록계 국문장편소설연구」, 중앙대학교 박사학위논문, 2013) 있다.

41 강우규와 김바로는 박영희가 〈소현성록〉 연작 구성을 '소현성의 태몽과 출생-소현성의 과거 급제-화부인과 혼인-석부인과 혼사장애와 결연담-여부인과의 사혼과 10자 5녀의 혼인담:소씨삼대록-소현성의 죽음-소씨가의 번영과 4대의 이야기-후일담'으로 파악한 연구(앞의 논문(1993)), 임치균이 〈소현성록〉을 중심으로 한 혼사장애담과 부녀자들의 쟁총, 소운명을 중심으로 한 혼사장

였다.

추출 대상이 된 감정은 분노(anger), 기대(anticipation), 혐오 (disgust), 두려움(fear), 즐거움(enjoy), 슬픔(sadness), 놀람(surprise), 신 뢰(trust) 8가지인데, 고전소설 원문의 어휘에서 직접적인 감정 추 출이 불가능하기 때문에[42] 〈소현성록〉 현대어 번역본의[43] 문장을 영어 문장으로 변환한 후 이를 토대로 R의 syuzhet 감정 사전을 활 용하여[44] 점수를 추출하였다. 이러한 과정을 통한 결과가 [그림 8] 이다.[45] 단위담마다 8개의 감정이 어느 정도 표출되는지를 한눈에 파악할 수 있다.

[그림 8]에서 보았을 때, 배치된 단위담의 순서는 왼쪽부터 '간략한 인물들의 서사(0)-소승상 본전별서(1)-소현성(2) – 소운경 (3) – 소운성(4)-소운명(5)-소수빙(6)-소수주(7)-후일담(8)-몽유 록(9)'이며 그중 소현성과 소운성, 소운명의 서사는 다시 '출생-성 장-혼인-후일담'을 중심으로 세분한(4개 혹은 5개) 것을 볼 수 있

애담과 쟁총이 유사 갈등구조가 병렬적으로 이어지고 있다는 연구를(앞의 책 (1996)) 들어 서사를 분절하였다.

42 〈소현성록〉과 같이 '한글'로 표기되었지만 현대 국어와는 다른 '옛한글'로 표기 된 작품은 현대 국어 문장으로 '번역'한 데이터가 필요하다. 특히 우리나라에는 이러한 어휘 분석 툴의 개발이 미흡하기 때문에 추출된 어휘를 영어로 번역하 여 적용하게 된다.

43 조혜란, 정선희 등 역주, 『소현성록』1-4, 소명출판, 2012.

44 syuzhet 기반 감정 사전은 NRC 단어-감정 조합 사전인데, 이 사전은 단어별 긍 정과 부정의 점수와 플러치크의 감정 팽이(Plutchik's Wheel of Emotion)를 활용 하여 분노, 기대, 혐오, 두려움, 즐거움, 슬픔, 놀람, 신뢰에 대한 점수를 제공한 다. (강우규·김바로, 앞의 글(2018b), 109쪽.)

45 위의 글, 118쪽.

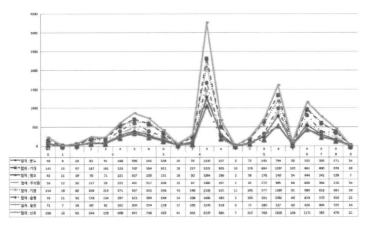

[그림 8] 〈소현성록〉 연작 전체의 감정 출현빈도(합계)

	0	1		2		3		4			5			6		7		8		9
합계:분노	58	8	29	85	93	286	396	292	539	30	70	1330	257	3	70	242	794	58	553	900	371	14
합계:기쁨	145	15	57	187	191	529	707	584	951	18	227	2335	505	10	179	654	1357	103	961	600	579	20
합계:혐오	43	11	19	70	71	221	357	230	131	26	50	1084	196	2	59	178	543	34	444	242	139	7
합계:두려움	59	12	30	117	65	321	491	317	208	19	87	1486	297	1	85	272	895	68	608	366	236	14
합계:기대	210	18	80	204	214	571	657	825	556	43	340	2109	535	11	196	577	1288	92	989	616	681	20
합계:슬픔	79	11	36	178	134	397	613	384	249	14	108	1880	283	1	103	332	1062	60	818	370	350	23
합계:놀람	71	7	28	80	82	262	304	254	178	17	105	1240	318	3	72	280	527	60	426	304	155	14
합계:신뢰	286	16	65	344	228	608	872	736	423	61	301	3229	686	7	222	703	2628	106	1171	785	470	27

다. 그래프에서 가장 안정적인 감정을 보이는 단위담이 소승상 본전별서 부분이며, 소현성 단위담의 출생 부분도 비교적 안정적으로 그래프가 나타나고 있다. 감정이 가장 두드러지게 나타나는 부분이 소운성 단위담 중 '명현공주와의 혼인'이고, 소운명 단위담 중 '이부인과의 혼인', 소수빙 단위담 부분의 감정도 비교적 선명하게 부각되고 있음을 볼 수 있다.

이러한 결과는 단위담별로 감정 표출의 정도는 상이하지만 8가지 감정은 비교적 균일하게 나타나고 있는 것으로 보아, 정혜경이 언급한 〈소현성록〉은 희비라는 상반된 감정이 비교적 균일한 단위로 배열되어 정서적 균형미를 창출해낸다는 기존의 연구 성과를[46] 뒷받침할 수 있을 뿐만 아니라 감정의 측면에서 서사적 균

---

46 정혜경, 앞의 논문(2013).

형미를 갖춘 작품이라는 견해도[47] 타당성을 입증할 수 있는 자료
가 된다.

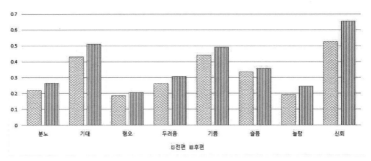

[그림 9] 전후편에 나타난 감정의 표출빈도(평균)

　　[그림 9]는[48] 〈소현성록〉 전후편 전체에 표출되는 감정 빈도를
나타낸 그래프이다. 전편에 비해 후편의 감정 표출 빈도가 높게
나타나고 있는데, 이를 두고 ③의 논자는 전편의 경우 감정을 절
제하는 금욕적인 성격을 지닌 소현성의 서사가 중심인 반면 후편
은 자신의 감정을 솔직하고 있는 그대로 표현하는 소운성과 소운
명의 서사가 중심이 되면서 감정 어휘의 정량적 차이를 만들어내
기 때문이라고 하였다. 다만 슬픔의 감정이 전후편 균일하게 표출
되고 있는 것으로 보아 슬픔의 감정은 〈소현성록〉의 전후편을 대
비하는 요소가 될 수 있다고[49] 하였다.

47　강우규·김바로, 앞의 글(2018b), 119쪽.

48　위의 글, 119쪽.

49　위의 글, 120쪽.

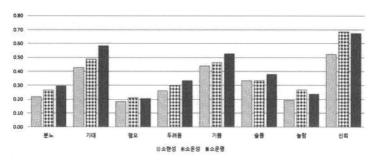

[그림 10] 인물별 단위담에 나타난 감정의 표출 빈도(평균)

　[그림 10]은[50] 소현성, 소운성, 소운명의 인물별 단위담 감정 표출 빈도를 나타낸 그래프이다. 이때 기대와 기쁨, 신뢰의 감정이 다른 감정에 비해 높은 표출 빈도를 나타내는 이유를, 〈소현성록〉이 가문을 창달하는 인물과 창달된 가문 안에서 부귀를 누리는 인물들의 서사를 다루는 가문소설이므로 가문의식과 관련성이 높은 감정이 강하게 표출된다고 분석하였다. 또한 기대, 기쁨, 신뢰보다는 약하지만 다른 감정에 비해 높은 빈도를 드러내는 슬픔의 감정은 소현성, 소운성, 소운명과 관계 맺고 있는 여성들과 주변 인물들의 감정이 포함되어 있기 때문으로 설명하였다. 각 단위담에서 표출된 감정 문장이 개인의 감정이 아닌, 모든 인물의 표출하는 감정의 총화이기 때문이라는[51] 것이다.
　이렇듯 서사에 등장하는 인물들의 감정의 빈도를 정량적 수치로 추출하여 경향성을 이끌어내고 의미 있는 해석을 부가할 수 있

50　강우규 · 김바로, 앞의 글(2018b), 120쪽.

51　같은 글, 121-123쪽.

는 이유는 〈소현성록〉 작품에 대한 이해와 선행 연구가 축적·심화되어 있었기 때문이라는 데에 이견이 없을 것이다. 하지만 그 축적된 연구 성과를 경험했기 때문에 계량화된 수치와 그래프의 경향성만으로 고전소설의 서사적 맥락과 의미를 보여주는 데에는 한계가 있을 수밖에 없다는 것 또한 더욱 분명해졌다. 또한 감정이란 언어 이전의 몸짓, 표정, 분위기 등 비언어적 표징 또한 감정 표출의 근거가 될 수 있지만 이러한 비언어적 어휘[52]는 충분히 반영되지 못했기에 더욱 부연 설명이 필요할 수밖에 없는 한계가 존재한다. 바로 이 지점에서 기존의 문학 연구와 현대 공학적 기술 방식의 융합이 어떠한 방향성을 가져야 하는지 고민해야 한다.

2.4. 특정 주제에 대한 네트워크 전자지도 추출 및 작품 전체를 조망할 수 있는 시야 확보의 가능성 제시

서사분절 단위로 감정의 출현 빈도를 추출한 ③의 논의에서 감정의 발화 주체와 수용 주체가 누구인지 불분명하다는 한계를 지닌다는 문제의식을 가지고 감정 논의를 한 단계 진전시킨 연구가 ④「인공지능을 활용한 〈소현성록〉 연작의 감정 연구」이다. 여기에는 감정의 발화자와 피발화자 항목이 추가 구성된 네트워크 데이터가 적용되어 분석된다. (이때 활용된 분석 도구는 Gephi라고 한다.[53])

---

52 최기숙, 앞의 글, 103-139쪽.

53 자바를 기반으로 동작하는 오픈 소스 네트워크 분석 및 시각화 소프트웨어 패키지이다.

대장편소설인 경우, 등장인물을 모두 섭렵하여 분석하기란 쉽지 않다. 때문에 연구자는 연구 목적에 따라 중심인물, 보조인물, 주변인물 등으로 분류하고 특별한 조건과 목적에 따라 제한적으로 인물 연구를 진행하기 마련이다. 인물 간 관계 역시 한 편의 논의에서 선정한 인물의 관계망에 한하여 논할 수밖에 없는 한계를 지니게 되는 것도 당연하다 할 수 있다. 하지만 디지털 도구를 활용하게 되면 상황이 달라질 수 있음을 보여주고 있는 연구가 ④이다.

[그림 11]만[54] 보더라도 〈소현성록〉 연작 전체에 나타나는 인물 간 대화 네트워크가 한눈에 들어온다(흑백으로 인쇄되는 경우 판별할 수 없지만 10개의 개별 네트워크가 생성된 것을 알 수 있다).[55] 대화(발화)의 빈도가 높은 경우 굵고 진한 색으로 나타난다. 그림을 살펴보면 〈소현성록〉 연작은 소경(소현성 38.66%)과 소운성(24.91%)을 중심으로 인종황제(와 소수주 8.55%), 소운명(8.55%), 김현(과 소수빙 6.32%), 소운경(5.2%)의 서사들이 조직된 서사임과 동시에, 소경(소현성)의 관계망이 매우 넓게 자리하고 있음을 알 수 있다. 뿐만 아니라 단위담 자체에서는 주목받지 못했던 운경과 위씨, 김현과 소수빙, 인종황제와 소수주가 비중 있는 네트워크를 형성하고 있음도 알 수 있다.

---

54 강우규 · 김바로, 앞의 글(2018c), 155쪽.

55 그림에서 인물 간 네트워크가 각기 다른 색으로 시각화되는데(오른쪽 위 상자), 이는 Moularity 분석 방식이다. 이는 네트워크를 모듈(그룹, 클러스터 혹은 커뮤니티)로 나누는 한 가지 방법으로 보다 근접해있다고 판단되는 개체들을 서로 같은 모듈로 묶어준다.(같은 글, 155쪽)

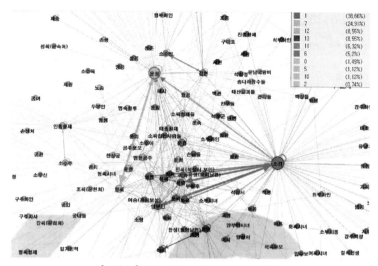

[그림 11] 연작 전체에 나타난 대화 네트워크

그런데 이러한 대화 네크워크 지표는 인물의 서사 분량과 비례하지 않음에 유의해야 한다. ④의 논자는 이에 대해 소경과 소운성 다음으로 서사적 분량이 많은 소운명이 대화 네트워크에서는 8.55%의 낮은 클러스터 비중을 차지하고 있는 데 반해, 소운경-위씨, 김현-소수빙, 인종황제-소수주 등 단위담에서는 상대적으로 적은 분량의 서사를 차지하고 있던 인물들이 오히려 대화 네트워크에서 부각되는 까닭은 그들이 뚜렷한 인물 성격을 지니고 있으면서 서사 구성에서도 주요한 역할을 수행하고 있기 때문이라고 하였다. 이러한 결과가 의미 있는 이유는 수십 수백 명에 달하는 등장인물이 활약하는 대장편소설에서 각 인물의 특성과 서사적 역할을 파악하는 데 보다 세밀한 정보를 제공해줄 수 있다는 점이다. 이것은 기존의 연구 방식으로는 얻기 힘든 데이터이고 분석 결과라고 할 수 있다. 이는 인물 단위담별 대화 네트워크 자료를 보면 보다 더 잘 이해할 수 있다.

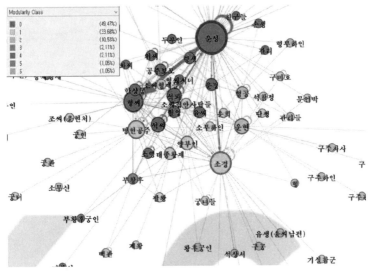

[그림 12] 운성 단위담의 대화 네트워크

[그림 12]는[56] 운성 단위담의 대화 네트워크이다. 이 그림에서 비교적 큰 원으로 나타나는 인물이 운성, 소경, 명현공주, 형씨이다. 특히 흥미로운 부분은 명현공주가 운성의 부인인데도 불구하고 네트워크상에서는 소경(소현성) 중심의 대화 네트워크에 포함되어 있다는 점이다. 이에 대해 논자는 명현공주가 양부인이나 석씨, 소경을 상대로 불손한 행동을 빈번히 행사하게 되면서 그 관계망이 밀접해진 것으로 설명한다. 명현공주의 행실이 강상의 윤

56 강우규 · 김바로, 앞의 글(2018c), 158쪽.

리를 어지럽히는 것이고 가부장권에 대한 도전이기 때문에 소경이 직접 질책하게 되다 보니 명현공주가 소경과 동일한 네트워크 그룹에 속하게 되었다는 것이다. 또한 가부장권의 확립을 중시하는 사대부가와 가부장권을 무력화하는 공주혼이라는 사회적 제도의 갈등을 형상화했다는 의미와 함께 황제도 인정하고 수호해야 할 법제화된 윤리규범과 가부장권의 가치에 대해 표창하는[57] 작품이라는 의의를 획득할 수 있음을 밝혔다. 직관적 통찰과 공학적 데이터가 동일한 맥락의 의미를 추출해 내고 상호보완적으로 증명해줄 수 있다는 점에서 의미 있게 볼 수 있다.

[그림 13]은[58] 소운명 단위담의 대화 네트워크이다. 소운명 중심의 네트워크임에도 불구하고 소경을 중심으로 한 네트워크가 35.38%를, 소운명은 소운성과 함께 33.85%의 비중을 차지하고 있다. 뿐만 아니라 소경의 부인인 화씨도 21.54%의 비중을 담당하고 있다는 점을 눈여겨볼 만하다.

이러한 결과의 원인을 ④의 논자는 두 가지로 해석하였는데, 그중 하나를 소운성의 역할이 아버지 소경을 보좌하는 소(小)가장의 역할을 수행하게 되었다는 데에서 찾았다. 기존 연구에서 〈소현성록〉 연작을 소운성의 성장소설로 파악하거나[59] 소운성을 장자인 소운경을 대신하여 가권을 승계하는 영웅호걸형 가장의 시

---

57 박영희, 앞의 글, 21-22쪽.

58 강우규 · 김바로, 앞의 글(2018c), 159쪽.

59 박은정, 「'소운성'을 통해 본 〈소현성록〉의 성장소설적 성격」, 『어문학』 108, 한국어문학회, 2010, 53-86쪽.

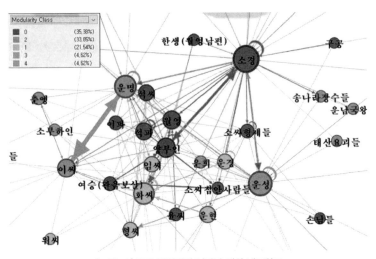

[그림 13] 운명 단위담에 나타난 대화 네트워크

원으로 파악한 논의에[60] 힘입은 해석임을 언급하였다. 다른 하나
는, 소운명의 단위담에서 소운명의 역할이 축소되면서 대화 네트
워크에서의 비중도 낮아진 데에 기인한다고 하였는데, 이렇듯 소
운명의 역할이 축소된 데에는 그가 가문의 유지와 번영이라는 가
문의식과 거리가 먼, 다분히 개인적인 성격을 지닌 인물이기 때문
으로 파악하였다. 결국 〈소현성록〉 연작의 인물 간 대화 네트워크
는 복수의 주인공을 바탕으로 한 다채로운 인물들이 복잡다망한
관계망을 형성하되, 소경(소현성)을 중심으로 한 대화 네트워크가
작품 전반적으로 유지되면서 운성과 운명의 대화 네트워크가 비
중의 대비를 이루고 있다는 특징을 추출할 수 있다는 설명이 가능

60　정선희, 「특집 : 고전소설의 주인공 ; 영웅호걸형 가장의 시원-〈소현성록〉의 소
　　운성」, 『고소설연구』 32, 한국고소설학회, 2011, 153-185쪽.

해지는 것이다.[61]

　다만 이러한 서사적 해석은 공학적 도구를 이용한 계량화 · 정량화된 수치나 시각화된 자료만으로는 불가능하다. 기존의 연구 방식에 의한 통찰적 관점과 직접적인 서사 분석이 전제되어야 가능한 의미 도출이라는 점을 기억해야 할 것이다.

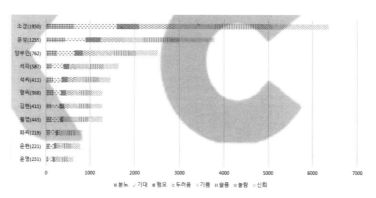

[그림 14] 인물별 발화 문장에 나타난 감정의 표출빈도(합계)

　[그림 14]를[62] 보면 〈소현성록〉 작품 전체를 통틀어 발화 문장에 나타난 감정의 표출 빈도를 알 수 있다. 흥미로운 점은 양부인을 비롯한 석파, 석씨, 형씨, 화씨 등 여성의 감정 표출 빈도가 높게 나타나고 있을 뿐만 아니라 서사적 비중이 적은 소운현이 소운명보다 높은 빈도를 나타냈다는 점이다. 이를 두고 ④의 논자는

61　강우규 · 김바로, 앞의 글(2018c), 161쪽.
62　위의 글, 162쪽.

보조적 인물이라 할지라도 사건을 진척시키거나 갈등의 주체로 활약하게 될 때에는 상대적으로 감정 표출이 많아진다고 설명하였다.[63]

다만 대체적으로 발화가 잦으면 감정 표출 빈도의 합계 수치는 높아지는 것이기 때문에 평균치를 재추출했을 때에는 전혀 다른 결과가 나온다고도 하였다.

[그림 15]에서[64] 보듯 인물별 발화 문장에 나타난 감정의 표출 빈도의 평균치에는 [그림 14]의 합계치에서 높은 순위를 보였던 소경, 소운성, 양부인은 아래로 내려가고 대신 화씨와 석씨가 가장 빈번히 감정을 표출하고 있다.

이러한 결과가 나온 데에 ④의 논자는 세 가지로 해석하였다. 첫째, 평균적으로 감정 표출 빈도가 가장 높은 화씨는 발화 빈도는 많지 않지만 각각의 발화에서 강한 감정 표출을 보이고 있다는 의미로서, 화씨가 작품 속에서 가장 감정적인 인물임을 밝히는 근거가 될 수 있다고 하였다.[65] 둘째, 보조인물로 다루어지던 운현의 감정 표출 빈도가 높게 나타나는 이유로 등장하는 분량에 비해 많은 발화량과 풍부한 감정 표현을 하고 있다는 의미인데, 이는 〈소현성록〉 연작이 보조인물을 적극적으로 활용하여 사건을 진행하거나 갈등을 전개하고 있기 때문이라고 설명하였다. 셋째, 이상적인 사대부 남성과 여성으로 파악되던 소경(소현성)과

---

63   강우규 · 김바로, 앞의 글(2018c), 163쪽.

64   위의 글, 164-165쪽.

65   정선희, 「가부장제하 여성으로서의 삶과 좌절되는 행복-〈소현성록〉의 화부인을 중심으로」, 『동방학』 20, 한서대학교 동양고전연구소, 2011, 57-84쪽.

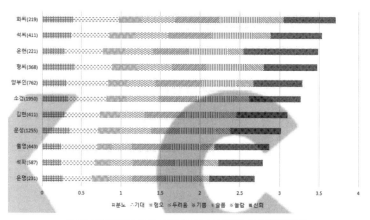

[그림 15] 인물별 발화 문장에 나타난 감정의 표출빈도(평균)

석씨의 감정 표출 빈도가 상대적으로 높고 풍류자재로 파악되던 운명의 감정 표출 빈도가 낮게 나타나는 현상은 기존의 연구 결과와 상반된 수치인데 이는 등장인물의 성격을 해당 인물의 발화나 행동보다는 주변인물과 서술자의 평가에 의해 규정되고 있기 때문으로 파악하였다.[66] 이 외에도 단위담별로 각 인물들이 중심인물일 때와, 주변인물일 때의 감정 표출 빈도를 비교하거나 단위담별로 서술자에 의한 감정 표출 빈도에 대한 수치와 그래프도 제시하고 있다.

이러한 감정 어휘의 기계적 처리는, 방대한 개별 인물들의 대화와 행동에 대한 감정을 분석하여 새로운 관점에서 작품에 접근할 수 있는 기회를 제공하고, 분석 처리된 결과를 인문학적 통찰을 통하여 해석하기 때문에 기존의 인문학적 견해들의 성과들을

---

66   강우규 · 김바로, 앞의 글(2018c), 164-165쪽.

입증할 수 있을 뿐만 아니라 기존의 성과를 보완할 수 있는 다양한 분석과 해석의 근간을 마련할 수 있었다는 데에 이견이 없을 것이다.

다만 이와 같은 감정 표출이 발화 문장을 근간으로 하고 있다는 점, 표출되는 감정 빈도의 결과와 원인 등이 비교적 단순하게 해석되고 있다는 점은 보완될 필요가 있다고 본다. 특히 서사 내적 의미 규명은 작품 연구자마다 서로 다른 견해로 설명될 수 있기 때문에 계량화된 수치나 시각적 자료가 분석 내용과 반드시 1:1 대응하지 않는다는 점도 늘 염두에 두어야 한다.

낯설고 희미해서 알 수 없는 것도 반복해서 자세히 들여다 보고 알아내기 위해 찾아보다 보면 낯설었던 것도 익숙해지고 희미해 보였던 것도 차츰 선명해질 뿐 아니라 알아야 할 것들이 눈에 들어오기 마련이다. 본 글은 이러한 과정을 기대하며 작성되었다. 컴퓨터와 디지털 툴을 활용한 문학 연구 방법이 고전소설에 어떻게 적용되고 앞으로 어떻게 활용될 수 있는지를 알아내는 과정이었다고 할 수 있다. 여전히 파악하지 못한 부분이 대부분이지만 무엇이 중요하고 어떤 것이 선결되어야 하는지 윤곽 정도는 잡을 수 있었다.

3. 인문학과 디지털의 만남, 고전소설 연구와 연구자의 과제

빅데이터 시대와 인공지능 시대를 맞이한 고전소설 연구와 연구자가 나아갈 바를 가늠해보기 위해, 최근 가장 혁신적인 방법으로 고전소설 〈소현성록〉을 분석한 연구 사례 4편을 검토해 보았다. 그 과정에서 고전소설 연구과 디지털 기술이 만났을 때 이전에는 기대하기 힘들었던 연구 성과의 가능성을 추출할 수 있었다.

> 하나, 인물 단위담별 혹은 권별 문체의 유사도 측정과 연작 저자의 상이성 논의에 대한 근거 제시
>
> 둘, 광범위한 범위와 항목에서 이본 계열의 비교 고찰 가능성의 근거 제시
>
> 셋, 특정한 어휘를 적용하여 특정 상황의 표출 빈도 분석 가능성 제시
>
> 넷, 특정 주제에 대한 네트워크 전자지도 및 작품 전체를 조망할 수 있는 시야 확보의 가능성 제시

이들 모두는 그동안 텍스트 분석으로 얻은 관념적·추상적 이론이나 결과가 계량화된 수치로 환원되면서 직관적 판단이 가능한 자료를 확보할 수 있고, 수많은 경우의 수를 컴퓨터가 손쉽게 계산해내고 이를 조합하여 제시해줄 수 있기 때문에 연구자는 다양한 관점으로 텍스트에 접근할 수 있다는 장점을 지닌다. 뿐만 아니라 이렇게 추출된 결과와 자료는 시각화된 이미지로 제시되기 때문에 분석 결과의 설명과 공유가 훨씬 수월해지고, 확보된

데이터는 인터넷 상에 공개·공유되어[67] 또다른 연구에 활용될 수 있기 때문에 다양한 후속 논의를 기대할 수 있다. 다만 추출된 계량화 수치와 도표의 의미 있는 해석은 그 자체만으로는 불가능하며 인간[연구자]의 통찰과 상상력이 접목되어야 가능해진다.

이러한 관점에서 4편의 연구 사례가 고전소설 연구와 연구자의 자세에 시사하는 바를 두 가지로 정리할 수 있었다.

첫째, 고전소설 문자 텍스트의 전자 데이터화와 아카이브 구축의 중요성을 깨닫게 한다. 앞서 언급했지만 디지털 인문학 연구와 인문학 자료의 전자문서화는 전혀 다른 의미를 지니고 있다. 하지만 인문학 자료의 전자문서화 단계를 거치지 않고서는 본격적인 디지털 인문학 연구 성과를 기대할 수 없다는 것도 사실이다. ①~④의 성과는 비록 일부라 할지라도 〈소현성록〉이라는 고전소설 작품이 현대 국어로 번역되어 있고 전자문서로 환원될 수 있는 기본 자료를 확보할 수 있었기 때문에, 분석에 필요한 데이터 구축이 가능했다고 볼 수 있다. 강운규와 김바로도 '국문장편소설 중 학계에서 제일 주목받는 〈소현성록〉 연작조차 아직 모든 이본에 대한 텍스트화가 이루어지지 않았고 대다수의 국문장편소

---

67 기존의 연구 방식에 의하면, 고전소설 텍스트 분석에 활용했던 자료와 데이터들은 개인이 소장하게 된다. 물리적 실체로서 도서나 문서로 보관되기도 하고 개인 연구자에 의해 hwp, pdf, jpg(png)로 전환한 파일로 보관되기도 한다. 개인 연구자가 워드로 입력한 자료 또한 마찬가지여서 시간과 노력을 들여 완성된 데이터가 다양한 방식으로 활용되지 못한 채로 남아있는 경우가 일반적이다. 하지만 디지털 인문학에서 말하는 데이터 아카이빙은 전산화된 데이터가 공개, 공유됨으로써 연구자가 텍스트 확보를 위해 시간과 노력을 들여야 하는 불필요한 수고를 줄일 수 있다.

설은 아예 컴퓨터가 해독할 수 없는 상태로 존재하기 때문에 연구 방법의 확산이 어'렵다고[68] 할 만큼 고전소설 텍스트의 전자문서화는 중요하다 할 수 있다.[69]

하지만 한국 고전소설의 전자문서화가 그리 쉬운 작업은 아니다.[70] 한국의 고전문학 등 '고전'으로 이름 붙은 자료의 실체는 여전히 종이/책으로 존재한다. 원문을 스캔하거나 촬영하여 pdf, 혹은 jpg 형태로 인터넷 공간에서 서비스한다고 하더라도 종이책의 다른 버전일 뿐이다.(물론 도서관 '고서'실에 보관된 실제 종이/책보다 접근성은 향상되었다.)

설사 접근성이 향상되었다 해도 실체를 '볼' 수는 있어도 '읽기'는 어렵다. 왜냐하면 문자 기호를 해독할 능력이 부족하기 때문이다. 고전소설의 경우만 보더라도 종이/책의 문자는 한자이거나 한글 고어인 경우가 많다. 한글인 경우라도 필사된 서체를 해독하는 것이 어렵고 사용된 어휘가 오히려 한자가 아닌 경우는 그 뜻을 단번에 알아내기도 쉽지 않다. 비유되거나 인용된 전고(典故)의 의미를 파악하는 데에도 많은 시간과 노력이 필요하다. 때문에

---

68 강우규 · 김바로, 앞의 글(2019), 132쪽.

69 이정훈 또한 「고전 번역 텍스트의 데이터 분석 기술 적용과 한계-삼국유사 오카피 적용 구술녹취록 분석을 중심으로」(『문화와 융합』 40-6(통권 56), 한국문화융합학회, 2018, 58-159쪽)에서 삼국유사의 "인터넷에 보급된 삼국유사 파일이 없었다면 박사논문뿐만 아니라 융복합 연구결과물이 훨씬 늦춰졌을 가능성이 높다면서, 삼국유사 데이터 처리 기술은 일차적으로 데이터 축적 위에서 가능하다고 하였다.

70 정규식, 「한국 고전문학 연구와 빅데이터(Big data)의 활용」, 『인문연구』 75, 영남대 인문과학연구소, 2015, 67-94쪽에서 고전문학 분야에서 빅데이터 구축의 어려움을 잘 설명해주고 있다.

일반 독자나 비전공자뿐만 아니라 전공자, 고전문학 분야에 입문한 초학자들도 그 텍스트에 접근하기란 쉽지 않은 것이 사실이다. 읽기가 어려우니 '해석'과 '분석'은 보다 더 요원한 일이 될 것임은 분명하다. 이렇듯 연구자에게마저도 어렵게 느껴지거나 외면당하는 텍스트가 된다면 이는 단순히 고전소설 텍스트의 사장이 아니라 방대한 한국의 지식문화가 소통되거나 공유되지 못한 채 온전히 전승되지 못하는 결과로 이어지기 때문에 매우 중요한 문제라고 할 수 있다.

한문이 원문인 소설 : ㉠한문 원문(+한자의 뜻과 음) / ㉡국어 번역문 / ㉢(국어 해설문)
한글(고어)이 원문인 소설 : ㉠한글 고어 원문 / ㉡국어 현대어문 / ㉢(국어 해설문)

한국 고전소설은 적어도 ㉠~㉢의 세 가지 형태를 구비하고 있을 때 유통도 가능하고 보다 다양한 후속 연구를 기대할 수 있다고 말할 수 있지만, 속사정은 더 복잡하다. 일단 고전소설 작품 한 편은 반드시 하나의 텍스트로 존재하지 않는다는 사실이다. 각 작품은 이본이 존재하기 마련인데, 이본마다 내용의 가감이 있고 표기가 달라지며 필사본인 경우 필사자나 필사 시기의 상황에 따라 누락과 오류가 발생하기 때문에 꼼꼼한 점검이 필요하다. 사정이 이렇다 보니 완벽한 데이터를 구축하기도 쉽지 않다. 한문 원문의 국어 번역문은 한문 해독뿐만 아니라 문학적 소양이, 고어를 현대문으로 옮기는 데에는 국어학적 지식이 전제되어야 신뢰할 수 있는 데이터가 마련될 수 있기 때문이다.

여기에서 끝이 아니다. 어렵고 복잡한 과정을 거쳐 현대인이 해독 가능한 텍스트를 마련했다고 해도 이를 전자문서화하는 과정은 또 다른 문제이다. 텍스트 번역자가 아카이브 구축을 수행할 수 있는 경우는 소수에 지나지 않기 때문에 누구나 활용 가능한 데이터 체재를 갖추기 위해서는 기계적 지식과 기술을 지닌 또다른 전문가를 요구하게 된다.

고전소설 텍스트의 존재 실체가 이러한 까닭에 고전소설 작품은 디지털화 작업을 위한 1차적 전산화 작업마저도 제대로 이루어지지 못하고 있는 실정이다.[71]

기본 데이터의 아카이브 구축은 매우 단순화된 기능적 작업일 수도 있으나 수행자에게 전제되어야 하는 소양이 전문적이어야 한다는 측면에서 고전문학 전공자의 주요 과업이 될 수 있다. 특히 미래의 지식 공간에서 후세대 문학 향유자와 연구자에게 필요한 데이터를 구축한다는 소명 또한 매우 소중한 일일 것이다.

다만 현재까지는 고전소설 텍스트의 전자문서화와 아카이브 구축이 고도의 전문성을 요구한다는 점에서는 공감하면서도 기존의 서사 내적 연구와 결을 달리하다 보니, 문학 연구자로서의 동기 부여나 학문적 성취도가 높지 않고 새로운 방법적 기술을 익혀야 한다는 부담감 때문에 선뜻 나서지 못하는 사정도 분명 존재한다. 하지만 고전소설 작품의 디지털화 작업은 비단 고전소설 연구

---

71   세 가지 형태로 이루어진 고전소설 작품이 활자로 인쇄되어 발간된다 하더라도 모든 자료가 인터넷 서비스를 통해 공유되고 있지는 않다.

방법의 확장을 위해서뿐만 아니라 보다 근본적으로는 우리의 문화유산에 대한 데이터 주권을 빼앗기지 않기 위해서라도 시급히 이루어져야 하는 사안임에는[72] 틀림없다.

둘째, 고전소설을 대상으로 한 디지털 인문학적 연구가 새로운 연구 방법론이면서 문학 연구의 새로운 장을 열어주고 있음은 분명하지만, 그럼에도 불구하고 계량화된 수치나 시각화된 결과 자체로 설명하거나 분석해낼 수 없는 소설의 서사적 맥락이 존재한다는 점을 다시 한번 확인시켜 준다. 즉 첨단 기술과 방식으로는 분석해낼 수 없고 보여줄 수 없는 세계(소설의 바탕이 되는 인간 삶의 세계는 그리 단순하고 획일적이지 않다.)를 인간의 직관과 통찰로써 해명할 수 있음을 재확인할 수 있었다. 계량적 수치와 도표는 결과론적 사실이고 이러한 결과를 있게 한 맥락은 여전히 전통적

---

72 도서 및 문서의 전자 텍스트화 작업이 타국가에 이전되는 순간 우리는 우리의 문화유산의 주권 또한 잃어버리고 만다. 기초 자료의 전산화와 디지털 아카이빙을 위한 첨단 스캐너와 문자인식기 개발이 한국에서는 더딘 반면, 외국에서는 이미 상당한 기술을 축적해가고 있다. 일례로 '베니스 타임머신' 프로젝트를 들어보면 이 프로젝트는 베니스 고문서 아카이브에 1,000년 이상 축적된 역사지리 자료를 디지털화하고 이를 바탕으로 과거 베니스의 생활상을 시각화하는 작업인데, 이를 위해 자동으로 책장을 넘기는 로봇 팔이 부착된 스캐너가 개발되어 시간당 몇 천 장의 이미지를 스캔·저장하고 있다고 한다. 뿐만 아니라 향후 5년 사이에 상용화 할 3D 스캐너를 개발하여 책을 한 장 한 장 펼치지 않고서도 낱장의 이미지를 추출해낼 수 있다고 한다.(이재연, 「한국 문학에서 본 디지털 인문학 연구」, 『세계 디지털 인문학의 현황과 전망』, 커뮤니케이션북스, 2019, 40-42쪽 참조) 스캔된 활자 이미지를 전자텍스트로 만드는 작업은 스캐너를 개발하는 일만큼 어려운 작업이다. 고문서는 대부분 수기로 작성되어 있어 기존의 인쇄된 텍스트에 최적화된 알고리즘으로는 문자인식이 어렵기 때문이다. 이에 유럽연합 전체가 나서서 '아카이브문서인식강화(READ, Recognition and Enrichment of Archival Documents)'라는 단체를 만들고 수기 작성 문서를 디지털화하고 있다고 한다.(이재연, 같은 글, 43쪽)

방식의 텍스트 분석에 의존하게 된다는 점이 선명하게 드러난다.

뿐만 아니다. 고전소설 텍스트를 디지털 방식을 적용하여 분석하고자 한다면 그만한 연구 기반 구축도 병행되어야 함을 간과해서는 안 된다. 〈소현성록〉의 감정 연구의 경우, 감정 어휘와 발화된 언어를 적용하여 감정 표출의 빈도와 인물 관계망을 유추하는 자료로 삼았다. 하지만 한국 고전소설의 감정 표출 빈도를 산출하는 데에도 원문을 영어로 번역하고 그 어휘를 영어 감정 사전에 적용할 수밖에 없었던 연구 환경을 뼈아프게 생각해야 할 것이다.

기존의 고전소설 연구 방식과 디지털 연구 방식의 접목과 융합이 그냥 손쉽게 이루어지는 것은 아니다. 일례로 고전 번역 텍스트인 『삼국유사』의 데이터를 컴퓨터 데이터 처리방식을 적용하여 분석을 시도한 연구 경험을 보더라도[73] 융복합 연구가 얼마나 어려운지 짐작할 수 있다. 논의에 따르면, 문학과 공학 두 학문 사이에 학문적 체계나 인식의 정도가 상이하기 때문에 동일한 텍스트를 대상으로 놓고도 기본값을 설정하는 과정에서 충돌과 시행착오가 빈번하게 일어날 수 있다. 때문에 디지털 인문학은 단순히

---

73 이정훈, 앞의 글, 156-182쪽.(이정훈은 융복합 연구의 진행 과정을 통해 다섯 가지 이슈를 제시했다. '첫째, 학제 간 개념 소통이다. 둘째, 자본과 노동력이다. 셋째, 개인의 전문성을 보장하는 공학기술과 일리가 있는 대중적 전문성을 공유해야 하는 인문학의 접점이다. 넷째, 투입된 노동과 효용성의 딜레마이다. 다섯째는 인문학적 분석방법론 개발과 해석의 역할이다.' 이 다섯 가지가 선결되어야 융합 연구는 진행될 수 있다고 하면서, 융복합 연구는 공학을 위해 인문학적 콘텐츠를 제공하는 것도, 인문학적 결론 도출을 위해 공학기술을 단순히 적용하는 것도 본질적 목적이 될 수 없고 인문학도 공학도 아닌 제3의 영역으로 자리매김해야 함을 강조하였다.)

인문학과 공학의 융합으로서 해결되는 문제가 아니라 또 하나의 새로운 학문적 영역으로서 독자적 방식을 구축해 나아가야 한다는 견해가[74] 충분히 납득되기도 한다.

그렇다면 지금 현재, 고전소설 연구는 그리고 연구자는 어떠한 자세로 시대의 흐름에 반응해야 할까. 세계적인 베스트셀러로 찬사를 받은 『사피엔스: 유인원에서 사이보그까지(Sapiens: A Brief History of Humankind)』의 저자인 유발 하라리(Yuval Noah Harari)가 "AI와 더불어 30-40대를 살게 될 지금의 10대는 어떻게 하나. 아이들에게 뭘 가르칠 것인가는 더 미룰 수 없는 문제"라고 강조하며 다음과 같은 제안을 했다.[75]

수학·과학·중세 전쟁사 등 개별 과목을 가르치는 건 의미 없다. 그런 공부는 AI가 훨씬 더 잘할 테니까. 우리가 후속 세대에게 가르쳐야 할 과목은 '감정지능(Emotional Intelligence)'과 '마음의 균형(Mental Balance)'이다. 지금까지는 20대까지 공부한 걸로 평생 먹고 살았다. 하지만 앞으로는 나이 예순에도 여든에도 끊임없는 자기 계발을 해야 할 것이다. 구체적으로 무엇을 새로 배워야 할지는 알 수 없다. 하지만 경직되어 있는 사람, 마음이 유연하지 않은 사람은 버티기 힘들 것이다. 감정 지능과 마음의 균형 감각이 중요한 이유다.

이에 대해 한광택은 하라리가 가치를 부여하는 교육의 목적은

---

74 이용욱, 앞의 글; 이정훈, 앞의 글.

75 한광택, 「4차 산업혁명과 인문학 교육의 미래」, 『비평과 이론』 23-1, 한국비평과이론학회, 2018, 37-38쪽.

"나날이 변화하는 현실의 조건·상황들과 맺게 될 복잡하고 복합적인 관계들을 유연하고 조화롭게 수용하고 활용할 수 있는 개별 주체의 '내적 균형과 충만' 및 '외적 유연성과 연결성의 구현'에 있다"고 설명한다.

그리고 '4차 산업혁명 시대에 부합하는 인문학 교육의 첫 번째 조건은 과학 교육과의 과감한 융합'이라고 하면서, 스티브 잡스가 "기술(technology)과 인문(liberal arts), 하드웨어와 소프트웨어를 융합시켜야만 미래를 선점할 수 있다"고 강조하였음을 확인하며 '인문적 감성과 창의적 기술의 융합은 기술 개발의 방향과 가속, 새로운 사업에 관한 통찰력과 시야의 확장을 보장하는 필수 요소가 되었다.'고 피력한다.[76]

또한 뇌과학과 교육학을 연계한 연구를 활발히 해온 루이 코졸리노(Louis Cozolino)가 사회적, 환경적 경험이 뇌의 구성과 발달에 후성유전학적인 영향을 끼친다는 사실에 근거하여 "배려하고 지지하는 타인들은 우리 뇌의 호기심, 탐구 및 학습을 촉진하는 심신 상태를 유도"한다는 결론을 내렸듯, 과학의 법칙이 적용되지 않는 사회문화적 관계의 경험에 관한 인문학적 인식과 통찰은 여전히 중요한 의미와 가치를 지니며, 인문학과 과학의 결합은 과학의 우월성을 확인하는 것이 아니라 인문적 통찰이 여전히 유효한 지점을 명확하게 확인시켜 준다고도 하였다.[77]

'현재의 상황을 유연하게 수용하며 연결시키는 자세', '4차 산

---

76 한광택, 앞의 글, 49쪽.
77 한광택, 앞의 글, 41-52쪽.

업혁명 시대의 기술과 인문의 과감한 융합', '인문학적 통찰의 유효성' 이것이 바로 빅데이터 시대, 디지털 시대를 맞이한 인문학 연구자로서 고전소설 연구자가 지녀야 할 자세와 방향이 아닐까.

학문 연구의 흐름도 상대적이고 유동적이다. 멈추지 않고 변화하며 이전과 이후의 관계 속에서 새로운 방법이 적용되고 의미를 도출해낸다. 때문에 빅데이터, 인공지능, 디지털 등의 개념이 강조되고 중요하게 여겨질수록 그것이 감당하지 못하는 지점이 부각되는 것은 필연적이며, 인간의 신체적 능력을 바탕으로 한 인문학적 직관적 통찰의 필요성 또한 보다 절실히 요청되는 것은 당연한 결과이기도 하다.

참고문헌

1. 기본자료

조혜란 · 정선희 외 역주,『소현성록』1-4, 소명출판, 2012.

강우규 · 김바로,「소현성록 연작의 문체론적 고찰-컴퓨터를 활용한 계층분석을 바탕으로」,『인문과학연구』59, 강원대학교 인문과학연구소, 2018, 29-46쪽.

_____,「〈소현성록〉 연작에 나타난 감정의 출현 빈도와 의미-컴퓨터를 활용한 통계학적 분석을 바탕으로」,『온지논총』56, 온지학회, 2018, 101-128쪽.

_____,「인공지능을 활용한 〈소현성록〉 연작의 감정 연구」,『문화와 융합』40-4, 한국문화융합학회, 2018, 149-174쪽.

_____,「계량적 문체 분석을 통한 〈소현성록〉 연작의 변이양상 고찰-이대 15권본과 규장각 21권본을 중심으로」,『국제어문』80, 국제어문학

회, 2019.3, 115-135쪽.

2. 논문과 단행본

1) 논문

김 현, 「디지털 인문학과 고문헌 자료 연구」, 『열상고전연구』 50, 열상고전연구회, 2016, 13-38쪽.

＿＿＿, 「디지털 시대의 한문학-데이터로 소통하는 고전 인문 지식」, 『한문학논집』 49, 근역한문학회, 2018. 9-12쪽.

김 현·안승준·류인태, 「데이터 기분 인문학 연구 방법의 모색-문중 고문서 아카이브와 디지털 인문학의 만남」, 『횡단인문학』 창간호, 숙명여대 인문과학연구소, 2018.2, 17-61쪽.

김만수·육상효, 「협업적 디지털스토리텔링 구축을 위한 인문학적 이론 토대」, 『한국문학이론과 비평』 46, 한국문학이론과 비평학회, 2010. 3, 319-346쪽.

김성문, 「인공지능 시대와 고전문학」, 『문화와 융합』 40, 한국문화융합학회, 2018, 129-154쪽.

김승범, 「고전문학의 비교 연구를 위한 빅데이터 활용 방안」, 『2016년 전국학술대회 발표집』, 어문연구학회, 2016, 167-182쪽.

김용수, 「한국의 디지털 인문학: 위기, 희망, 현실」, 『비평과 이론』 22-2, 한국비평과이론학회, 2017 여름, 41-62쪽.

서정민, 「〈소현성록〉 이본간의 변별적 특징과 그 산출 시기」, 『인문학연구』 54-4, 충남대 인문과학연구소, 2015, 493-512쪽.

이도흠, 「동아시아 문학, 새로운 패러다임과 방법론」, 『비교문학』 77, 비교문학학회, 2019, 85-117쪽.

이용욱, 「인문공학론(3)」, 『한국언어문학』 102, 한국언어문학회, 2017, 257-277쪽.

이정훈, 「고전 번역 텍스트의 데이터 분석 기술 적용과 한계-삼국유사 오카피 적용 구술녹취록 분석을 중심으로」, 『문화와 융합』 40-6(통권 56), 한국문화융합학회, 2018, 155-184쪽.

이지하, 「〈소현성록〉의 이중성에 내재된 욕망의 실체」, 『반교어문연구』 40, 반교어문학회, 2015, 237-269쪽.

임치균, 「〈소현성록〉에 나타난 혼인의 양상과 의미」, 『한국고전연구』 13, 한국고전연구학회, 2006, 29-48쪽.

임형택, 「문학미디어와 문학사 연구-가능성의 문학사와 다차원의 '문학사 디지털 웹'」, 『한민족문화연구』 57, 한민족문화학회, 2017, 95-124쪽.

정규식, 「한국 고전문학 연구와 빅데이터(Big data)의 활용」, 『인문연구』 75, 영남대 인문과학연구소, 2015, 67-94쪽.

정선희, 「〈소현성록〉에서 드러나는 남편들의 폭력성과 서술 시각」, 『한국고전여성문학연구』 14, 한국고전여성문학회, 2007.6, 453-487쪽.

_____, 「가부장제하 여성으로서의 삶과 좌절되는 행복-〈소현성록〉의 화부인을 중심으로」, 『동방학』 20, 한서대학교 동양고전연구소, 2011, 57-84쪽.

_____, 「특집 : 고전소설의 주인공 ; 영웅호걸형 가장의 시원-〈소현성록〉의 소운성」, 『고소설연구』 32, 한국고소설학회, 2011, 153-185쪽.

조혜란, 「〈소현성록〉에 나타난 가문의식의 이면-반복 서술을 중심으로」, 『고소설연구』 27, 한국고소설학회, 2009, 73-107쪽.

진재교, 「빅데이터와 디지털 동아시학의 가능성-'동아시아 지식과 지식인 지도」, 『대동문화연구』 98, 성균관대학교 대동문화연구원, 2017, 119-161쪽.

최기숙, 「고소설의 감성 문법과 감정 기호-〈소현성록〉의 감정 수사를 중심으로」, 『고소설연구』 39, 한국고소설학회, 2015.6, 103-139쪽.

한광택, 「4차 산업혁명과 인문학 교육의 미래」, 『비평과 이론』 23-1, 한국비평이론학회, 2018 봄, 37-59쪽.

한동현, 「문화콘텐츠학의 새로운 포지셔닝: 디지털 인문학」, 『한국문예비평연구』 40, 한국문예비평학회, 2013.4, 299-325쪽.

2) 단행본

이재연, 송인재, 문수현 외 3인, 『세계 디지털 인문학의 현황과 전망』, 커뮤니케이션북스, 2019.

멜리사 그레그 · 그레고리 시그워스 편저, 최성희 · 김지영 · 박혜정 역, 『정동
　　이론』, 갈무리, 2016
브라이언 마수미, 조성훈 역, 『정동정치』, 갈무리, 2018.

홍콩의 파열된 시간
: 청년, 행동주의, 영토적 충성심[1]

입이암총

1. 남성성, 영토적 충성심, 그리고 정동(情動)

청년기와 정치적 참여에 관한 논쟁은 비판적 시간성으로서 청년기가 갖는 중요성을 드러내는 하나의 증거다. 많은 서구 국가의 경우 다수의 증거들은 청년의 정치 참여가 성인들의 기대에 미치지 못함을 보여준다. 주로 정치적 태도와 행동에 관한 조사에 기초한 청년들의 탈(脫)정치화 명제는 대의 정치의 장기적 생존 가능성 및 청년들의 정치적 미성숙에 대한 우려를 동반한다(Ipsos MORI, 2015; Kimberlee, 2002; Park, 2004; Russell et al., 2002). 이러한 명제와는 대조적으로 청년들의 대안적 정치 참여 경로를 다룬 문헌

---

1   이 글은 부분적으로 나의 책 *Hong Kong's New Politics of Identity: Longing for the Local in the Shadow of China*(Routledge, 2020)의 7장을 출처로 삼고 있다. 이 저작은 홍콩연구재단의 초기경력개발제도(Project no.: 23600616)와 링난대학교 교수연구기금(No. 101877, 101868, DA14A8)의 지원을 받았다.

들도 늘어나고 있다. 이들 문헌 속에서는 청년들 스스로가 말하는 정치적 생성의 과정, 그리고 정서적 부하(負荷)의 순간들이 부각된다(Norris, 2003; Benedico, 2013; Sloam and Henn, 2019). 국민투표와 점거, 심지어 소요를 비롯한 그러한 대안적 경로들은 대의 민주주의와 입법, 그리고 정치적 숙의의 좌표 속에서 진행되는 점진적 시간의 운동과 충돌하거나 나아가 그것을 파열시키기도 한다. 남성적 공격성을 수반하는 영토적 충성심의 발휘는 이러한 제도 외적 소요 또는 특별한 정치적 순간들 속에 만연해 있다.

청년 하위문화를 다룬 문헌들은 체현되는 수행적 남성성의 가변적 형태에 오랫동안 초점을 맞춰 왔다. 이러한 형태는 무분별한 힘이나 위협, 심지어 현존 상태에 대한 도전으로 여겨진다. 이러한 반란은 일반적으로 동네, 거리, 광장 등 지역적 공간에 대한 강력한 요청을 드러낸다. 이러한 현상들은 통상 청년들을 주변화하는 신자유주의적 자본주의와 국가 권력의 발전에 의해 영속되는 표준화하는 힘에 대한 반응으로 간주된다. 또는 사회적으로 약한 집단의 필요와 열망을 충족하지 못하는 당국에 대한 반응이라는 틀 속에서 이해되기도 한다. 예컨대 노동계급 또는 하층계급의 청년들, 혜택받지 못하는 인종적 배경을 가진 청년들, 실업상태이지만 공공 장소에 모습을 드러내는 청년들이 도심 소요에서 주목받았다. 지난 5년간 홍콩에서 젊은 남성들이 시위와 심지어 소요에 적극적으로 참여해 온 현상은 "저항적 남성성"(Connell 1995)의 또 다른 사례에 불과한 것처럼 보인다. 외국인 혐오와 반중 정서, 그리고 본토주의적 정치적 수사가 가득한 그들의 급진적 행동은 당국과 미디어를 놀라게 했다. "홍콩 회복(光復香港)"의 이름으로 중국 본토 방문객을 향해 전개된 일련의 시위 속에서 그들은 동네와 거리, 그리고 도시가 자신들의 것임을 강력하게 주장했다. 이러한 저항은 남성적 스타일의 공격적 행동과 용무(勇武)라 명명된 일단의 정치적 언어를 특징으로 한다. 용무(勇武)는 말 그대로 "용맹함"과 "무사다움"을 가리킨다. 지역의 페미니스트 사회학자인 페툴라 호(Petula Sik Ying Ho)는 용무(勇武)를 "valiant[용맹한]"으로 번역하고 이를 "용맹 이데올로기(Valiant Ideology)"라 칭했다(Ho, 2019).

2012년경부터 남성이 주축이 된, 점점 많은 수의 젊은 활동가들은 스스로를 용무파(勇武派)라 부르며 "평화와 합리성, 그리고 비폭력" 원칙을 신봉하는 구세대 활동가들과 자신들을 구별하기 시작했다. 용무(勇武)를 자기 정체성으로 삼는 이들 활동가들은 관습적이지 않은 일단의 활동에 종사했다. 이러한 활동은 시위 진압 경찰과의 대치에 국한되지 않으며 개별 경찰관에 대한 공격, 기물 파괴, 방화, 그리고 자경활동을 포함했다. 하지만 홍콩의 "저항적 남성성"을 고유한 사례로 만드는 것은 용무(勇武)가 하위문화 집단에 특유한 독자적 이데올로기 모델을 나타내기보다는 정치적이고 정서적인 부하(負荷)가 실린 용어로서 각계각층의 사람들 모두가 이 말에서 강렬한 느낌을 받는다는 사실이다. 내가 사용하는 "남성성"이란 "구조적 지배"가 아닌 "표상적 남성 지배"의 현상에 속하는 것으로 여성보다는 남성에게 고유하다고 주장되는 성질들을 가리킨다. 그것은 보다 중요한 것으로 일종의 정동, 신체적으로 느껴지는 강렬함과 흥분이기도 하다. 용무(勇武)라는 용어는 2012년 경 일부 분파주의 단체에서 창안되어 결국에는 2014년 우산 운동과 2016년의 몽콕 소요 시기에 경찰과의 격렬한 대치가 벌어진 장소를 비롯해 여러 투쟁 현장으로 확산되었다. 2019년의 송환법 개정안(ELAB) 반대 시위 과정에서는 점점 더 많은 사람들이 용무(勇武) 스타일의 행동을 수용하고 인정했다. 예컨대 7월 12일과 8월 11일 사이에 진행된 한 현장 설문조사에서 "정부가 귀를 기울이지 않을 경우 시위대가 급진적 전술을 사용하는 것은 납득할 수 있다"는 문항에 대해 "찬성"하거나 "매우 찬성"하다고 답한 시위대의 수는 69.1%에서 95.6%로 증가했다(Lee, Tang, Yuen, and Cheng, 2019). 대다수의 홍콩 시민들은 용무(勇武)라는 지역적 용어를 "급진적 전술"로 파악한다.

이 글은 "인터넷 민속지학(Hine 2000: 52)"을 채택해 2014년 우산 운동에 참여한 30명의 젊은 홍콩 남성 활동가들을 연구했다. 그들의 모든 이야기와 수사는 젊은 남성들의 시간에 대한 불안을 예증한다. 나는 용무(勇武)가 일종의 젠더화된 정동으로, 진화적 시간 흐름으로서의 민주화가 시간적으로 붕괴하고 교착에 빠졌다는 감각으로 구성되는 다양한 정서들의 집합이라고 주장한다. 미래에 대한 불안에 사로잡힌 젊은 남성 활동가들은 외국인 혐오와 영토적 충성심에 기댄다. 그것은 가까운 미래의 소멸, 단지 남성 활동가 단체에 특유한 것이 아니라 다양한 배경의 사람들이 공유하는 지배적 자각이 증상으로 드러난 것이다. 이것은 또한 전세계에 걸친 오늘날의 정치 문화에 중심적인 증상이기도 하다.

용무(勇武)가 처음으로 미디어와 학계의 광범위한 주목을 받았던 것은 우산 운동이 진행 중이던 2014년 11월 30일 "행동승급(行動升級, Step up the Action)"이 전개되었을 때다. 정부청사 밖 도로와 다른 두 곳의 홍콩 도심 구역에 대한 몇 달간의 점거가 있은 후 일부 시위대 사이에서는 또 다른 행동이 시급하다는 강력한 인식이 일어났다. "행동승급(行動升級)" 이전에도 행정장관실 밖에서는 이미 산발적으로 경찰과의 폭력적인 대치가 일어나고 있었다. 용무(勇武)를 자기 정체성으로 삼는 참가자들의 강한 압력 속에서 학생 지도부는 결국 사람들에게 "행동승급(行動升級)"에 동참할 것을 촉구했다. 뒤따른 것은 경찰과의 심각한 대치였다. 경찰은 시위대에게 최루액을 분사하는가 하면 시위대 중 일부를 바닥에 쓰러뜨리고 그들을 체포해 갔다. 일부는 이러한 행동들이 무용하다고 생각했지만 다른 이들에게 승급(升級)은 원칙에 대한 숙고나 사색의 여지가 없는 필연성으로 인식되었다. "행동승급(行動升級)"은 당국에 대한 도전과 목표 달성이라는 견지에서 무용했음이 판명되었다. 하지만 많은 이들에게 그것은 충분히 용무(勇武)적이지 않았던 것으로 읽혔으며 상당수는 머뭇거림과 빈약한 리더십, 행동 촉구의 시기를 이유로 학생 지도부를 비난했다.

　　용무(勇武)의 이름 속에는 집단적 가치와 극도로 동일시되는 행동에 대한 요청이 들어 있다. 이것은 행동이 시급하다는 인상을 강하게 환기함으로써 이루어진다. 2016년 몽콕 소요를 거치며 갈등은 더욱 진화하였으며 준비가 덜 된 경찰들을 직접 공격하거나 쓰레기통에 불을 지르는 장면이 연출되기도 했다. 많은 본토주의

자들이 여기에 연루되었다. 이에 대한 반격으로 시위 진압 경찰은 거리로 몰려들어 소요를 일으킨 자들을 체포해 갔다. 그들 중 상당수는 소요 혐의로 유죄를 선고받았으며 이후 징역형에 처해졌다. 2019년 여름에는 송환법 반대 시위 과정에서 보다 격렬한 대치가 일어났다.

2. 파열된 시간

용무(勇武)는 영토적 정치의 한 형태로서 시간적 파열 속에서 출현했다. 2011년 이후 한 지역 TV 드라마에 나와 히트한 "도시가 죽어가고 있어. 알아?(The city is dying, you know?)"라는 대사가 유행처럼 퍼져 나갔다. 죽어간다는 것, 우울과 쇠퇴, 그리고 임박한 죽음이 이어지는 기간은 영원히는 아니라 하더라도 오랫동안 지속되는 소멸의 과정일 수 있다. 이와 대조적으로 정치적 소요는 특별한 순간들로 기능한다. 여기서 시간은 불쑥 의식에 고개를 내밀고 무언가를 재촉하는 모습으로 자신을 드러낸다. 동시에 시간은 갑자기 정치적 열정과 행동의 명령으로 가득 찬 대상이 된다. 사람들은 절박하게 모종의 중단된 시간의 형태를 요구하고 환기하며 그것을 붙잡는다. 요컨대 정치적 제스처로서의 용무(勇武)는 시급성의 의미를 강하게 내포하며 음울한 현재와 두려운 미래로부터 떨어져 나오는 특별한 순간을 가리킨다.

시간은 점차적으로 근대의 사회적 삶을 구성하는 핵심적 차원으로 이론화되어 왔다(Giddens, 2007(1993): 127; Fabian, 1983: 24; Bourdieu, 2000: 206). 통상 시간은 사회의 중립적이고 물리적인 측면이라기보다는 자연화된 일정한 순환, 규칙적 일상, 지켜야 하는 일정에 대한 사람들의 의식으로 등장한다. 산업 자본주의와 근대 국가의 형성은 가장 많이 논의된 주제 중 하나이다. 시계의 시간과 노동 규율의 동기화는 근대적 시간의 시작을 알리는 특징이다(Thompson, 1967; Glennie and Thrift, 1996). 1980년대 후반부터는 속도와 가속에 대한 주목이 자본주의와 문화, 그리고 인간의 조건에 대한 현대적 논의를 지배했다. "시간 압축(Harvey, 1989)"과 "고속 자본주의(Agger, 1989)" 등의 개념이 암시하듯 시간적 경험은 주로 속도, 다시 말해 변화와 움직임, 작동 또는 혁신이 진행되는 속도와 관련된다. 하지만 사람들이 노동 규율의 과정과 화폐 유통, 또는 "동시성(Anderson 1991: 25)"과 공존의 민족적 감각에 젖어든다고 해서 시간이 언제나 "자연화"되는 것은 아니다. 때로 시간은 일상적 세계 속에 내포되어 있는 것이 아니라 경험 속에서 튀어 나오는 것으로 그 모습을 드러낸다. 자연화된 시간의 흐름이 깨어질 때 우리는 시간이 통제를 벗어나 소외되어 있음을 발견하게 될 지도 모른다. 우리는 일상을 우회하고 새로운 미래를 끌어안을 드문 기회로서 이 특별한 순간을 붙잡아야 한다고 느낀다(Frederiksen and Dalsgard, 2014: 5).

발터 벤야민(Walter Benjamin)이 언급하듯 이 특별한 순간은 "과거가 오직 섬광처럼 빛나는 이미지로만 포착될 수 있는(Benjamin, 1968: 255)" 시간이다. 이러한 시간 감각은 선형적이고 균질한 과정의 구원적 파열로서 위치하는 사건에 의해 포착될 수 있다. 미셸 푸코(Michel Foucault)는 방법론적으로 사건을 자신의 권력 분석에 중심적인 것으로 강조한다. 그렇게 함으로써 그는 자신의 계보학적 분석을 담화 분석의 다른 접근법과 구별하고 역사적 위치를 갖는 동시에 새로운 주체가 출현하는 권력의 효과로 학문적 관심을 전환한다(Hook, 2001; Foucault, 1991). 상이한 이론적 관심사와 지향에도 불구하고 벤야민과 푸코는 모두 파열로서의 시간을 전면에 내세운다. 그들의 통찰을 빌리자면 우리는 행동주의를 하나의 사건적 순간으로 바라볼 수도 있을 것이다. 여기서 참여자들은 신체적 강렬함과 새로운 공적 담화로 스스로를 지향한다. 그들은 스스로 하나의 순간을 창조하고 강압된 현재와 두려움을 주는 전망으로부터 떨어져 나온 새로운 힘으로 주체를 창조한다. 질 들뢰즈(Gilles Deleuze)의 말을 빌리자면 그것은 순간적으로 현재를 허무는 것이다. 즉 그것은 오랫동안 확립되어 온 윤리-정치적 책무를 파열시켜 상이한 방식의 생성이 일어날 잠재력을 현실화한다(Deleuze, 1995: 202). 들뢰즈의 관점은 허구에 관한 폴 리쾨르(Paul Ricoeur)의 논의와 예술적 실천에 관한 자크 랑시에르(Jacques Rancière)의 설명을 반향한다. 리쾨르에게 허구는 체험된 시간과 "세계" 또는 "역사적 시간" 사이의 분열로 파악된다(Ricoeur, 1988: 128). 또한 랑시에르에 따르면 예술적 실천은 단절을 창조함으로써 우리에게 부여된 역할, 규정된 의미, 그리고 부과된 역사적 운명에서 우리를 자유롭게 한다(Ranciere, 2010: 125).

위에서 언급한 다양한 이론적 성찰들은 방법론적으로 "비판적 시간성"으로 명명될 수 있는 시간에 주목한다. 개인의 수준에서 이러한 개념은 "청년기"에 대한 새로운 정식화와 문제 설정에 적용될 수 있을 것이다. 바이너(Bynner, 2005)는 "단계"에 대한 발달심리학자들의 기본적 전제에 근본적인 질문을 던진다. 이러한 전제에 따르면 개인의 성장은 최종 단계의 "성인기"로 향하는 목적론적 경로로 정의된다. 바이너를 비롯해 여러 학자들(Baron, Riddell and Wilson, 1999: 484)은 균형, 안정성, 형식적 규제의 관점을 넘어 가역성과 우회에 주목한다. 청년기는 단지 시간상으로는 유년기의 의존에서 벗어났지만 아직 충분히 "성숙"하지는 않은 무분별한 시기가 아니다. 오히려 그것은 부단히 생성되거나 "앞으로 나아갈" 가능성으로 가득 차 있으며 소위 "성인기"로 향하는 예정된 경로에 머무르지 않는다. 발렌타인(Valentine, 2003)이 제안하듯 청년의 정체성은 누적되는 일련의 점진적 단계가 아니라 담화적 언표 행위와 수행적 실천 속에서 나타날 것이다. 정치적 소요 속에서 "청년"에 대한 호소는 종종 제도 정치의 파열로서 기능하며 관습적 정치에 대한 반감, 일련의 비관습적 행동, 때로 미시 정치에 관한 강력한 관심을 동반한다.

홍콩에서 용무(勇武)는 미디어와 주류 정치인들에게 청년 스타일의 사회적 행동이자 정치적 태도로 여겨지며 이러한 행동과 태도는 정치적 전통에는 낯선 것으로 기능한다. 1966년 카오룽 소요 당시의 청년 반란과 1970년대의 급진 청년운동 이후 2009년 경까지 대규모 청년운동은 거의 존재하지 않았다. 지난 10년간 홍콩 사회와 당국을 타격한 일련의 시위는 일차적으로 청년들에 의해

주도되었다. 여기에는 1980년대 이후 출생자들이 참여한 광저우-선전-홍콩 고속철도노선(XRL) 반대 시위, 그리고 2010년과 2012년에 각각 펼쳐진 국민교육 과목 도입 반대 행동이 포함된다. 이두 번의 운동에서 용무(勇武)라는 말은 거의 들을 수 없었다. 하지만 궁극적으로 그것은 이들 운동에서 진화해 나온 것이다. 이 용어는 우산 운동(2014)과 몽콕 소요(2016) 시기 일종의 분파정치로 그 모습을 처음 드러냈다. 이들 운동이 보여준 대치 전술은 정부와 건제파(建制派) 정당, 심지어 저항 진영까지 놀라게 했다. 홍콩의 주류사회는 젊은이들이 그토록 열정적으로 정치에 참여할 것이라고는 전혀 생각하지도, 예상하지도 못했다. 강렬한 정치적 참여, 분명 대부분의 젊은이들에게 새롭고 전례가 없는 이 경험은 부모와 학교가 그들에게 정해둔 역할과 부합하지 않았다. 그들의 정치적 참여는 개인의 성장 및 시민 참여의 정상화된 경로가 중단되었거나 우회되었음을 나타낸다.

행동주의와 시간적 경험이 나의 연구 관심사로 발전한 것은 30명의 청년 활동가를 대상으로 한 지난 2년간의 조사에서 비롯되었다. 이들 활동가들은 주로 남성들로 16세에서 24세의 연령대에 위치해 있었다. 연구의 제보자들 대부분은 중하층 계급의 배경을 가진 젊은 남성들이었다. 그들 중 절반 이상은 스스로를 본토주의자(nativist)로 규정했다. 본토주의자란 여러 방식을 통해 정치적으로 홍콩의 정체성을 주장하는 이들을 일컫는다. 그들의 행동주의가 발휘되는 순간은 홍콩의 정치 질서를, 또한 그들 자신을 심각하게 파열시킨다. 그것은 홍콩과 중국의 분리, 정치적 독립 등의 정체성 주장이 현행 정치 체제에서 근본적으로 거부되기 때문이다. 일시적 격동에 참여함으로써 도시에 충격을 주었다 하더라도 그들은 자신들의 근본적 대의를 관습적 정치 및 일상 생활과 결합하는 데 어려움을 겪었다. 지난 2년간 나는 그들과 인터뷰를 하였고 정치적 활동을 현장에서 관찰하는 한편 그들의 온라인 상호작용을 기록했다. 나의 연구 질문은 다음과 같다. 그들의 새로운 정치적 경험이 갖는 다층적 시간 구조는 무엇인가? 홍콩의 정체성을 서사화하는 방식은 무엇인가? 그들이 갑작스럽게 정치적 소요에 뛰어들었다는 사실은 일상 생활과 미래의 전망 속에서 어떻게 다루어지는가? 나는 먼저 정치적 시간이 상상되고 경험되어 온 방식이 홍콩의 후기 식민시기 및 탈(脫)식민시기에 어떻게 변화되었는지 논의할 것이다. 그런 다음 세 활동가의 이야기에 초점을 맞춰 그것이 청년 행동주의, 시간성, 그들의 영토적 소속감에 대한 우리의 이해에 어떤 함의를 갖는지 논의하고자 한다.

3. 윌리엄스: 향수에 젖은 민족주의

2016년 내가 당시 22살의 윌리엄스를 처음으로 만났을 때 그는 스스로를 학교에서 유일한 본토주의자로 여겼다. 그는 활동을 이끌기 위해 홍콩 전상 학생 연회(香港專上學生聯會, HKFS, 학련)의 탈퇴를 주장할 만큼 대담했다. 그는 학련이 우산 운동을 처리한 방식, 그리고 소위 학련의 "친중" 노선에 만족할 수 없었다. 그의 정치적 경험과 참여의 이야기는 본토주의의 발흥과 자유민주주의

자의 쇠퇴를 특징으로 하는 홍콩의 정치적 위기를 증언한다.

홍콩 반환 이후 친(親)민주파 진영과 그 지지자들은 공산주의 중국의 규칙과 홍콩의 제한적 참정권을 마지못해 수용했음에도 홍콩과 중국의 점진적 민주화와 사회 개혁의 전망을 껴안았다. 핵심 공직 후보자 지명 심사 절차 등 친중 엘리트와 재계 거물들에게 우호적인 정치-경제 시스템에 대한 도전은 여전히 제한적이고 미약했다. 하지만 건제파 엘리트들은 홍콩 사회를 중국의 권위주의 및 자본주의 만능론과 결합하려는 시도를 거듭했다. 중국의 정치적 압력과는 별개로 2010년을 전후로 한 중국의 경제·사회적 영향력의 확대는 홍콩의 자본주의적 성장을 지탱해 왔을 뿐만 아니라 평범한 시민들이 공유하는 강한 반중 정서를 불러일으켰다. 수백만 방문객들의 도시 유입이 외국인 혐오 반응을 야기했다는 사실은 이를 보여주는 하나의 사례다. 이 모든 정치·사회적 불만이 공동체 홍콩에 가해지는 실존적 위협의 느낌을 형성하는 데 일조했다. 일련의 정치적 봉기가 일어나는 와중에 점점 더 많은 젊은이들은 저항 세력을 포함해 기존 제도권 정당의 정치적 리더십에 대한 신뢰를 궁극적으로 상실했다. 그들은 "중화 인민의 위대한 부흥"이라는 역사적 서사에 위화감을 느꼈을 뿐만 아니라 민주화의 전망, 홍콩의 발전적 미래 전망에도 회의를 품었다. 홍콩의 독립을 주창하는 본토주의 활동가 및 정치인들은 중국과 복잡하게 얽힌 미래에 대한 좌절에 호소하며 수년 사이에 더 많은 지지를 획득했다.

윌리엄스는 정치 제도와 주류 정치인에 대한 그러한 불신 속에서 성장했다. 그들은 평범한 사람들의 이익에 반하는 일을 하는 사람들로 인식되었다. 그가 기억하듯 2008~9년경 그가 아직 고등학생이었을 때 사회민주연선(社會民主連線)의 3인방(렁퀵홍梁國雄, 레이몬드 윙욱맨黃毓民, 와이입 챈)이 입법회에서 보여준 저항과 기물 파괴행위는 그를 너무나 흥분시켰다. 그들은 기성 질서와 온건 자유주의자들에게 공격을 개시한 민주파의 급진 분파를 대표했다. 정치에 관한 윌리엄스의 초기 관심은 주로 윙에 대한 애정, 그의 독불장군식 행동 스타일과 선동적 발언에서 비롯되었다. 2012년 그는 그리 유명하지 않은 대학에 입학했다. 하지만 그는 자신의 정치적 입장을 공유하는 이들이 거의 없음을 알게 되었다. 또한 그는 다혈질적인 성격으로 인해 정치적 활동을 하는 다른 학생들과도 잘 어울리지 못했다. 대신 그는 캠퍼스 밖의 정치적 세계에 흥분했다. 윙이 본토주의로 선회한 이후 그는 2013년 열혈공민(熱血公民)이라는 새롭게 설립된 단체에 가입했다. 열혈공민에 가입하는 한편 윙의 지지자로 선거운동에 열심히 참여했음에도 그는 종종 스스로를 독립된 투사의 위치에 두었다. 예컨대 그는 시위를 할 때 열혈공민의 유니폼을 거의 입지 않았으며 때로 피켓라인 밖에 서 있었다. 그는 보다 자생적이고 대결적인 행동을 선호했다. 이러한 행동들은 꼭 지도부의 승인을 받은 것은 아니었다. 열혈공민은 그의 행동이 가져온 어떠한 결과에 대해서도 책임을 질 이유가 없었을 것이다.

대부분의 본토주의자와 마찬가지로 소위 우산 운동의 "실패" 이후 그는 본토주의의 정치적 입장, 그리고 다른 저항 정당과 분명하고 뚜렷하게 구별되며 용무(勇武)로 명명되는 그들의 투쟁방식을 보다 결연하게 주장하게 되었다. 2015년 그는 튄문에서 벌어진 중국 본토 방문객 반대 시위에 참여했으며 더 중요하게는 2016년 초의 몽콕 소요에도 참여했다. 수많은 청년들이 밤새 경찰들과 물리적 싸움을 벌였다. 윌리엄스에게 이것은 용무(勇武) 스타일의 투쟁이 무엇인가를 선취하는 것이었다. 다가올 선거에서 독립을 지지하는 범(凡)본토주의 진영의 후보로 출마했으며 폭동의 핵심 인물 중 하나였던 에드워드 렁은 윌리엄스와 같은 많은 청년들로부터 지지를 이끌어냈다. 렁은 15%의 득표율을 기록했으며 이는 선거 전 예상보다 훨씬 더 높았다. 지지자들은 선거 결과에 고무되어 향후 더 많은 정치적 영향력을 얻게 될 것이라는 기대감을 품었다. 9월에는 열혈공민의 후보 한 명을 비롯해 범(凡)본토주의 및 친(親)독립파 후보 몇 명이 입법회 의석을 획득했다. 하지만 선거 직후 윌리엄스는 그 결과에 실망감을 느꼈다. 그는 그들이 5석의 입법회 의석을 얻는다면 이들 의원들이 다섯 군데의 지역구에서 각각 사임하고 이후 치러지는 보궐 선거의 형태로 사실상의 국민투표를 실시함으로써 전 시민에 의한 헌법 개혁에 착수할 수 있을 것이라 믿었다. 이것은 2047년 이후 홍콩의 정치적 자율성을 보장하기 위한 기본법 개정을 수용하도록 중국 공산당에 압력을 가하려는 의도를 지니고 있었다. 그에게는 이제 이 모든 것이 허사가 되었다. 그는 이 상황을 "진흙탕 속에 빠진 것"이라 묘사했다. 차기 선거운동을 준비하는 대신 그는 공격적인 전술을 상상했다.

"처음에 우리는 아마도 경찰서에 대한 기습 공격을 개시할 수 있습니다. 그런 다음에는 궁극적으로 한 지역을 점령할 수도 있을 겁니다. 제가 말하는 건 '센트럴을 점령하라!'와 같은 게 아닙니다. 대신 한 지역의 정부 기능을 마비시키는 것이지요. 우리가 상상한 건 ISIS가 했던 것과 같은 군사적 행동입니다……"

자유민주주의는 시간을 두고 천천히 숙고하여 미래의 국가 활동을 계획하고 조직한다. 이런 점에서 입법과 정당정치에 관한 자유민주주의적 관념은 이론적으로 미래에 관한 전망과 관련된다. 하지만 자유민주주의의 게임이 국가 활동을 조직할 수 없음을 사람들이 알게 될 때에는 무슨 일이 일어날 것인가? 윌리엄스와 같은 활동가들은 장기적이고 미래를 내다보는 숙의의 과정을 인정하기를 거부한다. 선거 승리의 제한적 성과는 잠재적으로 급진적이고 즉각적인 행동에는 부적합하며 심지어 방해가 되기도 한다. 선거 이후 그는 한동안 열혈공민 내의 본토주의자들 사이에서 벌어진 분쟁에 휘말렸다. 자신의 조증 및 우울증과 싸우며 그는 단체를 그만두고 이후에는 정치로부터 멀어지게 되었다.

선거운동 참여와는 모순되는 이러한 비현실적 환상은 지금 당장 근본적 변화의 순간을 맞고 싶어하는 그의 갈망을 예증한다. 격렬한 갈등은 또한 그가 "홍콩인들"이라는 단체를 받아들이는 데 도움이 되었다. 이 단체는 일사불란하게 행동하는 사람들로 구성되어 있었다. 하지만 결코 홍콩은 혁명이 임박한 곳이 아니었다. 2018년 9월 28일 그는 글과 사진을 하나 게시했다. 사진은 우산운동이 시작된 2014년의 같은 날 시위진압 경찰이 최루가스를 발사하는 장면을 담고 있었다. 그리고 그는 여기에 다음과 같은 글을 덧붙였다.

"928. 정치.
기지개를 펴며 일어났다. 핸드폰을 켰다. 9월 28일.
돌이켜보면 정치 때문에 너무 많은 것을 잃어버렸다는 생각이 갑자기 떠올랐다."

그는 우산 운동 이후 자신이 경험한 바를 기대와 실망의 반복으로 묘사했다. 우산 운동, 홍콩 회복 운동, 몽콕 소요 등 각각의 결집행동은 그의 마음에 불을 댕겼다. 그는 흥분한 다음 실망하기를 거듭했다. 이제 "모든 불은 꺼지고 사라졌습니다."

"과거에 저는 정치를 제 삶의 유일한 의미로 여겼습니다. 저는 무언가를 할 수 있고 바꿀 수 있다고 생각했습니다. 하지만 지금 저는 제 자신조차 거의 바꿀 수 없다는 걸 깨닫고 있습니다. 제가 어떻게 세상을 바꿀 수 있겠습니까? 제가 정치에 참여한 몇 년간을 되돌아보면서 저는 그 시간들이 완전히 공허하다는 걸 알게 되었습니다. 저는 어떤 것도 얻지 못했습니다. 훨씬 더 나쁘게도 저는 많은 것을 잃었습니다. 정치적 반목으로 저는 친구와 제 자신을 잃었습니다."

그는 결국 개인적 생활과 ACG[2] 취미로 되돌아갔다. 하지

---

2 Anime, Comics, and Games의 약자.

만 그는 홍콩의 위대함을 회복하겠다는 자신의 열망을 포기하지 않았다. 대신 그는 향수에 젖은 민족주의적 형태에 빠져들었다. 2017년 여름 그는 도쿄의 야스쿠니 신사를 방문했다. 그는 이곳이 일부 홍콩 본토주의자들에게 인기 있는 관광명소라고 밝혔다. 일본과 중국 사이의 정치적 불화 또는 중일전쟁의 역사적 기억에 신사가 중심적인 위치를 차지하고 있다는 걸 분명하게 알고 있음에도 그는 어떻게 이것이 그의 정치적 입장에 중요한지 명확하게 해명하진 못했다. 신사를 둘러보던 중 그는 일본에서 가장 오래된 전쟁박물관인 유슈칸 박물관에 전시된 하나의 족자에서 특별한 감동을 받았다. 거기에는 일본의 우익 문학평론가 미쓰이 코시 (1883-1953)가 쓴 글귀가 적혀 있었다. "나라를 돌보는 이들의 고통스런 삶이 켜켜이 쌓여 야마토(일본의 고대명)의 땅을 지킨다." 몰래 사진을 찍어 자신의 페이스북 계정에서 그것을 곧장 공유하지 않고서는 배길 수 없었다고 윌리엄스는 말했다.

일본의 우익민족주의는 홍콩 본토주의자인 윌리엄스에게 완전히 새로운 울림과 의미를 띠게 되었다. 이 문화적 고리 속에서 일본의 민족주의는 중국에 대한 공격을 통해 그토록 강한 인상을 남겼다. 이러한 감정은 어떤 공통의 역사나 서사에 정박된 것이 아니라 문화적 인접성과 재연(再演)을 중심으로 구축되었다(Iwabuchi, 2002; Jameson, 1983). 윌리엄스의 정치적 좌절과 민족주의적 상상은 "기억 없는 향수(Appadurai, 1990: 3)"의 또 다른 사례로 기능한다. 그는 자신이 경험하지도 못하고 상실한 적도 없는 세계를 회고했다. 그것은 패스티쉬류의 문화적 재생산이 가져온 결과이자 "섬뜩

한 친밀성의 감각(van Manen, 2010)"을 자신과 사회적 삶에 제공하는 포스트모던 문화의 한 종류다.

4. 찰스: 한 분파주의 청년

윌리엄스와 달리 찰스는 지난 2년 사이에 주목받는 인물이 되었다. 그것은 부분적으로는 에드워드 렁이 수감되고 자격을 상실한 의원들이 대중들의 시야에서 사라진 후 미디어가 절박하게 친(親)독립파 활동가들을 찾고 있었기 때문이다. 2017년 내가 당시 16세의 고등학생이었던 찰스를 처음으로 만났을 때 그는 신계서부(NTW) 지역의 3등급(최하 등급) 중등학교를 다니고 있었으며 친(親)독립파를 옹호하고 다른 젊은 활동가들을 조직하는 활동으로 바쁜 나날을 보내고 있었다. 그의 정치적 경험은 다른 제보자들보다 훨씬 더 많이 정보통신기술의 영향을 받았다. 물론 홍콩의 고유한 정치 구조 역시 그가 분파정치로 나아가는 길을 닦는 데 일조했다. 찰스는 헌법 개혁을 위한 민주적 투쟁이 자신의 주된 관심사가 아님을 인정했다. 그의 마음을 움직인 최초의 정치적 사건은 "홍콩 회복, 본토 보호(光復香港, 捍衛本土)" 운동이었다. 이 운동으로 중국 본토에서 온 병행수입업자들과 관광객들을 향한 몇 차례의 시위, 그리고 이로 인한 차단 행위가 전개되었다. 2012년 그들을 향한 분노가 중국 국경에 인접한 성슈이 지역과 인터넷 상에서 처음으로 끓어오르기 시작했다. 이후 급조된 단체들이 조직한 시위가 잇따르고 격렬해졌다. 뉴스, 사진, 동영상, 페이스북 게시글과 댓글이 급속히 퍼져나갔으며 이는 찰스와 같은 많은 이들의 마음을 끌었다. NTW의 한 구역이자 중국 본토에서 밀려오는 병행수입업자들과 관광객들로 붐비는 인기 장소 중 한 곳인 위안랑 근처에 살면서 찰스는 중국의 "위협"을 강하게 느끼고 있었다. 그것은 자신이 속한 공동체를 알아볼 수 없게 만들었다. 처음으로 거리 정치에 참여할 동기를 부여한 것은 사람들의 무분별한 유입으로부터 홍콩을 보호하자는 민족적 요청이었다. 지역민들의 공동체와 생활을 본토인의 "침입"으로부터 보호하자는 것이 그 명목이었다. 이러한 시위는 관습적인 시위 장소보다는 지역의 동네에서 일어났으며 정치적 유명인이나 사회운동단체의 지도 없이 진행되었다. 시위대들은 정부에 청원하는 대신 방문객들을 직접 멈춰 세우고 맞섰으며 때로는 그들을 괴롭히기도 했다. 이 모든 것은 포퓰리즘적 수사, 제스처, 그리고 행동 스타일을 특징으로 했으며 찰스는 이것을 충분히 납득되면서도 호소력이 있다고 생각했다.

이후 찰스는 더 많은 정치적 지식과 어휘를 습득하였고 가장 우익적인 의제(가령, 복지체계에 대한 공격, 반(反)페미니즘, 자유주의적-좌파적 관심사와 가치의 거부 등)를 지지했다. 이러한 과정은 특히 2016년 몽콕 시위, 그리고 에드워드 렁을 비롯한 여러 사람들의 선거 운동 참여를 통해 이루어졌다. 그는 또한 점차 용무(勇武)의 관념을 받아들였으며 이것을 범민주파의 온건한 태도와 구별했다. 그에게 이 용어는 명확하게 정의되지 않았다. 그것은 대담하게 관광객과 직접 맞서는 것에서부터 경찰과의 싸움에 참여하는 것, 친(親)독립파 후보를 위해 지지 유세를 하는 것, 나아가 독립 지지 활동에 이르기까지 그 의미가 계속해서 변화했다. 그에게 진정 중요한 것은 기존 저항 정당과 구별되는 새로운 저항의 목록이다. 지난 수년간 오직 본토주의 단체 및 인터넷 상의 친(親)본토주의 오피니언 리더들만이 이러한 쟁점, 지지활동, 행동을 시작하고 정교하게 다듬는 한편 관리해 왔다. 대부분의 범(凡)민주파 정당들은 이러한 것들의 수용을 거부했다. 이는 홍콩 회복 운동에서 전개된 본토 관광객들을 향한 시위가 파문을 일으켰을 뿐만 아니라 몽콕 소요 기간, 경찰관에 대한 무차별적 공격이 일어났기 때문이었다. 그것은 자유주의자들이 공유하는 시민적 원칙을 위반하는 것이었다. 따라서 우익 본토주의에 대한 찰스의 정치적 충성을 이해하는 것은 어려운 일이 아니다.

2016년의 선거 이후 많은 본토주의자들은 본토주의 운동 또는 독립 지지 운동을 방해했다는 이유로 서로를 비방했다. 나아가 그들의 정치적 영향력은 일련의 사건들 속에서 잠식되어 갔다. 여기에는 두 명의 친(親)독립파 입법회 의원의 의원직 상실, 그리고 렁을 비롯해 몽콕 소요에 연루된 여러 활동가들의 수감이 포함된다. 하지만 이러한 혼돈과 억압, 그리고 후퇴는 결코 찰스와 그의 동료들의 정치적 의지를 잠식하지 못했다. 대신 그들은 십대 청년의 이름으로 독립 지지 활동을 위한 가두 선전대를 정기적으로 설치했다. 그들은 자신들의 단순한 메시지를 선전하기 위한 현수막을 내걸었다. "아무리 어려울지라도 홍콩에게 남아 있는 유일하게 참된 선택지는 독립이다." 이와는 별개로 그들은 또한 독립 지지 활동을 하거나 학교의 강압적인 표준중국어 정책에 항의했다는 이유로 징계를 받은 중등학생들을 지원하기 위해 집회를 개최하기도 했다. 그는 단체의 공개 성명에서 긴급성의 의미를 담은 수사를 반복적으로 구사했다. 예컨대 그는 종종 홍콩의 상황을 '수심화열(水深火熱)'로 규정했다. 말 그대로 하자면 "깊은 물과 뜨거운 불 속에 있다"는 뜻으로 이는 홍콩이 "비참의 심연에 빠져 있음"을 표현하는 것이었다. 이러한 인식하에서 그는 중국의 "문화적 청소" 및 세뇌 활동에 맞선 즉각적인 행동을 촉구했다. 하지만 홍콩의 독립이라는 장기적 목표를 소중히 간직하고 있음에도 그는 어떠한 이행 계획도 제시할 수 없었다.

찰스의 단체는 대부분의 시민단체로부터 긍정적인 반응을 얻어내지 못했다. 그리고 단체는 체계나 규율이 제대로 잡혀 있지도 않았다. 지난 몇 년간 수백 명의 중등학생들이 그의 단체에 가입했지만 그것은 가입과 탈퇴를 반복하는 식이었을 뿐이다. 2년 전 그는 몇 명의 회원들과 함께 친(親)독립파 온라인 채널을 통해 주간 토크쇼 프로그램의 방송을 시작했다. 처음에 그는 수줍음과 부족한 말솜씨로 인해 많은 주목을 받지 못했다. 하지만 이제 찰스는 거의 홀로 남은 토크쇼 진행자이다. 그는 단체의 대표자이자 대변인 역할을 지속해 온 유일한 사람이 되었다. 정기적인 가두 활동에는 기껏해야 5명 정도의 회원들이 모습을 드러낼 뿐이며 이들 대부분은 열정적으로 활동하지도 않는다. 그들의 지지 활동은 호기심 어린 시선만을 끌 뿐이다. 하지만 그의 활동은 그의 용맹함과 활력을 보여주며 앞서 언급한 모든 것에도 불구하고 찰스는 자신의 활동을 홍콩의 독립을 향한 첫 번째 단계로 여기고 있다.

찰스의 분파주의적 교의에는 홍콩의 정치적 전망에 대한 높은 수준의 인식이 들어 있다. 예컨대 그는 지금부터 2047년까지의 시기를 정치적 참여 및 독립 달성을 위한 결정적 순간으로 여긴다.

"2047년 이후 우리에게 무슨 일이 일어날까요? 우리는 알지 못합니다. 하지만 같은 반의 친구가 내게 이렇게 말했어요. '걱정하지 마. 2047년이 지나면 우리는 이미 죽어 있을 거야.' 하지만... 2047년은 그리 먼 미래가 아니에요. 그때도 우리는 여전히 젊을 겁니다. 우리는 40대에 불과하죠. 지금 우리는 16살이니까요. 사고가 일어나지 않는다면 우리는 오래 살 겁니다. '2047년 문제'는 우리가 해결해야 할 쟁점입니다."

하지만 독립을 향한 장기적 투쟁에 종사하겠다는 결단에는 어떠한 변동론이나 조직 계획도, 심지어 개인적 발전 계획조차 수반되어 있지 않다. 중하층 계급의 배경을 가진 성적이 낮은 학생으로서 그는 자신이 시험에 합격할 것이라고 생각하지 않는다. 대학 입학 자격을 얻는다는 건 말할 것도 없다. 그리고 그는 자신의 가까운 장래에 관한 어떠한 대안적 계획도 내놓지 못한다. 하지만 그는 중간 계급에다 대학 학위를 보유하고 있는 대부분의 홍콩 정치인들을 따라가고 싶은 욕망을 없앨 수는 없었다. 그는 에드워드 렁을 본보기로 삼아 명문 대학에서 정치학을 공부하길 원하고 있다. 하지만 그는 이내 그것은 단지 실현될 리가 없는 무모한 꿈일 뿐이라고 말했다.

찰스의 급진주의는 단순히 자기파괴적인 청소년의 반항이 아니다. 거의 인정받지 못했다 하더라도 그의 활동은 그에게 유명세와 사람들의 주목을 가져다 주었다. 평범한 외모와 초라한 학업 성적을 가진 찰스는 관습에 저항하는 그의 태도로 인해 종종 많은 교사와 학생들로부터 비난을 받거나 조롱을 당했다. 하지만 찰스의 정치적 분파주의는 스스로에게 그토록 많은 힘을 불어넣어 그는 오히려 역경과 마주할 때 더 큰 자신감을 느꼈다. 소셜 미디어의 프로필 사진이 바뀌었다는 사실이 이를 예증한다. 프로필 사진은 스스로 선택한 자신의 공적 표상이다. 삼년 전 내가 그를 처음 만났을 때의 프로필 사진은 얼굴을 활짝 드러내기보다는 흑백 사진 속에 자신의 뒷모습만을 담아 보여주었다. 이후 그는 정치적 메시지를 담은 보다 많은 사진들을 게시했다. 예컨대 그는 에드워드 렁과 함께 찍은 사진을 이용했다. 가두 선전대 옆에 서 있는 모습이 담긴 사진 한 장이 한동안 게시되기도 했다. 마지막에는 얼굴을 확대하거나 상반신을 담은 사진을 선호하게 되었다. 불빛을 배경으로 심각한 얼굴 표정을 한 채 허리를 꼿꼿이 세운 사진 한 장이 있었다. 그는 그 사진 모서리에 각각 "香港獨立(홍콩 독립)"이라는 한자를 한 글자씩 새겨 넣었다. 또 다른 상반신 사진에서는 티셔츠에 "홍콩은 중국이 아니다"라는 슬로건이 적혀 있었다. 페이스북 게시글을 통해 그는 학교 교사들에게 이렇게 대꾸했다.

　　"저의 성적이 나쁘다고 말하는 것은 좋습니다(하지만 저는 학교의 모든 과목을 통과했습니다). 많은 사람들 앞에서 저를 놀리는 것도 좋습니다. 하지만 제가 그저 무능한 키보드 워리어라고 말하는 거라면 선생님은 틀렸습니다. 어제 경찰들이 저를 괴롭혔을 때 저는 그들을 어떻게 다뤄야 하는지 알게 되었습니다. 그렇다면 선생님이 말한 것은 정말 어리석고도 모순적입니다. 다시 말씀드리지요. 제가 제 능력을 증명하기 위해 활동하는 모습을 셀카로 찍을 필요가 있을까요? 선생님이 보시는 게 허세처럼 들릴 수도 있겠지요. 하지만 제가 할 수 있는 게 허세 뿐이라고 생각하신다면 선생님은 저를 잘못 보신 겁니다."(페이스북 게시글, 2017년 6월 5일)

관습에 저항하는 그의 태도는 교사들과 학교 친구들, 심지어 정부에 의해 성년기에 일어나는 일종의 반항으로, 따라서 다른 분리주의 정당에 비해 기성 질서에 덜 위협적인 것으로 여겨질 수도 있을 것이다. 하지만 어쩌면 찰스는 다른 사람들의 차가운 시선을 즐기고 있을 지도 모른다. 용무(勇武) 스타일의 투쟁에 참여하고 독립을 지지하는 선전 활동에 헌신함으로써 그는 학교 생활의 역경을 넘어설 수 있는 힘을 얻었다. 하지만 그의 학교 생활은 오래 지속될 수 없었다. 나는 그가 자신의 정치적 실천과 직업적 계획, 그리고 홍콩의 향후 정치적 전망을 의미 있는 방식으로 연결할 수 있을지가 항상 궁금하다.

5. 죠셉: 두 세계 사이에 끼이다

패트릭의 배경은 찰스, 그리고 윌리엄스와는 다소 차이가 있다. 그는 중등학교 이후 줄곧 엘리트 학생이었다. 그는 우수한 공인시험 결과로 홍콩의 유수 대학 중 한 곳에 입학했으며 상위 전문직종의 전공을 선택했다. 12살 즈음부터 그는 유지에의 작품과 같은 소위 반(反)중국공산당 "금서"로부터 정치적 지식을 얻었다. 그의 정치적 참여를 일깨운 첫 번째 쟁점은 2012년에 있었던 국민교육 과목에 관한 논쟁이었다. 그는 결국 이 운동을 주도한 조슈아 웡의 학민사조(學民思潮)에 가입했다. 하지만 이후 그는 비폭력 시민 불복종 운동을 대표한 웡과 불화를 겪고 2013년 학민사조를 그만두게 되었다. 2014년 1학년 학생으로서 그는 이미 스스로를 용무(勇武)와 동일시하고 총장실 진입 등의 급진적 행동을 옹호했다. "전투에서 승리를 가져다주는 건 수비가 아니라 공격이다. 지금 우리에게는 모든 것을 파괴하고 다시 세울 용기가 필요하다(페이스북 게시글, 2014년 10월 4일)." 사실 우산 운동 과정에서 그는 이미 폭력 투쟁에 관한 환상을 가졌다. 그는 소셜 미디어에 "승리의 가능성은 '주민들(거리를 점거한 이들)'이 경찰에게서 총을 탈취할 것을 결정할 때 시작된다"는 반(半)농담식의 말을 남겼다(페이스북 게시글, 2014년 10월 2일). 과거의 경험을 되돌아보며 그는 폭력적 대결과 최후의 결전에 대한 열망이 가두 시위와 점거, 그리고 경찰과의 대치 경험에서 발전되었음을 인정했다.

"나는 아직도 몽콕의 점거 현장에 도착했던 첫날을 기억하고 있다. 나무로 된 바리케이트는 레미제라블의 장면들을 연상시켰다. 그 순간 나는 이미 홍콩의 미래가 전과 같지 않을 것임을 알게 되었다. 점거가 계속된 몇 달 간은 기억에서 지울 수가 없다. 배급소에서 나눠준 차가운 라면 맛과 시위진압 경찰이 군중들에게 돌진해 모두를 체포해 가는 순간을 잊는다는 건 불가능한 일이다. 두려움, 하지만 되돌아갈 길이 없다는 강렬한 느낌은 그토록 잊히지 않는다(페이스북 게시글, 2018년 9월 28일)."

우산 운동 이후 그는 캠퍼스 내 친(親)본토주의 학생들의 네트워크에 참여해 에드워드 렁을 비롯한 청년 지도자 몇 명과 친밀한 관계를 맺었다. 이후에 그가 보여준 정치적 실천의 궤적은 찰스, 그리고 윌리엄스와 대체로 수렴하는 것이었다. 몽콕 소요 시기, 자정에 집결하라는 메시지를 받자마자 몽콕으로 달려간 그는 대학 친구들과 합류한 후 아침까지 경찰과 대치했다. 운이 좋게도 그는 경찰에 체포되지 않았다. 다음 해부터는 2016년의 선거를 위한 운동에 참여했다. 그는 친(親)본토주의 후보와 의원의 자격상실 및 렁의 수감과 같은 정치적 패배로부터 고통을 겪었다. 이 모든 과정 속에서 독립을 지지하는 자신의 태도뿐만 아니라 중국과 홍콩 정부, 건제파 정치인, 심지어 친(親)민주파 진영에 대한 경멸까지 공고해졌다. 그는 홍콩의 미래가 온전히 자신과 같은 젊은 사람들에게 달려 있다고 믿었다.

나는 전도유망한 직업적 전망에도 그의 용무(勇武) 수용이 방해받지 않았다는 사실에 놀랐다. 하지만 그는 폭력 투쟁에 깊이 연루될 정도로 많은 위험을 무릅쓰진 않았다고 인정했다. 범죄적 공격은 장래의 직업 생활을 망칠 것이기 때문이었다. 그는 공적 참여가 시민적 책무라기보다는 자신의 집을 침입으로부터 보호하라는 하늘에서 부여한 엄중한 임무라고 여겼다. 즐기기 위한 것이 아니라는 건 말할 것도 없다. 2014년 이후 그는 정치와 거리를 두는 것에 대해 여러 차례 생각했지만 여전히 상반된 두 개의 역할 사이를 오가고 있다. 밝은 미래가 있는 기성 질서 내의 엘리트 학생, 그리고 폭력적 전술과 철저한 희생을 옹호하는 급진적 활동가의 모습이 그것이다. 소셜 미디어에 그는 한편으로는 정장 차림으로 전문가들과 찍은 단체 사진을 게시하는가 하면 다른 한편으로는 권력 엘리트들을 통렬하게 비판하거나 당국에 맞선 폭력 투쟁을 옹호하며 집회나 시위 사진을 게시하기도 했다. 군중과 가두 정치를 떠날 리는 없었지만 그는 체포되지 않도록 주의를 기울였다.

월리엄스처럼 비관적이지는 않다 하더라도 그는 종종 희망과 절망에 관한 사색에 빠지기도 했다. 그는 종종 "둘 다 헛된 것이어서 절망은 희망과 같다"는 루쉰의 유명한 구절을 대화나 소셜 미디어에 인용했다. 한 번은 에드워드 렁의 언급을 이용해 혁명은 세상 끝까지 뻗어 있는 것처럼 보이는 장구한 길에서 갑자기 떨어져 나오는 예측할 수 없는 비약의 순간이라고 규정하기도 했다. 그를 비롯한 본토주의자들에게 이러한 순간을 열망하는 것은 일종의 "혁명 정신(페이스북 게시글, 2018년 11월 30일)"이다. 하지만 그는 송환법 개정반대 운동의 초기 국면에서 정치적 소요의 매 순간은 그저 마지막 순간일지도 모른다고 말했다.

"나는 내일도 투쟁이나 사회운동이 있을지는 알지 못한다. 홍콩이 몰락하거나 우리 모두가 홍콩을 떠난다 하더라도 올바른 사람들이 남긴 이 역사의 페이지와 희생을 기억해 주기 바란다(페이스북 게시글, 2019년 6월 10일)."

6. 결론: 정동적 시간 감각으로서의 용무(勇武)

그들의 이야기는 시간에 대한 젊은 남성들의 불안을 제기하는 최근의 학문적 경향을 반향한다(Jeffrey, 2010:11; Cole and Durham, 2002; Comaroff and Comaroff, 2000). 상기한 세 가지 사례는 용무(勇武)가 일종의 하위문화라기보다 다양한 사회·문화적 배경을 갖는 젊은 남성들에 의해 수용되고 있음을 보여준다. 그들을 함께 묶는 것은 홍콩과 중국이라는 큰 그림이다. 간단히 말해 점진적 민주화의 과정에 참여하는 것은 "일국양제(一國兩制)"의 원칙이 적용되는 현행 정치제도에서 그 관심을 지속시킬 수 없다. 정치적 시간성이라는 골치 아픈 문제가 홍콩에 고유한 것은 아닐 것이다. 홍콩의 사례는 제인 가이어(Jane Guyer, 2007)가 논한 가까운 미래가 비워지는 문화적 전환의 한 변이다. 현재와 먼 미래 사이에 손을 뻗어 닿을 수 있는 중간 단계를 협상할 여지는 거의 없다. 홍콩의 본토주의 발흥은 탈(脫)제도화 과정의 일환으로 발생한다(Ip, 2019). 이 과정에서 사람들은 자율성을 추구하고 즉각적으로 새로운 정치적 경험을 창조해야 한다는 의무와 강박을 점점 더 많이 느끼게 된다. 하지만 저항적 남성성은 "즉각적 행동주의"의 모습으로 나타난다. 즉 그것은 강렬한 순간 속에서 힘과 심지어 때론 폭력으로 기성의 질서에 맞서지만 내구적 조직이나 구체적 계획은 갖추고 있지 않다. 분리주의와 싸운다는 명분으로 실시되는 홍콩과 중국 정부의 억압적 대응 조치는 홍콩의 가까운 미래를 더욱더 비울 뿐이다. 그것은 단지 긴장을 심화시켜 점점 더 많은 젊은 이들이 탈구된 시간에 참여할 동기를 부여할 뿐이다. 2019년의 송환법 개정반대의 사례는 이를 보여주는 가장 최근의 사례다. 자본주의 만능론과 자본 중심적 자극 종합세트는 무용한 것으로 판명되었다.

이러한 종류의 영토적 충성심과 저항적 남성성은 가변성과 복잡성을 드러낸다. 윌리엄스와 같은 이들은 정치적 논쟁에서 물러나 자기 치유를 위한 명상과 향수로 돌아갔다. 하지만 찰스와 패트릭은 정치 참여를 그만두지 않았다. 하지만 그들에게 용무(勇武) 투쟁과 개인적인 직업적 전망, 그리고 홍콩의 정치적 미래를 어떻게 효과적으로 연결시키느냐는 여전히 복잡한 문제로 남아 있다. 마찬가지로 그들의 정치적 실천들은 완전한 형태를 갖춘 집단의 정체성과도 전혀 부합하지 않는다. 대신 그러한 실천들은 서로에 대해서도 모습을 달리한다. 그러한 실천들이 공유하는 것은 짧은 생명을 지닌 정치적 소요의 순간과 평범한 일상의 간극에 대한 정동적 반응이다. 중국의 "전면적 관할권" 하에 놓여 있는 한 도시에서 분리주의의 지속이라는 문제를 해결할 정치적 해법은 존재하지 않는다. 용무(勇武)는 영원한 방랑자를 나타낸다. 그는 집에 있는 느낌을 가질 수 없으며 자신이 고통받는 자와 전사 사이에서 분열되어 있음을 발견한다. 영토적 충성심이 정체성에 대한 요청이라면 용무(勇武)는 스튜어트 홀의 말을 빌리자면 "생성"의 과정이다(Hall, 1994). 즉 그것은 낯설고 상상할 수 없으며 통제되지 않는 미래로 표류함을 나타낸다.

(번역: 번역협동조합)

참고문헌

1. 논문과 단행본

1) 논문

D. Hook, Discourse, "Knowledge, Materiality, History: Foucault and Discourse Analysis", *Theory & Psychology* 11(4), 2001.

E. P. Thompson, "Time, work-discipline and industrial capitalism", *Past & Present* 38(1), 1967.

G. Valentine, "Boundary crossings: transitions from childhood to adulthood", *Children's Geographies* 1(1), 2003.

I-c. Ip, "Politics of belonging: a study of the campaign against mainland visitors in Hong Kong", *Inter-Asia Cultural Studies* 16(3), 2015.

J. Benedicto, "The political cultures of young people: an uncertain and unstable combinatorial logic", *Journal of Youth Studies* 16(6), 2013.

J. Bynner, "Rethinking the youth phase of the life-course: the case for emerging adulthood?", *Journal of Youth Studies* 8(4), 2005.

J. Horton, and P. Kraftl, "Not just growing up, but going on: Materials, Spacings, Bodies, Situations", *Children's Geographies* 4(3), 2006b.

J. Horton, and P. Kraftl, "What else? Some more ways of thinking and doing 'Children's Geographies'", *Children's Geographies* 4(1), 2006a.

J. I. Guyer, "Prophecy and the near Future: Thoughts on Macroeconomic, Evangelical, and Punctuated Time", *American Ethnologist* 34(3), 2007.

M. Bucholtz, "Youth and Cultural Practice", *Annual Review of Anthropology* 31, 2002.

N. Worth, "Understanding youth transition as 'Becoming': Identity, time and futurity", *Geoforum* 40(6), 2009.

P. Glennie, and N. Thrift, "Reworking E. P. Thompson's 'Time, Work-Discipline and Industrial Capitalism'", *Time & Society* 5, 1996.

R. Kimberlee, "Why don't British young people vote at general elections?", *Journal of Youth Studies* 5(1), 2002.

S. Baron, S. Riddell, and A. Wilson, "The secret of eternal youth: identity, risk and learning difficulties", *British Journal of Sociology of Education* 20(4), 1999.

S. Hall, "Cultural Identity and Diaspora" In P. Williams, and L. Chrisman(eds.), *Colonial Discourse and Post-colonial Theory*, London: Harvest Wheatsheaf, 1994.

S. Walby, "Theorizing Patriarchy", *Sociology* 23(2), 1980.

W. Benjamin, "Thesis on the Philosophy of History", In H. Arendt, (ed.) *Illuminations*. New York: Schoken Books, 1968.

2) 단행본

A. Giddens, *New Rules of Sociological Method: A Positive Critique of Interpretative Sociologies*, London: John Wiley & Sons, 2007[1993].

A. L. Dalsgård, M. D. Frederiksen, S. Hølund, and L. Meinert(eds.), *Ethnographies of Youth and Temporality: Time Objectified*, Philadelphia: Temple University Press, 2014.

A. Park, J. Curtice, K. Thomson, C. Bromley, and M. Phillips(eds.), *British social attitudes: The 21st report*. Thousand Oaks: Sage, 2004.

A. Russell, E. Fieldhouse, K. Purdam, and V. Kalra, *Voter engagement and young people*, London: The Electoral Commission, 2002.

B. Agger, *Fast Capitalism: A Critical Theory of Significance*. London: Routledge,

1989.

B. Anderson, *Imagined Communities: Reflections on the Origin and Spread of Nationalism*. London: Verso, 1991.

B. Inhelder, and J. Piaget, *The Growth of Logical Thinking From Childhood to Adolescence*. New York: Basic Books, 1958.

C. Hine, *Virtual Ethnography*. London: Sage, 2000.

C. Jeffrey, *Timepass: Youth, Class, and the Politics of Waiting in India*. Stanford: Stanford University Press, 2010.

D. Harvey, *The Condition of Postmodernity*. London: Polity, 1989.

E. Erikson, *Childhood and Society*. New York: W. W. Norton & Co, 1950.

G. Deleuze, M. Joughin(tran.), *Negotiations 1972-1990*, Columbia: University of Columbia Press, 1995.

I-c. Ip, *Routledge Handbook of Contemporary Hong Kong*, Edited by T-l. Lui, W. K. Chiu and R. Yep, Oxford and New York: Routledge, 2019.

J. Cole and D. Durham(eds.), *Figuring the Future: Children, Youth, and Globalization*. Santa Fe, NM: School of American Research Press, 2008.

J. Comaroff, and J. Comraoff, *Millennial Capitalism: First Thoughts on a Second Coming. Public Culture* 12(2), 2000.

J. Fabian, *Time and the Other: How Anthropology Makes Its Object*, New York: Columbia University Press, 1983.

J. Ranciere, *Dissensus: On Politics and Aesthetics*, London and New York: Continuum, 2015.

J. Sloam, and M. Henn(eds.), *Youthquake 2017: The Rise of Young Cosmopolitans in Britain*. London: Palgrave Macmillian, 2019.

M. Foucault, G. Burchell, C. Gordon, and P. Miller(eds.), *Foucault Effect: Studies in Governmentality with Two Lectures by and an Interview with Michel Foucault*. Chicago: Chicago UP, 1991.

P. Bourdieu, *Pascalian Meditations*. Cambridge: Polity Press, 2000.

P. Ricoeur, *Time and Narrative, Vol. 3*, Chicago and London: The University of

Chicago Press, 1988.

R. W. Connell, *Masculinities*. Cambridge: Polity, 1995.

2. 기타자료

F. L. F. Lee, G. Tang, S. Yuen, and E. Cheng, "Onsite Survey Findings in Hong Kong's Anti-Extradition Bill Protests", *Centre for Communication and Public Opinion Survey*, Hong Kong: The Chinese University of Hong Kong, August 2019.

Ipsos MORI, "How Britain voted in the 2015 general election" Available at https://www.ipsos.com/ipsos-mori/en-uk/how-britain-voted-2015.

P. Norris, "Young people and political activism: From the politics of loyalties to the politics of choice?", *Report for the Council of Europe Symposium, Young people and democratic institutions: From disillusionment to participation*, Strasbourg, 2003. URL: https://sites.hks.harvard.edu/fs/pnorris/Acrobat/COE%20Young%20People%20and%20Political%20Activism.pdf

Petula Sik Ying Ho, "Where is Feminism in the Hong Kong Protests? Issues in the Context of the Anti-Extradition Movement", GenderIT.org (19th November 2019). URL: https://www.genderit.org/feminist-talk/where-feminism-hong-kong-protests-issues-context-anti-extradition-movement

찾아보기

147
비장애인 100-102, 112-113,
121
비정상 57, 116, 131-132
비폭력 273, 449, 471
빅데이터 254, 271, 395, 397-
399, 402-403, 432, 435, 442-
444
빈곤 178, 309

ㅅ
사고능력 27
사랑 38, 93, 111, 160, 162, 264,
278, 285, 287-288, 301, 328,
342, 366, 374, 377-380, 383,
386-388
사립학교법 321
사물인터넷 397
사상 71, 82, 96, 135, 165, 227,
275, 281-282, 365, 370
사운드 100, 216, 221
사이보그 135, 148-149, 158,
167, 440
사회 25-27, 29-33, 35, 37, 39,
43-44, 48, 50-51, 53, 57, 59,
61-65, 69, 71-81, 83-89, 91-
97, 100-101, 104, 106-110,
113-115, 117, 119, 124, 126-
128, 130-133, 138-142, 146,
148-149, 155-166, 171, 175,
177-178, 180, 183, 186, 189-
190, 192-198, 200-203, 211,
213-214, 216-219, 223-226,
233-234, 240, 242, 251, 254,
261, 270, 273, 275, 277, 282,
293-299, 301-317, 319, 322,
324-329, 331-334, 338, 341-
342, 345-349, 351-352, 354,
357, 366-371, 373, 378-385,
389, 391, 393-395, 399, 427,
441, 448-449, 452-453, 455-
456, 458-459, 464-465, 473-
474
사회복지시설 91
사회적 26-27, 30, 35, 37, 43-44,
48, 50-51, 53, 61-62, 75, 79-
80, 87, 89, 94, 108, 110, 114-
115, 117, 119, 132, 146, 149,
155, 158, 161-163, 178, 189-
190, 211, 218-219, 223-225,
233-234, 240, 251, 254, 261,
270, 273, 277, 294, 296-299,
301-303, 308-309, 311-315,
322, 325-327, 332-333, 338,
341-342, 348-349, 351-352,
354, 367-370, 378-379, 381-
382, 395, 427, 441, 448, 452,
455, 458, 464
사회적 모성 299, 311-313
사회적응 298

인명

저자 소개

1부 연결신체의 역사

박언주 동아대학교 사회복지학과 부교수. 주요 교육 분야는 사회복지실천, 노인복지, 사회복지와 문화다양성, 질적연구방법론 등이다. 가정폭력을 주제로 한 연구와 더불어 여성노인의 구술생애사 연구를 통해 노동, 빈곤, 이주 등으로 연구 분야를 확장하고 있다. 주요 논문으로 「여성노인의 구술생애사를 통해 본 1980년대 중산층 국제이주가족의 계층 재생산 전략과 젠더역할의 변화」, 「가정폭력피해여성의 자녀에 대한 친권자 및 양육권자 결정 경험」 등이 있다. 공저로 『'조국 근대화'의 젠더정치』(아르케, 2015), 『가족과 친밀성의 사회학』(다산출판사, 2014)이 있다.

소현숙 한국학중앙연구원 객원교수. 한국 근현대 가족사, 사회사, 여성사, 마이너리티 역사를 전공했다. 주요 논문으로 "Collaboration au féminin en Corée", 「식민지시기 '불량소년' 담론의 형성」, 「'만들어진 전통'으로서의 동성동본금혼제와 식민정치」, 「식민지 조선에서 '불구자' 개념의 형성과 그 성격」, 「전쟁고아들이 겪은 전후 : 1950년대 전쟁고아 실태와 사회적 대책」 등이 있으며, 저서로 『이혼법정에 선 식민지 조선 여성들: 근대적 이혼 제도의 도입과 젠더』(역사비평사, 2017), 공저로 『일상사로 보는 한국근현대사: 한국과 독일 일상사의 새로운 만남』(책과함께, 2006), 『식민지 공공성: 실체와 은유의 거리』(책과함께, 2010), 『日韓民衆史研究の最前線』(有志舍, 2015) 등이 있다.

이화진 연세대학교 매체와예술연구소 전문연구원. 연세대학교와 인하대학교에서 강의하며, 한국의 영화와 극장 문화에 대해 연구해왔다. 주요 논문으로 「전쟁과 연예」, 「'더 많은' 모두를 위한 영화」, 「할리우드에서 온 '왜

색영화」 등이 있다. 저서로『소리의 정치』(현실문화, 2016),『조선 영화』(책세상, 2005)가 있고 공저로『조선영화와 할리우드』(소명출판, 2014),『조선영화란 하(何)오』(창비, 2016),『할리우드 프리즘』(소명출판, 2017),『원본 없는 판타지』(후마니타스, 2020) 등이 있다.

권명아 동아대학교 한국어문학과 교수. 근현대 문학과 젠더 이론, 정동 연구, 문화 이론 등 학문 영역을 넘나드는 연구와 함께 지역의 문화적 실천에도 주력해왔다.「한국과 일본에서의 반헤이트 스피치 운동과 이론에 대한 비교 고찰」,「증강 현실적 신체를 기반으로 한 대안기념 정치 구상」 등의 논문을 썼으며, 주요 저서로『여자떼 공포, 젠더 어펙트: 부대낌과 상호 작용의 정치』(갈무리, 2018),『무한히 정치적인 외로움: 한국 사회의 정동을 묻다』(갈무리, 2012) 등이 있다.

2부 공간과 정동

김보명 부산대학교 사회학과 조교수. 여성학을 전공했다. 페미니스트 역사와 시간성, 인종정치학에 관심을 갖고 있다. 최근 한국사회의 페미니즘 재부상에 대해 연구하면서 페미니스트 이론과 실천이 갖는 사회문화적 함의에 대한 질문들을 탐색중이다. 주요 논문으로「페미니즘 정치학, 역사적 시간, 그리고 인종적 차이」,「혐오의 정동경제학과 페미니스트 저항」 등이 있고, 공저로『교차성×페미니즘』(여이연, 2018)이 있다.

권영빈 젠더·어펙트연구소 특별연구원. 동아대학교에서 강의한다. 정동과 공간의 관계에 관심을 갖고 있다. 주로 한국 현대소설을 읽고 분석하면서 젠더화된 신체와 여성의 공간 경험을 젠더지리학의 방법으로 연구한다. 최근「박완서 소설의 젠더지리학적 고찰」로 박사학위를 받았으며, 주요 논문으로「박완서의『미망』에 나타난 (탈)근대공간의 건축술: 젠더지리학의 관점에서 바라본 개성(開城)의 탄생」이 있다.

신민희 젠더·어펙트연구소 특별연구원. 경성대학교 국어국문학과 박사과정 수료 후 경성대학교, 동아대학교에서 강의하고 있다. 「불륜 서사의 문학적 재현 방식 연구」(2015)으로 석사학위를 받았다. 현재 지역의 문제를 젠더적 관점, 정동적 관점에서 독해하고자 하는 일에 관심을 기울이고 있다.

이시다 게이코(石田 圭子) 일본 고베대학 국제문화학부 준교수. 연구 분야는 미학·예술학·표상문화이다. 오차노미즈 여자대학 문교육학부 외국문학과(영어·영문학) 및 도쿄예술대학 미술학부예술학과 졸업 후 동 대학원에서 미학전공으로 박사학위를 취득했다. 주요 논문으로 「ボリス·グロイスにおけるアートと政治の交差について」, 「アルベルト·シュペーアの「廃墟価値の理論」をめぐって」, 「今日のアートにおける批判とは何か—参加型アートを中心に—」가 있고, 공저로 『Transcultural Intertwinements in East Asian Art and Culture, 1920s-1950s』(Freie Universitaet Berlin, 2018)가 있다.

3부 미디어와 연결성

최이숙 동아대학교 사회학과 조교수. 여성주의적 시각에서 미디어 및 언론 현상을 연구해왔다. 주요 논문으로 「미투 운동(#Metoo) 관련 TV 보도의 새로운 가능성과 한계」, 「1960~1970년대 한국 신문의 상업화와 여성가정란의 젠더 정치」, 「1920년대 『동아일보』 기사에 나타난 이성-감정」 등이 있다. 공저로 『다시 보는 미디어와 젠더』(이화여자대학교출판부, 2013), 『한국신문의 사회문화사』(한국언론진흥재단, 2013), 『한국텔레비전 방송 50년』(커뮤니케이션북스, 2011) 등이 있다.

권두현 젠더·어펙트연구소 전임연구원. 동국대학교에서 강의한다. 미디어와 한국 현대문학/문화의 관계, 특히 한국과 일본의 드라마와 대중문화를 대상으로 테크놀로지와 정동의 문제틀을 적용시킨 연구들을 주로 수행하고 있다. 「텔레비전 현상과 현대 드라마의 미학」, 「기계의 애니미즘 혹은 노동자의 타나톨로지 - 1970년대 한국의 테크노스케이프와 생명, 신체, 감각」, 「'관계론적 존재론'의 정동학 - 텔레비전 드라마 〈동백꽃 필 무렵〉에 나타난 연결과 의존의 문제」 등의 논문을 발표했다.

김나영　젠더 · 어팩트연구소 전임연구원. 성신여자대학교에서 강의한다. 한국 고전소설과 설화 등 고전서사 분야를 연구한다. 변신 모티프로 박사학위논문을 썼고 이후 인간 존재에 대한 사유에 관심을 두고 텍스트별 등장인물의 차별화된 특성을 구명하는 연구를 수행하고 있다. 주요 논문으로 「〈운영전〉의 서사구조에 내재한 비극성 : 신화적 서사패턴의 변용과 인간 욕망의 좌절」, 「노비로 등장하는 정수남과 느진덕정하님의 정체 - 안사인본 〈세경본풀이〉를 중심으로」, 「고전서사에 형상화된 노비의 존재성 탐구」 등이 있다.

입이암충(葉蔭聰)　링난대학교 문화연구학과 방문조교수이자 홍콩 독립 미디어 InMediaHK의 공동설립자. 국립대만대학 건축과 도시연구소에서 박사학위를 취득했고 연구 분야는 도시학 · 현대 중국학이다. 주요 논문으로 「Becoming a Revanchist City : A Study of Hong Kong Nativist Movement」, 「Political De-politicization and the Rise of Right-wing Nativism」 가 있고, 저서로 『Nativist Right and Economic Right : The Case of an Online Controversy』(《本土右翼與經濟右翼 : 由一宗網絡爭議說起》, jcMotion, 2016)가 있다.